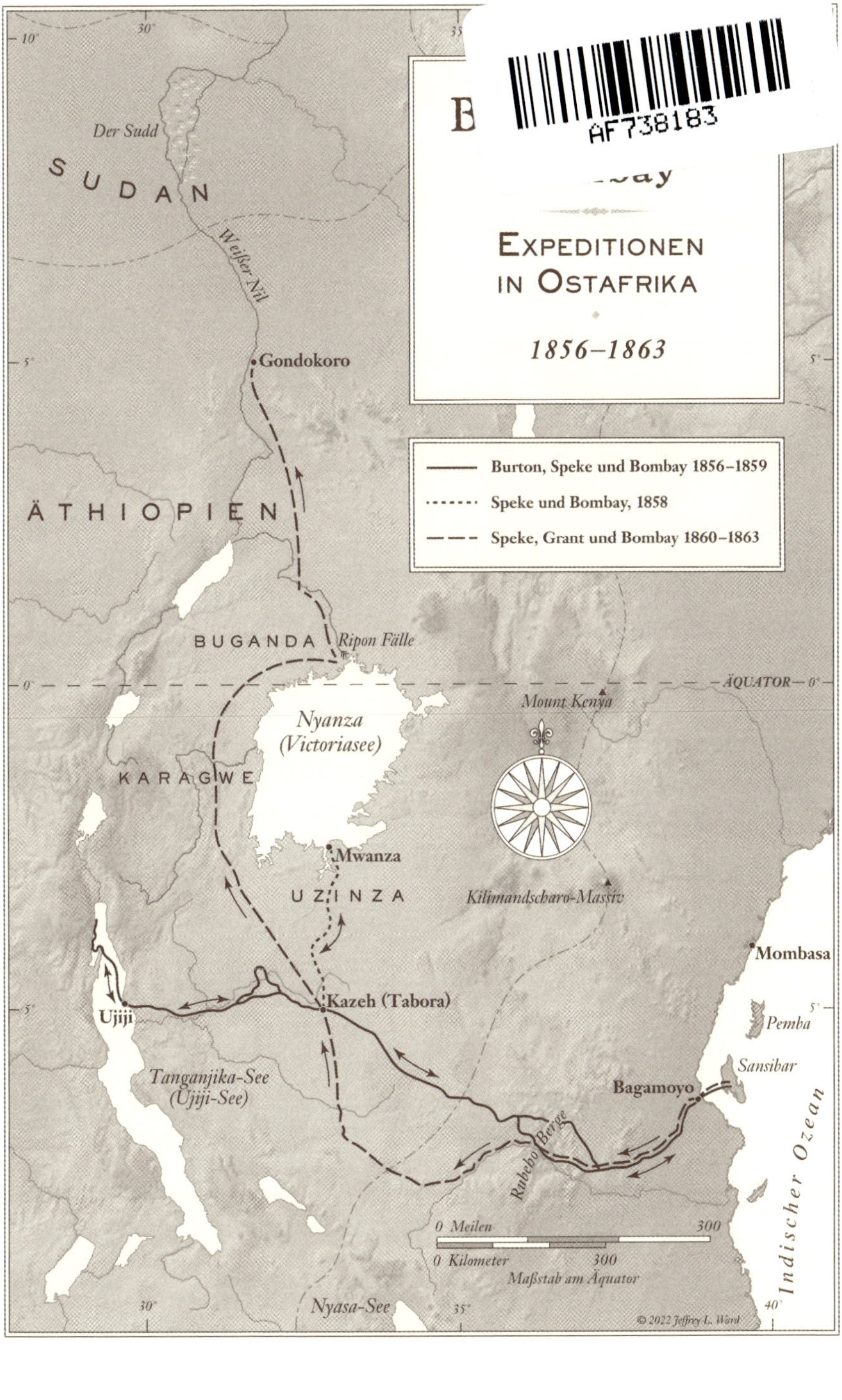

EXPEDITIONEN IN OSTAFRIKA
1856–1863
Burton, Speke und Bombay 1856–1859
Speke und Bombay, 1858
Speke, Grant und Bombay 1860–1863
Der Sudd
SUDAN
Weißer Nil
Gondokoro
ÄTHIOPIEN
BUGANDA
Ripon Fälle
ÄQUATOR
Mount Kenya
Nyanza (Victoriasee)
KARAGWE
Mwanza
UZINZA
Kilimandscharo-Massiv
Mombasa
Kazeh (Tabora)
Ujiji
Pemba
Sansibar
Tanganjika-See (Ujiji-See)
Bagamoyo
Rubeho Berge
Indischer Ozean
0 Meilen 300
0 Kilometer 300
Maßstab am Äquator
Nyasa-See
© 2022 Jeffrey L. Ward

S. FISCHER

CANDICE MILLARD

DER FLUSS DER GÖTTER

Die abenteuerliche Expedition zu den Quellen des Nils

Aus dem Englischen
von Irmengard Gabler

S. FISCHER

Erschienen bei S. FISCHER

Die Originalausgabe erschien 2022 unter dem Titel »River of the Gods. Genius, Courage, and Betrayal in the Search for the Source of the Nile« im Verlag Doubleday, New York

Die Arbeit der Übersetzerin am vorliegenden Text wurde im Rahmen des Programms NEUSTART KULTUR aus Mitteln der Beauftragten der Bundesregierung für Kultur und Medien vom Deutschen Übersetzerfonds gefördert.

Satz: Dörlemann Satz, Lemförde
Druck und Bindung: CPI books GmbH, Leck
Printed in Germany
ISBN 978-3-10-397533-8

Meinen Kindern

Der See kräuselte sich von einem Ende der Welt zum anderen.
Weit wie ein Ozean, geborgen in der Hand eines Riesen.
— *»Sidi Mubarak Bombay« von Ranjit Hoskoté*

INHALT

Prolog: Obsession 11

TEIL I: EIN FURCHTLOSES HERZ 19

1. Ein strahlendes Licht 21
2. Schatten 37
3. Bürge für unser Blut 46
4. Der Abban 58
5. Wir sind umzingelt 67

TEIL II: WAS WÄRE NICHT ALLES MÖGLICH GEWESEN 81

6. In den Schlund der Hölle 83
7. Was für ein Fluch ist doch ein Herz 95
8. Horror Vacui 108
9. Bombay 126
10. Der Tod stand ihm ins Gesicht geschrieben 137
11. Ein alter Feind 150
12. Tanganjika 174
13. Ans Ende der Welt 195

TEIL III: WUT 207

14. Das Messer steckt in der Scheide 209
15. Da schoss er auf mich 222
16. Traum eines Exilanten 241
17. Hart wie Stein 250

TEIL IV: DIE BÖSEN ZUNGEN VON FREUNDEN 259
18. Der Prinz 261
19. Verdamme ihre Seelen 281
20. Neston Park 294
21. Und so erkaltet das müde Herz 311

Epilog: Asche 327

DANK 341

ANMERKUNGEN 349

BIBLIOGRAPHISCHE ANGABEN 395

ABBILDUNGSNACHWEIS 403

REGISTER 405

PROLOG

Obsession

Als ein junger britischer Offizier mit Namen William Richard Hamilton im Herbst des Jahres 1801 das sagenumwobene Alexandria betrat, fand er sich in einer erstaunlichen Szenerie wieder – tiefstes Elend vor der Kulisse der verlorenen Pracht der Pharaonen. Die Stadt Alexandria, einst ruhmreiches Zentrum der Gelehrsamkeit, war jetzt eine brennende Ruine, gefangen in einem Krieg, den Europa auf afrikanischem Boden austrug. Nach dem niederschmetternden Sieg der Briten über das napoleonische Frankreich vegetierten verwundete Soldaten sterbend in der sengenden Sonne; aus ihren Kerkern befreite Häftlinge schleppten ihre zerschundenen Leiber durch die Gassen; ausgehungerte Familien kämpften um die letzten toten Armeepferde. Für Hamilton jedoch bot sich just in diesem Moment die Chance seines Lebens. Der vierundzwanzigjährige Cambridgeabsolvent und Altphilologe war zu einem ganz bestimmten Zweck nach Ägypten geschickt worden: Er sollte den Stein von Rosette aufspüren.

Nachdem sie jahrhundertelang von den europäischen Eliten ignoriert worden war, die nur der glorreichen Geschichte Griechenlands und Roms huldigten, rückte neuerdings die noch ältere ägyptische Kultur mit ihren erstaunlichen Errungenschaften immer mehr in den Fokus wissenschaftlichen Interesses und wurde somit zu einer neuen, besonders begehrten Trophäe für die nach militärischer und kultureller Vorherrschaft strebenden Großmächte Europas. Drei Jahre zuvor, im Sommer 1798, war Napoleon Bonaparte in der Hoffnung, Großbritannien durch die Blockade des Landwegs nach Indien zu schwächen, an der ägyptischen Küste gelandet. Dieser militärische Schachzug war zwar nicht außergewöhnlich, doch er ebnete auch einer weitaus kühneren wissenschaftlichen und kulturellen Eroberung den Weg. Im Kielwasser seiner Invasionstruppen schickte Napoleon noch eine weitere gut ausgebildete Armee ins Land – die der Gelehrten. Um Frankreich die Oberhoheit über die altägyptische Kultur zu sichern, hatten diese ehrgeizigen jungen *savants* den Auftrag erhalten, alles an sich zu nehmen, was sie den Gräbern und dem Erdreich zu entreißen vermochten. Sie vermaßen das Haupt der Großen Sphinx, kartographierten Kairo und weitere Städte und bildeten alles ab, was sich nicht zusammenrollen und fortschaffen ließ. Diese Männer – Botaniker und Ingenieure, Künstler und Geologen – lebten, wie einer von ihnen aufgeregt nach Hause schrieb, »im Zentrum eines flammenden Kerns der Vernunft«. Und in ihren Augen gab es nichts, was die militärische und geistige Überlegenheit Frankreichs besser hätte symbolisieren können als die Beschlagnahmung des Steins von Rosette.

Obwohl seine fein säuberlich eingeritzten Hieroglyphen zur damaligen Zeit noch nicht entziffert werden konnten, verhieß dieser Stein den europäischen Gelehrten Zugang zu den spektakulären Geheimnissen, die am Ufer des Nils ihrer harrten – Geheimnisse aus uralter Zeit, noch gänzlich unerforscht, Geheimnisse, die ihnen ein völliges Umschreiben der bisher bekannten Geschichte ermöglichen würden. Zwei Jahre zuvor hatten französische Soldaten, die im Hafen von Rosette am Westufer des Nils eine baufällige alte Festung auszubessern suchten, die 1,12 Meter hohe Stele ausgegraben. Die Offiziere erkannten sofort den außerordentlichen Wert des dunkelgrauen Steins: Forscher hofften oft ein Leben lang vergebens auf einen solchen Fund. In seine Stirnseite war ein zweitausend Jahre alter Gesetzeserlass eingeritzt, verfasst in drei verschiedenen Sprachen: zwei davon waren unbekannt – das Demotische, einst die Alltagssprache der Ägypter, sowie die verlockend mysteriöse Sprache ihrer Priester in Hieroglyphen –, die dritte hingegen bekannt, das Altgriechische. Mit seiner Hilfe würden sich die beiden anderen zu gegebener Zeit entschlüsseln lassen. Die Nachricht von dem Fund hatte sich wie ein Lauffeuer verbreitet, und schon bald sprachen Gelehrte und Wissenschaftler in ganz Europa mit gedämpfter Stimme über den Stein von Rosette.

Dass Napoleon einen so kostbaren Wegweiser zu antiker Weisheit besaß, war Frankreichs imperialem Rivalen Großbritannien schier unerträglich. Nachdem die Briten aus der blutigen Belagerung Alexandrias als Sieger hervorgegangen waren, forderten sie nun entsprechend ihre Rechte als Eroberer ein: jeden Sarkophag, jede Skulptur, jeden goldglänzenden Skarabäus und – vor allem – den Stein von Rosette. Den besiegten Franzosen blieb nichts anderes übrig, als die Stele zu verstecken. Und so hatten Napoleons Soldaten sie ungeachtet ihres Umfangs und Gewichts – Schätzungen zufolge eine Dreivierteltonne – bereits dreimal bewegt, zuerst vom Fundort in ihr Lager, dann nach Kairo und schließlich nach Alexandria. Dort befand sie sich in einem Lagerhaus, verborgen zwischen Stapeln unauffälliger Frachtkisten und mit Matten bedeckt. Um die Briten zu täuschen, streuten die Franzosen das Gerücht, der Stein habe das Land bereits verlassen; er sei an Bord eines Schiffes geschmuggelt worden, welches im Schutz der Nacht die Segel gesetzt und nach Europa aufgebrochen sei, genau wie Bonaparte selbst es getan hatte, als die Niederlage unausweichlich schien.

William Richard Hamilton weigerte sich jedoch, dergleichen Ausflüchte gelten zu lassen. Er wühlte sich durch die Trümmer der Stadt, da er nicht glauben mochte, dass der Stein von Rosette Ägypten verlassen hatte, und bestand darauf zu erfahren, wo er versteckt sei. Der kommandierende französische General, der einen Großteil der kulturellen Plünderungen persönlich überwacht hatte, geriet angesichts der irritierenden Beharrlichkeit des jungen Mannes außer sich, und warf den Briten vor, ihm gleichzeitig die

Daumenschrauben anzulegen und die Pistole auf die Brust zu setzen. Dabei gab er einen Satz zum Besten, der als ewige Karikatur imperialer Doppelmoral in die Geschichte eingehen würde: »Wir haben nirgendwo je geplündert!«, schimpfte er verächtlich. Bald darauf stieß Hamilton, der keine Sekunde daran gezweifelt hatte, dass es so kommen würde, auf das Versteck des Steins. Und fünf Monate später erreichte dieser an Bord der beschlagnahmten französischen Fregatte *HMS L'Égyptienne* endlich London, wo er sogleich zum kostbarsten Schatz des British Museum erklärt wurde.

Mit der Ankunft des Steins von Rosette war Europas Interesse an den Geheimnissen des Nils noch längst nicht erloschen. Der »Orientalismus«, eine jahrzehntelange Leidenschaft für das alte Ägypten und die Kulturen des Nahen Ostens, war entfacht. Als es zwanzig Jahre später einem französischen Gelehrten namens Jean-François Champollion endlich gelang, die Hieroglyphen zu entschlüsseln, steigerte sich die Begeisterung der Europäer für die Geschichte Ägyptens und das Niltal zur regelrechten Raserei. Kaum waren die kryptischen Geheimnisse der vergessenen Sprache der Pharaonen gelüftet, öffneten sich die Schleusen des wissenschaftlichen Forscherdrangs, dessen Erkenntnisse sich wiederum bis in die Populärkultur ergossen. Archäologie und Kunst, Poesie und Mode erlagen nach und nach dem Zauber dieser glanzvollen versunkenen Hochkultur. Generationen von Aristokraten investierten Zeit und Geld, um im Wettstreit miteinander immer wieder neue Erkenntnisse über diese antike Welt zu gewinnen und sie mit der klassischen griechischen und römischen Literatur und Geschichte abzugleichen, die ihren Schulalltag geprägt hatte. Zu den reizvollsten Geschichten, die sie gelesen hatten, gehörten die verschiedenen Theorien zu den Quellen des Nils, von den Spekulationen des griechischen Historikers Herodot bis hin zu den gescheiterten Expeditionen der Prätorianergarden Kaiser Neros.

Hamilton hatte sein Land an die Spitze des neuen Trends katapultiert und seine Faszination für die Geheimnisse des Nils, die er mit dem Rest der Welt teilte, wuchs stetig. Mit zunehmendem

Alter intensivierte er seine Forschungen und veröffentlichte eine eigene Übersetzung der griechischen Inschrift auf dem Rosetta-Stein. Außerdem half er dabei, die Parthenon-Skulpturen vom Meeresgrund zu bergen – eines der Schiffe, die sie transportiert hatten, war gesunken –, und ergänzte damit seine ohnehin schon beachtliche Bilanz um eine weitere umstrittene kulturelle Ikone. 1830 trug er dazu bei, Großbritanniens nationales Interesse in einer Institution zu verankern, indem er zunächst Gründungsmitglied, später dann Präsident der Royal Geographical Society wurde. Auch ihr lateinisches Motto – *Ob terras reclusas,* »Der Erschließung neuer Gebiete« – entstammte seiner Feder.

Großbritannien, das seine klügsten Köpfe und ein gewaltiges Vermögen darauf verwendete, den Ursprüngen der Menschheit nachzuspüren, nahm in den neuen Forschungsbereichen, die sich dabei auftaten, schon bald eine führende Rolle ein. Als Hauptorganisatorin und -fürsprecherin in diesem Zusammenhang fungierte die Royal Geographical Society. Doch während sie das British Museum mit Artefakten bestückte, derer man sich mit imperialer Gewalt bemächtigt hatte, scheiterte die Society in ihrem Bestreben, dem antiken Ägypten bis zu den Quellen des Nils nachzuspüren, an der schieren Länge des majestätischen Stroms, des längsten der Welt, der sich bereits unzähligen Vorstößen zu seinen Ursprüngen widersetzt hatte. Unermesslich weite, unerforschte, von indigenen Völkern und zahllosen Widrigkeiten der Natur heftig verteidigte Gebiete, die angeblich das geheime Erbe der gesamten modernen Welt bargen, vereitelten jeden Erkundungsversuch.

Anstatt sich stromaufwärts zu kämpfen, nur um dann entscheiden zu müssen, welcher der verwirrend vielen Zuflüsse als eigentliche Nilquelle in Frage kam, fassten Entdecker einen kühnen Alternativplan: Sie würden an der Ostküste Afrikas anlegen, weit unterhalb des Äquators, und von dort aus ins Landesinnere vordringen. Irgendwann, so ihre Hoffnung, würden sie auf die Wasserscheide stoßen, von der aus ein einzelner Fluss seine über sechstausend Kilometer lange Reise gen Norden begann, nach Ägypten.

Diese epochal neue Taktik speiste sich aus den Gerüchten um eine riesige Seenlandschaft, die angeblich in Zentralafrika existierte. Außerdem wurde sie von der wachsenden militärischen Stärke Großbritanniens zu Wasser und zu Lande begünstigt, die es den Forschungsreisenden ermöglichen würde, Vorräte und Ausrüstung per Schiff zu zentralen Häfen und Verteilungspunkten wie Aden und der sagenumwobenen Insel Sansibar zu transportieren. Von einem circa vierzig Kilometer breiten Streifen Wasser geschützt, lag diese jenem Küstenort gegenüber, von dem aus eine Expedition ihren Weg ins Landesinnere antreten müsste.

Indem die Unternehmung britische Forscher in direkten Kontakt mit Afrikas Landesinnerem brachte, würde sie Menschen von einem jüngeren Schauplatz der Kulturgeschichte tatsächlich wieder mit dem Ursprung ihrer eigenen Migrationsvergangenheit verbinden, wie DNA-Analysen später zeigen sollten. Die Expedition ermöglichte somit die »Entdeckung« von Regionen, die im Gegensatz zu London oder Paris schon seit Hunderttausenden, wenn nicht Millionen von Jahren kontinuierlich von Menschen besiedelt gewesen waren. Wie jedoch ähnliche Begegnungen auf Hispaniola oder in Peru hinlänglich bewiesen hatten, lag im ungleichen Kräfteverhältnis zwischen beiden Seiten das Potenzial für Tragödien und Ausbeutung. Welche Konsequenzen diese gefährliche Asymmetrie nach sich ziehen konnte, hatte sich in Afrika bereits in früheren Jahrhunderten gezeigt. Damals hatten europäische, amerikanische und arabische Händler, die sich zwischen zwei Welten bewegten, aus ihrer Macht Kapital geschlagen, indem sie afrikanische Menschen versklavten und gewinnbringend verkauften. Für Forschungsreisende war dieses grausame Unrecht ebenso allgegenwärtig wie die geographischen oder klimatischen Bedingungen vor Ort, weil es sich in die Region eingeschrieben hatte, vom Standort der Häfen über die Verfügbarkeit von Nahrung bis hin zu den Pfaden, denen sie folgten. Ihre eigenen Bemühungen würden zweifellos zur Ausbeutung der Gebiete beitragen, die sie zu erkunden hofften. Wie der britische Forscher Samuel Johnson nach Captain Constantine Phipps' Expedition zum Nordpol kaum ein Jahrhundert zuvor geschrieben hatte: »Ich wünsche den Entdeckungen kein Glück, weil ich immer befürchte, sie werden Landnahme und Ausbeutung nach sich ziehen.«

Ungeachtet der wachsenden imperialen Stärke Großbritanniens und seiner wissenschaftlichen Errungenschaften war das Vorhaben, in einer so unwirtlichen, unerforschten Gegend nach der Quelle eines fernen Flusses zu suchen, derart schwierig und abschreckend, dass es nach wie vor unmöglich schien. Als aber in den 1850er Jahren der Nationalstolz der Briten herausgefordert war und das Prestige bahnbrechender wissenschaftlicher Entdeckungen sowie die Pläne für eine Ausweitung des Empire auf dem Spiel standen, beschloss die Royal Geographical Society doch, eine der kompliziertesten und anspruchsvollsten Expeditionen auf die Beine zu stellen, die jemals unternommen wurde. Auch wenn sie renommierte Wissenschaftler vom Format eines Charles Darwin oder David Livingstone zu ihren Mitgliedern zählte – für diese Aufgabe, das wusste die Society, wären mehr Erfahrung und Einsicht erforderlich als bei allen bisherigen Missionen. Abgesehen von sachkundigen Afrikanern, deren Hilfe bei der Orientierung und beim Transport von Lasten unverzichtbar war, aber selten die verdiente Anerkennung erhielt, gälte es, eine ganz außergewöhnliche Entdeckerpersönlichkeit zu finden: Sie müsste Wissenschaftler und Gelehrter, Künstler und Sprachgenie, begabter Schriftsteller und ehrgeiziger, leidenschaftlicher Forscher zugleich sein – ein Heer von *savants* in einer Person.

TEIL I

EIN FURCHTLOSES HERZ

1.

Ein strahlendes Licht

1854 saß Richard Francis Burton in seinem kleinen Pensionszimmer im ägyptischen Sues auf einem dünnen Teppich und sah seelenruhig zu, wie fünf Männer seine karge Habe kritisch in Augenschein nahmen. Die Männer, die er gerade auf dem Hadsch kennengelernt hatte, der alljährlichen islamischen Pilgerreise nach Mekka, »besahen sich meine Kleider, inspizierten meinen Medizinkasten und kritisierten meine Pistolen«, schrieb Burton. »Meine Uhr im Kupfergehäuse ließ sie nur verächtlich schnauben.« Sollten sie dahinterkommen, dass er mitnichten Scheich Abdullah war, ein in Afghanistan als Moslem geborener indischer Arzt, sondern ein zweiunddreißigjähriger Leutnant in der Armee der britischen Ostindien-Kompanie, stünde nicht nur seine sorgfältig geplante Expedition auf dem Spiel, dann wäre sein Leben in Gefahr. Burton jedoch blieb gelassen. Nicht einmal als seine neuen Freunde den Sextanten entdeckten, sein absolut unverzichtbares, doch eindeutig westliches Forschungsinstrument, fürchtete er um seine Sicherheit. »Zweifellos ein Fehler«, wie er später einräumte.

Burton hatte sich zum Ziel gesetzt, etwas zu tun, was noch kein Engländer vor ihm gewagt hatte und wozu wohl nur wenige die notwendige Befähigung oder Kühnheit mitgebracht hätten: Er wollte als Moslem verkleidet nach Mekka reisen. Ein solcher Plan nahm zwar zur Kenntnis, was gläubigen Muslimen das Allerheiligste war, missachtete aber zugleich ihr Recht, es vor Ungläubigen zu schützen. Burton, der sich mit jeder Religion intensiv auseinandersetzte, aber keine einzige respektierte, konnte einer solchen Versuchung nicht widerstehen: Mekka, Geburtsstadt des Propheten Mohammed, ist der heiligste Ort im Islam und Nicht-Muslimen als solcher verboten. »Um durch das Heilige Land der Muslime zu reisen, musste man ihrem Glauben von Geburt an anhängen oder sich dazu bekehrt haben«, wusste Burton. Den Hadsch als Konvertit durchzuführen, wäre ihm dennoch nie in den Sinn gekommen. »Man überlässt einem ›neuen Moslem‹, zumal einem Franken [Europäer], nicht gern Informationen – seine Bekehrung könnte vorgetäuscht oder erzwungen sein –, sondern betrachtet ihn als Spion und gewährt ihm möglichst wenig Einblick in das Leben«, schrieb er. »Ich hätte das geliebte Projekt lieber aufgegeben als mir zu solch einem Preis einen zweifelhaften Teilerfolg zu erkaufen.« Als unfreiwilliger Oxfordabbrecher, wissenschaftlicher Autodidakt, zwanghafter Forscher und außerordentlich begabter Polyglotter wünschte sich Burton uneingeschränkten Zugang zu jeder heiligen Stätte, die er erreichte, das Vertrauen eines jeden Mannes, dem er begegnete, und eine Antwort auf jedes Mysterium, auf das er stieß. Er wolle »das Leben der Muslime von innen her« erfassen, schrieb er, nicht mehr und nicht weniger. Lebend nach England zurückkehren wollte er allerdings auch.

Indem er sich als Moslem ausgab, riskierte Burton den gerechten Zorn all jener, für die der Hadsch das heiligste aller Glaubensrituale war. Obwohl »weder Koran noch Sultan die Ermordung jüdischer oder christlicher Eindringlinge vorschreiben, wäre keine Obrigkeit, sobald ein Pilger sich als Ungläubiger zu erkennen gäbe, noch imstande, ihn zu beschützen«. Ein einziger Fehler konnte ihn das Leben kosten. »Ein Missgriff, eine hastige Bewegung, eine unüberlegte Äußerung, ein Gebet, eine Verneigung, nicht das exakt richtige Losungswort«, schrieb er, »und meine Knochen würden jetzt den Wüstensand bleichen.«

Burtons Plan erforderte zudem die Durchquerung der Rub al-Chali, der »leeres Viertel« genannten größten Sandwüste der Welt, in seinen Worten ein »riesiger weißer Fleck« auf den Landkarten des neunzehnten Jahrhunderts. So ehrgeizig war sein Vorhaben, dass Sir Roderick Impey Murchison, damals Präsident der Royal Geographical Society, auf die Expedition aufmerksam wurde. Für Murchison, der die Geographische Gesellschaft fast ein Vierteljahrhundert zuvor gemeinsam mit William Richard Hamilton gegründet hatte, war Burtons Mission exakt die Art von Forschung, die es zu fördern galt. Er »erwies mir die Ehre«, so Burton, »mein Gesuch auf drei Jahre Beurlaubung wegen eines Sonderdienstes … aufs freundlichste zu unterstützen«. Die Ostindien-Kompanie hingegen, eine zweihundertfünfzig Jahre alte Privatgesellschaft mit eigenen Truppen, wollte ihn nicht länger freistellen als ein Jahr. Die Reise sei zu gefährlich, so ihr Argument, und Burton habe sich während seiner Militärzeit mehr Feinde als Freunde gemacht. Dennoch blieb die Royal Geographical Society bei ihrem Versprechen, die Expedition finanziell unterstützen zu wollen. Nach Murchisons Ansicht war Burton für eine Herausforderung dieser Größenordnung wie kein anderer »bestens qualifiziert«.

Obwohl die Mitglieder der Royal Geographical Society von Burtons Leistungen beeindruckt waren, hegten die meisten doch gewisse Vorbehalte gegen diesen ungewöhnlichen jungen Mann, der nur dem Namen nach Brite zu sein schien. Burton war in der südenglischen Grafschaft Devon geboren, am Ärmelkanal, hatte aber weitaus weniger Zeit in seiner Heimat verbracht als auf Reisen durch die Welt. Dieses Muster hatte bei ihm schon sehr früh eingesetzt: Sein Vater Joseph Netterville Burton, ein pensionierter Oberstleutnant der British Army, war bereits vor Richards erstem Geburtstag mit seiner Familie nach Frankreich übersiedelt. In den darauffolgenden achtzehn Jahren waren die Burtons weitere dreizehnmal umgezogen, von Blois nach Lyon, von Marseille nach Pau, von Pisa nach Siena, dann nach Florenz, Rom und Neapel, und stets nur kurz geblieben. Als Erwachsener empfand sich Burton aber weniger als Weltbürger denn als Mann ohne Heimat, und er teilte dieses Gefühl mit seinen jüngeren Geschwistern Maria und Edward. »Da wir im Ausland aufgewachsen waren, konnten wir die englische Gesellschaft nie so recht verstehen«, schrieb er, »so wenig wie sie uns verstand.«

Nicht nur, dass Burton sich nicht als Brite fühlte, man ließ ihn auch des Öfteren wissen, und das auf wenig schmeichelhafte Weise, dass er nicht sonderlich britisch aussah. Wer ihm einmal begegnet war, der vergaß sein Gesicht nie mehr. *Dracula*-Autor Bram Stoker war von seiner ersten Begegnung mit Burton tiefbeeindruckt: »Der Mann fiel mir sofort ins Auge. Er war dunkel und kraftvoll, herrisch und ruchlos. … Einen wie ihn hatte ich noch nie gesehen. Wie aus Stahl! Er ging einem durch und durch, wie ein Schwert!« Der Dichter Algernon Charles Swinburne schrieb, sein Freund Burton habe »den Kiefer eines Teufels und die Stirn eines Gottes«, während sein Blick ein »unbeschreibliches Grauen« hervorrufe. Burtons schwarze Augen, ein Erbe seines englisch-irischen Vaters, schienen jeden in ihren Bann zu schlagen, der ihn traf. Freunde, Feinde und Bekannte beschrieben sie im Wechsel als magnetisch, gebieterisch, aggressiv, brennend oder gar schrecklich, und zogen Parallelen zu jedem gefährlichen Raubtier, das ihnen einfiel – vom Panther bis zur »giftigen Schlange«. Nicht minder auffällig waren sein dichtes schwarzes Haar, seine tiefe, sonore Stimme und sogar sein Gebiss. Letzteres diente möglicherweise als Inspiration für den berühmtesten Vampir der Literaturgeschichte: Wie sich Burtons Oberlippe beim Sprechen bedrohlich anhob, so Stoker, werde er niemals vergessen. »Sein Fangzahn zeigte sich in voller Länge«, schrieb er begeistert, »wie ein blitzender Dolch.«

Burton hatte sich von klein auf geprügelt, in den Gassen, in der Schule und mit aufgebrachten Hauslehrern. Obwohl sein Vater die Familie auf dem Kontinent von einer Stadt in die nächste geschleppt hatte, sollten seine Kinder eine britische Schulbildung erhalten, die in einem strengen Internat in Richmond ihren Anfang nahm. Burton erinnerte sich später, in dieser Schule, die er mit Charles Dickens' Fabrik für Stiefelwichse verglich, vor allem zweierlei gelernt zu haben: »den Gebrauch der Fäuste und einen allgemeinen Hang zur Grobheit. Ich prügelte mich immerzu; einmal hatte ich zweiunddreißig Ehrenhändel zu begleichen.« Nachdem ein Ausbruch der Masern etliche Schüler das Leben gekostet und die Schließung der Schule zur Folge hatte, durften Edward und er nach Boulogne zurückkehren, und die beiden schockierten die übrigen Schiffspassagiere, weil sie darüber jubelten, England endlich hinter sich zu lassen: »Wir kreischten, jauchzten, tanzten vor Freude, reckten die Fäuste gegen die weißen Klippen und äußerten lautstark die Hoffnung, sie niemals wiederzusehen«, so Burton. »Wir ließen Frankreich hochleben und pfiffen auf dieses England, in dem die Sonne niemals untergeht.«

Sein Vater brachte Burton das Schachspiel bei, doch abgesehen davon lernte er fast alles, was er wusste, von einer Reihe entweder angsteinflößender oder angstgebeutelter Hauslehrer. Und fachunabhängig hatten sie alle die Erlaubnis, ihre Schüler zu züchtigen, bis diese alt genug wären zurückzuschlagen. In späteren Jahren sollte Burton den verheerenden Schaden bedauern, den der unkluge Ausspruch des weisen Salomo, »Wer sein Kind liebt, der züchtigt es«, angerichtet hatte. Als Jugendlicher setzte er sich zur Wehr. Der arme, nervöse Musiklehrer, der Burton Geigenunterricht erteilen sollte – »fleischlose Nerven, die an Drähten hingen«, wie Burton ihn später verächtlich beschrieb, »nur Haare und kein Hirn« –, kündigte den Dienst, nachdem sein Schüler eine Geige auf seinem Kopf zertrümmert hatte.

Der einzige Lehrer aus Kindertagen, den Burton respektierte, war sein Fechtmeister, ein ehemaliger Soldat mit nur noch einem Daumen. Den anderen hatte er in der Schlacht eingebüßt. Richard und sein Bruder traten mit solchem Ungestüm gegeneinander an, dass ihre Übungen fast in einer Tragödie geendet hätten. »Wir lernten bald, niemals ohne Maske zu fechten«, schrieb Richard. »Ich habe Edward mein Florett in den Schlund gestoßen und hätte um ein Haar sein Gaumenzäpfchen zerstört, was mir viel Kummer bereitete.« Die Lektionen machten sich bezahlt, denn sie brachten einen der geschicktesten Fechter Europas hervor. Burton erwarb den begehrten Titel *Maître d'Armes*, perfektionierte zwei Florettstöße und verfasste zwei Bücher – *The Book of the Sword* und *A Complete System of Bayonet Exercise* –, die von der britischen Armee im selben Jahr veröffentlicht wurden, in dem Burton nach Mekka aufbrach. Wie er später einräumen würde, war ihm das Fechten stets »ein großer Trost im Leben«.

Als er älter wurde, entwickelte Burton ein weiteres, stark ausgeprägtes Interesse, das ihn durch sein Leben begleiten, der gutbürgerlichen Gesellschaft allerdings noch mehr entfremden würde: Sex. Zunächst hatte er vor allem Affären mit schönen Frauen von Italien bis Indien, doch schon bald erwuchs daraus ein seiner Forschernatur entsprechendes Vordringen in erotische Gefilde, die im viktorianischen England weit weniger Akzeptanz fanden. Als junger Offizier im Sindh, heute eine Provinz im Südosten Pakistans, erkundete er die homosexuellen Bordelle und verfasste dann einen Bericht für seinen Kommandanten, von dem Burton später behauptete, dass er seine Karriere sabotiert hätte. Seine ethnologischen Studien, die ihn von Asien über Afrika bis nach Nordamerika führen würden, konzentrierten sich nicht nur auf Kleidung, Religion und Familienstrukturen seiner Studienobjekte, sondern schlossen auch deren Sexualpraktiken mit ein. Die unverblümten und detailreichen Schilderungen von Polygamie, Polyandrie, Päderastie und Prostitution schockierten seine Leser. Burton jedoch hatte nichts übrig für die Prüderie der Briten. Was er als »Unschuld der Worte, nicht der Gedanken« bezeichnete, als »Tugend der Zunge, aber nicht des Herzens«, interessierte ihn nicht.

*

Auch wenn Burton sich seiner nomadischen Kindheit und skandalösen Neigungen wegen als Außenseiter empfand, den seine

Landsleute misstrauisch beäugten, so hatte er in dieser Zeit doch eines über sich gelernt: »Er war in der Lage, sich eine Fremdsprache gleichsam im Handumdrehen anzueignen«, wie einer seiner verblüfften Lehrer es ausdrückte. Am Ende beherrschte er mehr als fünfundzwanzig verschiedene Sprachen und dazu noch mindestens ein Dutzend Dialekte. Bis zu einem gewissen Grad war Burtons Sprachtalent das Produkt natürlicher Begabung und früher Übung. »Ich war zum elenden Dasein eines Wunderknaben verdammt«, erklärte er, »und begann mit drei Jahren Latein, mit vier Jahren Griechisch zu lernen.« Zu einem der begabtesten Sprachforscher der Welt wurde er jedoch dank seines Interesses an fremden Kulturen und seines methodischen Verstandes. Er hatte schon früh ein System entwickelt, mit dessen Hilfe er die meisten Sprachen binnen zwei Monaten erlernen konnte, und schien nicht zu begreifen, warum andere sich dabei so schwertaten. »Ich arbeite nie länger als eine Viertelstunde am Stück, weil danach das Gehirn an Frische verliert«, schrieb er. »Wenn ich an die dreihundert Wörter gelernt habe, was in einer Woche gut zu schaffen ist, überfliege ich ein einfaches Buch (eines der Evangelien lässt sich fast überall leicht besorgen), und unterstreiche jedes Wort, das ich mir zu merken wünsche, um danach einmal am Tag meine Bleistiftereien durchzugehen. … Der Sprache ist damit das Genick gebrochen, und Fortschritt stellt sich von nun an rasch ein.«

Nachdem er seinen Rauswurf aus Oxford provoziert hatte, wo man ihn lächerlich gemacht, ignoriert und letztlich gelangweilt hatte, war Burton der 18. Native Bombay Infantry beigetreten, einem Regiment der Ostindien-Kompanie. Da er im Übersetzen eine der schnellsten Methoden sah, um durch die Ränge aufzusteigen, brachte er sich in sieben Jahren zwölf Sprachen bei. Nach seiner Ankunft in Indien hatte er sofort mit Hindustani begonnen, legte schon sechs Monate später mit vielen anderen Sprachbegabten die Prüfung ab und überflügelte sie alle mit Leichtigkeit. In den folgenden Jahren ergänzte er die lange Liste der Sprachen, die er beherrschte, stetig und kontinuierlich – um Gujarati, Marathi,

Armenisch, Persisch, Sindhi, Punjabi, Paschtunisch, Sanskrit, Arabisch, Telugu und Türkisch – und schnitt dabei, trotz talentierter Konkurrenten, selten als Zweiter ab.

Im Sog seiner Leidenschaft für Sprachen vergaß Burton oft, dass nicht alle seine übergroße Begeisterung teilten. Sein Buch über die Falknerei – *Falconry in the Valley of the Indus,* eines von fünf Büchern, die er zwischen 1851 und 1853 verfasste – war mit so vielen indischen Dialektbegriffen gespickt, dass ein britischer Rezensent sich offen über ihn lustig machte: »Wäre der Autor nicht derart stolz auf seine Kenntnis orientalischer Sprachen, dass er es für wünschenswert erachtet, besagtes Wissen durch unentwegte Beimengung fremdländischer Vokabeln in den Text zur Schau zu stellen, könnte dieses Buch als ein durchaus erfreulicher Beitrag zur Zoologie und Falknerei des Orients gelten. … Wir finden seine Affektiertheit schier unerträglich«, rügte der Rezensent, »und wünschen uns inständig, er möge sich für den Rest seines irdischen Daseins mit dem Gebrauch von verständlichem Englisch begnügen.« Burton dachte nicht daran; für seine Leidenschaft würde er sich nicht beschämen lassen. »Ich befasse mich seit Jahren mit der Literatur und Sprache des Sindh«, konterte er. »Ein Land immerhin von der Größe Englands.« Er schrieb sogar einen offenen Brief an die *Bombay Times*, um an den Sprachprüfungen innerhalb der Ostindien-Kompanie Kritik zu üben, die seiner Ansicht nach für einen ernsthaften Studenten keine große Herausforderung darstellten. »Die Aufgabe mag furchteinflößend scheinen, aber dieser Schein trügt«, schrieb er. »Jeder Mann mit moderaten Fähigkeiten dürfte mit ein wenig Fleiß und ohne nennenswerten Aufwand binnen Jahresfrist in der Lage sein, besagte Prüfung zu bestehen.«

Dass er die legendär schwierigen und stark kompetitiv ausgerichteten Prüfungen derart achselzuckend abtat, trieb Burtons Offizierskameraden, die sich oft jahrelang mit dem Erwerb einer Sprache abmühten, in den Wahnsinn. Einer reagierte besonders gereizt auf Burtons lässige Überheblichkeit – und würde dessen Behauptung, Linguisten seien »eine gefährliche Spezies«, letztlich bestätigen: Christopher Palmer Rigby galt als eines der herausragendsten Sprachtalente in der Ostindien-Kompanie. Mit gerade einmal zwanzig Jahren hatte er die Prüfungen in Hindustani und Marathi bestanden und seine Sprachkenntnisse noch vor dem dreißigsten Lebensjahr um das Kanaresische, Persische und Arabische erweitert. 1840, während seines Aufenthaltes in Aden, lernte er nicht nur Somali, sondern verfasste zudem das Buch *An Outline of the Somali Language and Vocabulary*, das Burton bewunderte und zu dem Zeitpunkt, da er selbst die Sprache erlernte, ausgiebig nutzte. Als Rigby seine Gujarati-Prüfung ablegte, ging man dementsprechend davon aus, er werde als Bester abschneiden. Doch zur Überraschung aller, nicht zuletzt der seinen, musste er diese Ehre an Richard Francis Burton abtreten.

Jahre später würde Rigby seinem Konkurrenten beweisen, dass Linguisten nicht nur eine gefährliche, sondern auch eine äußerst nachtragende Spezies waren. Burton sollte die Prüfung im Arabischen, das ihm so vertraut war, dass er es als »meine Muttersprache« bezeichnete, erst 1855 ablegen. In der Annahme, sie mühelos bestanden zu haben, verließ er gleich darauf das Land. »Ich darf wohl ohne Überheblichkeit von mir behaupten«, schrieb er, »dass ich bereits mehr Vokabeln wieder vergessen habe als die meisten Arabisten jemals zu lernen imstande sind.« Erst im Nachhinein stellte sich heraus, dass er in Wahrheit durchgefallen war, weil die Rahmenbedingungen laut Aussage des Prüfungskomitees in Bombay nicht dem Standard entsprachen. Der Arabist George Percy Badger würde Burton siebzehn Jahre später in einem Brief erklären, er habe auf »die Absurdität verwiesen, dieses Komitee über Ihre Befähigung urteilen zu lassen, denn meiner Ansicht nach besaß keines seiner Mitglieder auch nur ein Zehntel Ihrer Arabischkenntnisse.« Der Präsident des Komitees zum fraglichen Zeitpunkt hieß Christopher Palmer Rigby.

Burton wusste, dass sein Arabisch, selbst wenn es tatsächlich dem eines Muttersprachlers gleichkäme, nicht genügen würde, um in Mekka seine Tarnung zu gewährleisten, und so hatte er seine Reise Monate im Voraus sorgfältig geplant. Noch in England hatte er in aller Stille die Identität von »Scheich Abdullah« angenommen, sich den Kopf geschoren, einen Bart wachsen lassen, in weite Gewänder gehüllt und mit Hilfe von Walnussöl einen dunkleren Teint zugelegt. Er hatte sich sogar beschneiden lassen, wohlweislich nach dem arabischen, nicht dem jüdischen Ritus. In Kairo angekommen, hatte Burton, der doch bereits Persisch, Hindustani und Arabisch sprach – die drei Idiome, die es seiner Ansicht nach zu beherrschen galt, um »jeder Prüfung standzuhalten« – und über solch detaillierte Islamkenntnisse verfügte, dass er den Koran zu einem Viertel auswendig rezitieren konnte, einen ehemaligen Chatíb angeheuert, einen islamischen Freitagsprediger, der ihm helfen sollte, seine Grammatik zu verfeinern und sein theologisches Wissen zu erweitern. Schließlich hatte er wie alle Pilger sein Geld sorgfältig aufgeteilt: Eine gewisse Summe hatte er in einen Ledergürtel eingenäht und den Rest in Kisten verpackt, da er davon ausgehen musste, auf den stark frequentierten Pilgerwegen des Hadsch von Wegelagerern überfallen zu werden. »Finden sie ausreichend Bares im Gepäck, sehen sie von einer Durchsuchung des Pilgers ab«, erklärte Burton seinen Lesern. »Werden sie dagegen nicht fündig, gehen sie zur Leibesvisitation über, und sollte sein Gürtel leer sein, sind sie durchaus geneigt, ihm den Bauch aufzuschlitzen, da sie annehmen, er habe ein besonders raffiniertes Versteck für seine Wertsachen gefunden.«

Doch selbst die gewissenhafteste Vorbereitung, selbst die sorgfältigste Planung kann von einem einzigen Fehler zunichtegemacht werden. Nachdem Burton den Männern, die jetzt in seinem Zimmer saßen und seine Taschen inspizierten, zum ersten Mal begegnet war, hatte er ihre Freundschaft wochenlang gehegt und gepflegt, ihnen Geld für die Pilgerreise geliehen, sie in lange, weitschweifige Gespräche verwickelt und mit seiner umfangreichen Kenntnis der islamischen Theologie und Literatur beeindruckt.

Sie hatten Burton daher längst nicht nur freudig, sondern geradezu überschwänglich als Mitpilger akzeptiert. Nun jedoch beäugten sie argwöhnisch seinen Sextanten.

Gegen den Rest seiner Habseligkeiten hatten die Männer nichts einzuwenden: einige Kleidungsstücke, eine Pistole, ein Degen, der Koran, drei Wasserschläuche, ein mit roten und gelben Blumen verzierter, schier unverwüstlicher erbsengrüner Arzneikasten, außerdem von ihm »Hausfrau« genanntes Nähzeug, das Geschenk einer Verwandten, bestehend aus einer »Rolle groben Leinens, mit Nadeln und Zwirn gespickt, Schusterpech und Knöpfen«. Ansonsten hatte er alles zurückgelassen, was Misstrauen erregen konnte und verzichtbar war. Den Sextanten jedoch benötigte er dringend für seine wissenschaftlichen Messungen in Mekka. Also hatte er ihn so gut es ging getarnt, indem er sein goldenes Behältnis durch ein geschwärztes, mit arabischen Ziffern versehenes ersetzt hatte. Als die Männer das Instrument entdeckten, veränderten sich ihre Mienen jedoch schlagartig, und aus unbefangener Kameradschaft wurde schwelender Argwohn.

Niemand sprach ein Wort. Doch gleich als Burton den Raum verlassen hatte, verriet ihn sein einziger Diener, ein untersetztes ägyptisches Milchgesicht namens Mohammed al-Basyúni. Er war zwar kaum achtzehn Jahre alt, aber außerordentlich klug – weitgereist, gut im Feilschen und in der Lage, sich jeder Situation im Handumdrehen anzupassen. »Er konnte ausgezeichnet fluchen«, schrieb Burton über Mohammed, und »betete voller Inbrunst«. Burton hatte von seinem Diener nicht viel verlangt: »Gesund sollte er sein, gerne reisen, außerdem ein wenig kochen, nähen und waschen können, notfalls kämpfen und regelmäßig beten.« Bekommen hatte er einen blitzgescheiten jungen Mann, der stets ein waches Auge auf ihn hatte. Und Mohammed hatte tausend Gelegenheiten erhalten, Burton bei einem Fehltritt zu ertappen: die Art und Weise, wie er seine Gebetsperlen hielt, auf einem Stuhl saß oder sein Glas hob, um einen Schluck Wasser zu trinken – Situationen voller Komplikationen und potenzieller Fallstricke. Um durchführen zu können, wozu er gekommen war – Mekka nicht nur zu sehen, sondern zu erkunden, zu vermessen, zu skizzieren und ausführlich zu beschreiben –, hatte Burton jede nur erdenkliche List angewandt. Er hatte sogar seinen Stift mit einer Art Führungsdraht präpariert, um sich im Dunkeln, sobald Mohammed eingeschlafen war, Notizen machen zu können.

Mohammed habe ihm »von Anfang an misstraut«, würde Burton später einräumen. Und als sich ihm nun endlich die Gelegenheit bot, den scheinbar frommen Scheich Abdullah zu überführen, griff er zu. Er wandte sich an die Männer, die auf den Sextanten starrten, und zögerte keine Sekunde, seinen bösen Verdacht zu äußern. »Dieser Möchtegern-Hadschi«, erklärte er, »ist ein Ungläubiger.« Doch zu Mohammeds Erstaunen stellten sich die Männer, anstatt ihm beizupflichten, auf die Seite ihres Freundes. Einer schwor sogar, dass das »Licht des Islam meine Züge erhelle«, sollte Burton später erfahren. Ein anderer, der am selben Morgen einen Brief gesehen hatte, den Burton an einen muslimischen Freund schrieb – heikle theologische Angelegenheiten betreffend –, »fühlte sich berufen, die Ansicht des jungen Mohammed *ex cathedra* für haltlos zu erklären«. Gleich darauf hagelte es verbale Schläge: Der verblüffte Bursche wurde als »Hungerleider« beschimpft, als »Fakir, Eule, Abgeschnittener, Fremdling …, weil er es gewagt hatte, die Frömmigkeit eines Glaubensbruders in Zweifel zu ziehen.«

Burton war vorerst gerettet. Dank seines über die Jahre erworbenen Wissens war es seinen Freunden unmöglich zu glauben, dass er ein anderer sein könnte als der, der zu sein er vorgab – ein frommer indischer Moslem. Er wusste jedoch, dass diese Galgenfrist ein Opfer verlangte. Er konnte den Sextanten nicht behalten. Dabei wäre ihm in den kommenden Tagen nichts von größerem Nutzen gewesen als dieses Instrument. »Ich beschloss also schweren Herzens, ihn zurückzulassen«, schrieb er, »und betete fast eine Woche lang fünfmal am Tag.«

Mohammed hatte Burton zweifellos auch weiterhin in Verdacht, ließ ihn aber während des Hadsch nicht im Stich. Stattdessen führte er ihn nicht nur nach Mekka, sondern mitten hinein ins Herz des Islam: vor die Kaaba, einen Schrein im Zentrum der al-Haram-Moschee, der meistbesuchten Moschee der Welt. Burton, den erbitterte Puritaner zeit seines Lebens der Blasphemie bezichtigen würden, war von Religion als Studienobjekt schon immer fasziniert gewesen. Er widmete sich dem Verständnis der Weltreligionen mit derselben inbrünstigen Neugier, demselben systematischen Ansatz, mit dem er sich den Sprachen und Kulturen annäherte. Für die westliche Vorstellung, das Christentum sei die einzige ernstzunehmende Religion, hatte er nur Verachtung übrig. »Welche Nation, ob im Westen oder im Osten, darf sich rühmen, ihre Zeremonien vom alten Götzenglauben gänzlich reingewaschen zu haben? Was ist denn der Mistelzweig, die irische Totenwache, der bretonische Pardon, der Karneval?«, fragte er. »Man sollte die rituelle Pilgerfahrt nach Mekka also eher im Lichte einer zum Tugendkanon gewandelten Teufelsanbetung betrachten, als über das Seltsame daran zu salbadern und sich zu blamieren, indem man sie als belanglos abtut.« Obwohl er sich in seinen Studien vor allem dem Islam gewidmet hatte, war Burton von allen Religionen fasziniert, vom Katholizismus bis zum Judentum, vom Hinduismus, Sufismus, Sikhismus bis hin zum Spiritismus und sogar Satanismus. Tatsächlich erwog er kurz, eine Biographie Satans zu verfassen, seiner Ansicht nach »der wahre Held des Verlorenen Paradieses, gegen ihn sind Gott und Mensch überaus gewöhnlich«. Für Burton war nichts tabu oder unrein; er hatte keine Angst vor der himmlischen Verdammnis – und erst recht nicht vor der irdischen. Der einzige Aspekt an Religion, der ihm zuwider war, bestand in der Vorstellung, es gebe wahre Gläubige. »Je mehr ich mich mit Religion befasse«, schrieb er, »desto mehr gelange ich zu der Überzeugung, dass der Mensch immer nur sich selbst anbetet.«

Obwohl Burton ein Spion war, dazu ein Ungläubiger und Agnostiker, konnte er der Macht dieser religiösen Erfahrung nicht widerstehen, die zu den profundesten der Welt zählt. Er schloss sich den vielen tausend Männern an, die sich im Innenhof der Moschee drängten, umkreiste die Kaaba siebenmal gegen den Uhrzeigersinn und berührte die Kiswa, ein großes schwarzes Seidentuch, das den Schrein verhüllte. Nach jahrelangen Studien wusste er genau, was in Gegenwart der Kaaba zu sagen und zu tun war, doch die überwältigenden Emotionen, die nun in ihm aufwallten, entsprangen nicht etwa religiösem Eifer, sondern seinem persönlichen Triumph. »Ich darf wohl mit Fug und Recht behaupten, dass keiner der Gläubigen, die sich weinend an den Vorhang klammerten oder ihre pochenden Herzen gegen den Stein drückten, in diesem Moment tiefer bewegt war als der Hadschi aus dem fernen Norden«, schrieb er. »Und doch, so viel Demut vor der Wahrheit muss sein: Das ihre war das hehre Gefühl religiöser Verzückung, das meine die Ekstase befriedigten Stolzes.«

Selbst inmitten der frommen Inbrunst, die ihn umgab und mitriss, vergaß Burton keinen Augenblick den Zweck seines Kommens. Er ließ den Blick schweifen, um sich nur ja jedes Detail zu merken, damit er es zu Papier bringen konnte, sobald er allein war. Seine Konzentrationsfähigkeit wurde jedoch auf eine harte Probe gestellt, als er im Innenhof stand, die heiße Septembersonne auf seinem unbedeckten Haupt und den bloßen Armen spürte, und plötzlich erfuhr, dass nach ihm geschickt worden war. »Ich dachte: ›Jetzt ist es um mich geschehen‹«, schrieb er später, »sie haben Verdacht geschöpft.« Da hörte er jemanden rufen: »Gebt den Weg frei für den Hadschi, der das Haus betreten möchte«, woraufhin ihn drei Männer zum Eingang der Kaaba emporhoben, der sich in gut zwei Metern Höhe an ihrer nordöstlichen Wand befand: Vier Arme schoben ihn von unten, zwei zogen von oben. Obwohl dieses seltene Privileg von Mohammed arrangiert worden war und die Krönung sowohl Burtons aufwendiger List als auch all seiner Studien darstellte, wusste er gleichzeitig, dass nichts ihn »vor den gezückten Messern erzürnter Eiferer hätte bewahren können, wäre er im Haus enttarnt worden«.

Kaum war Burton in die Kaaba gelangt, packte ihn die Angst, die er bis zu jenem Augenblick erfolgreich verdrängt hatte. »Ich will nicht leugnen«, schrieb er, »dass meine Gefühle angesichts der fensterlosen Wände und der Wächter an der Tür denen einer gefangenen Ratte gleichkamen.« Nachdem er von einem Wächter befragt worden war, dem er erfolgreich auf Arabisch geantwortet hatte, konzentrierte er sich, betrachtete die schweren Säulen, den Marmorboden, die mit Inschriften verzierten Wände und die mit rotem Damast bespannte, »mit goldenen Blüten durchwirkte Decke«. Schließlich gab er vor zu beten, holte dabei langsam einen Stift hervor und skizzierte auf dem weißen Leinen seines Ihram-Gewandes einen groben Plan vom Inneren des allerheiligsten Schreins des Islam.

❁

Bald nach seiner Besichtigung der Kaaba, erleichtert, nicht enttarnt worden zu sein, »sehnte sich Burton danach, Mekka zu verlassen«. Er war »völlig ausgezehrt und erschöpft, nicht zuletzt von der sengenden Hitze«, und fand, es sei an der Zeit, die lange Rückreise anzutreten. Während seine Mitpilger die Bürde ihrer Sünden in Mekka abgestreift hatten, war Burton zumute, als habe seine Last sich vervielfacht. Obwohl er stolz war, den Hadsch vollzogen zu haben, glaubte er nicht so recht an religiöse Neugeburten, die seiner Meinung nach ohnehin nur von kurzer Dauer waren. Dies gelte nicht nur für Muslime, sondern für Anhänger jeder Glaubensrichtung, argumentierte er, »sowohl für den Calvinisten, der nach dem sonntäglichen Gebet bereits am Montag wieder inbrünstig sündigt, als auch den Katholiken, der nach Beichte und Buße sogleich wieder mit Lust deren Ursachen verfällt«. Alle, die am Fuß der Kaaba neben ihm gebetet hatten, waren »›weißgewaschen‹ – ihr Sündenregister eine *tabula rasa*«, schrieb er, doch »manch einer hatte im Nu ein neues Konto eröffnet.«

Burton wusste, dass er kein echter Gläubiger war und dass seine

Dämonen, auch wenn er die Kaaba betreten hatte, nicht einmal vorübergehend gebannt waren. Er hatte außerdem kein richtiges Zuhause, zu dem er zurückkehren konnte. Sein Erfolg in Mekka würde ihm in England Ruhm einbringen, Bewunderung seitens der Royal Geographical Society, und Möglichkeiten in seinem Heimatland eröffnen, die sich zuvor nicht geboten hatten, doch nichts von alledem würde etwas daran ändern, dass er stets ein Außenseiter bleiben würde. Er erwartete keinen Heldenempfang, doch ebenso wenig sollten seine Landsleute ihn neugierig begaffen, um sich sogleich wieder von ihm abzuwenden. »Es ist großartig, wenn ein kleiner Teil der weiten Welt unsereinen stolz willkommen heißt, weil unsere Errungenschaften auch ihm zur Ehre gereichen«, schrieb er. »Geschieht dies nicht, ist man ein heimatloser Streuner; ein strahlendes Licht ohne Fokus. Außerhalb des heimischen Herds schert sich kein Mensch um einen.«

Als Burton endlich in See stach, noch immer als Scheich Abdullah verkleidet, zog es ihn nicht nach England, wo ihn Ehrungen erwarteten, sondern ins altehrwürdige Ägypten. Er durchsegelte das schmale Rote Meer, reiste weiter gen Westen und dann in nördlicher Richtung nach Kairo, der Stadt, an der sich auf seiner mäandernden Reise von seiner noch immer mysteriösen Quelle in Tausenden Kilometern Entfernung aus der Nil vorüberwälzte. Burton sehnte sich nach Ruhe und Einsamkeit, um die Geschichte seiner eigenen Reise niederzuschreiben und seine nächste Expedition zu planen, wohin auch immer sie ihn führen mochte.

2.

Schatten

Richard Burton hielt sich noch immer in Kairo auf, als er erfuhr, dass der deutsche Missionar und Entdecker Johann Krapf in Ägypten angekommen war, mit Geschichten von den Mondbergen und der Quelle des Nils im Gepäck. Burton hatte sich im Shepheard Hotel verkrochen, einem massiven Steingebäude, das »eher einer grimmigen alten Baracke« glich, schrieb ein amerikanischer Generalkonsul, »als einem Hotel«. Mit zunehmender Prachtentfaltung im Laufe der Jahre würde es eines Tages Persönlichkeiten wie T.E. Lawrence, Theodore Roosevelt, Winston Churchill, den Aga Khan und den Maharadscha von Jodhpur willkommen heißen. Hundert Jahre später, in den Unruhen am Vorabend der Revolution, würde es in Flammen aufgehen und neu aufgebaut werden, aber im Herbst 1853 erhob sich das Shepheard Hotel inmitten der üppigen, anmutigen Gärten, in denen Napoleon während des Ägyptenfeldzugs seine Soldaten stationiert hatte. Von seinem Balkon aus blickte Burton auf eine lange Biegung des Nils, der sich durch die Stadt wand.

Burton brauchte die Gewänder nicht mehr, die ihn auf dem Hadsch begleitet hatten, trug sie aber weiterhin. Noch Monate nach seinem Aufenthalt in Mekka weigerte er sich, seine Tarnung aufzugeben, sprach Arabisch und unterzeichnete die Briefe an seine Freunde, selbst Schreiben an die Royal Geographical Society mit *Scheich Abdullah*. Eines Abends schlenderte er mehrmals an einer Gruppe britischer Offiziere vorbei, die vor dem Hotel herumsaßen. Mit jedem Mal kam er den Männern, von denen er mehrere kannte, ein wenig näher, bis sein Gewand schließlich einen von ihnen streifte. Der Mann verfluchte, was er für die Unverschämtheit eines Arabers hielt, und rief aus: »Beim nächsten Mal verpass ich ihm einen Tritt!« Da hielt Burton abrupt inne, und zur Überraschung aller warf er dem Mann in makellosem Englisch hin: »Verdammt nochmal, Hawkins, begrüßt man so einen Kameraden, den man zwei Jahre lang nicht gesehen hat?«

Den Großteil seiner Zeit in Ägypten verbrachte Burton aber nicht mit alten Freunden, sondern allein mit seinen Gedanken, die meisten finsterer Natur. Sein Hochgefühl war in tiefe Schwermut umgeschlagen. Trotz seines Erfolges in Mekka konnte er nur daran denken, dass er die Arabische Halbinsel nicht, wie ursprünglich geplant, durchquert hatte. In einem Brief an Norton Shaw, den Sekretär der Royal Geographical Society, gab er zu, seit seiner Rückkehr nach Kairo an der Ruhr zu leiden. »Ich will nicht behaupten, dass meine Abscheu über mein eigenes Versagen meinen Zustand verschlimmert hat, aber seien wir ehrlich: Die ›Physis‹ eines erfolgreichen Mannes unterscheidet sich doch grundlegend von der des armen Teufels, der versagt hat.« Dennoch war diese gedrückte Stimmung letztendlich weniger seinen Niederlagen als seinen Erfolgen geschuldet. Dass seine Leistungen von argwöhnischen Landsleuten und missgünstigen Rivalen in Frage gestellt und kritisiert würden, hatte er gewusst – und es war ihm gleich. Was ihm jedoch zu schaffen machte, war die Gewissheit, nun nichts mehr zu haben, worauf er seine Gedanken und Talente konzentrieren konnte. »Wie betrüblich ist doch der Erfolg«, würde er später schreiben. »Während das Scheitern uns anspornt, lehrt das Gelingen uns die traurige, nüchterne Lektion, dass all unsere Herrlichkeiten nichts weiter sind als ›substanzlose Schatten‹.« Er brauchte eine neue Herausforderung, einen Ausweg aus dieser andauernden, quälenden Düsternis, und den hatte Johann Krapf ihm soeben geliefert.

Krapf hatte die vergangenen siebzehn Jahre in Ostafrika verbracht. Wie Burton war auch er von Sprachen fasziniert, befasste sich mit dem Altäthiopischen, dem Amharischen und mit Swahili. Nachdem in rascher Folge zuerst seine beiden Töchter und dann seine Frau gestorben waren, deren von Krankheit gezeichneten Leichnam er unweit von Mombasa auf einem Scheiterhaufen verbrannt hatte, gründete er in New Rabai, etwa vierundzwanzig Kilometer die Küste hinauf, eine Missionsstation. Zwei Jahre später hatte sich ein weiterer Missionar aus Deutschland zu ihm gesellt, Johannes Rebmann, und gemeinsam erkundeten die beiden Männer die Region und erblickten als erste Europäer die zwei höchsten Berge Afrikas – das Mount-Kenya-Massiv und den Kilimandscharo.

Burton hatte wenig übrig für europäische Missionare, deren Tätigkeit er bestenfalls wertlos und schlimmstenfalls grausam fand, interessierte sich jedoch sehr für Krapfs Forschungen, vor allem für seine Reisen mit Rebmann und einem weiteren deutschen Missionar namens Jakob Erhardt. Letzterer hatte sich Krapf und Rebmann vier Jahre zuvor angeschlossen, und zusammen hatten sie die ostafrikanische Küste so detailliert erforscht wie kein Europäer vor ihnen. Sie waren außerdem Elfenbein- und Sklavenhändlern begegnet, die ihnen nicht nur von schneebedeckten Bergen, sondern von gewaltigen Seen im Landesinneren erzählt hatten. Burton hatte auf seiner Pilgerreise ähnliche Geschichten von arabischen Händlern gehört und alles, was sie ihm berichtet hatten, auf kleine Papierstreifen gekritzelt, die er im Saum seines Gewandes verbarg. Vom Shepheard Hotel aus schrieb er einen Brief an die Royal Geographical Society, in dem er zugab, dass Krapfs Geschichten »an die eines Wahnsinnigen erinnerten«, er aber nichtsdestotrotz fest entschlossen sei, ihn aufzuspüren, um herauszufinden, was genau die drei erreicht hatten. »Ich habe ihn noch nicht gesehen, gedenke mir das Spektakel aber nicht entgehen zu lassen, vor allem will ich aus ihm herauspressen, was schon getan ist und was noch zu tun bleibt.«

❋

Im neunzehnten Jahrhundert gab es über den gesamten Globus verstreut Forschungsreisende, die mit Kompassen und Sextanten bestückt versuchten, Landkarten zu ergänzen und geographische Rätsel zu lösen, und zwar von Afrika bis Australien, von Asien bis in die Antarktis. Ungeachtet der Tatsache, dass es über fast jeden Winkel der Erde nach wie vor viel zu lernen gab, herrschte doch Einigkeit darüber, was als der Heilige Gral der Erkundung galt. Über dieses Mysterium hatten sich Astronomen, Philosophen, Historiker und Forscher der vergangenen zweitausend Jahre die Köpfe zermartert: Wo entsprang der Nil?

Die Begeisterung für den Nil war nicht nur deshalb stetig gewachsen, weil er der längste Strom der Welt ist und sein Becken gut fünf Millionen Quadratkilometer umspannt, ein Zehntel des afrikanischen Kontinents, sondern weil er eine der ältesten und reichsten Zivilisationen auf Erden überhaupt erst ermöglicht hat. Die fruchtbare grüne Schneise der Überschwemmungsebene des Nils bedeckt nur fünf Prozent von Ägypten, ernährt aber mehr als 96 Prozent seiner Bevölkerung. Das übrige Land besteht aus Wüste. So belebend sind die alljährlichen Überschwemmungen, dass die alten Ägypter ihre Kalender nach ihnen richteten: Jedes neue Jahr begann mit dem ersten Tag der Nilschwemme.

Obwohl immer beruhigend vorhersehbar war, wann die Überschwemmungen einsetzen würden, war ihr Ausmaß stets unkalkulierbar. War der Pegelstand des Nils zu niedrig, fehlte es nicht nur an Wasser, sondern auch an den darin enthaltenen notwendigen Nährstoffen, die den Boden des Tals überhaupt erst fruchtbar und seine Erträge üppig machten. War er zu hoch, trat der Fluss über die Ufer und riss große Streifen Ackerland und ganze Dörfer mit sich fort in Richtung Meer. Es war eine Frage von fundamentaler Bedeutung, die jahrhundertelang die klügsten Köpfe bewegt hatte. »Der Nil steigt im Durchschnitt um sechzehn Ellen (8,2 Meter) an«, hatte der römische Gelehrte Plinius der Ältere im ersten Jahrhundert geschrieben. Stiege der Fluss nur um zwölf Ellen, so seine Warnung, wäre die Konsequenz eine Hungersnot. Zwei weitere

Ellen dagegen bedeuteten »Fröhlichkeit, fünfzehn absolute Zuversicht und sechzehn Glück«. Siebzehn, so Plinius, könnten dagegen einer Katastrophe gleichkommen.

Die Ängste um die Nilschwemme und die Bemühungen, sie zu begreifen, hatten die Frage nach dem Ursprung des Flusses aufgeworfen. Zu Beginn gab es sehr unterschiedliche Theorien: So hatte der griechische Historiker Herodot von ägyptischen Priestern erfahren, dass der Nil aus einer unergründlichen Höhle hervorquoll. Sowohl Alexander der Große als auch dreihundert Jahre später Vergil mutmaßten zwischenzeitlich, dass der Fluss seinen Ursprung in Indien haben müsse. Zu den berühmtesten frühen Spekulanten über die Quelle des Nils gehört der legendäre ägyptische Mathematiker, Astronom und Geograph Ptolemäus. Er berief sich hauptsächlich auf Berichte eines griechischen Händlers namens Diogenes, der von der afrikanischen Ostküste aus fünfundzwanzig Tagesmärsche ins Landesinnere unternommen hatte, als er die Nilquelle in zwei großen Seen verortete, die aus einer schneebedeckten Bergkette hervorströmten. Diogenes hatte sie Mondberge getauft. Nachdem man in Europa Ptolemäus' Landkarten und Schriften aus dem zweiten Jahrhundert zwischen dem fünften und vierzehnten Jahrhundert weitgehend ignoriert hatte, war in der Renaissance das Interesse an seinem Werk neu erwacht. Im achtzehnten Jahrhundert galt es schließlich als eine der maßgeblichen Quellen für die Forscher der Neuzeit.

Seit langem war bekannt, dass sich der Nil aus zwei Hauptsträngen zusammensetzt, dem Blauen und dem Weißen Nil. Der längere der beiden, der Weiße Nil, so benannt wegen des hellgrauen Schlicks, der seinen Wassern eine milchweiße Färbung verleiht, vermählt sich im Sudan, unweit der Hauptstadt Khartum, mit dem dunkleren, schnelleren Blauen Nil, ehe beide Stränge gemeinsam dem Mittelmeer zuströmen. 1770 hatte der Schotte James Bruce, nachdem er den Tana-See im nördlichen Äthiopien erreicht hatte, behauptet, als erster Europäer den Ursprung des Blauen Nils entdeckt zu haben. Als er erfuhr, dass ihm der spanische Jesuit Pedro

Páez, der den Fluss bereits hundertfünfzig Jahre früher bis zu seiner Quelle erkundet hatte, zuvorgekommen war, weigerte er sich wütend, die Ehre an ihn abzutreten. Das Rätsel um den Ursprung des Weißen Nils hingegen war auch zweihundert Jahre nach Páez und fast hundert Jahre nach Bruce noch ungelöst.

Wie jeder, der ihn erkunden wollte, schnell erfahren musste, hütete der Weiße Nil seine Geheimnisse gut. Das römische Sprichwort, das eine Situation beschreibt, in der man mit einer unlösbaren Aufgabe konfrontiert ist, heißt *Facilius sit Nili caput invenire* – »es wäre einfacher, die Quelle des Nils zu finden«. Jeder Versuch, den Flusslauf von Nord nach Süd zu erforschen, war an einem riesigen Binnensumpf namens Sudd, eine Anlehnung an das arabische Wort für »Schranke«, gescheitert. Die ausgedehnte Ebene aus Mooren und Sümpfen erstreckt sich über Hunderte Kilometer durch den heutigen Südsudan und wird überwuchert von hohem Schilfgras, Papyrus, diversen Sumpfpflanzen und Wasserhyazinthen, die eine Durchquerung per Boot verunmöglichen. Eine Expeditionsarmee, die vom römischen Kaiser Augustus ausgesandt wurde, gab auf, noch ehe sie den Äquator erreicht hatte. Über fünfzig Jahre später wurden Neros Zenturionen von eben jenem Marschland aufgehalten, das ihren Berichten zufolge so undurchdringlich war, dass selbst die Menschen, die dort lebten, keine Ahnung von seinen Ausmaßen hatten. Erst im neunzehnten Jahrhundert, als der türkische Offizier Selim Bimbashi zwischen 1839 und 1842 drei Expeditionen nilaufwärts sandte, wurde der Sudd überwunden. Zwei von Bimbashis Truppen gelangten bis zu einer Stelle, die etwa achthundert Kilometer südlich des Sumpfes lag, damit aber immer noch unvorstellbar weit von der Quelle des Flusses entfernt war.

Um die Mitte des neunzehnten Jahrhunderts hatten die Forscher allmählich begriffen, dass sie ihre Suche nach der Nilquelle nicht stromaufwärts im Norden, sondern über den Landweg im Süden beginnen mussten. Von ihrer an der Ostküste gelegenen Basis in New Rabai aus hatten die deutschen Missionare Krapf,

Rebmann und Erhardt genau das getan. Krapf, seit langem kränkelnd, musste nach Europa zurückreisen und machte in Ägypten einen Zwischenstopp. Man hatte ihm prophezeit, er werde sterben, wenn er noch länger in Afrika verweilte. Erhardt und Rebmann dagegen blieben in Ostafrika, vorerst zumindest. Erhardt, dessen Gesundheitszustand nicht viel besser war als der von Krapf, würde im darauffolgenden Jahr ebenfalls nach Deutschland zurückkehren, allerdings mit einer Landkarte im Gepäck, die er gemeinsam mit Rebmann erstellt hatte. Während eines Gesprächs über die seit langem ungeklärten Fragen zur Quelle des Nils war ihnen spontan ein Licht aufgegangen, wie Erhardt es nannte. »In ein und demselben Moment stand uns beiden die Lösung vor Augen«, würde er später schreiben, »und zwar durch die schlichte Annahme, dass wir dort, wo geographische Hypothesen bislang eine riesige Gebirgslandschaft vermutet hatten, stattdessen nach einem ausgedehnten Tal und einem Binnenmeer suchen mussten.«

❋

Ein Jahr zuvor hatte der Präsident der Royal Geographical Society, Roderick Murchison, verkündet, dass wer immer »die wahre Quelle des Weißen Nils« fände, »zu Recht zu den größten Wohltätern dieses Zeitalters geographischer Entdeckungen« gezählt würde. In der von der Gesellschaft herausgegebenen, renommierten Zeitschrift *Journal of the Royal Geographical Society of London* hatte der britische Naturforscher Colonel William Sykes vorhergesagt, es brauche »ein furchtloses Herz, um die Lösung all jener geographischen Rätsel anzugehen, die sich der Forschung seit Menschengedenken stellen«. Burton, endlich aus seiner Erstarrung erwacht, die ihn seit seinem Erfolg in Mekka und den einsamen Tagen in Kairo nicht mehr losgelassen hatte, konnte sich kein furchtloseres Herz denken als das seine. »Wie ich höre, spricht man in der Geographical von einer Expedition nach Sansibar«, schrieb er an Norton Shaw. »Ich werde alles daransetzen, sie zu leiten.«

Auf dem Weg nach Mekka war Burton zum ersten Mal auf dem Nil gefahren und, ungeachtet der erhabenen Geschichte des Flusses, nicht sonderlich beeindruckt gewesen. Die umgebende Landschaft hatte ihn an seine Zeit in Indien erinnert, in der heißen, staubigen Provinz Sindh. »Für mich war die Landschaft in zweifacher Hinsicht eintönig«, hatte er geschrieben. »Morgendunst und Mittagsglut; derselbe heiße Wind, dieselben Hitzewolken, dieselben feurigen Sonnenuntergänge, dasselbe Abendglühen; dieselben Staubsäulen und ›Sandteufel‹, die wie Riesen über die Ebene stieben; dasselbe trübe Wasser.« Die Vorstellung, die Quelle dieses Flusses aufzuspüren und damit das größte geographische Rätsel seiner Zeit zu lösen, erfüllte ihn hingegen mit einer schier überwältigenden Abenteuerlust und der Vorahnung, etwas wahrhaft Großartiges zu leisten.

Obwohl er von der Ruhr, die ihn seit seiner Rückkehr aus Mekka plagte, noch nicht vollständig genesen war und schon bald nach Bombay würde segeln müssen, da seine Beurlaubung von der Ostindien-Kompanie sich ihrem Ende zuneigte, würde Burton sich von keinem Hindernis, sei es körperlich oder beruflich, davon abhalten lassen, nach der Quelle des Weißen Nils zu suchen. Eine Gelegenheit wie diese bot sich nur einmal im Leben, mehr noch, sie war nur wenigen Männern in der Geschichte der Forschungsreisen vergönnt. Endlich hätte er »die Möglichkeit«, schrieb er, »meinen Kompass auf jene ›Mondberge‹ auszurichten, deren Existenz zweitausend Jahre lang im Ungewissen gelegen hatte, und erst kürzlich bewiesen wurde – eine Bergkette, die selbst in der Glut des afrikanischen Sommers weiß war von ewigem Schnee. Angeblich hat sie den mysteriösen Nil geboren und ist kurz gesagt ein Gebiet, das die Romantik wilder Fabeln und altertümlichste Geschichte atmet; bis zum heutigen Tag gilt es als das lohnendste Studienobjekt, dem der Mensch Tatkraft und Unternehmungsgeist widmen kann.«

Burton hatte bereits einen Plan. Er brauchte lediglich »ein paar gute Männer, die mich begleiten (einen für die Vermessung, einen zweiten für Physik und Botanik)«, schrieb er an Shaw. »Ich zweifle nicht an unserem großartigen Erfolg.« Er wollte Krapf immer noch aufsuchen, um »über seine Entdeckungen auf dem Laufenden zu sein«, wie er gestand, doch obwohl er den Missionar achtete und seinen Rat brauchte, fürchtete er keine Konkurrenz. Krapf mochte als Erster Informationen über die Binnenseen nach Europa gebracht haben, aber Burton wäre der erste Europäer, der sie tatsächlich finden würde, und mit ihnen die Quelle des Nils. Johann Krapf, ließ er Shaw wissen, »ist lediglich mein Johannes der Täufer«.

3.

Bürge für unser Blut

Als das Direktorium der Ostindien-Kompanie im Sommer 1854 schließlich einwilligte, Burton für die Suche nach der Quelle des Nils freizustellen, tat sie es unter zwei Bedingungen: Die eine bezog sich auf zu erwartende Geschäfte, die zweite auf die Gefahr für Leib und Leben. Entsprechend würde Burton seine Reise in Aden beginnen, einer sich in britischer Hand befindlichen Hafenstadt an der Südspitze der Arabischen Halbinsel. Alsdann würde er den Golf von Aden durchqueren und Somaliland erreichen, wie es damals hieß, um von dort aus ins Landesinnere Afrikas vorzudringen. Somaliland, am Horn von Afrika, war für Großbritannien nicht zuletzt deshalb interessant, weil es an der Handelsroute von Bombay nach Sues lag und noch weitgehend unerforscht war. Es galt allerdings als äußerst gefährlich, was zur zweiten Bedingung führte: Die Ostindien-Kompanie würde keinerlei Verantwortung für Burtons Leben übernehmen, solange er sich in der Gegend aufhielt. Sie würde ihn mit »den erforderlichen Gerätschaften ausstatten und seine Hin- und Rückreise finanzieren«. Außerdem würde sie für die anfallenden Reisekosten aufkommen, doch abgesehen von dieser finanziellen Unterstützung und einer beruflichen Freistellung wäre Burton auf sich gestellt. Er wäre zwar nach wie vor Offizier der Ostindien-Kompanie, »reist aber als Privatperson«, hieß es in der Übereinkunft. »Die Regierung gewährt ihm nicht mehr Schutz als jedem anderen Individuum.«

Burton hatte keine Angst davor, sich ohne jedes Sicherheitsnetz auf eine gefährliche Expedition zu begeben, es war ihm sogar lieber so. Schon das Gespräch mit James Outram, dem neuernannten Political Resident und Oberbefehlshaber in Aden, empfand er als unzumutbare Bevormundung seitens der Regierung. Outram hatte Burton überdies klargemacht, dass von ihm keinerlei Hilfe zu erwarten wäre, ganz im Gegenteil. Nachdem er in Indien von einem Posten zum nächsten kommandiert worden war, im Ersten Anglo-Afghanischen Krieg und im Krieg gegen Persien gekämpft hatte, war Outram mittlerweile krank und erschöpft und würde bald seine Freistellung beantragen. Bis dahin war er jedoch fest entschlossen, Burton an der Weiterreise nach Somaliland zu hindern. Sein Argument: Die Länder jenseits des Golfs von Aden seien für Fremde so gefährlich, dass er es als seine Christenpflicht erachte, Reisende nach Kräften davon abzuhalten, dort ihr Leben aufs Spiel zu setzen.

Die Somali, in der Mehrzahl Hirten, bevölkerten das Tiefland des östlichen Horns von Afrika und trieben seit langem regen Handel mit den Küstenstädten am Indischen Ozean und am Roten Meer. Mit Beginn der Industriellen Revolution hatten sich diese Netzwerke noch weiter ins Landesinnere ausgedehnt und waren zusehends komplexer geworden, da somalische Händler bemüht waren, die Nachfrage Europas und Nordamerikas nach ihren Produkten zu befriedigen. Diese reichten von Ziegen- und Kuhhäuten für Lederwaren über Pflanzenfarben zum Färben von Textilien bis hin zu Pflanzenölen für Speisen und die Herstellung von Seifen. Dazu boten sie auch noch eine große Bandbreite ihrer traditionelleren Handelsgüter feil wie Elfenbein, Vieh, Rauchwaren, Straußenfedern und Leopardenfelle. Nachdem die Briten Aden 1839 eingenommen hatten, war die dortige Enklave bald abhängig von den Somali, die sie mit frischem Fleisch versorgten, und bereits in den 1850er Jahren bestand die Gesamtbevölkerung Adens zu fünfzehn Prozent aus Somali.

Doch Männer wie Outram hatten nach wie vor Angst vor ihnen. Es waren zwei bestimmte Ereignisse, die ihr Vertrauen in die Region erschüttert hatten. 1825 hatte eine Gruppe Somali die englische Brigg *Mary Ann* überfallen, das Schiff geplündert und den Großteil der Mannschaft ermordet. Zwanzig Jahre später war südlich von Somaliland, knapp hundert Kilometer von der Küste entfernt, ein 26-jähriger französischer Entdecker namens Eugène Maizan, dem es als erstem Europäer gelungen war, so weit ins ostafrikanische Landesinnere vorzudringen, gefoltert, entmannt und ermordet worden. Fünf Jahre später, 1850, unternahm die Royal Geographical Society einen weiteren Erkundungsversuch und beschloss, Dr. Henry Carter, Assistenzchirurg in der Ostindien-Kompanie, in die Region zu schicken. Mit fortschreitender Planung war jedoch klargeworden, dass sich Carters Vorstellung von der Expedition deutlich von jener der Geographischen Gesellschaft unterschied. Burton argwöhnte, der Arzt habe von Maizans Schicksal erfahren und »das Risiko, sein bestes Stück einzubüßen, nicht sonderlich reizvoll gefunden«. Er habe einfach nur auf einem regierungseigenen, mit reichlich Verpflegung ausgestatteten Schiff bequem und sicher die Küste entlanggondeln wollen. Schließlich warf die Society das Handtuch, gab die Expedition auf und entließ Carter. Dessen zaghafte Pläne erfüllten nicht das »vorrangige Ziel der Royal Geographical Society, welches nach wie vor in der Erkundung des Landesinneren besteht«, so die Begründung.

Trotz der potenziellen Gefahren bezweifelte Burton, dass Outram ihn tatsächlich aus Sorge um seine Sicherheit an der Weiterreise hindern wollte. Sein Motiv sei schnöder Neid, so Burtons Überzeugung. »In seiner Jugend wollte Outram, den es nach Anerkennung dürstete, selbst Somaliland erkunden«, beklagte sich Burton, »und mir, der ich dasselbe will, legt er nichts als Steine in den Weg.« Zu Outrams Verteidigung argumentierte später einer seiner Freunde, der Resident »habe sich auf die Erfahrungen der ältesten Anwohner vor Ort verlassen … und die Tragödie verhindern wollen, die in der einen oder anderen Form dem wilden Treiben einer Gruppe junger Draufgänger folgen musste«. Burton, mittlerweile dreiunddreißig Jahre alt, war weder besonders jung noch ausgesprochen draufgängerisch. Er war allerdings aufs äußerste entschlossen.

Um sich aus Outrams Umklammerung zu befreien, machte Burton ihm ein Angebot: Er versprach, die Expedition hinauszuzögern, bis der Markt in Berbera zu Ende wäre. Dieser regelmäßig von Oktober bis April stattfindende Handelsbasar führte jedes Jahr Tausende Menschen in die Küstenstadt. Wenn die endlos langen Karawanen im Frühling wieder ins Landesinnere zurückkehrten, würde Burton in ihrem Schutz reisen. Unterdessen konnte er an seinen Plänen feilen, seine Kenntnisse der somalischen Sprache vertiefen, die »überbordend reich war an Poesie und Ausdruck«, wie er schrieb, und auf die Ankunft seines letzten Expeditionsmitglieds warten.

Als Burton seine Reise nach Ostafrika plante, entschied er mit als Erstes, welche Expeditionsteilnehmer er dazu einladen würde: drei Offizierskameraden, die er schon lange kannte, denen er vertraute und die er bewunderte. Einer der Männer war mit ihm von Bombay nach Aden gesegelt. Lieutenant G.E. Herne, aus dem First Bombay Regiment of Fusiliers, »beherrschte die Daguerreotypie«, das vor kurzem erfundene fotografische Verfahren, »konnte astronomische Beobachtungen anstellen und galt als Mathematikgenie«, schrieb Burton. Herne würde William Stroyan zur Hand gehen, einem Geologen und ebenso talentierten wie erfahrenen Landvermesser. Stroyan, Mitglied der indischen Marine, hatte sowohl die Küste Westindiens als auch die Flüsse im Punjab vermessen. Burton hatte drei Monate gebraucht, um die Regierung in Bombay davon zu überzeugen, Stroyan für die Expedition freizustellen. »Seine kostbaren Dienste zum gefahrvollen Zweck einer Erkundung Ostafrikas zu erübrigen«, schrieb er, »fiel außerordentlich schwer.«

In Aden erwartete Burton voller Ungeduld die Ankunft des dritten Mitglieds seiner Expedition: Der Assistenzchirurg John Ellerton Stocks war in England aufgehalten worden. Stocks wollte sich der Expedition als Botaniker anschließen und sich, sollte es nötig werden, auch als Sanitäter beteiligen. Burton hatte ihn im Sindh kennengelernt, wo er als Mitglied des medizinischen Personals für Impfungen und Arzneimittelvorräte verantwortlich gewesen war. Am bekanntesten war Stocks jedoch für sein enzyklopädisches Wissen über Pflanzen, vor allem jene in Indien. Er hatte von der Regierung in Bombay den Titel *Conservator of Forests*, Bewahrer der Wälder, erhalten und den vergangenen Winter in den Royal Botanic Gardens im Londoner Stadtteil Kew zugebracht. Dort katalogisierte er die umfangreiche Sammlung, die er aus dem Sindh mitgebracht hatte, und arbeitete an einer ausführlichen Beschreibung von »Geographie, Naturgeschichte, Kunst und Handwerk« jener Region.

Genau wie Burton hatte sich Stocks dem intensiven Studium fremder Kulturen verschrieben, legte dabei jedoch eine Bescheidenheit an den Tag, die Burton nie besessen hatte. »So groß war sein Wissen über das Wesen der Menschen vor Ort, so groß auch das Zutrauen, das alle in seiner Umgebung zu ihm hatten, dass er weiter nach Belutschistan vordringen durfte als jeder andere Reisende, seit unsere Armeen aus Afghanistan abgezogen waren«, schrieb ein britischer Landsmann über Stocks. »Mit seiner Beharrlichkeit und seinem bemerkenswerten Taktgefühl hatte er selbst die argwöhnischsten ortsansässigen Fürsten beschwichtigt.« Trotz seiner zahlreichen Verdienste war Stocks erstaunlich unprätentiös und dank seines »freundlichen, fröhlichen und einnehmenden Wesens« äußerst beliebt. Stocks gäbe daher nicht nur ein wertvolles Expeditionsmitglied ab, so Burtons Überzeugung, sondern könnte die anderen Männer bei Laune halten und in Zeiten der Gefahr oder Entbehrung den Zusammenhalt in der Gruppe stärken. »Der Bursche schreibt gut und ist dabei bescheiden – ein schändlicher Makel!«, hatte er in einem Brief an Norton Shaw voller Sympathie über Stocks geschrieben, ehe er Kairo verließ. »Und vor allem ist er ein erstklassiger Kamerad.«

Als das Schiff aus England jedoch endlich in Aden anlegte, wartete Burton vergeblich darauf, dass sein gutmütiger, talentierter Freund von Bord ginge und ihm mit seinem Arzneikoffer und der botanischen Ausrüstung in Händen lächelnd entgegenkäme. Stattdessen erreichte ihn die niederschmetternde Nachricht von seinem Tod. Die Anzeige erschien am 19. September in der *Allen's Indian Mail*, einem »Informationsregister für Britisch-Indien, Indien, China und den Orient«, das Nachrichten aller Art beinhaltete, von Verlustmeldungen bis hin zu Heiratsanzeigen. Fast am Ende einer langen, düsteren Liste von Todesnachrichten stand, leicht zu übersehen, eine einzige Zeile: »Stocks, J. Ellerton, Sanitätsdienst Bombay, in Dottingham bei Hull, 30. August«.

Trotz seiner medizinischen Ausbildung hatte Stocks die Gefahr der »neuralgischen Schmerzen in Kopf und Nacken« verkannt, die ihn in Kew befallen hatten. In der Annahme, sie kämen von einem Fieber, das ihn seit einiger Zeit immer wieder heimsuchte, und in der Hoffnung, ein Tapetenwechsel und eine Erholungspause würden Linderung bringen, war er von London aufs Land gefahren. Er hatte bei Freunden in seiner Geburtsstadt Cottingham einen Schlaganfall erlitten und war zehn Tage später, nach einem weiteren Schlaganfall, im Alter von nur zweiunddreißig Jahren verstorben. Die Nachricht traf Burton schwer. Er hatte nicht nur den Verlust seines Freundes zu betrauern, sondern musste auch akzeptieren, dass es zu diesem späten Zeitpunkt, da sich nach Monaten der Planung bereits die Vorräte um ihn herum stapelten und Ostafrika nur noch eine Bootsfahrt entfernt lag, so gut wie unmöglich wäre, Ersatz für ihn zu finden.

Einige Wochen bevor Burton die Nachricht von Stocks' Tod erreichte, hatte ein Schiff auf dem Weg nach England in Aden angelegt. Es kam aus Bombay und war von der berühmten Peninsular and Oriental Steam Navigation Company erbaut worden, einer erst siebzehn Jahre zuvor gegründeten Reederei. Einer der wenigen Passagiere, die von Bord gingen, war ein junger britischer Offizier namens John Hanning Speke. Dieser diente im Sechsundvierzigsten Regiment der Bengal Native Infantry, war ein erfahrener Reisender, ausgebildeter Vermesser, und ausgezeichneter Schütze. Seine Jagdleidenschaft war es auch, die ihn nach Aden geführt hatte, von wo aus er, genau wie Burton, nach Somaliland segeln wollte. Speke war nicht gekommen, um die geographischen Geheimnisse Ostafrikas zu lüften, sondern um möglichst viele seltene Tiere zu schießen und die Trophäen auf seinen Familiensitz zu schaffen.

Mit seinen siebenundzwanzig Jahren war Speke nicht nur sechs Jahre jünger als Burton, sondern in fast jeder Hinsicht dessen absolutes Gegenteil. Dünn und feinknochig, blond und blauäugig, war er in die britische Aristokratie hineingeboren und in einem georgianischen Herrensitz in Somerset aufgewachsen, inmitten von Ländereien, die sich seit Jahrhunderten im Besitz seiner Familie befanden. Er war puritanisch erzogen und prüde, stolz auf seine Disziplin, und verwendete Sold und Urlaubstage auf ausgedehnte Jagdreisen. Seinen Kameraden dagegen warf er vor, Zeit und Geld sinnlos zu verplempern. »Meine Kameraden in der Messe wunderten sich, wie ich es schaffen konnte, so lange Urlaub zu bekommen, aber der Grund war einfach folgender, und ich erzähle ihn, damit andere davon profitieren«, prahlte er: »Unser Oberbefehlshaber …, dem auffiel, wie gewinnbringend ich meine freie Zeit nutzte, anstatt faul herumzulungern oder Schulden zu machen, war so freundlich, meine Passion zu fördern; sein Stab soll sogar gesagt haben, es wäre doch jammerschade, wenn ich keinen Urlaub bekäme, da so viel Gutes daraus erwüchse.«

Während sich Burton in Büchern vergrub, widmete Speke sich in seiner Freizeit hauptsächlich dem *Shikar*, wie die Großwildjagd in Indien genannt wird. Sein Ziel war es, eines Tages ein Naturkundemuseum auf Jordans, dem Gut seiner Vorfahren, zu eröffnen und so hatte er auf seinen Reisen durch Indien, Tibet und den Himalaya eifrig Proben gesammelt. »In jedem Jahr ... wurde ich freigestellt, und in jedem Jahr wanderte ich durch den Himalaya und drang in noch unbekannte Landstriche Tibets vor«, schrieb er, »wobei ich Tiere schoss, Proben sammelte und wo immer ich war das Gelände kartographierte.« Speke war ein so fanatischer Jäger und Sammler, dass er sogar Umwege in Kauf nahm, um trächtige Tiere zu erlegen, ihre Föten zu untersuchen und zuweilen auch zu essen. »Er bevorzugte merkwürdigerweise das allerjüngste Fleisch«, würde Burton später schreiben, »mochte es am liebsten, wenn es noch nicht geboren war.« Jede Beschwerde gegen diese Praxis tat er als lächerlich ab. »Apropos Aberglaube«, schrieb Speke, »es könnte der Erwähnung wert sein, was mir vor längerer Zeit als ein sonderbares Beispiel für die Auswirkung eines übernatürlichen Eindrucks auf den ungebildeten Verstand auffiel... Nachdem ich einmal ein trächtiges Kudu-Weibchen geschossen hatte, gab ich meinem einheimischen Jäger, einem verheirateten Mann, die Anweisung, er möge den Bauch des Tieres aufschneiden und den Embryo freilegen; er aber schreckte entsetzt davor zurück, weil er befürchtete, der Anblick des Jungen könne sein Denken befallen und dergestalt Einfluss haben auf künftige Schwangerschaften seiner Frau, dass ihre Leibesfrucht sich in ein Antilopenkitz verwandeln würde.«

Für Speke war die Jagd noch weit mehr als nur Töten und Sammeln. Sie bot ihm die Möglichkeit, Stress abzubauen, sich in eine Tätigkeit zu versenken, die er liebte. Außerdem stellte sie seine Männlichkeit unter Beweis. »Ein sesshaftes Leben«, darauf bestand er, »mache ihn krank«. Er könne weiter gehen, höher steigen, weniger schlafen und mehr ertragen als andere Männer, brüstete er sich, und hatte wenig Verständnis für jene, die kränkelten oder nicht mithalten konnten. Für Speke waren die Jagd und das Reisen physische und psychische Härteprüfungen, und er war fest entschlossen, in beiden Disziplinen zu brillieren. »Bevor man auch nur einen Schuss abgibt«, hatte er in einem Brief an einen Freund erklärt, ehe er Bombay verließ, »muss man sich auf sich selbst und seine Waffe unbedingt verlassen können, sonst wird man nie ein guter Schütze.«

Nach Vollendung seines zehnten Dienstjahres in der Infanterie hatte er sich einen dreijährigen Urlaub verdient und eine Reise mit seinem Freund und regelmäßigen Jagdgefährten Edmund Smyth geplant. Dieser war Fähnrich im Dreizehnten Regiment der Bengal Native Infantry, ein geübter Bergsteiger und hatte schon viele Reisen mit Speke unternommen. Die beiden Männer waren sogar nach West-Tibet gelangt und im See Manasarovar geschwommen, der Buddhisten und Hinduisten gleichermaßen als heiliges Gewässer gilt. Obwohl Smyth für seine Stärke und innere Kraft bekannt war und Speke seine Fähigkeiten als Entdecker aus eigener Erfahrung kannte, hatte er plötzlich Zweifel, ob Smyth wirklich zum Reisegefährten taugte. Anstatt nach England zu segeln, um sich dort mit Smyth zu treffen und die Reise gemeinsam anzutreten, beschloss Speke daher, sich auf eigene Faust nach Somaliland zu begeben, ohne Smyth.

❋

Nach seiner Ankunft in Aden verlor Speke keine Zeit und wurde sogleich bei Outram vorstellig, zuversichtlich, die Empfehlungsschreiben und die logistische Hilfe zu erhalten, die er für seine Solo-Expedition benötigte. Da ihm stets höherrangige Offiziere den Weg geebnet hatten, weil sie seine Diszipliniertheit und seinen aristokratischen Hintergrund bewunderten, war er davon ausgegangen, dass es diesmal nicht anders sein würde. Doch zu seinem Entsetzen stand der Resident seinen Plänen, nach Somaliland vorzudringen, genauso beharrlich im Weg wie zuvor dem Vorhaben Burtons. »Zu meinem Erstaunen und Missvergnügen«, schrieb Speke, »sagte er mir klipp und klar, er werde nicht das Geringste für mich tun, sondern mir im Gegenteil die Reise kurzerhand verbieten.«

Weil Speke nicht aufgeben wollte, bat er Outram wiederholt, es sich noch einmal zu überlegen oder ihm zumindest einen anderen Weg vorzuschlagen, der ihn nach Ostafrika führen könnte. Beharrlichkeit, das hatten bereits seine Kameraden erfahren, war eine von Spekes hervorstechendsten Eigenschaften. »Er beherrschte die Kunst des insistierenden Bittens perfekt«, würde Burton sich später erinnern, »durch ein Nein, und sei es noch so barsch, ließ er sich nicht abschrecken.« Ob aus Mitleid oder weil er Spekes Unnachgiebigkeit leid war, teilte Outram dem jungen Mann schließlich mit, er sehe tatsächlich eine Möglichkeit, obschon er persönlich das Unterfangen für »recht aussichtslos« halte. Ein britischer Leutnant, dem »die Pilgerfahrt nach Mekka« gelungen sei, habe von der Regierung die Erlaubnis erhalten, diesen »noch dunkleren Landstrich« zu erkunden, sagte Outram, der sich damit der zeittypischen, ebenso ängstlichen wie verwerflichen Charakterisierung Afrikas bediente. Sollte Speke diesen Burton überzeugen, ihn anstelle von Stocks an seiner Expedition nach Somaliland teilnehmen zu lassen, würde Outram, obschon noch immer von der Gefährlichkeit des Unterfangens überzeugt, ihm sein Einverständnis geben.

Obwohl Speke sich die Reise anders vorgestellt hatte, wurde ihm klar, dass dies seine einzige Hoffnung war, nach Ostafrika zu gelangen. Er wandte sich daher an Burton, um ihm seine Dienste als Vermesser anzubieten. Burton, der mit den Jahren ein beachtliches Maß an Menschenkenntnis gewonnen hatte, taxierte den jungen Mann, der da vor ihm stand. In vielerlei Hinsicht war er ein typischer Engländer, aber aufgrund seiner Jagdexpeditionen gut in Form und an lange Märsche und kurze, ungemütliche Nächte gewöhnt. »Von schlanker, geschmeidiger Gestalt«, würde Burton später über Speke schreiben, »etwa einen Meter achtzig groß, blauäugig, rotblond; der alte skandinavische Typ …, lange, drahtige Gliedmaßen, die nicht muskulös waren, mit denen sich aber schwungvoll ausschreiten ließ.« Er hatte »ein äußerst reizbares Temperament«, wie Burton mit einiger Besorgnis bemerkte, aber auch »starke Nerven und einen klaren Kopf«. Es war von Anfang an klar, dass Speke keinerlei Fertigkeiten beizutragen hatte, die Burton, Herne und Stroyan nicht schon in weitaus größerem Maß unter sich versammelten. Doch was Burton noch mehr beschäftigte, war Spekes völlige Unkenntnis der Region und sein offenkundiges Desinteresse an den dort lebenden Menschen. »Er war ein guter Schütze, aber abgesehen davon brachte er keinerlei Qualifikation für die Exkursion mit, der er sich anschließen wollte«, würde er später schreiben. »Afrikas Einwohner scherten ihn nicht ..., er wusste nicht das Geringste über die Sitten und Gebräuche im Orient; er beherrschte keine Fremdsprachen, außer vielleicht ein paar Brocken Hindustani, und kannte nicht einmal die Namen der Küstenstädte.«

Trotz der wenig verheißungsvollen Einschätzung von Spekes Fähigkeiten als Entdecker und der Sorge ob seiner Naivität, stimmte Burton der Teilnahme Spekes an der Expedition zu. Speke durfte »die Härten der Erkundung Afrikas« mit ihm teilen. Der war begeistert, nicht nur, weil er jetzt nach Somaliland reisen konnte, sondern weil er nicht einmal seinen Urlaub dafür zu verwenden brauchte. »Da ich mit der Gruppe, die im Auftrag der Regierung unterwegs ist, einig geworden bin«, schrieb er an einen Freund, »bin ich kein Offizier auf Heimaturlaub, sondern erhalte als Vermessungsassistent und Sammler zoologischer Proben den vollen Sold.« Kaum hatte Outram die Nachricht erhalten, machte er Burton klar, in welche Lage er sich brachte. Indem er Speke an seiner Expedition teilnehmen ließ, übernahm er »die volle Verantwortung und bürgte schriftlich für unser Blut«.

Jahre später würde sich Burton verbittert und voller Reue fragen, was ihn an jenem Tag dazu bewogen hatte, eine solch vorschnelle Entscheidung zu treffen. Er hatte einen Mann, der kaum etwas beizutragen hatte, und von dem er obendrein nur sehr wenig wusste, in seine von langer Hand geplante und hart erkämpfte Expedition einbezogen. Speke war schlau und geschickt, aber er war ganz gewiss kein Ersatz für Stocks, weder was seine Fähigkeiten noch was sein Wesen anbelangte. Die falsche Persönlichkeit in der Gruppe, das wusste Burton, konnte nicht nur das fragile Gleichgewicht einer Expedition zerstören, sondern das Leben aller Teilnehmer gefährden. Es war wohl Mitleid gewesen. Jedenfalls hatte er es nicht über sich gebracht, einem Mitreisenden die Hilfe zu verweigern. Vielleicht hatte ihn der junge Mann auch an seinen Bruder Edward erinnert, der ihm während ihrer stürmischen Kindheit auf Schritt und Tritt gefolgt war. »Ich sah, dass er sein Geld, seinen ›Jahresurlaub‹, sein Leben verlieren würde«, sollte Burton später über Speke schreiben, als er seine desaströse Entscheidung Revue passieren ließ. »Warum sollte mich das kümmern? Ich weiß es nicht.«

4.

Der Abban

Burton hatte Outram zwar sein Wort gegeben, erst zum Ende des Berbera-Marktes nach Somaliland zu reisen, aber niemals die Absicht gehabt, die lange Wartezeit ausschließlich in Aden zu verbringen. Seiner Meinung nach war die Hafenstadt eine »Brutstätte von Skorbut und Geschwüren« und viel zu entdecken gab es auch nicht. Rastlos und gelangweilt beschloss er, die sechs Monate des Wartens, die vor ihm lagen, zu nutzen und als erster Europäer die äthiopische Stadt Harar aufzusuchen. Am Fuße des Ahmar-Gebirges gelegen, war Harar nicht nur »die altehrwürdige Metropole eines einst mächtigen Geschlechts, die einzige beständige Siedlung in Ostafrika, das vielgerühmte Zentrum muslimischer Gelehrsamkeit«, sondern wie Mekka eine heilige Stadt.

Während Burton als arabischer Kaufmann verkleidet in Äthiopien wäre, sollten Herne und Stroyan in Berbera auf ihn warten, Informationen über die Region sammeln und Lasttiere für den Marsch ins Landesinnere kaufen. Speke, den sie in ihrer Eile, Aden zu verlassen, völlig vergessen hatten, hätte als einziges Mitglied der Expedition nichts zu tun, eine Situation, die ihm unerträglich war. »So hatten während dieser Übergangszeit alle bis auf mich eine Aufgabe zu erfüllen«, beschwerte er sich. »Da ich die Eintönigkeit des sesshaften Lebens verabscheute, ersuchte ich meinen Kommandanten, er möge mich für die Zeitspanne, die er für geboten hielt, an einen Ort seiner Wahl schicken.«

Burton erklärte sich bereit, Speke eine Aufgabe zuzuteilen, doch mit Outrams Warnung im Sinn, dass fortan er allein für das Leben des jungen Mannes zu bürgen hätte, wählte er ein Ziel, das nach seiner Einschätzung kaum Gefahren barg. Speke würde zum Wadi Nogal reisen, dem »Glücklichen Tal«, wie es in der Royal Geographical Society hieß. Diese Handelsroute durch das nordöstliche Somaliland war ein beliebtes Ziel von Elfenbeinhändlern, weil sich die Landschaft angenehm durchwandern ließ und die Menschen der Gegend als friedlich galten. Speke sollte dort die Wasserscheide der Region erkunden, seine Route kartographieren, das Wetter beobachten, Proben der rötlichen Erde sammeln, die angeblich Goldstaub enthielt, und für die gemeinsame Expedition Kamele und Pferde einkaufen. Burton wusste, wie erpicht Speke darauf war, »naturkundliche Proben aller Art zu sammeln«. Es sei aber ebenso wichtig, betonte er, »*umfangreiche* Notizen« zu erstellen. Herne half Speke sogar dabei, eine Lochkamera zu bauen, mit der er einfache Fotografien machen konnte.

Zu Spekes Überraschung legte Burton ihm nahe, möglichst in Verkleidung zu reisen. Burton, der sich in arabischen Gewändern wohler fühlte als in europäischen, freute sich darauf, wieder in die Kleider seines Alter Ego El Hadsch Abdullah zu schlüpfen. Es wäre nur plausibel, wenn Speke und Herne sich als seine Schüler ausgäben. Herne hatte sich die nötige Kleidung bereits zugelegt, aber Speke, der Zweifel hatte, ob er sich wie ein Araber kleiden sollte, suchte Rat bei Outram. Dieser war von der Idee nicht sonderlich angetan und gab zu bedenken, dass Speke, zumal blass und blond, ohnehin niemanden täuschen könne. Außerdem würden arabische Gewänder seine Autorität untergraben. In seiner britischen Uniform könne Speke die Menschen, denen er begegnete, weitaus mehr beeindrucken. »Wenn wir uns in dieser Art erniedrigen«, so Outram, »verlieren wir die Wertschätzung der Einheimischen.« Am Ende fügte Speke sich widerstrebend Burtons Wunsch, beklagte sich aber bitter über sein arabisches Gewand. »Es fühlte sich ganz und gar nicht angenehm an«, schrieb er.

Nachdem Burton Spekes Expeditionsausrüstung inspiziert hatte, engagierte er zwei Männer, die ihn auf der Reise begleiten sollten, einen Dolmetscher und einen Abban oder Beschützer. »Der Abban fungiert als Vermittler, Geleitschutz, Bevollmächtigter und Dolmetscher in einer Person«, erklärte er, »die Institution kann als die früheste Form von Transitzoll betrachtet werden.« Neben Kost und Logis erhielt ein Abban einen gewissen Prozentsatz von jedem Verkauf, der während der Expedition getätigt wurde, zudem kleine Geschenke wie Perlen, Textilien und andere Luxusgüter auf dem Weg. Als Gegenleistung erwartete man von ihm, im Interesse der Expedition mit den Menschen vor Ort zu verhandeln, Unterkünfte, Wegführer und Kamele zu besorgen, und gegebenenfalls auch zu kämpfen, sogar gegen die eigenen Landsleute. Obwohl das Gewerbe des Abban, das in Ostafrika eine lange, sinnvolle und angesehene Tradition hatte, sowohl der Wirtschaft vor Ort als auch den Handels- und Forschungsexpeditionen zugutekam, war es doch anfällig für Ausbeutung – auf beiden Seiten.

Beide Männer, die Burton für Spekes Unternehmung auswählte, waren nicht nur Somali, sondern Angehörige desselben Clans, der Warsangeli. Zu Beginn des dreizehnten Jahrhunderts waren die Warsangeli ein mächtiges Königreich, das weite Bereiche des nordwestlichen Horns von Afrika regierte und sechshundert Jahre lang Bestand hatte. Der Name der Warsangeli, die als friedlich und politisch unabhängig bekannt waren, bedeutet »Überbringer guter Nachrichten«. Ahmed, Spekes Dolmetscher, sprach Hindustani, eine Sprache, die Speke nach seinen Jahren in Indien mehr schlecht als recht beherrschte. Sein Abban war ein Mann namens Sumunter und nahm, wie alle Abbans, »einen hohen Rang in seinem Land ein«, stellte Speke mit einiger Genugtuung fest.

Obwohl er zum ersten Mal in Ostafrika war, begriff Speke, wie wichtig die Wahl des richtigen Abban war. »Es obliegt ganz und gar der Redlichkeit des Abban, ob sein Klient in dem Landstrich, durch den er ihn führt, etwas zustande bringt«, schrieb er. »Wenn Araber in seinem Schutz reisen, müssen sie ihn für alles, was sie zu tun beabsichtigen, um Erlaubnis bitten. Sie können nicht einen Fußmarsch unternehmen, nicht einen Kauf tätigen, ohne zuvor seine Zustimmung einzuholen.« Da er von den Menschen, Sprachen oder geographischen Verhältnissen des Landes, durch das er reisen würde, wenig Kenntnis hatte, und sein Aussehen augenblicklich seine Jugend und Naivität verriet, war Speke seinem Abban auf Gedeih und Verderb ausgeliefert. Und Sumunter wusste das.

✻

Schon als er mit seiner kleinen Gefolgschaft am 18. Oktober Aden verließ, hegte Speke den Verdacht, dass »man ihn nicht ernst nahm« und dass die wirkliche Gefahr für die Expedition ausgerechnet von dem Mann ausging, den man engagiert hatte, sie zu beschützen. Sumunter riss zunächst das Kommando über die Träger an sich, indem er sich im Unterschied zu Speke Respekt bei ihnen verschaffte, machte sich dann aber sogleich davon. Er kehre nach Bunder Gori zurück, ließ er Speke wissen, in die kleine Hafenstadt, in der sie angekommen waren. Nachdem er sich zwanzig Rupien aus dem Reservefonds genommen hatte, angeblich um damit Esel für die Reise zu kaufen, versicherte er Speke, dass er nicht lange wegbleiben werde, und versprach, die Expedition baldmöglichst einzuholen. Kaum war Sumunter fort, weigerten sich die Träger, die nun dem alleinigen Kommando des jungen Engländers unterstanden, stur, ihren Weg fortzusetzen. »Ich versuchte mein Möglichstes, die Männer dazu zu bewegen, noch ein wenig weiterzugehen«, schrieb Speke, »doch ohne den mindesten Erfolg.«

Während er ungeduldig auf die Rückkehr seines Abban wartete, kamen ihm Gerüchte zu Ohren, Sumunter habe in Bunder Gori nicht etwa, wie er behauptet hatte, Packtiere für die Expedition besorgen wollen; er war dorthin zurückgekehrt, um seine Schulden zu begleichen. »Der Abban wurde … von einem Gläubiger aufgehalten, dem er in Aden Geld schuldete«, erfuhr Speke. »Um diesen zu besänftigen, hatte er mein gesamtes Salz weggegeben, außerdem die zwanzig Rupien, die er eingesteckt hatte, um die Esel zu kaufen, und mehrere Ellen Stoff. Noch dazu hatte er meinen guten Reis gegen schlechten eingetauscht.« Als Sumunter endlich zurückkam, wies er jede Schuld von sich. Doch damit nicht genug: Nachdem der Sultan der Warsangeli den Abban zur Rede gestellt hatte, teilte er Speke seelenruhig mit, dass »nach seinem Dafürhalten kein Schaden entstanden« sei. Als Abban der Expedition stehe es Sumunter frei, »über meinen Besitz zu verfügen, wie es ihm gefiel«.

Obwohl ihn die Tatsache, das Wadi Nogal nicht erreicht zu haben, regelrecht krank machte, sah Speke ein, dass ihm jetzt nichts anderes übrigblieb, als die Expedition aufzugeben. Einmal kam es zwischen ihm und Sumunter beinahe zum Showdown, und das vor versammelter Mannschaft. Speke war nach monatelangen fruchtlosen Reibereien zwar außer sich vor Wut, aber auch maßlos erschöpft. Und so konnte er es kaum erwarten, das Kräftemessen zu beenden und Somaliland zu verlassen. Seine Nerven waren dermaßen zerrüttet und sein Stolz so tief verletzt, dass er fast alles getan hätte, um seine Würde wiederzuerlangen. »Ein böser Gedanke hatte sich meiner bemächtigt, und er machte mich schaudern, als ich später, in Ruhe, noch einmal überlegte, was mein Hirn da abgesondert hatte«, räumte er im Nachhinein ein. Sumunter »erschien mir wie eine Teufelsgestalt; ihn zu erschießen, wäre mir eine Erleichterung gewesen, denn ich hatte die Hoffnung aufgegeben, je etwas Gutes bei ihm zu bewirken«.

❁

Als die Expedition am 15. Februar endlich wieder in Aden eintraf, war Speke so erleichtert, den »dreieinhalb Monate währenden Spuk« hinter sich zu lassen, dass er, als an die Mannschaft der segensreiche Befehl »Werft den Anker!« erging, ins Meer sprang und ans Ufer schwamm. Burton erwartete ihn bereits, er war eine Woche zuvor von seiner Reise nach Harar zurückgekehrt. Diese war so erfolgreich gewesen wie die von Speke desaströs. In einem Brief hatte er Norton Shaw von der Royal Geographical Society kurz seine Eindrücke von der verbotenen Stadt geschildert und ihm seine Absicht mitgeteilt, nun nach der Quelle des Weißen Nils zu suchen. »Mein Erfolg in Harar hat mir Mut gemacht«, schrieb er, »weshalb ich um eine zweijährige Freistellung ersuchen möchte. Das Direktorium wird sie mir wohl nicht verweigern, schon gar nicht, wenn meine Bitte von der Geographischen Gesellschaft unterstützt wird. Meine (offiziellen) Pläne sehen vor, in südlicher Richtung nach Webbe Shebayli und Ganana zu wandern. Insgeheim und *entre nous* möchte ich aber das Rätsel um Krapfs ›ewigen Schnee‹ lösen. Ich habe wenig Zweifel, dass sich in dieser Gegend auch der Weiße Nil befindet.«

Ungeachtet seines Triumphes in Äthiopien hatte Burton in Aden eine tragische Nachricht erhalten. Während seiner Abwesenheit war seine Mutter plötzlich verstorben. Burton hatte nun das Gefühl, dass seine Familie, die immer schon eher lose gestrickt gewesen war, allmählich in ihre Einzelteile zerfiel. Fünf Jahre zuvor hatte er nach dem Tod seiner Tante an seine Cousine Sarah geschrieben: »Wir können nichts weiter tun, als solche Schicksalsschläge hinzunehmen. Doch angesichts der vielen Verluste, die unsere Familie im Laufe der letzten sechs Jahre erlitten hat, hege ich offen gestanden die Befürchtung, bei meiner Rückkehr in die Heimat keinen Ort mehr vorzufinden, der diesen Namen trägt.« Seine Mutter war am 10. Dezember, kurz nach ihrem Umzug nach Bath, einem Herzleiden erlegen. »Hier riecht es nach Tod!«, hatte sie angeblich ausgerufen, als sie ihr neues Zuhause zum ersten Mal betreten hatte – eine Vorahnung, die ihren abergläubischen Sohn nicht weiter überraschte. Burton, allein in Aden, blieb nur noch das Geschenk, das er seiner Mutter in Mekka gekauft hatte, ein rundes, rotes Kissen, durchwirkt von türkisen Ringen, ein Symbol der Mutterschaft.

Als er nun von Speke erfuhr, wie dieser von Sumunter, den Burton selbst zu seinem Schutz angeheuert hatte, mehrfach gedemütigt und bedroht worden war, empörte er sich und war fest entschlossen, für den jungen Mann Genugtuung zu fordern. »Speke wurde ausgeplündert, bedroht, aufgehalten und daran gehindert, das Land zu betreten, das er erkunden sollte«, schrieb er in einem offiziellen Beschwerdebrief. »Sollte ein solches Verhalten ungestraft durchgehen, oder anders gesagt, nicht strengstens geahndet werden, könnte sich dies für den künftigen Verlauf der Expedition als äußerst nachteilig erweisen, fürchte ich.« Speke, zerknirscht und wütend, wollte die ganze hässliche Episode hinter sich lassen, aber Burton bestand darauf, den Abban zu verklagen. »Gegen meinen Willen«, lamentierte Speke, »sollte ich als Sumunters Ankläger auftreten, mit meinen Dienern als Zeugen.« Schnell wurde ein Gerichtsverfahren abgehalten und Sumunter für schuldig befunden. Das Urteil fiel überraschend hart aus: Er wurde nicht nur mit einer Geldstrafe von zweihundert Rupien belegt, nebst zwei Monaten Zuchthaus mit schwerer Arbeit und zusätzlichen sechs Monaten Haft, sollte er die Geldbuße nicht bezahlen können, sondern mitsamt seiner Familie aus Aden verbannt – »für immer«, schrieb Speke.

Burton gab sich jedoch noch immer nicht zufrieden. Nicht nur Sumunter, das gesamte Abban-Gewerbe sei korrupt, erklärte er. Da jeder Somali freien Zugang zu Aden habe, müsse auch jeder Engländer durch Somaliland reisen dürfen, ohne einen Abban bezahlen zu müssen, so sein Argument. Speke hatte sich bereits an Burtons Insistieren auf einem Gerichtsverfahren gestört, weil dadurch ans Licht gekommen war, dass er seine eigenen Leute nicht unter Kontrolle hatte. Jetzt befürchtete er, die Rachsucht seines Kommandanten könne die gesamte Expedition in Gefahr bringen. »Es schien mir kaum der richtige Zeitpunkt«, bemerkte er, »um eine Politik zu erzwingen, die (in finanzieller Hinsicht) so unangenehm wie abträglich wäre für die Menschen, in deren Mitte wir zu reisen gedachten und mit denen in bestem Einvernehmen zu stehen somit in unser aller Interesse sein sollte.«

Wie Speke befürchtet hatte, machten die Somali ihrem Ärger augenblicklich Luft. Entsetzt über Sumunters Verbannung und wütend wegen Burtons offenem Angriff auf ein System, von dem sie nicht nur abhängig waren, sondern das sie mit Stolz erfüllte, schworen sie Rache. Burton schlug ihre Drohungen in den Wind und sah auch weiterhin »keinen Grund zur Sorge«. Abgesehen davon war er nicht bereit, den Beginn der Expedition, auf den er monatelang gewartet hatte, noch weiter hinauszuzögern. »In dreißig Jahren ist von den vielen Engländern, die Berbera besucht haben, nicht ein einziger behelligt worden«, lautete sein Argument. »Wir haben dort ebenso wenig zu befürchten wie innerhalb der Stadtmauern von Aden.«

Da es für ihn in Aden nichts weiter zu tun gab als die Notizen zu überarbeiten, die er sich zu Grammatik und Vokabular des Harari gemacht hatte, widmete sich Burton nun unermüdlich dem zentralen Thema seiner Afrikareise, der Suche nach dem Quellfluss des Weißen Nils. Trotz des Unmuts und Argwohns, die er bei den Somali geweckt hatte, erschien ihm Berbera noch immer als der beste Ausgangspunkt für seine Expedition. Diese Stadt, so sein Argument, sei »der wahre Schlüssel zum Roten Meer, das Zentrum des ostafrikanischen Handelsverkehrs und der einzige sichere Ort für die Schifffahrt entlang der westeritreischen Küste«. Von dort aus würde die Expedition einer Karawane gen Süden folgen, durch Somaliland, und schließlich die Küste gegenüber der Insel Sansibar erreichen.

Obwohl er zuversichtlich war, dass sich die Aufregung der Somali über Sumunters Gerichtsverfahren inzwischen wieder gelegt hatte, hielt Burton es für angebracht, zu ihrem Begleitschutz einige Polizisten aus Aden anzuheuern. Speke, immer noch von seiner desaströsen Erfahrung erschüttert, argumentierte: »Nur durch diese Maßnahme hätten wir verlässliche Leute.« Die Polizei erteilte den

Engländern jedoch eine Absage, sie könnte niemanden erübrigen, so die Begründung, und darum blieb ihnen nichts anderes übrig als jeden x-Beliebigen anzuheuern, der zufällig gerade verfügbar war. Schließlich hatten sie eine bunt zusammengewürfelte Schar aus etwa einem Dutzend Wachleuten beieinander, Ägypter und Araber, Nubier und Sidi, und bewaffneten sie mit Säbeln und Steinschlossgewehren. »Sie waren allesamt blutige Anfänger und im Kriegführen nicht geübt«, räumte Speke ein. »Aber andere waren nicht zu bekommen.«

Als die Expedition Aden schließlich verließ, erfolgte ihr Aufbruch in mehreren Etappen, von Ende März bis Anfang April. Als Erstes startete eine Gruppe, die aus sieben ihrer neuangeheuerten Wachleute bestand, und aus acht Kamelen, die Speke irgendwie in Bunder Gori hatte auftreiben können. Speke brach wenige Tage später mit einem kleinen Kontingent nach Berbera auf, und am 5. April bildete Burton die Nachhut.

Obwohl Burton froh war, endlich unterwegs zu sein, beschlich ihn ob des Neuzugangs in seiner Expedition doch ein zunehmend mulmiges Gefühl. Nicht nur dass Speke auf dem Weg zum Glücklichen Tal, den Burton als problemlos eingestuft hatte, so gut wie gescheitert war, der junge Mann hatte überdies vor seinem Aufbruch nach Berbera ihm gegenüber verstörende Gedanken geäußert. Er hatte »offen erklärt, er habe das Leben satt«, schrieb Burton später, »und sei nur nach Afrika gekommen, um sich töten zu lassen«. Das war nicht, was der Leiter einer Expedition, die im Begriff war, einen für Europäer gefährlichen Winkel der Erde zu erkunden, von einem seiner Offiziere hören wollte. Obwohl auch Burton zuweilen mit Selbstzweifeln und Depressionen zu kämpfen hatte, oft sogar nach seinen größten Triumphen, »strebte ich doch nach etwas Besserem«, schrieb er, »als der Märtyrerkrone«.

5.

Wir sind umzingelt

Am 7. April 1855 ging Burton – »begleitet von Salutschüssen« – von Bord des Schoners, der ihn nach Berbera gebracht hatte, und fand eine Stadt im Chaos vor. Dreitausend Händler waren aus allen Winkeln Ostafrikas an die Küste gekommen, um den berühmten Markt zu besuchen. Hinzu kamen Tausende Rinder und fünfhundert Menschen in Ketten, die für den Sklavenmarkt bestimmt waren. Die unbefestigten Straßen waren von behelfsmäßigen Schilfhütten gesäumt. Händler priesen hinter ihren Ständen lautstark ihre Waren an, von Kaffee über Weihrauch und Myrrhe bis hin zu Butterschmalz, Gold, Safran, Federn und Vieh. Im Hafen tummelten sich die Boote, und an einem einzigen Tag trafen bis zu sechstausend Kamele ein, die mit Gütern aus dem Landesinneren beladen waren. »Wenn der Markt seinen Höhepunkt erreicht, herrscht in Berbera ein wahrhaft babylonisches Gewirr aus Sprachen«, hatte sieben Jahre zuvor ein britischer Leutnant geschrieben, der das Spektakel erlebt hatte. »Keine Autorität wird anerkannt, und die Sitten längst vergangener Tage entsprechen vor Ort dem Gesetz. Täglich kommt es zwischen den Stämmen aus dem Landesinneren zu Auseinandersetzungen, die mit Speer und Dolch ausgetragen werden.«

Die Expedition, die jetzt aus zweiundvierzig Männern bestand, lagerte auf einer felsigen Erhebung, etwa einen Kilometer von der Stadt entfernt. Vom Hügelkamm aus überblickte Burton sowohl den Hafen, wo er von Bord gegangen war, als auch den Markt, der in wenigen Tagen vorüber wäre. Die vier Offiziere teilten sich drei Zelte, die sie in einer Reihe nebeneinander errichteten: das von Speke zur Linken, dem Meer am nächsten; das von Stroyan rechts; und zwischen den beiden das kleine *Rowtie*-Zelt, bestehend aus einer Plane, die über zwei aufrechte, durch eine Traverse verbundene Pfosten gespannt wurde, in dem Burton und Herne schlafen würden. Abstände von etwa zehn Metern trennten die Zelte voneinander, in denen sich Gepäck, Getreide und Sättel stapelten, während die begehrtesten Gegenstände – Kisten mit Datteln und kostbaren Tüchern – in Spekes Zelt versteckt waren.

Während er auf die Ankunft Burtons und Spekes wartete, hatte Herne die zusätzlichen Tiere kaufen können, die sie für ihre Reise benötigen würden. Die etwa fünfzig Kamele befanden sich auf einem sandigen Abhang gleich unterhalb des Hügelkamms, und das halbe Dutzend Pferde und Maulesel war hinter den Zelten angepflockt. Einer der Wachleute hütete die Tiere nachts, und tagsüber, wenn sie grasten, wurden sie von einer Gruppe Soldaten begleitet, darunter auch somalische Bogenschützen. Solange sie in Meeresnähe blieben, wären sie in Sicherheit, so ihre Überzeugung. »Die Somali wären niemals so unklug, uns an einem für sie so unverzichtbaren Ort wie Berbera anzugreifen«, schrieb Speke. »Er ist der Mittelpunkt ihrer sämtlichen Lebensinteressen, und wir könnten uns ganz einfach rächen, indem wir eine Blockade errichteten.«

Die Männer selbst hatten nur zwei Wachposten, die alles im Auge behielten, während sie schliefen, der eine vor dem Lager, der andere dahinter. Es war wichtiger, so Burtons Überlegung, dass die Wachleute tagsüber die Tiere hüteten und ihre Energie für die lange Wanderung aufsparten, die vor ihnen lag, als dass sie nachts Wache hielten. In den meisten Nächten patrouillierten Burton, Herne, Stroyan und Speke abwechselnd im Lager. Sie hatten vereinbart, sich bei Gefahr im mittleren Zelt einzufinden, in dem Burton und Herne schliefen. Auch Speke lagerte dort seine Gewehre und sein Schwert. Den Revolver und seinen langen Offiziersdolch aber, der für den Zweikampf gedacht war, behielt er tagsüber im Gürtel und nachts unter seinem Kissen.

Am 9. April um acht Uhr abends, zwei Tage, nachdem Burton in Berbera angekommen war, ging ein Gewitter an der somalischen Küste nieder und läutete den Beginn des alljährlichen Monsunregens ein. Die von November bis April währende Handelssaison, in der die Winde stets nur aus einer Richtung wehten, war damit zu Ende. Während Burton und seine Männer dabei zusahen, wie Blitze auf die umliegenden Hügel niedergingen, der Regen die Stadt verhüllte und alles in dunkle, tropfende Nässe verwandelte, packten die Händler in Windeseile ihre Stände zusammen und bereiteten sich vor, in See zu stechen oder ins Landesinnere zurückzukehren.

Zu denen, die in dieser Nacht den Markt verließen, gehörte auch die Karawane aus Ogaden, unter deren Schutz zu reisen Burton Outram versprochen hatte. Doch nun wollte Burton noch in Berbera bleiben, um die letzten Markttage zu beobachten. Er wartete außerdem seit Wochen auf ein Schiff, das Post und Forschungsinstrumente aus England mit sich führte. Die Männer sahen von ihrem Hügelkamm aus zu, wie Tausende Menschen in riesigen, lärmenden Karawanen der Küstenstadt entströmten. Die Karawane aus Ogaden würde sich dem Massenexodus bald anschließen. Zuerst, so Speke im Nachhinein, »waren wir unentschieden – sollten wir uns ihr anschließen, ohne unsere Kisten aus England, oder doch lieber warten und allein reisen, ganz auf uns gestellt? Als wir dann entschieden hatten zu bleiben, sahen wir unsere auserkorene Beschützerin ihrer Wege ziehen.«

Bis zum 15. war es in Berbera still geworden. Bei seiner Ankunft acht Tage zuvor hatte Burton noch lärmendes Leben vorgefunden. Jenseits der aufgehäuften Kamel- und Schafsknochen und der splitternden Gerippe der Hütten, die demontiert und für den

Markt im nächsten Jahr am Strand gestapelt worden waren, wies nur noch wenig darauf hin, dass sich hier noch vor kurzem etwa zwanzigtausend Menschen auf den Straßen getummelt hatten. Im Nu traten Strauße und Löwen aus den Schatten und nahmen das Gebiet wieder ein, trotteten leise den Strand entlang, ihre Krallenspuren im Sand hinterlassend. »Wir waren allein, und niemand kam in unsere Nähe«, schrieb Speke. »In unserer Abgeschiedenheit fühlten wir uns sicher.« Tatsächlich waren Burton und seine Offiziere derart zuversichtlich, dass kein Angriff drohte, dass sie es nicht länger für nötig hielten, nachts auf Patrouille zu gehen.

✻

In der Nacht des 18. April, drei Tage, nachdem die Ogaden-Karawane Berbera verlassen hatte, fuhr ein kleines Schiff in den leeren Hafen ein. An Bord befanden sich ein arabischer Kapitän namens Yusuf, seine Mannschaft und etwa ein Dutzend Somali auf dem Weg nach Hause. Als Letztere sahen, dass sie die Karawanen verpasst hatten, näherten sie sich, weil sie wussten, dass es zu gefährlich war, in so kleiner Zahl von der Küste landeinwärts zu reisen, Burtons Lager und baten, die Expedition begleiten zu dürfen. »Es fiel uns schwer, die armen Teufel abzuweisen«, räumte Speke ein, »doch da wir befürchten mussten, dass unser Vorrat an Datteln und Reis für so viele zusätzliche Esser nicht ausreichen würde, blieb uns nichts anderes übrig.« Unter den Somali waren aber auch vier Frauen, und da die Gefahr für sie noch größer war, ließ Burton sie an der Expedition teilnehmen, und gab ihnen verschiedene Aufgaben: Wasser holen oder die Kamele versorgen. Er lud außerdem den Kapitän und seine Mannschaft ein, an jenem Abend mit ihnen zu speisen.

Später, bald nach Sonnenuntergang, als Burton und die übrigen Engländer sich auf einem improvisierten Sofa vor den Zelten entspannten, Kaffee tranken und einander mit Geschichten unterhielten, ertönten hinter den Zelten plötzlich Gewehrschüsse.

Speke sprang auf, lief um die Zelte herum und sah drei Männer, die auf das Lager zukamen. Sie führten ihre Pferde an den Zügeln, während die Wachleute der Expedition immer wieder über ihre Köpfe hinweg schossen. »Ich war außer mir vor Zorn«, schrieb Speke, hatte er die Männer doch mehrfach darauf hingewiesen, »ihre Munition nicht zu verschwenden, und wenn nötig nur gezielt zu feuern«.

Da Speke die Ankömmlinge für Spitzel hielt, führte er sie und die Wachleute der Expedition auf die Vorderseite des Lagers, wo Burton sie erwartete. Der wies die Wachleute ebenfalls scharf zurecht und wollte dann von den Fremden wissen, ob man sie geschickt habe, um das Lager für einen späteren Angriff auszuspähen. Die jedoch beteuerten, keine Gefahr für die Expedition darzustellen. »Unsere Besucher legten den Scheidungsschwur ab – das ist der feierlichste Schwur, den ein Gottgläubiger kennt –, dass sie lediglich herausfinden sollten, ob das Schiff, das zu solch ungewohnter Jahreszeit hier angelegt hatte, Baumaterialien transportierte«, schrieb Burton. »Am Ende lachten sie und fragten, ob wir uns etwa vor unseren eigenen Beschützern fürchteten.« Burton ließ die Erklärung gelten und erlaubte den Somali, mit seinen Männern eine Dattelmahlzeit zu teilen. Danach sollten sie aus freien Stücken wieder gehen.

Bald darauf legten sich alle Teilnehmer der Expedition schlafen. Wieder hielten nur zwei Männer Wache. Burton hatte ein paar Stunden geschlafen, als er gegen zwei Uhr morgens vom Geschrei seines Karawanenführers jäh aus dem Schlaf gerissen wurde: »Wir sind umzingelt!« Als ich »hörte, wie eine Gruppe Männer sich einem Sturmwind gleich näherte«, schrieb Burton später, »sprang ich auf [und] verlangte nach meinem Säbel«. Herne, der im selben Zelt geschlafen hatte, rappelte sich hoch, griff nach seinem Revolver, rannte zunächst auf die Rückseite des Lagers, wo der Angriff wohl begonnen hatte, dann nach vorn und kam gerade noch zur rechten Zeit: Die Expeditionsmitglieder mühten sich nach Kräften, die Feinde abzuwehren. Herne gab zwei Schüsse ab, taumelte rücklings ins Zelt und verfing sich in den Seilen. Einer der Angreifer beugte sich über ihn und drosch mit einem Knüppel auf ihn ein. Herne gab einen Schuss auf ihn ab, und der Mann floh, verwundet zwar, aber am Leben.

Speke, der in seinem eigenen Zelt lag, wurde von Burtons Stimme geweckt, die Stroyan zurief: »Steh auf, alter Junge!« Zu seiner Verwirrung hörte er Schüsse, die in schneller Folge hinter seinem Zelt abgefeuert wurden. Weil er dachte, die Wachleute versuchten erneut, jemanden zu verscheuchen, blieb er, wo er war. Doch schon Augenblicke später dämmerte ihm endlich, dass das Lager tatsächlich angegriffen wurde. »Plötzlich erhob sich ein Höllenlärm, als wollte die Welt untergehen«, schrieb er. »Ein wildes Gerenne und Gehetze brach los, dann prasselten, dicht wie Hagelkörner, Stöcke und Steine nieder, Schüsse fielen rasch aufeinander, und mein Zelt wackelte, als wollte es gleich umfallen.« Er sprang auf, eilte hinüber in Burtons Zelt und rief: »Schießt da jemand?« Burton, der fluchte, weil er nichts als seinen Säbel zur Hand hatte, erwiderte trocken: »Sieht fast danach aus.«

Wie sich später herausstellen sollte, wurden sie von etwa dreihundertfünfzig Somali angegriffen. »Sie schwärmten aus wie die Hornissen«, schrieb Burton, »ihr Geschrei sollte uns Angst einjagen und beweisen, dass sie uns zahlenmäßig weit überlegen waren.« Herne, Speke und Burton befanden sich im mittleren Zelt, wobei Speke den Eingang im Blick behielt und Herne mit seinem Revolver neben Burton kniete. Keiner wusste, wo Stroyan war, aber es blieb keine Zeit, nach ihm zu suchen. Die Angriffe kamen von allen Seiten, schnell und ohne Unterlass schlug der Feind mit Knüppeln gegen die Zeltwände, schleuderte Speere und Dolche durch die Öffnung in ihre Richtung, auf ihre Beine, Köpfe und Herzen zielend.

So wütend wurde auf das Zelt eingeprügelt, dass Burton befürchtete, es könne jeden Moment einstürzen, sie in seinen Falten begraben und außer Gefecht setzen. Er beschloss daher, den Angreifern draußen in der Dunkelheit entgegenzutreten, und wandte sich an Speke: »Sei auf der Hut und wappne dich, das Lager zu verteidigen.« Speke trat sogleich aus dem Zelt, hinein in ein wüstes Durcheinander. Während er noch versuchte, sich zu orientieren, traf ihn unvermittelt ein Stein am Knie, der ihn fast zu Fall brachte. Um die Lage besser einschätzen zu können, wie er später erklärte, kehrte er zurück ins Zelt. »Nicht zurückweichen!«, blaffte Burton ihn an, »sonst glauben die noch, wir wollen uns ergeben!« Wütend angesichts dieser Bemerkung, die er für eine Zurechtweisung hielt, schlimmer noch, für den Vorwurf der Feigheit, warf Speke sich sogleich wieder ins Getümmel und feuerte »aus nächster Nähe auf den erstbesten Mann vor mir«.

Während Speke vor dem Zelt zugange war, eilte Herne, dem die Munition ausgegangen war, nach hinten, um nach seinem Schießpulver oder, sollte das nicht auffindbar sein, nach den Speeren zu suchen, die sie an den Zeltpfosten festgebunden hatten. Ehe das Zelt über ihm einstürzte, trat Burton hinaus und erspähte in der Dunkelheit etwa zwanzig Männer, die um den Eingang herum kauerten. In einiger Entfernung sah er andere, darunter Mitglieder der Expedition, die mit Steinen warfen, ihre Gewehre abfeuerten und sich mit Schwertern und Speeren gegen die Angreifer wehrten. Weiter unten lag augenscheinlich ein Toter im Sand. Dolchstößen ausweichend und den Knüppel schwingend focht sich Burton, der Sorge hatte, es könne sich um einen seiner Männer handeln, zu ihm durch. Bevor er jedoch nahe genug an den Toten herankommen konnte, um herauszufinden, wer er war, trat plötzlich sein Karawanenführer vor ihn hin, der treu an Burtons Seite gekämpft und sich nach Kräften bemüht hatte, ihn zu beschützen. Burton hielt ihn für einen Feind, holte mit dem Säbel aus und wollte auf den eigenen Mann einschlagen, als dieser aufschrie. »Die vertraute Stimme ließ mich kurz innehalten«, schrieb Burton, »im selben Moment stieß mir einer seinen Speer in den Mund.«

Während der Angreifer im Nu verschwunden war, durchbohrte sein Speer Burtons Gesicht, von einer Wange zur anderen. Sein Kiefer schloss sich fest um die Waffe, die ihm den Gaumen zertrümmert und vier Backenzähne ausgeschlagen hatte. Für den Rest seines Lebens würde Burton eine unauslöschliche Erinnerung an diese eine entsetzliche Nacht mit sich herumtragen: eine tiefe Narbe, die sich der Länge nach über seine Wange zog. Sie würde jedem, der ihm begegnete, als Erstes ins Auge fallen, und der hypnotisch wirkende Schrecken, den ihr Anblick verursachte, würde Burtons Ruf als Haudegen noch bekräftigen. Im Augenblick jedoch steckte ihm der Speer noch im Gesicht, und Burton, der ihn weder ganz hindurchzustoßen noch herauszuziehen vermochte, geriet angesichts der Schmerzen und des schwindelerregenden Blutverlustes ins Wanken.

Plötzlich wieder an Burtons Seite, wollte der Karawanenführer ihn an die Stelle führen, wo er Speke, Herne und Stroyan vermutete. Bevor er ihm folgte, wies Burton einen seiner Männer an, zum Hafen zu laufen und das arabische Schiff zu finden, dessen Mannschaft wenige Stunden zuvor mit ihnen zu Abend gegessen hatte. Er sollte sie vor den Angreifern warnen und ihre Hilfe erbitten. Während der Mann sich auf den Weg machte, verlor Burton den Karawanenführer in der Dunkelheit aus den Augen und war gezwungen, sich ohne dessen Hilfe voranzuschleppen, wobei ihm der Speer noch immer im Kiefer steckte. »Ich verbrachte die Stunden bis zur Morgendämmerung mit der Suche nach meinen Kameraden und legte mich hin, wann immer mich Ohnmacht oder Schmerz übermannten«, schrieb er. »Als der Morgen heraufdämmerte, erreichte ich mit letzter Kraft die Mündung des Wasserlaufs [und] wurde auf das Schiff getragen.«

Die Männer an Bord konnten Burton endlich den Speer aus dem Gesicht ziehen, und bald darauf erblickte er zu seiner Erleichterung Herne, der grün und blau geprügelt und völlig zerrauft, aber ansonsten unversehrt, zum Schiff gewankt kam. Bekannt für sein Geschick als Fotograf und sein mathematisches Genie, hatte

Herne sich in dieser Nacht tapfer geschlagen. Da er sein Pulverhorn im Zelt nicht gefunden hatte, schlug er mit dem Revolverknauf auf jeden ein, der sich ihm in den Weg stellte. Schließlich hatte er in einer leeren Hütte im Ort Zuflucht gefunden und einen Boten zum Schiff gesandt, damit er die aufbruchbereite Mannschaft daran hindere, in See zu stechen. Als Burton Hernes Geschichte hörte, wurde ihm bewusst, dass ihr Leben »am seidenen Faden gehangen hatte. Wäre das Schiff wie geplant ausgelaufen …, nichts hätte uns vor der Vernichtung bewahrt.«

Speke kämpfte indes noch immer um sein Leben. Nachdem er, angeheizt von dem Gedanken, Burton könne an seinem Mut zweifeln, wieder ins Freie gerannt war, schoss er in schneller Folge auf drei Männer. Ob er sie getroffen hatte, wusste er nicht, zumindest hatte er sie verscheucht. Im Dunkeln umherirrend, fand er sich plötzlich am Rand des Lagers wieder, das von allen Seiten umzingelt war. Er setzte dem Erstbesten den Revolver auf die Brust und drückte ab, aber nichts geschah. Der Abzugsbügel hatte wohl die Trommel blockiert, wie er später vermutete, und sie am Drehen gehindert. Ohne nachzudenken, holte er aus, um dem Mann mit dem Revolverknauf eins überzubraten, als ihn jäh ein mächtiger Schlag mit einem *Shillelagh*, einem Holzknüppel, an der Brust traf und zu Boden warf.

Sogleich stürzten mehrere Männer hinzu und zwangen Speke die Arme auf den Rücken. Zu seinem Entsetzen schnappte sich der Mann, den er hatte erschießen wollen, seinen Revolver und griff ihm zwischen die Beine. »Wie der Schurke mich traktierte, jagte mir einen Schauder des Grauens über den ganzen Körper. Mir standen die Haare zu Berge«, schrieb Speke später. »Da ich nicht wusste, wer meine Gegner waren, befürchtete ich, sie könnten den Eesa angehören, berüchtigt nicht nur für ihre grausamen Krieger, sondern auch wegen der unmännlichen Verstümmelungen, die ihnen größte Freude bereiten.« Als er schließlich mit großer Erleichterung erkannte, dass der Mann lediglich nach versteckten Waffen suchte, blieb Speke hilflos liegen, seine Kleidung mittlerweile in Fetzen, und starrte auf die Männer um ihn herum, die in arabischer Sprache auf ihn einschrien und ihm mit einem Strick die Hände hinter dem Rücken fesselten.

Der Mann, den Speke hatte erschießen wollen, und der offensichtlich das Kommando führte, ergriff das Ende des Stricks und zerrte Speke auf die Rückseite des Lagers. Von allen Seiten stießen Männer mit ihren Speeren nach ihm, schienen ihm aber im Beisein ihres Anführers nicht weh tun zu wollen. »Ich wurde plötzlich sehr schwach und matt, konnte kaum noch atmen«, schrieb er. »Eine Schwellung setzte ein, die mir das Luftholen fast unmöglich machte, da sich mir die Haut wegen meiner auf den Rücken gefesselten Hände allzu fest über die Brust spannte.« Mit Hilfe von Gesten und den wenigen Brocken Arabisch und Somali, die er aufgeschnappt hatte, bat Speke, man möge ihm die Hände vor der Brust fesseln, damit er leichter atmen könne. Außerdem verlangte er nach Wasser und einem Platz, wo er sich hinlegen könnte. Sein Wärter erfüllte ihm seine Bitten, hielt ihn aber weiter am Strick.

Ein Mann trat aus der johlenden Menge hervor und sprach Speke auf Hindustani an. Warum er in seinem Land sei, wollte der Mann wissen, wohin er unterwegs und – vor allem – ob er ein Moslem sei. »Wäre ich ein frommer Mohammedaner gewesen wie sie«, würde Speke sich später erinnern, »hätten sie mir kein Haar gekrümmt, da ich aber Christ war, sollte ich sterben.« Er wolle das Land erkunden und sei auf dem Weg nach Sansibar, erklärte Speke. Dann fügte er hinzu, er sei Christ, und forderte sie auf, »die Sache am besten gleich zu erledigen, wenn es denn sein müsse«. Sein Inquisitor wandte sich daraufhin zu den übrigen um, die in der Nähe standen, und übersetzte, was Speke gesagt hatte. Da lachten sie, wandten sich ab und gingen daran, so viel wie möglich aus dem Lager fortzuschleppen.

Speke, der mit gefesselten Händen auf dem Boden lag, hörte, was um ihn her geschah. Einige Männer trugen ihre verwundeten Kameraden herein und legten sie neben Speke, wo sie sich stöhnend vor Schmerz hin und her wälzten und nach Wasser verlangten. Ihre Gefährten umsorgten sie, massierten ihnen Arme und Beine, wuschen ihre Wunden und ließen Datteln in ihre Hände fallen, eine somalische Tradition, um herauszufinden, wie schwer jemand verletzt war. War die Person selbst für den Genuss dieser Köstlichkeit zu krank, ging man davon aus, dass sie nicht mehr lange zu leben hatte. Andere beugten sich über die Vorräte der Expedition, zertrümmerten Kisten und machten sich über Stoffballen her. Als allmählich die Sonne aufging, sah Speke den angerichteten Schaden. Er beobachtete auch, wie der Mann, der die Nacht hindurch sowohl sein Wärter als auch sein Beschützer gewesen war, den Strick, der seine Hände fesselte, einem anderen Mann überließ, da er selbst, wie er sagte, die Verteilung der Beute überwachen müsse. Dieser neue Wächter hatte, so Speke, »ein überaus gemeines Aussehen«.

Schon bald, nachdem sein ursprünglicher Bewacher weggegangen war, um in den Triumphgesang der Somali einzustimmen, kamen drei Männer und stellten sich neben Speke. Sie hielten die Speere in den Händen, die von der Expedition zurückgelassen worden waren. Einer der Männer holte aus und rammte seinen Speer wenige Zentimeter neben Spekes Körper in den Boden. Ohne einen Mucks starrte Speke zu ihm auf und regte sich nicht, während der Mann die Drohgeste ein ums andere Mal wiederholte. Nach einer Weile gingen sie wieder. Hätte er geschrien oder auf andere Weise Furcht gezeigt, so Spekes Vermutung, hätten sie ihn wohl getötet.

Stattdessen beugte sich nun der Mann, der den Strick hielt, über Speke. Er griff seinerseits nach einem Speer, lehnte sich vor und stach ohne Zögern zu. Speke war entsetzt und krümmte, weil er sich nicht anders zu helfen wusste, seinen Körper schützend zusammen, als der Mann erneut zustach und diesmal die Schulter traf, gefährlich nah an seinem Hals. »Ich richtete mich auf, als er mit dem Speer ausholte, um den nächsten Stoß, der auf mein Herz zielte, mit dem Handrücken abzufangen«, schrieb Speke. »Die Speerspitze bohrte sich bis zum Knochen in mein Fleisch. Der grausame Schurke trat nun ein, zwei Schritte zurück, um mich unvorbereitet zu erwischen, und schleuderte mir seinen Speer in den linken Schenkel, bis auf den Knochen.« Speke packte den Speer mit beiden Händen und hielt ihn so fest er nur konnte. Da griff sein Peiniger nach einem Knüppel und versetzte ihm einen so heftigen Schlag auf den Arm, dass seine Hand erschlaffte und den Speer wieder freigab. Spekes Peiniger ließ den Strick fallen, trat ein paar Meter zurück, »rannte dann mit rasender Wut auf mich zu und rammte den Speer durch den dicken Teil meines rechten Oberschenkels, zwischen dem Schenkelknochen und der breiten Sehne darunter, in den Boden.«

Da begriff Speke, dass dieser Mann ihn nicht nur foltern, sondern umbringen wollte. »Als ich erkannte, dass mein Tod unvermeidlich war, wenn ich noch eine Sekunde länger dort liegen blieb, rappelte ich mich blitzschnell auf«, schrieb er, »und versetzte dem Schurken mit meinen gefesselten Fäusten einen derart harten Schlag ins Gesicht, dass ihm Hören und Sehen verging.« Damit bot er Speke die Gelegenheit, die er brauchte, um mit bloßen Füßen und halbnackt, blutend und zerschunden das Weite zu suchen, und zwar so schnell ihn seine schwachen und verwundeten Beine trugen. Sein Widersacher schleuderte ihm den Speer hinterher, und auch von den anderen Männern, die das Lager durchwühlt hatten, merkten Dutzende auf und versuchten, den Gefangenen mit ihren Speeren an der Flucht zu hindern. Irgendwie gelang es Speke, Männern und Speeren auszuweichen, während er in Richtung Meer rannte. Nachdem der letzte die Jagd nach ihm aufgegeben hatte, wagte er es endlich, auf einem Sandhügel zu verschnaufen. Durch den Blutverlust rasch schwächer werdend, löste er mit den Zähnen die Knoten, die seine Hände fesselten.

Wie durch ein Wunder war Speke mit dem Leben davongekommen, wusste jedoch nicht, was jetzt zu tun war oder wen er um Hilfe bitten konnte. Außerdem war er zu schwer verwundet, um weiterzulaufen oder sich ein Versteck zu suchen, um darin auszuruhen. »Welch düsterer Ausblick«, schrieb er. »Ich wurde von

Minute zu Minute schwächer; meine Glieder wurden steif und meine Muskeln krampften sich zusammen … Jetzt muss ich hier in der trostlosen Wüste vor Hunger und Erschöpfung langsam und elend zugrunde gehen, dachte ich; da wäre es doch weitaus besser gewesen, wenn der Speer ins Schwarze getroffen hätte, so läge ich nicht in Todespein hier herum.« In diesem Moment blickte er auf und sah ganz in der Nähe vier Frauen stehen, die ihn zu sich heranwinkten. Obwohl er kaum gehen konnte, weil sein rechtes Bein immerzu einknickte, schaffte er es irgendwie, zu ihnen zu humpeln. Zu seiner Überraschung und großen Erleichterung waren es die vier somalischen Frauen, die die Expedition angeheuert hatte, damit sie nicht auf eigene Faust ins Landesinnere ziehen mussten. Gleich darauf kamen mehrere Träger der Expedition herbeigelaufen, nahmen Speke in ihre Mitte und trugen ihn zum Schiff, wo Burton und Herne bereits voller Sorge auf ihn warteten.

❁

Für die Menschen an Bord des einzigen Schiffs in dem bis vor kurzem noch überfüllten Hafen von Berbera brachte der neue Tag große Erleichterung, aber auch entsetzliches Leid. Kurz nachdem Speke verwundet, traumatisiert und nahezu besinnungslos an Bord des Schiffes getragen worden war, kehrten Kapitän Yusuf und seine Männer vom Lager zurück, das sie auf Burtons Bitte hin bewaffnet und kampfbereit aufgesucht hatten. Sie hatten es verlassen vorgefunden: abgerissene Zelte, die Tiere geraubt, tot oder sterbend; die Vorräte geplündert, alles von Wert gestohlen, von den Stoffen und Perlen bis hin zu den Reise- und Kochutensilien. Einzig die Bücher und wissenschaftlichen Instrumente waren zurückgelassen worden, wofür Burton zutiefst dankbar war. Dort jedoch, wo Burton im Kampfgetümmel den dunklen, reglosen Schatten hatte liegen sehen, fanden die Männer William Stroyan.

Sie trugen Stroyans Leichnam zurück zum Schiff, wo seine Freunde in quälender Stille auf ihn warteten. »Unser beklagenswerter Kamerad war bereits kalt und steif«, würde Burton später schreiben. »Ein Speer hatte sein Herz durchbohrt, ein zweiter seine Eingeweide, und in seiner Stirn klaffte eine offenbar durch ein Schwert verursachte, grässliche Wunde: Sein Körper war völlig zerschlagen, und die Oberschenkel wiesen Verletzungen auf, die ihm wohl nach Eintritt des Todes zugefügt worden waren.« Angesichts des steifen Toten, der da vor ihnen lag, hatte Burton Mühe, sich Stroyan so zu vergegenwärtigen, wie er ihn zuletzt gesehen hatte, als sie nach dem Abendessen vor den Zelten gesessen und sich Geschichten erzählt hatten, lachend und voller Leben. »Wir waren überwältigt von Trauer«, schrieb er. »Wir hatten wie Brüder gelebt.«

Burton wusste, dass seine Expedition vorüber war, noch ehe sie überhaupt begonnen hatte. Ihre Verluste waren niederschmetternd – wertvolle Vorräte, fast ein Jahr Lebenszeit, dazu die außerordentlich seltene Gelegenheit, eine der begehrtesten Trophäen in der Geschichte der Geographie zu erringen. Doch Stroyans Tod stellte dies alles in den Schatten. »Es war das schlimmste Unglück von allen«, schrieb er. Obwohl sie Berbera in der Hoffnung, ihren tapferen Freund in Aden angemessen begraben zu können, noch in derselben Nacht verließen, setzte der Verwesungsprozess so schnell ein, dass ihnen keine andere Wahl blieb, als ihn im Meer zu bestatten. Während die somalische Küste in der Ferne verschwand und Herne einen schlichten Gottesdienst verlas, ließen sie Stroyans zerschundenen Körper ins Wasser gleiten. Es war das zweite Mal in wenigen Monaten, dass Burton und Herne den Verlust eines Freundes zu beklagen hatten. Nur diesmal, glaubte Burton, war es seine Schuld.

TEIL II

WAS WÄRE NICHT ALLES MÖGLICH GEWESEN

6.

In den Schlund der Hölle

Nach dem Angriff auf seine Expedition in Somaliland kehrte Burton in seine englische Heimat zurück, die sich mittlerweile im Krimkrieg befand. Dieser hatte fast zwei Jahre zuvor begonnen, im Herbst 1853: Das Osmanische Reich und seine Verbündeten Großbritannien, Sardinien-Piemont und Frankreich kämpften gegen Russland. Es ging um den Zugang zu heiligen Stätten im Osmanischen Reich und die Kontrolle über den Nahen Osten. Am Ende würde der Konflikt eine Dreiviertelmillion Menschenleben gefordert haben, wobei die meisten Männer nicht etwa auf dem Feld der Ehre fielen. Sie starben infolge einer logistischen Inkompetenz unfassbaren Ausmaßes, die Hunderttausende den Seuchen, dem Hunger und der unbarmherzigen Kälte aussetzte. Burton hielt den Krieg zwar für »das absolute Böse«, wusste jedoch, dass er, sobald es ihm wieder besser ginge, einen Weg finden würde, daran teilzunehmen. Es erschien ihm als die einzige Möglichkeit, »seelisch wieder zu gesunden«.

Burton hatte nicht nur den Verlust seiner Expedition, sondern auch den grausamen Mord an Stroyan zu verwinden, doch in England erhielt er weder Lob für seinen Erfolg in Harar noch Mitleid für seinen Verlust. Stattdessen hagelte es Vorwürfe. Dr. George Buist, ein angesehener Journalist und Herausgeber der *Bombay Times*, kritisierte in einem bissigen Leitartikel nicht nur das Scheitern der Expedition, sondern die Expedition als solche, da sie seiner Meinung nach von vornherein »keinerlei Aussicht auf Erfolg« versprochen habe. Dann wandte er sein Augenmerk direkt auf ihren Leiter. Burton sei zwar »klug, ein guter Schriftsteller und angenehmer Weggefährte«, räumte er ein, aber »kein Philosoph«. Er solle der Wissenschaft lieber abschwören – »sie liegt ihm nicht« –, denn dass er den Angriff nicht kommen sah, habe nicht nur seine eigenen Männer gefährdet, sondern alle künftigen britischen Unternehmungen in der Region. »Wir haben uns jetzt«, so Buist, »eine mindestens ein halbes Jahrhundert währende Fehde mit dem blutrünstigsten Schurkenpack aufgehalst, das die Welt kennt.«

Obwohl William Coghlan, Outrams Nachfolger als Political Resident in Aden, an Spekes Krankenbett geweint hatte, drosch er in seinem offiziellen Bericht auf sämtliche Offiziere der Expedition ein. »Es mag hartherzig erscheinen, das Verhalten dieser Offiziere zu rügen. Sie haben schmerzhafte Wunden davongetragen, beklagen den Verlust ihres Eigentums und stehen vor den Trümmern ihres langgehegten Vorhabens«, schrieb er, »und doch kann ich nicht umhin zu bemerken, dass ihre gesamte Herangehensweise jene Vorsicht und Wachsamkeit vermissen lässt, die das Wesen der Menschen, in deren Mitte sie weilten, eigentlich nahegelegt hätte.« Auch Burtons Erklärung für den Angriff wollte er nicht gelten lassen. »Leutnant Burton ist zwar der Meinung, dass der einzige Zweck dieses Angriffs die Hoffnung auf Beute war, und Blut nur deshalb floss, weil Widerstand geleistet wurde«, schrieb er, »doch das überzeugt mich keineswegs. Mit der angemessenen Besonnenheit und Voraussicht«, behauptete er, hätte die Tragödie verhindert werden können.

Diejenigen jedoch, die in der fraglichen Nacht tatsächlich vor Ort gewesen waren, nämlich die drei überlebenden Offiziere der Expedition, waren sich einig, dass sich der Angriff kaum hätte verhindern lassen und es nicht in ihrer Macht stand, das Leben ihres Freundes zu retten. »Der Angriff auf uns war ein Unglück und hätte durch keine der üblichen Vorsichtsmaßnahmen abgewendet werden können«, schrieb Herne. »Angesichts einer solchen Überzahl hatten wir keine Chance.« Jedes Expeditionsmitglied hatte etwa acht Angreifer gegen sich. Selbst wenn alle die ganze Nacht hindurch patrouilliert hätten, wären sie überwältigt worden. »Wären sämtliche Wachleute in dieser Nacht auf ihren Posten gewesen und keiner von uns zu Bett gegangen«, schrieb Speke, »auch dann hätten wir dem Angriff nicht standhalten können, da bin ich sicher.«

Was Burton nicht ahnte: Während Speke die Expedition in der Öffentlichkeit verteidigte, stellte er sich insgeheim gegen seinen Kommandanten. Es sei nicht mangelnde Wachsamkeit gewesen, die zu dem Angriff geführt hatte, würde Speke später behaupten, sondern Burtons Blauäugigkeit. Speke hatte außerdem seinen Stolz und tat sich nicht nur schwer, Burtons Ruhm, sondern auch seine unerschütterliche Selbstgewissheit zu ertragen, aus der heraus er ganz selbstverständlich die Führerrolle für sich beanspruchte, eine Position, die auch Speke anstrebte. »Burtons Todesverachtung und Aufschneiderei«, beklagte sich Speke bei Robert Playfair, Outrams Sekretär in Aden, »halte ich für sinnloses Geschwätz, das keinerlei Aufmerksamkeit verdient.«

Speke hatte sich im Geiste schon eine eigene Version der Expedition zurechtgelegt, in der er sich, obwohl erst spät hinzugestoßen, zum eigentlichen Kommandanten aufschwang. In seiner Erzählung des Angriffs würde er mehrfach auf Befehle Bezug nehmen, die er vermeintlich erteilt hatte, auf maßgebliche Entscheidungen, die er zugunsten der Expedition getroffen, und auf Heldentaten, die er allein vollbracht hatte. »Er behauptet, *er* sei der Kopf der Expedition gewesen«, würde sich eine Freundin Burtons später empören. »*Er* habe den Befehl für die Nacht gegeben, *ihm* seien die Spione vorgeführt worden, *er* habe sich als Erster nach draußen gewagt, und nur *er* habe den Mut gehabt, sich zu verteidigen. Es lohnt kaum die Mühe, ihm zu widersprechen.« Weil er Burton die Unterstellung, er habe sich aus Angst zurück ins Zelt geflüchtet, noch immer übel nahm, behauptete Speke nun, er sei im Gegenteil von allen vier Offizieren der Einzige gewesen, der den Angreifern die Stirn geboten habe. »Kaum hatte ich das mittlere Zelt verlassen, um zu kämpfen, sind Burton und Herne mit [Stroyan] davongerannt«, behauptete er.

Burton hatte außerdem die ärgerliche Neigung, schlicht zu missachten, was Speke nicht nur als seinen Beitrag zur Expedition, sondern als sein persönliches Eigentum betrachtete. In dem Glauben, er als Leiter der Expedition habe die Pflicht, alles, was er und seine Männer während einer staatlich finanzierten Expedition zusammengetragen hatten, der Allgemeinheit zur Verfügung zu stellen, hatte Burton sowohl Spekes Reisetagebuch als auch seine naturkundlichen Proben, die er bei seiner gescheiterten Exkursion zum Wadi Nogal gesammelt hatte, an sich genommen. Burton hatte die vollständige Sammlung an einen britischen Zoologen namens Edward Blyth in Kalkutta geschickt. Dieser hatte sämtliche Spezies identifiziert, darunter sechsunddreißig Vögel, zwanzig Säugetiere, drei Reptilien, ein Fisch und ein Skorpion. Um dem Ganzen die Krone aufzusetzen, hatte Blyth, der seine Erkenntnisse im *Journal of the Royal Asiatic Society of Bengal* veröffentlichte, in seiner sechzehn Seiten umfassenden Schrift nur eine Handvoll von Spekes Beobachtungen übernommen. Nach Burtons Ansicht war dieser öffentliche, wissenschaftliche Umgang mit der Sammlung auch der nutzbringendste. Speke dagegen, der geplant hatte, die Exemplare in seinem privaten naturkundlichen Museum auszustellen, das er in seinem Familiensitz Jordans einzurichten hoffte, empfand ihn als Affront.

Erst zwei Jahre später, beim Erscheinen von Burtons Buch über die Expedition, *First Footsteps in East Africa*, sollte Speke erfahren, was Burton mit seinem Reisetagebuch gemacht hatte. Wie andere Expeditionsleiter, die die Impressionen ihrer Untergebenen in ihren eigenen Publikationen veröffentlichten, hatte Burton Spekes Aufzeichnungen dem Anhang beigefügt. Was Speke jedoch als schockierend und verletzend empfand, war weniger die Tatsache, dass Burton das Tagebuch veröffentlicht, sondern die Rigorosität, mit der er es überarbeitet hatte. Ganz beiläufig hatte er es nahezu um die Hälfte gekürzt, von vierundzwanzigtausend Wörtern auf dreizehntausend, die erste in die dritte Person gewandelt und ihm, offenbar in der Absicht, ihn noch mehr zu demütigen, den Titel *»Tagebuch und Beobachtungen von Lieutenant Speke bei seinem Versuch, das Wadi Nogal zu erreichen«* verpasst. Noch kränkender als Burtons vermeintliche Anspielung auf sein Scheitern war für Speke der Kommentar, den Burton am Schluss hinzugefügt hatte. »Ich erlaube mir einige Bemerkungen zum Gegenstand des vorausgehenden Tagebuchs«, schrieb Burton. »Aus der Lektüre dieser Seiten geht eindeutig hervor, dass der Reisende, wiewohl durch seinen ›Beschützer‹ in Verzug geraten, der ihn verfolgt und ihm mit Krieg, Gefahr und Zerstörung drohte, sich niemals in wirklicher Lebensgefahr befand.« Spekes Scheitern war nach Burtons Überzeugung nicht der Situation geschuldet, sondern einzig und allein seiner eigenen Unzulänglichkeit als Entdecker. Speke sei »der muslimische Glaube unbekannt«, schrieb Burton, und er spreche »weder Arabisch noch Somali«. Als Speke endlich ein Exemplar von Burtons Buch erhielt, erfüllten ihn diese Worte mit ohnmächtiger Wut und dem Durst nach Rache. »Nichts«, schrieb er, »ist quälender als eine persönliche Kränkung, die weder verhindert noch vergolten werden kann.«

❁

Was Speke in puncto Sprachkompetenz und Geographiewissen vermissen ließ, machte er mit seiner Jugend und seiner robusten Gesundheit wieder wett, beides Eigenschaften, die Burton langsam aber sicher abhandenkamen. Obwohl Speke einräumte, dass er sich in den Tagen nach dem Angriff wie »ein elender Invalide« gefühlt habe, »durch den Blutverlust entsetzlich ausgezehrt und mit grotesk verrenkten Gliedmaßen«, war er bereits wieder auf den Beinen, als er Aden nur drei Wochen später verließ. »Eine bewegende Lektion darin, wie schwierig es ist, einen kerngesunden Menschen umzubringen«, hatte Burton bewundernd festgestellt.

Die elf Stichwunden, die man Speke zugefügt hatte, heilten erstaunlich schnell, was dieser nicht nur seinem starken jungen Körper zuschrieb, sondern auch seiner vielgepriesenen Disziplin. »Sie schlossen sich buchstäblich wie die Löcher in einem Gummiball, der mit einem Taschenmesser traktiert wurde«, prahlte er. »Wie sonst ließe sich wohl die Schnelligkeit erklären, mit der meine Wunden verheilten, zumal doch jedermann weiß, der einmal in Aden gelebt hat, dass dieser Ort der Gesundheit keineswegs zuträglich ist. Doch abgesehen von der kräftigen Konstitution, die ich glücklicherweise besitze, hatte ich die Monate davor äußerst enthaltsam gelebt ... nur von Datteln, Reis und vergorener Milch.«

Nur wenige Wochen nach seiner Rückkehr nach England sah sich Speke zur Überraschung aller, nur nicht der seinen, schon wieder imstande, in den Krimkrieg zu ziehen. Da er »dem Ruf des Krieges ... nicht zu widerstehen vermochte«, reiste er nach Marseille, wo er ein Dampfschiff nach Konstantinopel bestieg. Trotz seiner anfänglichen Begeisterung und der Tatsache, dass er zum Captain befördert worden war, sollte Speke in seinem türkischen Regiment vom Kriegsgeschehen kaum etwas zu sehen bekommen. »Ich war eher Sportsmann und Reisender als Soldat«, schrieb er, »und mochte meinen Beruf nur, wenn ich aktiv den Sport des Kriegführens betreiben konnte.«

An Bord des Schiffes nach Konstantinopel hatte sich Speke mit einem jungen Aristokraten namens Laurence Oliphant angefreundet, in dem er eine verwandte Seele erkannte. Obwohl bereits sechsundzwanzig Jahre alt, nur zwei Jahre jünger als Speke, hing Oliphant sehr an seinen Eltern. Sein Vater, Sir Anthony Oliphant, gehörte dem schottischen Landadel an und hatte auf Ceylon, dem heutigen Sri Lanka, das Amt des Obersten Richters bekleidet, mit Laurence als seinem Privatsekretär. Mittlerweile lebte Laurence im Haus seiner Eltern in London, in der berühmten Half Moon Street, und sein Vater stand ihm an Bord des Schiffes zur Seite. Doch genau wie sein neuer Freund hegte auch Oliphant noch Ambitionen außerhalb seiner aristokratischen Familie. So hatte er ein Pamphlet mit dem Titel *The Coming Campaign* veröffentlicht, in dem er einen Plan vorstellte, wie sich die belagerte Stadt Kars im westlichen Armenien befreien ließe. Er legte es zudem darauf an, allein in den Kaukasus geschickt zu werden, um dort mit einem muslimischen Anführer namens Schamyl zu verhandeln, der einen Guerillakrieg gegen die Russen führte.

Was den Krieg betraf, gingen Oliphants und Spekes Interessen auseinander. Während Oliphant sich in Gefechtsstrategien vertiefte, schweiften Spekes Gedanken in die Ferne, weit weg vom Konflikt um die Krim. Obwohl er in Afrika beinahe den Tod gefunden hätte, was inzwischen allseits bekannt war, wollte er bei der ersten sich bietenden Gelegenheit auf diesen Kontinent zurückkehren. »Natürlich brennt er darauf, dort erneut sein Glück zu versuchen«, schrieb Oliphant in einem Brief an seine Mutter, nachdem er Speke begegnet war, »doch zuerst geht es nach Sewastopol.« Was Speke erneut nach Afrika trieb, war nicht mehr nur die Jagd. Er verfolgte nun dasselbe Ziel wie Burton: die Suche nach der Quelle des Weißen Nils.

❁

Burton, sechs Jahre älter als Speke, hatte sich von dem Angriff in Somaliland weniger schnell erholt als dieser. Nach seiner Rückkehr nach England hatte er ärztliche und zahnärztliche Hilfe in Anspruch nehmen müssen, bis sein Kiefer endlich zu heilen angefangen hatte. Als er wieder ohne lähmende Schmerzen sprechen konnte, hielt er vor der Royal Geographical Society eine Rede über seine Expedition nach Harar und nahm sich anschließend ein wenig Zeit, um seine in alle Winde verstreute Familie zu besuchen, seinen Bruder und seine Schwester in Boulogne, seinen Vater in Bath und das Grab seiner Mutter auf dem Friedhof von Walcot. In den Augen seiner Nichte Giorgiana Stisted, die ihn anbetete, war Burton nach wie vor »ein strammer, aufrechter, kerngesunder Mann, dem nicht anzusehen war, dass er in den vergangenen zwölf

Monaten mehr als einmal an der Schwelle des Todes gestanden hatte«. Die Qualen, die er durchlitten habe, stünden ihm jedoch »im gutaussehenden Gesicht« geschrieben, das »die Narben der Lanze aufwies, die ihm Kiefer und Gaumen durchbohrt hatte«, konstatierte sie traurig.

Auf die Narben in seinem Gesicht hatte Burton nicht viel Einfluss, allerdings forderte er Wiedergutmachung für den Tod seines Freundes. Bevor er Aden verließ, hatte er die Regierung in einem Brief aufgerufen, nicht nur für die Verluste der Expedition Vergeltung zu üben, sondern auch für den Mord an Stroyan. »Lieutenant Burton«, schrieb Speke später, »war der Ansicht, ein Schiff solle ihre Küste [die der Somali] blockieren, mit der Forderung, man möge die beiden Männer, die unseren beklagenswerten Freund auf so grausame Weise getötet und zudem aufs schamloseste versucht hatten, auch mich zu beseitigen, lebend ausliefern, damit man ihnen in Aden den Prozess machen konnte.« Der neue Resident in Aden, Coghlan, hatte den Somali daraufhin die Friedensbedingungen unterbreitet: »Der Sklavenhandel auf dem Territorium [der Somali], einschließlich des Hafens von Berbera, ist endgültig einzustellen«, des Weiteren sollten die Somali »alles daransetzen, Ou Ali auszuliefern, Lieutenant Stroyans Mörder.«

Endlich bereit, mit der Tragödie abzuschließen, richtete Burton sein Augenmerk auf den Krimkrieg, und das, obwohl er für die Kommandanten Großbritanniens und ihre Verbündeten mehr Verachtung hegte als für den Feind. Sein Land befinde sich vor allem deshalb im Krieg, so sein Argument, weil »England, das militärisch unbegabteste und zugleich rauflustigste aller Völker, nach langem Friedensschlaf ›auf Streit aus war‹«. Nach zwei Jahren Krieg, so Burton, sei England nicht nur gezwungen, hinter Frankreich, dem verhassten Feind aus den Napoleonischen Kriegen, die »zweite Geige« zu spielen, sondern habe zudem »für immer die Sympathien Russlands verloren, unseres ältesten und oftmals einzigen Freundes unter den Mächten Kontinentaleuropas«.

Er würde nur vier Monate auf der Krim verbringen, nach dem

grausamen Winter 1854 dort eintreffen und kurz vor Kriegsende wieder abreisen. In dieser kurzen Zeit erlebte Burton ein solches Maß an Unfähigkeit und Korruption – von gekauften Beförderungen bis hin zu einer unverfrorenen Vetternwirtschaft zugunsten der britischen Elite –, dass er seine langgehegte Geringschätzung für die Militärführung bestätigt sah. Nach kurzem Aufenthalt an dem Ort, von dem aus Florence Nightingale wenige Monate zuvor zum Militärkrankenhaus von Scutari aufgebrochen war, reiste Burton nach Balaklawa. Die Gesundheitskommission war vier Wochen zuvor dort gewesen, um den Hafen von den infizierten, faulenden amputierten Gliedern zu säubern, die nach der unrühmlichen Schlacht von Balaklawa dort verblieben waren. An nur einem Tag hatten dort mehr als eintausendzweihundert Männer den Tod gefunden.

Während der Kampfhandlungen war eine Einheit der britischen leichten Kavallerie von den feindlichen Geschützen derart aufgerieben worden, dass sie Alfred Lord Tennyson zu seinem herzzerreißenden Gedicht »Balaklawa – Der Angriff der Leichten Brigade« inspirierte. Diese Brigade, angeführt von James Brudenell, dem Siebten Earl of Cardigan, war auf eine selbstmörderische Mission geschickt worden, bei der fast die Hälfte der sechshundert Männer entweder ihr Leben ließen, in Gefangenschaft gerieten oder verwundet wurden. Cardigan, der sich seine Ernennung zum Kommandanten Zehntausende Pfund hatte kosten lassen, die heute mehrere Millionen wert wären, überlebte den Einsatz nicht nur unversehrt, sondern wurde bei seiner Heimkehr mit einem wahren Heldenempfang gefeiert. Nachdem er mit Großtaten geprahlt hatte, die sich im Nachhinein weitgehend als erstunken und erlogen herausstellen sollten, zog er sich auf seinen weitläufigen Familiensitz aus dem vierzehnten Jahrhundert zurück. Die Männer unter seinem Kommando aber kannten die Wahrheit. Als Burton die Krim erreichte, reagierten die Kavallerieoffiziere, denen er dort begegnete, »mit äußerster Empörung auf Gerüchte, dass Lord Cardigan erneut das Kommando übernehmen würde«, schrieb er, »und ich hörte nicht nur einen sagen: ›Unter ihm dienen wir nicht.‹«

Zu Hause wurden Cardigan und Männer seiner Art als Kriegshelden dargestellt, und ihr Ruhm wurde nicht nur benutzt, um die Moral zu stärken und für den Krieg zu werben, sondern auch um Produkte zu verkaufen. Die Industrielle Revolution, die im vorigen Jahrhundert die britische Wirtschaft befeuert hatte, war von der sogenannten Zweiten Industriellen Revolution abgelöst worden, in deren Zuge alles Mögliche erdacht und hergestellt wurde, von massenproduzierten Gewehren über Seeminen bis hin zu Feldbesteck und tragbaren Öfen. Letztere könnten auch zu Hause Verwendung finden, versicherten die Hersteller den Käufern, genau wie die neue Mode, die für die Soldaten an der Front kreiert wurde. Trotz der Verachtung, die seine Männer dem Earl of Cardigan entgegenbrachten, taufte man wollene Strickjacken mit Knopfleiste ihm zu Ehren »Cardigan«, und ein besonderes Ärmeldesign, das sich der Mantelhersteller Aquascutum für den britischen Oberbefehlshaber Fitzroy Somerset, den 1. Baron Raglan, ausgedacht hatte, wurde als »Raglanärmel« bekannt. Da dieser sich in einem schrägen Stück vom Ärmelsaum bis zur Kragennaht erstreckte, anstatt an der Schulter zu enden, ermöglichte er Raglan, der seinen rechten Arm vierzig Jahre zuvor in der Schlacht von Waterloo verloren hatte, eine leichtere Handhabung seines Schwertes. Jahre später sollte der Raglanärmel den Weg in die USA finden, zum Baseball.

Raglan starb am selben Tag, an dem Burton in Balaklawa eintraf, in seinem Zelt. »Der unglückliche Lord Raglan, mit seiner *courage antique*, seinem altmodischen Übermaß an Höflichkeit und seiner krankhaften Furcht« war, so Burton, »just der Mann, der *nicht* gebraucht wurde«. Raglan hatte sich nie von der Schmach erholt, im vergangenen Winter zugelassen zu haben, dass Tausende Männer erfroren und verhungert waren. Etwa hundert Jahre später würde Winston Churchill darüber angewidert schreiben: »Es kam der Regierung ausgerechnet jener Nation, die für ihre Ingenieurskunst bekannt war, nicht in den Sinn, den Transport des Nachschubs, der im Hafen von Balaklawa eingetroffen war, durch das Verlegen von Eisenbahnschienen bis zum acht Kilometer entfernten Lager zu erleichtern.« Indem er durch einen tragisch missverstandenen Befehl die vorzeitige Attacke der leichten Brigade herbeigeführt hatte, sandte Raglan Tausende junger Rekruten nach Sewastopol in den Tod. »Ich könnte jetzt nie mehr nach England zurückkehren«, hatte er zu einem Berater gesagt. »Man würde mich dort steinigen.«

Nachdem Burton von Raglans Nachfolger, General Sir James Simpson, abgewiesen worden war, fand er eine Stellung als Stabschef unter General W.F. Beatson. Dieser hatte aus türkischen Irregulären eine Kavallerieeinheit gebildet, die als Beatson's Horse in die Annalen eingehen sollte. Obwohl er Beatson mochte, sah Burton bei dessen Männern nur Niedergeschlagenheit und eine erstaunliche Disziplinlosigkeit. »Sie können sich die elende Apathie, die Nichtsnutzigkeit auf der Krim nicht vorstellen«, schrieb er vertraulich an Norton Shaw, den Sekretär der Royal Geographical Society. »Unsere armen Kerle sind spürbar deprimiert.« Beatson würde später der Meuterei bezichtigt werden.

Nachdem er sich nach Kräften bemüht hatte, die Einheit auf Vordermann zu bringen, wie etwa durch Säbeltraining und tägliches Exerzieren, suchte Burton nach Möglichkeiten, die Kriegsanstrengungen insgesamt zu unterstützen. Was er natürlich nicht wissen konnte: Zwei der Möglichkeiten, die ihm in den Sinn kamen, deckten sich mit den Ideen Laurence Oliphants, des jungen Aristokraten, den Speke an Bord des Dampfers kennengelernt hatte. Burton wandte sich an Lord Stratford de Redcliffe, den britischen Botschafter des Osmanischen Reichs, und skizzierte ihm einen Plan für die Befreiung der Festung Kars, Gegenstand des Pamphlets, das Oliphant veröffentlicht hatte, ehe er in den Krieg gezogen war. Stratford wiederum legte Burton nahe, er möge doch den muslimischen Anführer Schamyl um Hilfe bitten, den Oliphant im Auftrag des britischen Militärs schon seit Monaten hatte kontaktieren wollen. Burton zeigte sich zunächst interessiert, doch nachdem er erfahren hatte, dass er Schamyl keinerlei finanzielle oder militärische Unterstützung würde anbieten können, lehnte er das Angebot ab. Schamyl, so sein Argument, würde ihn »unweigerlich als Spion festsetzen, und meine Aussichten, nach Konstantinopel zurückzukehren, wären außerordentlich gering.«

Oliphant hingegen, der niemals die Erlaubnis erhalten hatte, seine Pläne weiterzuverfolgen, hatte nicht aufgegeben. Da er beide Ideen immer noch als die seinen betrachtete, fühlte er sich vor den Kopf gestoßen, als Burton in der *Times* ein Schreiben über Schamyl veröffentlichte, das sich las, wie Oliphants Biograph später bemerken würde, »als wäre er der Einzige gewesen, der je über einen Abstecher in den Kaukasus nachgedacht hatte.« Für Oliphant war dies nur eine weitere Überschneidung mit Richard Burton, der bereits das Leben führte, das sich Oliphant, ein angehender Linguist, Schriftsteller, Entdecker und sogar Student des Islam, für sich selbst vorstellte.

Burton hatte der Bewunderung, die andere ihm entgegenbrachten, nie viel Beachtung geschenkt, und auch nicht bemerkt, wie schnell diese zuweilen in Neid umschlug. Dass jemand wie Oliphant glauben könnte, er habe ihm seine Ideen gestohlen, kam ihm einfach nicht in den Sinn. Und genauso war ihm auch entgangen, dass Speke seit Somaliland einen wachsenden Groll gegen ihn hegte. Es war diese Unfähigkeit, den Neid der anderen zu erkennen – und wenn er ihn erkannte, länger als eine Sekunde darüber nachzudenken –, die ihm am Ende gefährlicher werden sollte als alle seine Expeditionen und zu einem unschätzbaren Verlust führen würde. »Ein großartiges Leben, verstümmelt und beschädigt von Neid und blindem Mittelmaß: eine Tragödie, die sich ein ums andere Mal wiederholte«, würde einer seiner frühen Biographen dazu schreiben. »Was wäre nicht alles möglich gewesen.«

7.

Was für ein Fluch ist doch ein Herz

Im August 1856, vier Monate nach Unterzeichnung des Pariser Friedensvertrages, der den Krimkrieg beendete, nahm Burtons Leben eine weitere dramatische Wendung. Diesmal jedoch stürzte er sich nicht in ein fieberhaftes Studium, eilte in entlegene Landstriche oder gar in einen Krieg, sondern verliebte sich zu seinem eigenen Erstaunen in eine junge Frau, die er sechs Jahre zuvor kennengelernt hatte. Sie hieß Isabel Arundell und war alles, was er nicht war – fromm, aus altem Adel, blond, blauäugig, jung und naiv. Er wiederum war alles, was sie gern gewesen wäre.

Isabel war fast auf den Tag genau zehn Jahre jünger als Burton – sein Geburtstag war der 19. März 1821, der ihre der 20. März 1831 – und in einer tief in der englischen Geschichte verwurzelten Familie groß geworden, die mit eiserner Hand über ihr junges Leben bestimmte. Sie war sich durchaus bewusst, was es bedeutete, eine Arundell of Wardour zu sein und somit Nachfahrin einer frommen katholischen Familie, die ihren Stammbaum bis zu den Normannen zurückverfolgen konnte. Das Haus Arundell galt als »eines der ältesten und stolzesten Geschlechter Englands«, wie ihre Biographin später bemerken und zum Beweis das alte Lied zitieren würde: *»Ere William fought and Harold fell/There were Earls of Arundell«* (»Eh Wilhelm focht und Harald fiel, gab's schon Grafen von Arundell«). Ihre Ahnenreihe beinhaltete eine lange Liste berühmter Namen, von Sir Thomas Arundell, der ein entfernter

Cousin Heinrichs VIII. war und überdies verwandt mit Anne Boleyn und Catherine Howard, den Ehefrauen, die dieser köpfen ließ, bis hin zu Henry, dem 3. Baron Arundell, der wegen seiner Beteiligung an der sogenannten Papisten-Verschwörung gegen König Karl II. fünf Jahre im Tower zu London eingesperrt gewesen war.

Isabel war nach der ersten Frau ihres Vaters benannt worden, einer engen Freundin ihrer Mutter, die bald nach der Geburt eines kleinen Jungen verstorben war. Nach ihrem Tod heiratete Henry Arundell, »ein bescheidener Landedelmann«, wie Isabel ihn später beschrieb, Elizabeth Gerard, mit der er elf Kinder bekam. »Es gab uns in allen Größen«, erklärte Isabel. »Einige starben gleich nach der Taufe, einige überlebten mehrere Jahre und andere erreichten das Erwachsenenalter.« Während ihr Vater ganz vernarrt in sie gewesen sei und sie als ein »Stück ›vollkommener Natur‹« bezeichnet habe, sei die Liebe ihrer Mutter ernster und fordernder gewesen, schrieb Isabel. »Wir zitterten vor ihr und liebten sie doch abgöttisch.«

Burton war weitgehend sich selbst überlassen, als er von seiner Familie durch Europa geschleift wurde, Isabel hingegen mit britischer Disziplin und Strenge erzogen worden. »Man legte großen Wert auf unsere Gesundheit, unsere Spaziergänge, unsere Kleidung, unsere Reinlichkeit und unsere Persönlichkeit«, schrieb sie. »Unsere Speisen waren schmackhaft, aber schlicht; wir hatten eine Kinderschwester und drei Kindermädchen. … Nach unten durften wir nur zum Lunch um zwei Uhr (unsere Hauptmahlzeit) und für etwa eine Viertelstunde zum Dessert, sofern unsere Eltern allein oder mit sehr engen Freunden speisten. … Sprechen durften wir nur, wenn man das Wort an uns richtete; wir durften keine Bitte äußern, es sei denn, man forderte uns dazu auf. Wir küssten Vater und Mutter die Hände und baten um ihren Segen, ehe wir nach oben gingen, und solange wir unten im Zimmer waren, hatten wir aufrecht an ihrer Seite zu stehen.« Im Alter von zehn bis sechzehn besuchte Isabel eine Klosterschule in Chelmsford, etwa sechzig

Kilometer von London entfernt. Anschließend kehrte sie zu den Eltern nach Essex zurück.

Das Familienanwesen der Arundells, Furze Hall, war sinnbildlich für das stille, ruhige britische Leben, das Burton niemals gekannt hatte. »Es war ein weißes, wucherndes, altmodisches Gebäude, halb Cottage, halb Gutshaus, das aus Stückwerk bestand, … fast gänzlich verborgen hinter Büschen, Efeu und Blumen«, würde Isabel sich liebevoll erinnern. »Kletterpflanzen bedeckten die Mauern und Veranden und rankten in die Fenster, so dass das Haus wie ein Nest anmutete.« Direkt unter ihrem Schlafzimmerfenster war ein »hübsches Vordach aus Geißblatt und Jasmin«, schrieb sie, »in dem Zaunkönige und Rotkehlchen nisteten, und an Sommerabenden besuchten mich Vögel und Bienen«. An den meisten Tagen schlenderte sie, ein Buch in der Hand, die Straße hinunter in den nahen Wald. »Was Bücher anging: Da war ich meine eigene Lehrerin«, sagte sie. Ihre Lieblingslektüre war *Tancred oder der neue Kreuzzug*, ein religiöser Roman von Benjamin Disraeli, »mit seinem orientalischen Zauber«. »Ich ersann mir gewissermaßen mein künftiges Leben und versuchte dabei, weltbewegende Probleme zu lösen«, schrieb sie. »Ich bildete meinen Charakter.«

Isabel war hin und her gerissen zwischen ihren religiösen Überzeugungen und ihrem töchterlichen Gehorsam einerseits und dem immer drängenderen Wunsch nach einem großartigeren, unkonventionelleren, abenteuerlicheren Leben als dem für sie vorbestimmten. Schon früh fand sie einen Weg, ihrer vorhersehbaren Welt und der eisernen Hand ihrer Mutter zu entfliehen, indem sie sich mit einer Gruppe Roma anfreundete, die unweit ihres Elternhauses lagerten. Sie wusste, dass ihre Mutter außer sich wäre, wenn sie davon erführe, aber auf Isabel übten die Roma eine unwiderstehliche Anziehungskraft aus. »Ich war hingerissen von ihnen«, schrieb sie später, »schwärmte für alles Orientalische und Mystische, besonders für ein wildes, gesetzloses Leben.« Sie besuchte ihre Freunde, sooft sie es wagte, half ihnen, wo immer sie konnte, wenn sie krank waren »oder sich wegen Hausgeflügel, Eiern oder dergleichen mit den Gutsherren überwarfen«. Bald entwickelte sich zwischen ihr und einer hochgewachsenen, vornehm aussehenden Frau namens Hagar eine enge Freundschaft. »Wenn es sich nur um herumziehende Kesselflicker oder Korbflechter handelte, war ich sehr folgsam«, schrieb sie, »aber von den Lagern der orientalischen Stämme mit ihren englischen Namen hätten mich keine zehn Pferde ferngehalten.« Auch Hagar, die Isabel den Spitznamen »Daisy« verpasst hatte, besaß einen englischen Nachnamen, und dieser sollte für ihre junge Freundin noch eine tiefe Bedeutung bekommen: Burton.

Als Isabel eines Tages das Lager der Roma besuchte, erfuhr sie von Hagar, dass sie nun weiterziehen würden. Doch zuvor wolle sie Isabel das Horoskop zeigen, das sie für ihre Freundin erstellt habe: »Du wirst übers Meer fahren«, übersetzte Hagar aus dem Romani, »und ohne es zu wissen deinem Schicksal begegnen. Vielerlei Hindernisse und Widrigkeiten werden sich dir in den Weg stellen, und du brauchst all deinen Mut, all deine Kraft und Klugheit, um sie zu überwinden. Dein Leben lang wirst du gegen die Brandung anschwimmen; aber Gott wird bei dir sein, also wirst du immer siegen. Du heftest den Blick auf deinen Polarstern und folgst ihm, ohne nach rechts oder links zu schauen.« Das Horoskop enthielt alles, was Isabel sich für ihr Leben gewünscht hatte: Aufregung, Abenteuer, das Unbekannte. Statt Tradition und Disziplin, die sie seit ihrer Kindheit einschnürten, verhieß es ihr ein Leben voller Herausforderungen und Gefahren, die Chance, sich auf ihre Kraft und ihren Verstand zu verlassen.

Jahre später würde Isabel darauf bestehen, dass Hagar ihre Voraussage mit den folgenden Worten schloss, deren Genauigkeit sie erstaunte: »Du wirst unseren Namen tragen. Du wirst viele Bewerber haben und jahrelang warten; aber du bist von Anfang an für ihn bestimmt. Unser Name wird dir so manch kummervolle, demütigende Stunde bereiten; doch wenn andere, die in der Fülle seiner Jugend und Kraft seine Nähe suchten, aus seinem Blickfeld verschwinden, erscheinst du ihm hell und klar wie der Morgenstern.« Ihre Leute würden nun weiterziehen, so Hagar, doch ihr Name, Burton, würde eines Tages auch Isabel gehören. »Der Name, den wir dir gegeben haben, wird dein sein, und es kommt der Tag, an dem du darum beten, dich danach sehnen und darauf stolz sein wirst.«

❋

Als Isabel England zum ersten Mal verließ, war sie schon neunzehn Jahre alt und reiste mit ihrer Familie nach Boulogne. Nachdem sie ihr ganzes Leben in der – wie sie es nannte – sanften, schützenden Umarmung Englands verbracht hatte, empfand sie das Gegenteil dessen, was Jahre zuvor Richard und Edward gefühlt hatten, als sie endlich ihrem verhassten Internat entkommen waren und auf den Kontinent zurückkehren durften. Während die weißen Klippen am Horizont verschwanden, fühlte sich Isabel »patriotisch wie nie«. Gleichzeitig war dieser erste Vorgeschmack auf ein abenteuerliches Leben ungemein aufregend. Auf dem Oberdeck sitzend, dachte sie an Hagars Worte: »Mir fiel ein, dass Hagar mir prophezeit hatte, ich würde über das Meer fahren«, schrieb sie, »und fragte mich, warum wir uns ausgerechnet Boulogne ausgesucht hatten.«

Ihr Leben lang würde Isabel glauben, dass die Antwort auf diese Frage ihr an dem Tag entgegenkam, als sie die berühmte Befestigungsanlage der Stadt besichtigte. Während sie die alte Steinmauer betrachtete, bemerkte sie einen Mann, der sie zu ihrer Verwunderung unverwandt ansah. »Er hatte sehr dunkles Haar … ein braunes, wettergegerbtes Gesicht; fast arabisch anmutende Züge; ein energisches Kinn und einen entschlossenen Mund, den ein gewaltiger schwarzer Schnurrbart fast vollständig verdeckte«, schrieb sie. »Doch das Bemerkenswerteste an seiner Erscheinung waren seine großen, schwarzen, blitzenden Augen mit den langen Wimpern, deren Blick einen im Innersten traf. Er hatte einen wilden, stolzen, melancholischen Gesichtsausdruck und lächelte wie unter

Schmerzen.« Er war, wie sie erkannte, »die Vision meines erwachenden Geistes.«

Nach ihrer ersten Saison als Debütantin, in der sie in die erstickende Welt der Anstandsdamen, der hochmütigen Lakaien mit ihren gepuderten Perücken und der gewaltigen, mehrlagigen Kleider eingeführt worden war, hatte Isabel einen Entschluss gefasst: Sie würde sehr viel lieber das Leben einer alten Jungfer führen, als einen der einfältig grinsenden »Gecken« mit ihren weichen Händen zu heiraten, denen sie in London begegnet war. »Ich frage mich zuweilen, ob sie überhaupt Männer sind oder bloß geschlechtslose Wesen – belebte Schneiderpuppen«, lautete ihr angewidertes Urteil.

Was immer ihre Mutter von ihr erwartete, in diesem Punkt, das wusste Isabel, wäre sie eisern: Sie würde sich ihren Ehemann selbst aussuchen. »So wie Gott die Frau aus einer Rippe Adams schuf, so schaffe ich mir aus dem wilden Chaos meiner Gedanken einen Mann für mich«, hatte sie geschrieben und diesen idealen Mann gleich darauf detailliert geschildert: »schwarzes Haar, gebräunter Teint, … große, schwarze, staunende Augen … Er ist Soldat und sehr männlich; er befiehlt und erwartet Gehorsam. … Dieser Mann ist mehr als nur Körper, nämlich Kopf und Herz, Verstand und Seele. Er ist stark, ein Anführer, der geniale Bestimmer.«

So klar ihr dieser Mann vor Augen stand, hatte Isabel ihn doch stets für einen »Mythos ihrer Mädchenzeit« gehalten. Das änderte sich an dem Tag, als ihr Richard Burton an der Befestigungsanlage entgegentrat. Er schien geradewegs ihrem Tagebuch entstiegen zu sein, aus den Worten geschaffen, die den einzigen Mann beschrieben, den sie heiraten würde. Als sie Burton vor sich stehen sah, war sie »gänzlich in seinem Bann«, schrieb sie später. »Er sah mich an, als könne er meine Gedanken lesen.« Sie wandte sich ihrer Schwester zu und flüsterte: »Dieser Mann wird mich heiraten.«

Tags darauf kehrte Isabel zur Befestigungsanlage zurück, Burton ebenso. Als die beiden Schwestern auf der Steinpromenade innehielten, näherte er sich ihnen mit einem Stück Kreide in der Hand und schrieb auf die Mauer: »Darf ich mit Ihnen sprechen?« Isabel griff nach der Kreide, die er für sie hatte liegen lassen, und schrieb als Antwort: »Nein. Mutter wäre wütend.« Sie hatte recht. Als ihre Mutter von Isabels kurzer, hingekritzelter Konversation mit Richard Burton erfuhr, war sie nicht nur wütend, sondern fest entschlossen, ihre Tochter so weit wie möglich von diesem gefährlichen Menschen fernzuhalten.

Burton war der letzte Mann, den sich Elizabeth Arundell als Schwiegersohn vorstellte. Er war nicht nur zehn Jahre älter als ihre behütete, unschuldige Tochter und verfügte über eine schockierende Bandbreite an Erfahrungen, sondern war obendrein arm und schlecht vernetzt. Obwohl Elizabeth als Katholikin wusste, wie es sich anfühlte, von der britischen Gesellschaft gemieden zu werden, hatte sie Isabel dazu erzogen, in ebendiese Welt einzuheiraten, die Frau »eines vermögenden Peers« zu werden. Sie weigerte sich zuzugeben, dass ihre Tochter drauf und dran war, sich in einen mittellosen Abenteurer zu verlieben. Als Isabel »rot und blass, heiß und kalt, schwindelig und schwach, krank und zittrig« wurde, wann immer sie Burton sah, holte ihre Mutter den Arzt und bestand darauf, dass ihre Tochter unter »Verdauungsproblemen« leide. Pflichtgemäß verabreichte der Arzt Isabel eine Pille, die sie bei der ersten Gelegenheit ins Feuer warf.

Bevor sich Isabels Familie nach einem zweijährigen Aufenthalt in Boulogne auf den Rückweg nach London machte, veranstalteten ihre Cousinen eine Party, zu der sie alle einluden, die sie kannten, darunter auch Richard Burton. »Er hat einmal mit mir Walzer getanzt«, schrieb Isabel Jahre später, noch immer in der Erinnerung schwelgend, »und mehrmals das Wort an mich gerichtet.« Hinterher legte sie die Schärpe und Handschuhe, die sie an jenem Abend getragen hatte, sorgsam beiseite, weil er sie während des Tanzes berührt hatte. »Ich habe sie nie mehr getragen«, schrieb sie. Auf der Rückreise nach London wickelte sie sich in einen Umhang, kletterte in eines der Rettungsboote, das seitlich am Schiff befestigt war, und dachte darüber nach, wie sehr sie sich jetzt von dem Mädchen unterschied, das zwei Jahre zuvor England verlassen hatte, und »wie sich ein Großteil meines Schicksals bereits erfüllt hatte«.

❋

Vier Jahre sollten verstreichen, ehe Isabel und Burton sich erneut begegneten. Doch anstatt das Interesse zu verlieren, liebte sie ihn nur noch leidenschaftlicher. Sie betete jede Nacht für ihn, bewahrte sorgfältig die Handschuhe auf, die er einmal berührt hatte, und füllte ihr Tagebuch mit Gedanken an ihn. Sie behielt ihn auch aus der Ferne im Blick, las alles, was von ihm und über ihn publiziert wurde, nahm gierig die Abenteuer in sich auf, die er erlebte, und die Heldentaten, die er ohne sie vollbrachte. »Richard ist soeben mit Glanz und Gloria aus Mekka zurückgekehrt; doch anstatt nach England ist er nach Bombay gereist, um sich seinem Regiment wieder anzuschließen«, schrieb sie zwei Jahre nach ihrer Rückkehr aus Boulogne in ihr Tagebuch. »Ich bade in seinem Ruhm.« Ein Jahr später ging er erneut auf Reisen, diesmal nach Ostafrika. »Und jetzt ist Richard nach Harar aufgebrochen, zu einer tödlichen, zumindest aber höchst gefährlichen Expedition, und ich bin voller trauriger Vorahnungen«, schrieb sie besorgt. »Wird er denn nie nach Hause kommen?«

Isabel sehnte sich nicht etwa nach einem sesshaften Leben mit Richard, sie wünschte sich vielmehr, mit ihm gemeinsam auf Reisen zu gehen. Eine Ehe mit Richard Burton war ihre einzige Hoffnung, dem erdrückend engen Leben zu entfliehen, das ihre Mutter für sie vorgesehen hatte. »Wie gern würde ich Richards wildes, unstetes Vagabundenleben teilen! … Ich sehne mich danach, in einem Schnellzug um die Welt zu reisen; wenn ich zu Hause bleibe, werde ich gewiss verrückt«, schrieb sie. »Was andere wagen, wage ich auch. Und warum auch nicht? Wer vermisst uns schon? Warum sollten wir kein sinnvolles, aktives Leben führen?

Warum sollte sich eine lebhafte, kluge und starke Frau mit Stickarbeiten und der Haushaltsplanung begnügen? Mir wird übel dabei, und ich denke gar nicht dran.«

Als Teenagerin hatte Isabel sich nicht nur einen abenteuerlustigen Mann gewünscht, sie wäre selbst gern einer gewesen. »Vater erzog mich wie einen Jungen«, sagte sie, »er lehrte mich reiten und schießen und was mir sonst noch für ein Leben voller Abenteuer und Gefahren zugutekäme.« Sie habe Ehrgeiz stets bewundert, schrieb sie, und davon geträumt, aus eigenem Antrieb zu handeln, »den Willen und die Kraft zu haben, Dinge zu verändern«. Isabel befürchtete, ihre Träume könnten sinnlos, die Lektionen ihres Vaters auf ein stilles Hausfrauendasein verschwendet sein. Nur Burton konnte das verhindern, das hatte sie bei ihrer ersten Begegnung mit ihm sofort erkannt. »Ich wünschte, ich wäre ein Mann, dann wäre ich Richard Burton!«, schrieb sie in ihr Tagebuch. »Doch da ich eine Frau bin, wäre ich gern Richard Burtons Ehefrau.«

Das Problem war nur, dass Burton ihre glühende Verehrung überhaupt nicht wahrzunehmen schien. Sie befürchtete sogar, er habe an ihr, dem kleinen Mädchen, nicht das geringste Interesse. Sie wusste von seinen zahlreichen Romanzen mit außergewöhnlichen, erfahrenen Frauen, allesamt »hübsch oder doch gutaussehend«, wie seine Nichte später schreiben würde, »die Hässlichen sah er nicht an«. In Boulogne hatte Burton heftig mit Isabels bildhübscher Cousine Louisa geflirtet und ihr damit Höllenqualen bereitet. Isabel fand, sie selbst sei in der »hässlichsten Phase« ihres Lebens. »Ich war groß und plump und hätte vornehm blass sein sollen, war aber stets sonnengebräunt. … Ich war zu dick, um in die ›Standardgröße‹ zu passen, wie es so schön heißt, und mein Teint war keineswegs hell oder interessant genug, um mir zu gefallen. … Ich beneidete Mädchen, die dünn waren wie Bohnenstangen oder Besenstiele, weil die sich viel hübscher kleiden konnten als ich. Ich war entweder frech und voller wilder Einfälle, oder schwermütig und pathetisch.« Unvorstellbar, dass Burton sich je in sie verlieben könnte. Andererseits war ein Leben ohne ihn undenkbar für sie. »Was für ein Fluch ist doch ein Herz!«, kritzelte sie in ihr Tagebuch.

Dennoch träumte Isabel auch weiterhin davon, dass Burton sie eines Tages bemerken würde, doch bis dahin würde sie nicht im stillen Kämmerlein sitzen und bang auf seine Rückkehr hoffen. Während des Krimkriegs bat sie wiederholt darum, als Sanitätsschwester ausgebildet zu werden und unter Florence Nightingales Führung zu arbeiten, aber man wies sie ein ums andere Mal ab. »Wie sehr ich die Frauen beneide, denen es erlaubt ist, als Krankenschwestern fortzuziehen!«, schrieb sie. »Ich habe immer wieder an Florence Nightingale geschrieben, doch irgendwann kam die Antwort, ich sei zu jung und unerfahren und daher ungeeignet.« Schließlich beschloss sie, wenn schon nicht den Soldaten selbst, so wenigstens deren Frauen zu helfen. Viele waren nahezu mittellos in England zurückgeblieben, während ihre Männer an der Front kämpften. »Meine Absicht war es, mich in der Heimat ein wenig nützlich zu machen«, schrieb sie. »Wir organisierten eine gemeinnützige Vereinigung, die eine Suppenküche und eine Kleidersammlung betrieb. … Keine bedürftige Frau sollte vergessen sein, ungeachtet ihrer Konfession. … Unseren Mitteln gemäß erhielt eine jede Unterkunft, Nahrung und Kleidung, außerdem ein wenig Trost.« Die etwa einhundertfünfzig Frauen, die dem Stella Club beitraten, den Isabel gegründet hatte, machten zweimal pro Woche ihre Runden, wobei sie nicht nur Vorräte verteilten, sondern auch Kranke und Sterbende besuchten, ihnen vorlasen und für sie Briefe an ihre Angehörigen schrieben. Das Elend, das sie in dieser Zeit erlebte, würde Isabel nie mehr vergessen. »Mir fehlen die Worte, um das Unglück, das wir sahen, zu beschreiben«, notierte sie später, »oder die Dankbarkeit der Soldaten, wenn sie aus dem Krieg heimkehrten und erfuhren, was wir getan hatten, um ihr Zuhause zu bewahren.«

Nachdem auch Burton aus dem Krieg zurückgekehrt war, besuchte Isabel das berühmte Pferderennen in Ascot in der Grafschaft Berkshire und begegnete dort überraschend einer alten

Freundin: Hagar Burton. Diese ergriff Isabels Hand und fragte: »Bist du immer noch nicht Daisy Burton?« Isabel schüttelte den Kopf und antwortete: »Ich wünschte bei Gott, es wäre so!« Hagar habe ihr zugelächelt, schrieb Isabel später. »Nur Geduld«, sagte sie. »Bald ist es so weit.« In diesem Moment musste sich Hagar, die als Romni häufig arroganter Respektlosigkeit und sogar Gewalt ausgesetzt war, hastig von ihrer Freundin verabschieden, um einer Kutsche auszuweichen. »Ich sah sie nie wieder«, schrieb Isabel.

Zwei Monate später, als sie mit ihrer Schwester Blanche und einer Freundin durch den Botanischen Garten in London schlenderte, fiel Isabels Blick auf den Mann, von dem sie träumte, seit sie ihn vor sechs Jahren zum ersten Mal gesehen hatte. Diesmal war Burton nicht allein. Das »hinreißende Geschöpf aus Boulogne« war bei ihm, schrieb Isabel später. Es war Louisa, die hübsche Cousine, auf die sie damals so eifersüchtig gewesen war, die mittlerweile jedoch einen anderen geheiratet hatte. »Wir hielten abrupt inne, schüttelten einander die Hände und stellten einander tausend Fragen – und all die alten Gefühle und Erinnerungen an Boulogne, die geschlafen hatten, aber nicht erloschen waren, kehrten wieder«, schrieb sie. Burton fragte Isabel, ob sie häufig durch den Park spaziere. »O ja«, antwortete sie, »wir sind üblicherweise von elf bis eins hier, um zu lesen und zu lernen, weil es in dieser Jahreszeit draußen so viel angenehmer ist als in den heißen Innenräumen.« Burton pflichtete ihr bei und fragte sie, was sie denn gerade lese. Isabel zeigte ihm das Buch, das sie bei sich hatte – Disraelis *Tancred*, und Burton fing sogleich an, ihr den Inhalt zu erläutern. Isabel hörte ihm aufmerksam zu, obwohl sie *Tancred*, »mein Herzensbuch, ganz nach meinem Geschmack«, seit ihrer Kindheit schon mehrfach gelesen hatte. Als sie wegging, hörte Isabel, wie Burton zu Louisa sagte: »Weißt du, dass deine Cousine sich bezaubernd herausgemacht hat? Wer hätte gedacht, dass aus dem kleinen Schulmädchen aus Boulogne so ein süßes Geschöpf wird!« Die einzige Antwort ihrer Cousine sei »ein abfälliges ›*pah!*‹« gewesen, schrieb Isabel später.

Als Isabel tags darauf in den Park zurückkehrte, war Burton ebenfalls dort, diesmal allein, und schrieb an einem Gedicht. Er blickte zu ihr auf und meinte scherzhaft: »Sie werden doch wohl nicht ›Mutter wäre wütend‹ darauf kritzeln, oder?« Sie trafen sich auch in den folgenden Tagen. Während sie mit ihm durch den Park schlenderte, schwebte Isabel »im siebten Himmel«. Nach zwei Wochen legte er den Arm um ihre Taille, schmiegte seine Wange an die ihre und hielt um ihre Hand an. »Könntest du dir vorstellen, etwas so Verwerfliches zu tun, wie die Zivilisation hinter dir zu lassen?«, fragte er sie. »Und wenn ich das Konsulat von Damaskus bekäme, würdest du mich heiraten und mit mir dort leben?« Nicht ahnend, dass Isabel die vergangenen sechs Jahre an kaum etwas anderes gedacht hatte als an ein Leben mit ihm, fügte er hinzu: »Antworte mir nicht *sofort*, der Schritt ist ernst und will wohlüberlegt sein – du müsstest deine Familie und alles Gewohnte aufgeben.«

Isabel war dermaßen überwältigt, dass es ihr kurz die Sprache verschlug. »Es war, als wäre der Mond herabgeschwebt, um mir zu sagen: ›Ich dachte, du hättest mich gerufen – hier bin ich‹«, schrieb sie später. Ihr Schweigen missdeutend, sagte Burton: »Verzeih! Ich hätte dich nicht fragen dürfen.« Da antwortete Isabel endlich: »Ich will nicht erst darüber nachdenken – ich denke seit sechs Jahren darüber nach, seit ich dich in Boulogne zum ersten Mal sah. Ich habe jeden Tag für dich gebetet, morgens und abends. Ich habe jeden deiner Schritte genauestens verfolgt. Ich habe all deine Schriften gelesen und wäre lieber bei einem Kanten Brot mit dir in einem Zelt als Königin der ganzen Welt.« Burton machte sich nichts vor, er wusste genau, was Isabels Mutter von ihm hielt. »Die Deinen werden dich nicht hergeben«, sagte er. »Ich weiß das«, sagte Isabel, die mittlerweile fünfundzwanzig Jahre alt war und ihren Platz in der Welt kannte, selbstsicher, »ich weiß das, aber ich gehöre nur mir – ich gebe mich selbst her.«

❋

Isabel hatte immer gewusst, dass Burton wieder abreisen würde. Er hatte kein Hehl daraus gemacht, dass er sich nach seiner Rückkehr aus dem Krieg »der ›Enthüllung von Isis‹«, wie sie es ausdrückte, widmen wollte, »der Entdeckung der Nilquellen«. An einem Oktobernachmittag, wenige Monate nach ihrer heimlichen Verlobung, zeichnete er ihr in einer einfachen Skizze auf, wie er sich die Seeregionen Ostafrikas vorstellte. Sie wiederum legte ihm eine Kette um den Hals, an der ein Amulett mit der Heiligen Jungfrau Maria hing. »Wir Katholiken nennen es ›die Wundertätige Medaille‹«, schrieb sie.

In jener Nacht konnte Isabel nicht schlafen. Gegen zwei Uhr morgens hatte sie, wie sie später behauptete, eine Erscheinung. Es war Burton, der ihre Schlafzimmertür öffnete und ins Zimmer trat. »Ein warmer Luftzug wehte mir entgegen. Richard sagte: ›Leb wohl, mein armes Kind. Meine Zeit ist um, ich bin fort, aber gräme dich nicht. In weniger als drei Jahren bin ich zurück, ich bin dein Schicksal. Leb wohl.‹ Er hielt einen Brief in die Höhe – sah mich mit seinen schwarzen Augen an, ging langsam hinaus und schloss die Tür.« Isabel sprang aus dem Bett und rannte hinaus auf den Flur, doch er war leer. Sie trat in das Zimmer ihres Bruders, setzte sich hin und fing an zu weinen. Richard sei fort, sagte sie. »Unsinn«, entgegnete er, »du hast schlecht geträumt.«

Isabel hatte den Großteil der Nacht eingerollt in einem Sessel im Zimmer ihres Bruders verbracht und blickte auf, als am Morgen ihre Schwester Blanche mit einem Brief hereinkam. Sie hatte in der Post einen an sie adressierten Umschlag entdeckt und zu ihrer Überraschung zwei Briefe von Burton darin vorgefunden. Der erste Brief richtete sich an Blanche: Sie möge ihrer Schwester auf sanfte Weise beibringen, dass er nach Afrika aufgebrochen sei. Den zweiten Brief solle sie Isabel geben. Dieser Brief »versicherte mir«, schrieb Isabel, dass »wir 1859 wieder vereint sein würden«. Sie verwahrte den Brief mit Burtons Nachricht in einem kleinen Beutel und befestigte diesen an einer Kette, die sie fortan stolz um den Hals trug, so wie er ihre wundertätige Medaille.

8.

Horror Vacui

Als John Hanning Speke im Februar 1856 aus dem Krimkrieg heimgekehrt war, ging er nach einem Treffen mit Richard Burton sogleich in den Kartensaal der Royal Geographical Society. Die Gesellschaft war noch auf der Suche nach einer endgültigen Residenz, und nachdem sie über ein Vierteljahrhundert zuvor in wenigen Räumen der Royal Horticultural Society in der Regent Street ihre Existenz begonnen und zehn Jahre später etwas größere Räumlichkeiten gefunden hatte, bezog sie um 1854 schließlich ihre neue Adresse am Whitehall Place Nr. 15. Das unscheinbare fünfgeschossige Gebäude aus rotem Backstein hatte man hauptsächlich aus einem Grund gewählt: Es war groß genug, um die umfangreiche Sammlung seltener Landkarten zu fassen, die von »groben geographischen Skizzen aus frühester Zeit bis hin zu den exaktesten Darstellungen der Gegenwart« reichte.

Den Gründungszielen der Society folgend, beinhaltete diese Sammlung Tausende Landkarten, Atlanten, Globen und Schautafeln, die auf Papierfetzen skizziert, von Hand gedruckt, in Mappen gebunden und auf vergilbtes Tuch gezeichnet waren. Hauptsächlich wegen dieser faszinierenden Sammlung, die der Öffentlichkeit zugänglich war und »täglich von intelligenten Fremden« besucht wurde, erhielt die Royal Geographical Society Finanzmittel der Regierung. Obwohl die überwiegende Mehrheit ihrer Mitglieder gut betucht oder zumindest gut vernetzt war, bezahlte kaum jemand seine Beiträge. Aus diesem Grund war die Society, um Expeditionen finanzieren und die Miete bezahlen zu können, auf Regierungsgelder angewiesen. Die jährliche Zuwendung des Schatzamtes Ihrer Majestät in Höhe von fünfhundert Pfund deckte die Kosten für die neuen Räumlichkeiten und den ersten Kurator der Sammlung, Trelawney Saunders.

Die Exponate, die Saunders zu betreuen hatte, kamen nicht nur künftigen Expeditionen zugute, sie dokumentierten auch einen der wichtigsten Fortschritte in der Geschichte der Kartographie: Leerstellen auf Landkarten wurden nun nicht mehr gefüllt, sondern aktiv freigelegt. Bis zum achtzehnten Jahrhundert litten die meisten europäischen Kartographen an etwas, was die Kunstgeschichte als *horror vacui* bezeichnet, die Angst vor leeren Flächen. Wann immer sie Teile der Welt darstellten, von denen sie keine Informationen aus erster Hand hatten, stützten sie sich auf Gerüchte, Mutmaßungen oder die eigene Phantasie und füllten die Leere auf ihren Karten mit Meeresungeheuern und mythischen Inseln, dekorativen Kreaturen und imaginären Gebirgen. Als die Kartographie jedoch ins Zeitalter der Aufklärung eintrat, begab sie sich vom Reich der Kunst in jenes der Wissenschaft. Da sie nur noch Informationen nutzen durften, für die es verlässliche, von Augenzeugen bestätigte Beweise gab, hatten die modernen Kartographen Europas keine andere Wahl, als große Teile der Welt durch Leerstellen auszusparen, besonders auf dem afrikanischen Kontinent.

Zwischen dem fünfzehnten und dem neunzehnten Jahrhundert änderten sich die europäischen Darstellungen von Afrika grundlegend. Eine der ältesten bekannten Karten des Kontinents, die um die Mitte des sechzehnten Jahrhunderts von einem deutschen Kartographen angefertigt wurde, der später an der Pest verstarb, zeigt an der Stelle von Nigeria und Kamerun einen nackten, einäugigen Riesen. Etwa hundert Jahre später versuchte der niederländische Kartograph Willem Janszoon Blaeu, über seine Unkenntnis des Kontinents hinwegzutäuschen, indem er seine Karte mit

Illustrationen von den bekanntesten Tieren Afrikas ausfüllte, wie etwa Löwen, Elefanten oder Strauße. Die umgebenden Ozeane ergänzte er um holländische Schiffe, die inmitten mythischer Wesen, halb Pferd, halb Seeschlange, dahinsegelten. Schon 1805 jedoch gab der britische Kartograph John Cary auf seiner Afrikakarte offen zu, dass er vieles nicht wusste, indem er, abgesehen von einigen kleinen Besonderheiten entlang der Küstenlinie, unterhalb des Äquators nahezu alles leer beließ. Knapp fünfzig Jahre später, nur fünf Jahre, bevor Speke die Räumlichkeiten der Royal Geographical Society zum ersten Mal betreten würde, versah der Herausgeber R. Montgomery Martin eine Landkarte, die 1851 in der Londoner Weltausstellung zu sehen war und sowohl um den Äquator herum als auch im Süden Afrikas große leere Flächen aufwies, mit folgendem Kommentar: »Mehr als fünf Sechstel der Region sind den europäischen Geographen noch immer unbekannt«, erklärte er. »Von den angeblichen Mondbergen wissen wir nichts.« Es war eines der zentralen Konstrukte westlicher Kartographie: Solange eine Region nicht von Europäern kartographiert war, galten das Land und seine Bewohner, selbst wenn diese seit Jahrtausenden dort siedelten, als Mysterium.

Für die Menschen, die dort lebten, waren die Länder Afrikas natürlich kein Mysterium, doch wurden die Informationen, die von weitgereisten Afrikanern stammten, seien es Kaufleute oder Kuriere, zumeist verworfen. Dies galt auch für ihre eigenen Formen der Kartographie. Über frühe afrikanische Landkarten ist kaum etwas überliefert, dabei war ihre Bandbreite groß, reichte von Felsbildkunst über schematische Darstellungen bis hin zu Ritzungen. Vergängliche, oft auf den Boden gezeichnete Landkarten wurden zwar gelegentlich von ausländischen Reisenden in Tagebüchern beschrieben oder skizziert, doch nur selten mit Quellzuschreibung und unverändert in europäische und nordamerikanische Karten übernommen.

❋

Unter den vielen Landkarten, die die Wände der Royal Geographical Society schmückten, fiel vor allem eine ins Auge. Sie war eine Leihgabe der Church Missionary Society und zwei Jahre zuvor von den deutschen Missionaren Jakob Erhardt und Johannes Rebmann erstellt worden, nachdem ihnen bezüglich der Quelle des Weißen Nils ein Licht aufgegangen war. Die Karte hatte sofort das Interesse von Wissenschaftlern in ganz Europa geweckt und war bereits in mehreren Publikationen abgedruckt worden, dem *Calwer Missionsblatt* zum Beispiel oder der wissenschaftlichen Zeitschrift *The Athenaeum*, ehe sie im Sommer 1855 die Royal Geographical Society erreichte.

Die schnörkellose Skizze Ostafrikas war besonders eines Merkmals wegen beachtenswert: ein großes blaues »Binnenmeer«, das Erhardt und Rebmann an derselben Stelle platziert hatten, an der die meisten Kartographen eine Wüste vermuteten. Die Wasserfläche hatte nicht nur enorme Ausmaße – eintausenddreihundert Kilometer lang und fünfhundert Kilometer breit, erstreckte sie sich vom Äquator bis zum vierzehnten Grad südlicher Breite –, sondern war darüber hinaus so merkwürdig geformt, dass selbst die erfahrensten Geographen Mühe hatten, ihren Eindruck in Worte zu fassen. Burton beschrieb einen »hässlichen, aufgeblähten Blutegel«, doch den meisten Betrachtern der Karte kam das Wort »Nacktschnecke« in den Sinn. »In diesem Kartenabschnitt, der etwa zur Hälfte ausgefüllt wurde von einem See von so beachtlicher Größe und solch ungehöriger Form, einer riesigen Nacktschnecke oder eher noch dem hässlichen Salamander gleich, dass jeder, der ihn betrachtete, nur ungläubig lachend den Kopf schüttelte«, schrieb Speke später. »Das Phänomen war in der Tat derart spektakulär, dass sich alle Welt dafür interessierte.«

Das Auftauchen von Erhardts und Rebmanns »Schneckenkarte« hatte in der Royal Geographical Society großes Aufsehen erregt. Sie hatte dem hochgeschätzten Lehnstuhlgeographen William Cooley, der, so Burton später, »immer noch auf seinem einzelnen ›Binnengewässer‹ beharrte und jeden, der zwei oder drei daraus machte, als seinen persönlichen Feind betrachtete«, ein tiefes Gefühl der Genugtuung verschafft. Sie hatte überdies dem lange weitgehend im Verborgenen gehegten Wunsch der Gesellschaft, die Quelle des Weißen Nils aufzuspüren, eine gewisse Dringlichkeit verliehen.

Die Formierung der Ostafrika-Expedition – unter diesem Namen sollte sie bekannt werden – wurde von Admiral Sir George Back unterstützt, einem der renommiertesten Mitglieder der Gesellschaft. Back, selbst ein legendärer Forscher, hatte fast vierzig Jahre zuvor als sehr junger Mann an John Franklins erster Arktis-Expedition teilgenommen und neunzehn Jahre später an der berüchtigten Reise der *HMS Terror*, die in dermaßen dickes Eis geraten war, dass angeblich das Terpentin aus den Schiffsplanken gepresst wurde. Nun war Back sechzig Jahre alt und wünschte sich, dass jemand das größte geographische Rätsel seiner Zeit löste. Und Richard Burton, davon war er überzeugt, war dafür genau der Richtige.

Burton selbst hatte der Society bereits eine ähnliche Expedition angeraten. Obwohl sein Vorschlag eine Reise zu den ostafrikanischen Seen skizziert hatte, mit dem Ziel, als erster Europäer »die Ausmaße des ›Ujiji-Meeres‹ [auch bekannt als Tanganjika-See]« zu erkunden und »die exportierbaren Erzeugnisse im Landesinneren sowie die Ethnographie seiner Stämme zu bestimmen«, wusste er so gut wie Back, worin seine eigentliche Aufgabe bestünde. »Heutzutage muss jeder Zentralafrikaforscher nach den scheuen Quellen des Weißen Nils Ausschau halten«, schrieb er, »und sollte er ohne sie zurückkehren, wird seine Forschungsreise, und sei sie noch so ergebnisreich, wohl oder übel als gescheitert gelten.« Als Burton von der Geographischen Gesellschaft seine offiziellen Instruktionen erhielt, war er daher wenig überrascht, darunter die Order zu finden, er möge nach Norden marschieren, »zu jenem Gebirge, in dem unseren Karten zufolge die Quellen des Bahr-el-Abyad [Weißer Nil] vermutet werden. Sie zu entdecken, wird Ihr nächstes großes Ziel sein.«

Da Burton einen stellvertretenden Kommandanten benötigte, wandte er sich wieder an Speke, allen vergangenen Schwierigkeiten zum Trotz. Später würde er seine Entscheidung damit begründen, dass Speke genau wie er selbst »in Berbera Haare gelassen und Verluste erlitten und wie wir Übrigen keinerlei Entschädigung erhalten« hatte. Speke, wohl wissend, dass er eine anspruchsvolle Expedition wie diese nicht auf eigene Faust hätte organisieren können, wollte eigentlich in den Kaukasus zurückkehren. Nachdem er zwei Jahre zuvor die geplante Reise mit seinem Freund Edmund Smyth kurzerhand abgeblasen hatte, um stattdessen mit Burton nach Somaliland aufzubrechen, schrieb er ihm erneut und schlug vor, den gemeinsamen Jagdausflug wieder aufleben zu lassen. Smyth hatte sofort zugesagt, und so machten die beiden sich an die Planung und besorgten Gewehre und andere Gerätschaften für die Reise. Als Nächstes hatte sich Speke in einem Brief an Norton Shaw von der Royal Geographical Society gewandt und ihn gebeten, ihm bei der Beschaffung einer Einreiseerlaubnis nach Russland behilflich zu sein. So kurz nach dem Krieg wäre die Chance, dorthin zu gelangen, äußerst gering, hatte Shaw warnend zurückgeschrieben und Speke außerdem darüber informiert, dass Richard Burton erneut nach Afrika aufbrechen würde. Am selben Tag, an dem Shaws Brief bei ihm eintraf, erreichte ihn auch ein Schreiben von Burton, der ihn bat, sich seiner Expedition anzuschließen. »Damit war die Sache entschieden. Ohne groß nachzudenken, wurde ich meine kaukasische Ausrüstung los«, schrieb Speke. Dass er dabei auch wieder einmal Smyth loswurde, schien ihn nicht weiter zu kümmern.

Für Speke stellte die seltsame Schneckenkarte, die er im Gebäude der Royal Geographical Society gesehen hatte, nicht nur eine Kuriosität oder ein Rätsel dar, sondern eine potenziell wertvolle Informationsquelle für die Mission, die er mit Burton plante. »Hier offenbarten sich mir zum ersten Mal die großartigen Ziele unserer Expedition«, schrieb er. Obwohl er weitaus lieber seine eigene Expedition geleitet hätte und ernste Zweifel an dem Mann hegte, der nun stattdessen das Sagen hätte, ergriff er doch bereitwillig jede sich bietende Gelegenheit, um nach der Quelle des Weißen Nils zu suchen.

Die Society hatte Burton zwar zum Expeditionsleiter ernannt und gestattete ihm die Nutzung ihres Namens und ihrer Kontakte, konnte ihm aber wenig von dem bieten, was er am dringendsten benötigte: Finanzmittel. Es war im Wesentlichen den persönlichen Beziehungen ihres damaligen Vorsitzenden Sir Roderick Murchison zu verdanken, dass sich das Foreign Office bereit erklärte, wenn auch mit großen Vorbehalten, die Expedition mit eintausend Pfund zu unterstützen. Die Ostindien-Kompanie hatte den Forschern zunächst eine ebenso hohe Summe versprochen, dann aber einen Rückzieher gemacht. Stattdessen stellte sie Burton zwei Jahre frei und gewährte ihm eine kostenlose Schiffspassage nach Sansibar. Burton wusste, dass seine Mittel für die geplante Expedition nicht annähernd ausreichen würden, aber er wusste auch, dass er keinen Schilling mehr zu erwarten hatte, mochten seine Argumente noch so überzeugend sein.

Im Jahr zuvor hatte Jakob Erhardt kaum mehr als zweihundert Pfund beantragt, um zwanzig Träger für einen Sechshundert-Kilometer-Marsch ins ostafrikanische Landesinnere anheuern zu können. Mit seiner armseligen, absolut unangemessenen Schätzung, so Burton, »hat Erhardt allen Forschungsreisenden nach ihm einen enormen Bärendienst erwiesen; entweder er kannte die Wahrheit, dann hätte er eine vernünftige Summe nennen müssen, oder er kannte sie nicht, dann wäre er besser zu Hause geblieben.« Das Resultat jedenfalls war, dass Burton bloß tausend Pfund für eine Expedition erhielt, die mindestens das Fünffache verschlingen würde.

Als Speke erfuhr, wie gefährlich wenig Geld zur Verfügung stand, hätte er beinahe einen Rückzieher gemacht. In Anbetracht der Tatsache, dass ihm die Expedition nach Somaliland über seine elf Stichwunden hinaus erheblich geschadet hatte, schrieb Speke einen wütenden Brief an Robert Playfair, den stellvertretenden Political Resident in Aden. Er habe »infolge des Scheiterns sowohl an Reputation als auch an Vermögen eingebüßt«, schrieb er. Aus einem einzigen Grund, behauptete er später, sei er dennoch bereit gewesen, die Ostafrika-Expedition wieder aufzunehmen: Burton habe *ihn* gebraucht, nicht er Burton. »Captain Burton … hatte keine Ahnung von astronomischer Landvermessung, von physikalischer Geographie oder der Sammlung von Proben«, schrieb Speke, »also drängte er mich, ihn erneut zu begleiten, und veranlasste den Präsidenten der Royal Geographical Society gar zu der Behauptung, die Finanzierung sei kein Grund zur Sorge, wenn wir nur erfolgreich wären.«

❁

Burton freute sich ganz besonders auf die Expedition. »Einer der beglückendsten Momente im Leben ist doch, wie ich meine, der Aufbruch zu einer Reise in ein fernes, unbekanntes Land«, schrieb er, »wenn man mit Macht die Fesseln der Gewohnheit, die bleierne Bürde der Routine abschüttelt.« Doch ehe er nach Afrika segeln konnte, musste er über Land nach Bombay reisen, um Spekes Freistellung zu erwirken. Die beiden Männer blieben nur eine Woche in Indien, konnten in dieser Zeit jedoch ihren Vorrat an wissenschaftlichen Instrumenten auffüllen und zwei junge Männer aus Goa als Köche für die Expedition anheuern, Valentine Rodriguez und Gaetano Andrade. Wie versprochen finanzierte die Ostindien-Kompanie ihre Reise nach Sansibar, eine Inselgruppe vor der Ostküste Afrikas. Sie segelten auf der nach dem Gouverneur von Bombay benannten *Elphinstone*, einem dreihundertsiebenundachtzig Tonnen schweren Kriegsschiff.

Auf dem Weg nach Afrika legten sie in Aden an, wo Burton Dr. John Steinhaeuser, der dort als Arzt stationiert war, für die Expedition zu gewinnen hoffte. Burton hatte Steinhaeuser Jahre zuvor bei Sprachprüfungen in Indien kennengelernt und ihn nach seiner Pilgerreise nach Mekka besucht. Die beiden Männer hatten darüber gesprochen, sich gemeinsam an eine »vollständige, ungeschönte, unkastrierte« Übersetzung der *Geschichten aus Tausendundeiner Nacht* zu wagen. Steinhaeuser war nicht nur ein »ausgezeichneter Gelehrter, versierter Naturkundler und geschickter Arzt«, schrieb Burton, er besaß darüber hinaus »menschliche Qualitäten von unschätzbarem Wert«. Steinhaeuser war sofort bereit, sich der Expedition anzuschließen, musste aber, ehe er nach Sansibar aufbrechen konnte, auf die Zustimmung der Britischen Ostindien-Kompanie warten.

Wieder an Bord der *Elphinstone*, verbrachte Burton den Großteil der über zwei Wochen langen Schiffspassage damit, möglichst viel über die Inselgruppe zu lesen, auf der die Expedition ihren Anfang nehmen würde. Er und Speke prüften außerdem die wissenschaftlichen Messinstrumente – Sextanten, Barometer und Thermometer –, die sie in Bombay erworben hatten. Die Bedingungen an Bord waren im Vergleich zu fast allen anderen Seereisen, die Burton unternommen hatte, das reinste Vergnügen. »Die Ordnung, Kühle und Reinlichkeit eines Kriegsschiffes«, schrieb er, »kein Geschepper, kein Stampfen und Schlingern … keine Kajüten, die nach Schwefelwasserstoff stinken, keine Decks, auf denen Passagiere mit fahlgelben Gesichtern ihre verkrampften Schultern schütteln, während sie zwischen Schanzkleid und hinterer Reling hin und her hetzen.« Als er schließlich von seinen Büchern und Notizen aufblickte, lag Sansibar vor ihnen.

Der Archipel, bestehend aus einer Reihe kleiner Inseln sowie zwei Hauptinseln – Sansibar selbst, offiziell Unguja genannt, und Pemba –, war bereits seit mindestens siebzehntausend Jahren von Menschen bewohnt, als 1498 der portugiesische Entdecker Vasco da Gama als erster Europäer dort anlegte. Auf der Suche nach einem Seeweg zwischen Europa und Indien erkannte da Gama, was Afrikaner und Araber längst wussten: Mit seinem Hafen, der zugleich geschützt lag und sich gut verteidigen ließ, war Sansibar der perfekte Stützpunkt für Händler und Entdecker. Zweihundert Jahre später besiegte der Sultan von Oman die Portugiesen, nahm die Inselgruppe und große Landstriche der Swahili-Küste ein, legte Plantagen für Gewürznelken an und etablierte einen der berüchtigtsten Sklavenmärkte der Geschichte. Europäische Forscher erkannten schnell, dass sie hier alles fänden, was sie für ihre langen Märsche ins Landesinnere benötigen würden: von der Verpflegung über die ortsüblichen Zahlungsmittel – normalerweise Perlen und Stoffe – bis hin zu Trägern und Wegführern.

Vom Meer aus war Burtons erster Eindruck von Sansibar der einer friedlichen, trägen Schönheit. Umgeben von saphirblauem Wasser und blendend weißen Stränden, war das Innere der eintausendfünfhundert Quadratkilometer großen Kalksteininsel dank dem Überfluss an Kokospalmen und ursprünglich indischen Mangobäumen grün und schattig. »Unser erster Blick auf die damals geheimnisumwobene Insel Sansibar war wahrhaft herrlich. In der Ferne erhob sich wie erstarrte Luft die Hügelkette, die Sansibars anschwellende Küstenlinie bildet«, schrieb er. »Erde, Meer und Himmel, alles schien in eine sanfte, sinnliche Ruhe gehüllt, in das beschauliche Leben der Lotosesser.« Als es dunkel wurde, funkelte der Strand von einer Fülle kleiner Lichter, die den Männern auf dem Schiff wie Glühwürmchen erschienen. Die Schreie der roten Stummeläffchen, endemisch auf der Insel, tönten zu ihnen herüber, und in der Luft lag der üppige, würzige Duft der berühmten Nelkenplantagen.

Burton wusste allerdings, dass die Menschen, die diese Gewürznelken ernteten, in einem stinkenden, heftig schaukelnden, gefährlich überfüllten Sklavenschiff angekommen waren, das keinerlei Ähnlichkeit mit dem Komfort und der Sicherheit der *Elphinstone* aufwies. Wie viele ihrer Zeitgenossen sahen Burton und Speke keinen Grund, ihre so arrogante wie ignorante rassistische Einstellung zu überdenken, den Sklavenhandel jedoch lehnten sie entschieden ab, weil er das Land, so Burton, »zu einer Wüste des Jammers gemacht« habe. Daher waren sie stolz auf die Bemühungen der Briten, dem Übel ein Ende zu setzen. Doch obwohl das britische Parlament fünfzig Jahre zuvor mit dem Erlass des *Aboli-*

tion of the Slave Trade Act die Abschaffung des Sklavenhandels formell beschlossen hatte, und seitdem Patrouillenschiffe vor Sansibar nach Sklavenschiffen Ausschau hielten, hatte sich wenig verändert in Ostafrika. Nach wie vor waren dort die Gefangennahme und der Verkauf von Menschen an der Tagesordnung. »Sansibar ist ein merkwürdiger Ort«, schrieb Burton an einen Freund. »Ein bewundernswertes Übungsgelände für die Verdammnis.«

❁

Als das kleine Boot, das sie an Land brachte, das Ufer erreicht hatte, begaben sich die Männer zum britischen Konsulat, überquerten hierzu einen breiten Strand und hielten auf ein Gebäude zu, das Burton vorkam wie eine »Weinkiste, die auf der Seite lag, angenehm umspült von der See«. Dort wurden sie von Lieutenant Colonel Atkins Hamerton empfangen, einem hochgewachsenen, dunkeläugigen Iren, der seit fünfzehn Jahren britischer Konsul auf Sansibar war und sie mit einem warmen, wenn auch fahlen Lächeln begrüßte. Hamerton wirkte älter als seine zweiundfünfzig Jahre. Haupt- und Barthaar waren gänzlich weiß, und sein Gesicht, einst »heiter und rosig«, war totenblass, »wie ausgebleicht von Überdruss und Krankheit«. Obwohl er »viele amüsante Geschichten« auf Lager hatte und sich sehr hilfsbereit zeigte, sah Burton sofort, dass der Konsul todkrank war. »Das schlimmste Symptom in seinem Fall – ich habe es nie anders als fatal erlebt«, schrieb Burton, »war sein Widerwille, den Ort zu verlassen, der ihn langsam zugrunde richtete.«

Vor kurzem hatte Hamerton in Sansibar eine besonders schwierige Übergangsphase beaufsichtigen müssen, denn zwei Monate zuvor war der letzte Herrscher über Sansibar und den Oman verstorben, Said bin Sultan Al-Busaidi. Sein Nachfolger war sein Sohn Sayyid Majid, einer der ältesten der fünfundzwanzig Söhne und zahllosen Töchter seines Vaters mit dessen zahlreichen Konkubinen. Allerdings beschloss Majids älterer Bruder, Thuwaini bin

Said, der Thron müsse von Rechts wegen ihm gehören. Und so wurde das Sultanat aufgeteilt: Thuwaini sollte fortan Muscat und Oman regieren, und weil dieses Reich weitaus schwächer und ärmer war als das seines jüngeren Bruders Majid, würde dieser ihm eine jährliche Abgabe zahlen.

Burton und Speke hätten sich die schlimmste Jahreszeit für ihre Expedition ausgesucht, ließ Hamerton sie mitfühlend wissen, von den politischen Unruhen im Land ganz zu schweigen. Burton wusste schon vor der Abreise aus England darum, befürchtete aber, die Expedition könne ins Wasser fallen, wenn er nicht unverzüglich aufbrach. Im Augenblick herrschte in Sansibar Trockenzeit, so dass es in großen Teilen des Landes, das sie durchwandern würden, nahezu unmöglich wäre, Wasser aufzutreiben. Schon bald aber würde der Frühlingsmonsun einsetzen »und alles überfluten«, schrieb Speke.

Mit dem Aufbruch ins Landesinnere würden sie daher notgedrungen bis Juni warten müssen, also noch sechs Monate. Einen Monat würden sie mindestens für die Vorbereitungen brauchen, um Wegführer und Träger anzuheuern, Proviant und Packtiere einzukaufen. Die übrige Zeit wollte Burton nutzen, um die ostafrikanische Küste möglichst gründlich zu erkunden. Unterwegs würde er sich erschöpfende Notizen machen und Tausende Seiten mit Informationen über die lokalen Sprachen, über Fauna und Flora, über Politik, Klima, Geographie und Ethnographie füllen. Zudem hätte Burton Gelegenheit, Johannes Rebmann aufzusuchen.

Vor seiner Abreise aus England hatte Burton die Church Missionary Society, die Kirchliche Missionsgesellschaft, in ihrem Hauptsitz am Londoner Salisbury Square besucht und angeboten, Rebmann eine Nachricht zu überbringen. Der Missionar hatte Europa vor Jahren verlassen und beantwortete neuerdings keine Briefe mehr. Die Missionsgesellschaft wollte nun wissen, schrieb Burton, warum Rebmann »die Kommunikation seiner Arbeitgeber weder auf brieflichem Weg noch über Boten erwidert« habe. Auch die Royal Geographical Society hatte Burton ermutigt, sich mit Rebmann zu treffen. Dieser hatte nicht nur bei der Anfertigung der berühmten »Schneckenkarte« geholfen, sondern kannte außerdem die Gegend und beherrschte mehrere der lokalen Sprachen. Die Society hoffte, er würde die Expedition ins Landesinnere begleiten, aber Burton hielt wenig von dieser Idee. »Ich bin fest entschlossen, Herrn Rebmann nicht mitzunehmen«, schrieb er an den Forscher George Back, der ihn zum Leiter der Expedition erkoren hatte. »Er würde dem Klima nicht standhalten, leidet an Schwermut und hegt eine gewisse Sehnsucht nach dem Märtyrertod, was kaum im Sinne der R. G. S. sein dürfte.«

Wenige Wochen nach ihrem Eintreffen in Sansibar, zu Beginn des neuen Jahres, brachen Burton und Speke mit einer kleinen Besatzung in einer gemieteten Dau zur Küste auf, ein Rettungsboot aus rostigem Eisen im Schlepptau. Die Dau war faulig und voller Ratten und Schaben, aber die Besatzung zog sie bei weitem dem Rettungsboot vor, das Burton bei einem Unternehmen in den Vereinigten Staaten bestellt und mit einiger Schwierigkeit in Sansibar zusammengebaut hatte. Er hatte es *Louisa* getauft, vermutlich nach seiner Freundin, der von Isabel beneideten hübschen Cousine, aber seine Männer nannten es *Sharrádeh*, »fliehende Stute«. Burton räumte ein, dass das Boot zu seinem Leidwesen tatsächlich dazu neigte, »sein Tau zu zerreißen und auszubüxen«, andererseits sei es »anmutig, feuer-, wurm- und wasserfest, gefeit gegen Nagelkrankheit und Wassersucht«.

Sie segelten in nördlicher Richtung die Küste Ostafrikas entlang und erkundeten kleine Buchten und Inseln. Burton nutzte jede sich bietende Gelegenheit, um portugiesische und persische Ruinen in Augenschein zu nehmen. Speke fehlte dafür der Sinn, und so wurde er zunehmend frustriert, weil Burton, »der nichts übrig hatte für den Jagdsport, nicht vor Anker gehen wollte, um Wild zu schießen«. Die viele freie Zeit, schrieb Speke irritiert, »wäre mit der Nilpferdjagd doch weitaus angenehmer verbracht«. Burton jedoch drängte weiter. Am 17. Januar erreichten sie endlich

Mombasa, und nach sieben Stunden Fahrt im Ruderboot, einem Fußmarsch, der zunächst hügelaufwärts führte, dann weitere dreizehn Kilometer über Land, und all dies bei strömendem Regen, trafen sie endlich am Missionshaus Kisuludini ein, wo Johannes Rebmann mit seiner »liebenswürdigen englischen Gattin« lebte, wie Speke es ausdrückte.

Rebmann hieß die Männer in seiner Mission willkommen und zeigte sich besorgt um ihre Sicherheit, wollte sich aber zu Burtons Erleichterung auf keinen Fall der Expedition anschließen. Dem Deutschen war von Anfang an klar, dass Burton, so respektvoll er sich auch verhielt, nicht erpicht darauf war, ihn dabei zu haben, und es überdies auf keinen Fall dulden würde, dass Rebmann auf dem Weg ins Landesinnere missionarisch tätig wurde. Nach Burtons Überzeugung hatte jeder Mensch ein Anrecht auf seinen eigenen Glauben, und er lehnte es folglich ab, seine Expedition für christliche Bekehrungsversuche herzugeben. Rebmanns »Anwesenheit würde der Expedition einen missionarischen Anstrich verleihen«, schrieb er an die Royal Geographical Society, »und könnte sich daher als fatal erweisen«.

Rebmanns Ratschläge aber nahm Burton gerne an. Die Trockenzeit sei in diesem Jahr besonders verheerend gewesen, sagte der Missionar, und die daraus resultierende Dürre habe in weiten Teilen der Bevölkerung zu einer Hungersnot geführt. Außerdem habe sie mehrere hundert Stück Vieh der Massai getötet. Da die stolzen Nomaden sich aber hauptsächlich vom Fleisch, Blut und der Milch ihrer Rinder ernährten und folglich ums Überleben kämpften, waren sie nun auf dem Kriegspfad, stahlen Vieh, plünderten Dörfer und attackierten selbst die größten Karawanen.

Weil Burton geplant hatte, auf seinem Weg westwärts ins Landesinnere durch Massai-Gebiet zu wandern, gab Rebmann ihm den Rat, der weniger direkten, aber ungefährlicheren Karawanenroute zu folgen, die an der arabischen Siedlung Kazeh vorbeiführte. Burton sah ein, dass es töricht wäre, die Massai herauszufordern, und änderte nicht nur seine Route ins Landesinnere, sondern kam auch von seinem Plan ab, den Kilimandscharo noch vor ihrer Rückkehr nach Sansibar zu besichtigen. Stattdessen reisten sie von der Mission aus nach Süden und erkundeten den Pangani-Fluss. Speke, wütend darüber, dass sie »so viel Zeit in Mombasa und mit der Besichtigung von Ruinen vergeudet hatten«, wollte nicht einsehen, warum sie wegen der Massai sämtliche Pläne über den Haufen werfen sollten. »Die Sorge war unbegründet«, schrieb er später, »meiner Meinung nach hätten wir die Masai [sic] leicht umgehen können.«

Seit ihrer Ankunft in Sansibar hatte sich das Verhältnis zwischen Burton und Speke zusehends verschlechtert. »Ich kam nicht umhin zu bemerken, dass seine anfängliche Munterkeit verschwunden war«, schrieb Burton. »An allem, was wir taten, hatte er etwas auszusetzen, überließ mir die gesamte Organisation und beschwerte sich dann, übergangen worden zu sein.« Weil Burton sich Spekes Verdrossenheit nicht zu erklären wusste, ignorierte er sie kurzerhand. Die Situation bereitete ihm kein allzu großes Kopfzerbrechen, auch wenn sie ihn enttäuschte, zumal John Steinhaeuser, der einzige Freund, den er auf der Wanderung gern an seiner Seite gewusst hätte, in letzter Minute hatte absagen müssen. »Seine Anwesenheit«, schrieb Burton, wäre »mir mehr als nur ein kleiner Trost« gewesen. Obwohl auch Elphinstone der Meinung war, dass Steinhaeuser eine wertvolle Ergänzung für die Expedition gewesen wäre, und ihn für die Aufgabe empfohlen hatte, verzögerte sich die offizielle Erlaubnis. Unterdessen war der Arzt krank geworden und nun – zu Burtons bleibendem Bedauern – zu geschwächt, um von Aden nach Sansibar, geschweige denn ins Landesinnere zu reisen. Jetzt war nur Speke übrig. Mit ihm habe er »einen Weggefährten an der Seite, keinen Freund«, schrieb Burton, denn er sei ihm »nach wie vor fremd«.

Während Speke seinem Kommandanten noch immer nicht

gestanden hatte, wie sehr ihn dessen Ermahnung in Somaliland gekränkt hatte, machte er anderen gegenüber kein Hehl mehr aus seiner Verachtung für Burton. Voller Groll stellte er Burton als genau das dar, was zu sein er selbst am meisten fürchtete, als Feigling und Lügner: »Ich habe jetzt genügend Beweise dafür vor Augen, dass B niemals nach Mekka und Harar ging, zumindest nicht im üblichen Wortsinn, sondern gewiefte Einheimische dazu verleitete, ihn dorthin zu führen, und ich könnte schwören, dass er sie mit mancherlei Kniffen dazu anstiftete«, schrieb er von Sansibar aus an seine Mutter Georgina Speke. »Ich wünschte, ich hätte Amüsanteres zu berichten als diese Gemeinheit von einem hundsgemeinen Menschen.«

Während sie die Küste entlang segelten, machte der gelangweilte, frustrierte Speke seinem Ärger schließlich Luft und eröffnete Burton einen der Gründe für seinen Unmut. Es sei falsch von ihm gewesen, so Speke, sein Reisetagebuch und seine naturkundliche Sammlung aus der Somali-Expedition zu verwenden. Es war »eine niederträchtige Aneignung *meiner* Gedanken, die in der Publikation als *deine* Gedanken erscheinen«, insistierte er. Burton war überrascht, hielt dagegen, dies sei eine legitime und übliche Vorgehensweise. Leiter einer Expedition, erklärte er, publizierten anschließend häufig die Beiträge ihrer Untergebenen. Doch was immer er sagte, brachte Speke nur noch mehr gegen ihn auf. Dass Burton sein Handeln rechtfertigte, so Speke später, »machte das Ganze nur noch bitterer«.

Doch Burton hatte noch immer nicht begriffen, wie tief Spekes Groll gegen ihn saß, dabei war klar, dass sein Untergebener mittlerweile der Ansicht war, er selbst, nicht Burton, sollte die Expedition leiten. »Er könne sich nicht für eine Forschungsreise erwärmen, deren Kommandant er nicht sei, erklärte er mir«, schrieb Burton später, »daher sein Sinneswandel.« Allmählich dämmerte Burton, dass Speke jemand war, der »seine Gedanken und Erinnerungen für sich zu behalten pflegte, bis ein jäher Impuls sie ans Licht brachte. Er brütete, womöglich jahrelang, über eine zufällige

Bemerkung, die ein paar offene Worte zu aller Zufriedenheit klargestellt hätten.« Spekes ruhiges, sanftes Wesen, seine »fast kindlich schlichte Umgangsart«, so Burtons neugewonnene Einschätzung, täuschten über ein »immenses, abnormes Maß an Selbstwertgefühl hinweg, das er aber so sorgfältig zu verbergen wusste, dass nur seine engsten Vertrauten etwas davon ahnten«. Obwohl er nach außen weitaus bescheidener und zurückhaltender wirkte als Burton, der für seine Arroganz oft kritisiert wurde, hielt Speke in Wahrheit große Stücke auf seine Fähigkeiten und war bei der leisesten Andeutung, ein anderer, zumal sein Kommandant, könne erfolgreicher, tüchtiger oder tapferer sein als er, zutiefst gekränkt. »Er war nicht nur überzeugt, bei jeder Gelegenheit sein Bestes gegeben zu haben«, schrieb Burton, »sondern glaubte fest, dass kein Mensch auf Erden es hätte besser machen können.«

Als sie den Pangani-Fluss erreichten, konnte Burton Speke ein wenig besänftigen, indem er ihm endlich Gelegenheit gab, seiner Lieblingsbeschäftigung nachzugehen, dem Jagdsport. »Der Fluss war extrem gewunden und voller Nilpferde«, schrieb Speke. »Sie reckten fortwährend die Köpfe aus dem Wasser, forderten uns geradezu heraus, auf sie zu schießen. Wie man sich wohl denken kann, tat ich ihnen den Gefallen.« Die Nilpferde waren irritiert, aber furchtlos, und schnaubten beim Anblick der Männer in ihrem kleinen, zerbrechlichen Boot. Die großen Dickhäuter, die jeden Moment losstürmen oder einfach nur auftauchen und ihr Boot so mit Leichtigkeit zum Kentern bringen konnten, stellten eine echte Gefahr für sie dar, mehr noch als die Krokodile, die »erschreckt vom Geräusch der Ruder die Böschung heruntergewatschelt kamen«, schrieb Burton, »mit ihren abscheulichen Klauen Abdrücke im glitschigen Ufer hinterließen, um alsdann wie gelbe Baumstämme im Wasser zu treiben, ihre kleinen, bösen, grünen Augen, die tief unter warzigen Brauen lagen, auf uns geheftet.«

Als es dunkel wurde, setzte Burton sich an seine Notizen, doch es fiel ihm schwer, sich von der Schönheit, die ihn umgab, nicht ablenken zu lassen, von den schnell verglühenden Leuchtkäfern, dem Gemurmel des schwarzen Flusses zu seinen Füßen. »Rings um uns her herrschte die ewige afrikanische Stille, tief und traurig, unterbrochen nur vom Schrei des Brachvogels oder vom Wind, der die Baumwipfel bewegt, ein Flüstern im Flechtwerk der Blätter«, schrieb er. »Wir saßen bis Mitternacht unter einem Baum, beglückt vom Zauber der Stunde. Der Mond goss geschmolzenes Silber über das dunkle Blattwerk der wilden Palmen, die Sterne hingen wie goldene Laternen in der klaren Luft, und auf der Stirn des Firmaments funkelte diamanten die Venus.«

9.

Bombay

Einige Tage später machte die Expedition in Chogué halt, einer kleinen Militärbasis, die der Sultan von Sansibar am Ufer des Pangani errichtet hatte. In der Hoffnung, ihre Reihen aufstocken zu können, gaben Burton und Speke bekannt, sie würden Männer anheuern. »Wir suchten nach Freiwilligen, die bereit wären, uns zu begleiten. Jeder würde seine eigenen Waffen tragen, dazu ein wenig Proviant und das Nötigste an Gepäck«, schrieb Speke. »Fünf Männer ließen sich bereitwillig anwerben; außerdem stellte man uns vier Sklaven als Diener und zwei Wegführer zur Verfügung.« Die meisten Männer in der Basis waren Belutschen aus der Gegend des Iran. Ihre Familien beherrschten mehrere Sprachen und hatten sich in den 1820er Jahren in Sansibar und Umgebung niedergelassen, die meisten als Soldaten. Sie waren kräftig und reiseerfahren, und Burton traute ihnen zu, die Sicherheit der Expedition zu gewährleisten.

Ein Mann jedoch unterschied sich von all den anderen. Er war kein Belutsche, sondern ein Yao. Nachdem er den Großteil seiner Kindheit und Jugend als Sklave verbracht hatte, war er jetzt ein freier Mann, der eigene Entscheidungen treffen und selbst über sein Schicksal bestimmen konnte. Klein und schmal, mit spitz zugefeilten Zähnen und großen klugen Augen, würde er sich als das »Juwel der Gruppe« erweisen, wie Burton später beteuern sollte. Sein Name lautete Sidi Mubarak Bombay.

Bombay konnte kaum etwas sein Eigen nennen. Selbst sein Name war ihm von dem Mann, der ihn in Indien als Sklave gekauft hatte, achtlos zugewiesen worden. Seinen afrikanischen Namen hatte er vor langer Zeit vergessen; er war ihm Jahrzehnte zuvor in einer einzigen entsetzlichen Nacht geraubt worden, mitsamt seiner Familie und seiner Kindheit. Er würde nie vergessen, wie man ihn aus seinem Dorf im Gebiet der Yao, das an der Grenze zwischen den heutigen Staatsgebieten von Tansania und Mosambik lag, verschleppt hatte. Plötzlich entstand ein furchterregendes Durcheinander aus Geschrei, Getrampel und Schwerthieben, als »ein großer Trupp Swahili-Händler mit ihren Sklaven kam, allesamt mit Schwertern und Gewehren bewaffnet«, würde er sich später erinnern. »Sie umzingelten unser Dorf und forderten die Bewohner auf, umgehend ihre in Zeiten großer Not angehäuften Schulden zu begleichen …, andernfalls hätten sie die Konsequenzen zu tragen.« Die Männer, die Bombays Dorf überfallen hatten, waren selbst einmal Sklaven gewesen, und obwohl sie die Schrecken der Sklaverei am eigenen Leib erfahren hatten, wussten sie auch, wie viel es einbringen konnte, andere Menschen zu täuschen, einzufangen und zu verkaufen.

Die Yao, die zu den Bantu sprechenden Gemeinschaften Ost- und Zentralafrikas gehörten, waren nicht naiv. Ihr Name, die Pluralform von *cao*, bedeutet in etwa »baumlose Gegend«, und ihr Ursprung wird in der Bergregion östlich des Malawi-Sees vermutet. Von dort verbreiteten sie sich, zerfielen in Unterstämme, wanderten nach Norden und nach Süden. Sie betrieben Ackerbau, kultivierten Sorghum-Hirse, Mais und Maniok und gingen mit Pfeil und Bogen, Fallen, Netzen oder Hunden auf die Jagd. Da ihr Land reich war an Eisenerz und damals auch an Elefanten, waren sie geschickte Eisenschmiede und trieben regen Elfenbeinhandel. Ab dem neunzehnten Jahrhundert arbeiteten sie mit arabischen Händlern zusammen, versorgten sie mit Elfenbein und wegen der stetig wachsenden Nachfrage auch mit Sklaven aus dem Landesinneren, die an der Küste weiterverkauft wurden.

Bombays Dorfgemeinschaft – er nannte sie Uhiyow – war eine arme, isoliert lebende Untergruppe, deren einzige Verbindung mit der Außenwelt im Kontakt mit den Männern bestand, die sie zunächst mit Stoffen und Perlen geködert hatten. Dies führte dazu, dass sie sich immer tiefer verschuldeten, und gipfelte schließlich in jenem tragischen Moment: »Da alle Bewohner irgendwann Schulden angehäuft hatten«, erzählte Bombay, »kam kein Widerspruch … gegen diese plötzliche Forderung, nur hatte niemand die Mittel, seine Schulden zu begleichen.« Ohne eigene Gewehre hatten sie keine Möglichkeit zur Gegenwehr; ihnen blieb keine Wahl. »Das ganze Dorf«, sagte Bombay, »ergriff überstürzt die Flucht.«

In dem Chaos, das der Überfall auf sein Dorf verursacht hatte, stand Bombay plötzlich ganz alleine da. Seine Mutter hatte er nie wirklich gekannt, sie war bereits gestorben, als er noch ein kleines Kind war, aber bis zu jener Nacht hatte er einen Vater, Verwandte und Freunde gehabt. Über das Schicksal seines Vaters würde Bombay sein Leben lang rätseln. Entweder hatte er Widerstand geleistet und dabei den Tod gefunden, oder er war in die Wildnis entkommen, und hatte sich anderswo ein neues Leben aufgebaut. »Ich konnte es nie in Erfahrung bringen«, so Bombay. Er würde dieses Dorf auch nie mehr als sein Zuhause bezeichnen. Mit den übrigen Dorfbewohnern, die nicht entkommen oder gestorben waren, wurde Bombay in Ketten gelegt und zu einem grausamen Fußmarsch gezwungen. Er führte ihn Hunderte Kilometer weit bis nach Kilwa, eine kleine Insel südlich von Sansibar und Ausgangspunkt für den Sklavenhandel.

❋

Von den Hunderttausenden Menschen, die aus ihren Dörfern im afrikanischen Landesinneren verschleppt wurden, gehörte Bombay immerhin zu denen, die Kilwa lebend erreichten. Die meisten erlagen den Verletzungen, die sie sich während ihrer Gefangennahme zugezogen hatten, oder starben infolge von Krankheit, Hunger oder Erschöpfung. Sie mussten nicht nur barfuß und in Ketten gehen, sondern zudem häufig Elefantenstoßzähne schultern, so dass sie in kleinen Gruppen unter der zermürbenden Last von mindestens hundert Pfund Elfenbein voranwankten. Wer den Marsch nach Kilwa überlebte, wurde in Dauen verfrachtet; auf den kleinen Segelbooten drängten sich so viele Menschen, dass auf der über dreihundert Kilometer langen Überfahrt nach Sansibar weitere Gefangene starben und unterwegs über Bord geworfen wurden. Allein und verängstigt, ertrug Bombay dieses zusätzliche Elend auf dem Indischen Ozean, nur um nach der Ankunft auf der Insel in einem unterirdischen Kerker aus Korallenblöcken und Zementkalk zu landen. Dieses Gefängnis, durch dessen dicke Mauern kaum ein Lichtstrahl drang, in dem der Gestank nach Blut, Schweiß, Unrat und Tod unter der niedrigen Decke hing, befand sich nur wenige Schritte vom offenen Markt entfernt. Hier warteten arabische Sklavenhändler bereits voller Ungeduld in der gleißenden Äquatorsonne.

In eingeschränktem Umfang hatte der Handel mit Sklaven in Ostafrika vermutlich seit Jahrhunderten geblüht; seinen Höhepunkt erreichte er jedoch im neunzehnten Jahrhundert, als Sansibar sich zu einem bedeutenden Sklavenmarkt entwickelte. Damals wurden jährlich zwischen acht- und zehntausend Menschen in Ketten auf die Insel verschleppt. Vor dem Hintergrund der sanften Schönheit weißer Strände und sich wiegender Palmen mutete ihr Elend umso entsetzlicher an. Die grausamen Szenen, die sich dort abspielten, erschütterten selbst den abgeklärtesten Reisenden bis ins Mark. Zwanzig Jahre vor Bombays Ankunft beschrieb ein Brite namens Thomas Smee, dessen Forschungsschiff im Hafen von Sansibar vor Anker lag, wie Männer, Frauen und Kinder, die mit Gold und Edelsteinen behangen waren, um die Aufmerksamkeit der Käufer auf sich zu ziehen, ihre Haut glänzend von Kokosöl, die Augen weit vor Verwirrung und Schrecken, im Gänsemarsch durch die Stadt geführt wurden. »Allen voran schritt der Eigentümer dieses Zugs, in dem alle Geschlechter vertreten sind und jedes Alter von sechs bis sechzig Jahren«, schrieb Smee. »Erregt einer dieser bedauernswerten Menschen das Interesse eines Betrachters, hält der Zug augenblicklich inne, und es erfolgt eine Beschau, deren Genauigkeit in keinem Viehmarkt in Europa erreicht wird. … Von solchen Szenen wendet man sich voller Mitleid und Entrüstung ab.«

Um die Mitte des neunzehnten Jahrhunderts bezahlten Sklavenhändler auf Sansibar im Durchschnitt vier bis fünf Pfund für einen Mann und etwas mehr für eine Frau. Bombay, der noch ein Kind war, wurde für ein paar Ellen Stoff verschachert. Die begehrte Baumwolle aus Gujarat – ein großer Staat in Westindien, bekannt für seine leuchtend bunten und aufwendig gearbeiteten Webwaren – wurde auf afrikanischen Märkten oft gegen Silber, Elfenbein und Menschen eingetauscht. Nachdem der Handel abgeschlossen war, fand sich Bombay, der kaum verstand, wie ihm geschah, und es ohnehin nicht hätte verhindern können, an Bord eines Schiffes wieder, das ihn Tausende Kilometer von seinem Zuhause und seiner Familie forttrug. Am Ende seiner Reise würde sich der Handelskreislauf schließen: Der Stoff befände sich in Afrika und er selbst sich in Gujarat, wo er die nächsten zwanzig Jahre als Sklave verbringen würde.

❋

Obwohl Bombay mit seinen zwölf Jahren bereits mehr Schreckliches und Grauenvolles erfahren hatte als die meisten Menschen in ihrem ganzen Leben, hatte das Schicksal zumindest einen kleinen Trost für ihn: Sein Schiff war von Afrika aus gen Osten gesegelt, nicht gen Westen. In den Vereinigten Staaten, wo die Sklaverei Bestandteil der Wirtschaft geworden war, mussten versklavte Menschen oft in großen Plantagen auf den Feldern schuften. In Indien dagegen waren es die Angehörigen der niederen Kasten, die einen Großteil der Haus- und Feldarbeit zu verrichten hatten, während der Besitz eines afrikanischen Menschen hauptsächlich

Statussymbol für die Elite oder Schutz für die Mächtigen war. Die Maharadschas, die oft gegeneinander Krieg führten, besetzten Positionen im Militär – Soldaten, Leibwächter oder Palastwachen – lieber mit Afrikanern als mit Indern, da Erstere im Ruf standen, sowohl kräftiger als auch loyaler zu sein.

Diese Posten beim Militär und gelegentlich auch in der Verwaltung eröffneten den Sklaven in Indien nicht nur einen Weg in die Freiheit, sondern auch zu Wohlstand und Macht. Einige von ihnen herrschten sogar über eigene Königreiche. 1490 brachte ein afrikanischer Wachsoldat namens Sidi Badr die Region Bengalen unter seine Kontrolle und regierte sie drei Jahre lang, ehe er ermordet wurde. Im ausgehenden sechzehnten Jahrhundert avancierte Malik Ambar, der im äthiopischen Harar zur Welt gekommen und wie Bombay als Kind in die Sklaverei verkauft worden war, zu einem der berühmtesten Herrscher im südindischen Dekkan. Als er mit dem Tod seines Besitzers die Freiheit wiedererlangte, begann Ambar seinen Aufstieg an die Macht. Zunächst kommandierte er in Bijapur im nordwestlichen Dekkan ein kleines Truppenkontingent. Doch die Zahl seiner Gefolgsleute wuchs rasch. Bald verfügte er über siebentausend Soldaten und konnte sich dem Kampf um die Vorherrschaft im angrenzenden Sultanat Ahmadnagar anschließen. Als er in Bijapur einem jungen Mann begegnete, der mit der Herrscherfamilie in Ahmadnagar verwandt war, setzte er ihn als Geheimwaffe ein: Er verheiratete ihn mit seiner Tochter und installierte ihn als Sultan. Er selbst fungierte als sein Erster Minister und regierte in dieser Funktion das Sultanat.

Die meisten Afrikaner in Indien, ob versklavt oder frei, mächtig oder arm, erhielten einen von zwei Titeln: Habshi, das persische Wort für Menschen aus Abessinien, dem heutigen Äthiopien, oder Sidi, das möglicherweise auf die arabische Anrede *Sayid* zurückgeht, was »Herr« oder »Gebieter« bedeutet. Der Beiname *Sidi* war an der Westküste sehr weit verbreitet und wurde dem Namen einer Person afrikanischer Herkunft vorangestellt. Auf diese Weise wurde der Junge aus Ostafrika, der in den 1830er Jahren nach

Gujarat gelangt war, nachdem man ihn nicht nur seiner Freiheit, seiner Familie und seiner Religion, sondern sogar seines Namens beraubt hatte, zu Sidi Mubarak Bombay.

Später im Leben würde Bombay erklären, er sei bei seiner Versklavung noch so jung gewesen, dass er sich an viele der wichtigen Daten, die sein Leben ausmachten – Geburt, Gefangennahme, Freilassung – kaum erinnere. Eines jedoch wusste er mit Sicherheit: Wie der berühmte Malik Ambar erhielt er seine Freiheit zurück, nachdem sein Besitzer verstorben war. »Ich diente diesem Herrn mehrere Jahre, bis ich durch seinen Tod die Freiheit wiedererlangte«, sagte er. Im Gegensatz zu Ambar und Sidi Badr sah Bombay seine Freiheit jedoch nicht als Mittel, in dem Land, das ihn versklavt hatte, Macht zu erlangen, sondern als Chance, endlich seine Heimat wiederzusehen. Er beschloss also, nach Afrika zurückzukehren, in die Welt, die er einst gekannt hatte, wenn auch nicht in sein früheres Leben. »Mein nächstes Ziel«, sagte er, »war Sansibar.«

Bombay hatte in Ostafrika schnell Arbeit gefunden, in der Armee des Sultans, der allerdings bald nach seiner Rückkehr aus Gujarat gestorben war. Seine Tätigkeit war eintönig, erforderte wenig Einsatz und war extrem schlecht bezahlt. So verbrachte er seine Tage notgedrungen »in halbverhungerter Trägheit«, wie er sich später erinnerte. Er hätte auf einer der Nelkenplantagen schuften oder wie die Monster, die ihn als Kind geängstigt hatten, Dorfbewohner einfangen können, um sie auf dem Sklavenmarkt zu verkaufen, doch davon abgesehen gab es kaum Verdienstmöglichkeiten. Eine etwas abwegige Chance, weil sie sich nur selten bot, lag darin, für eine der europäischen Expeditionen angeheuert zu werden; diese Arbeit war zwar gefährlich, aber immerhin besser bezahlt als die in der Armee des Sultans, und sie versprach zudem eine gewisse Aussicht auf Erfolg, wenn nicht gar auf Anerkennung.

Obwohl sie dies nur selten zugeben wollten, suchten europäische Forschungsreisende in Sansibar nicht nur nach geeigneten Trägern, die ihre Vorräte schleppten, so unverzichtbar diese Tätigkeit für jede Expedition auch war, sondern auch nach Männern, die bei der Festlegung der Routen halfen und sie lebend an ihr Ziel und wieder zurück bringen konnten. »Eingeborenenwissen«, wie es in England spöttisch hieß, wurde von Lehnstuhlgeographen und *Gentleman scientists* sofort als verdächtig, wenn nicht gar als wertlos abgetan, da sie der Idee anhingen, jemand, der tatsächlich in der zu erkundenden Gegend lebte, könne wohl kaum brauchbare Kenntnisse über sie haben. Die Forscher selbst wussten jedoch, dass ihre verlässlichsten Informationsquellen jene Menschen waren, die sie vor Ort anheuerten, um mit ihrer Hilfe ins Landesinnere zu gelangen. Daher begaben sie sich nach ihrer Ankunft auf Sansibar als Erstes auf die Suche nach geeigneten Karawanenführern. Sie brauchten Leute mit vielerlei Talenten: Sie sollten verlässliche Träger und gesunde Packtiere für sie finden, Versorgungsgüter beschaffen – von Nahrungsmitteln über Waffen bis hin zu Arzneien – und außerdem dabei helfen, die Wegstrecke zu planen. Sobald die Expedition sich in Gang setzte, mussten diese Männer die Träger überwachen, als Dolmetscher und Vermittler fungieren, die medizinische Versorgung gewährleisten und die Karawane sicher durch Hunderte Kilometer unkartiertes Gelände navigieren. Es war eine schwierige Aufgabe, und wer sie auf sich nahm, kam nicht immer lebend zurück.

Bombay ließ sich von den Gefahren, die diese Expeditionen mit sich brachten, nicht abschrecken. Er hatte Schlimmeres durchgestanden, und zwar ganz allein. Außerdem hatte er ebenso gute Chancen wie die meisten, wenn nicht bessere, die Reise nicht nur zu überleben, sondern sich dabei hervorzutun. Obwohl er eher schmächtig war, nicht die Körperkraft besaß, die man den Ostafrikanern in Indien lange Zeit zugeschrieben hatte, und sich, nachdem er so lange in Indien gelebt hatte, noch nicht zum Wegführer eignete, verfügte er über Eigenschaften, die bei einer Expedition besonders wertvoll waren: Er beherrschte mehrere Sprachen, war loyal, fleißig, klug und mutig. Trotz der traumatischen Erlebnisse seiner Kindheit war er nicht etwa verbittert, sondern erstaunlich sanftmütig. Und was das Wichtigste war: Man konnte sich auf ihn verlassen. »Sein gutes Betragen und seine Redlichkeit«, sollte Speke bald erfahren, »sind ohnegleichen.«

❋

Burton war dermaßen beeindruckt von Bombay, dass er ihn bald nach der Ankunft in Chogué bat, seine Stellung als Soldat für Prinz Majid zu kündigen und sich der Expedition als ihr oberster Gewehrträger anzuschließen. »Wir hielten so große Stücke … auf seine Fähigkeiten«, schrieb Burton, »dass unsere Überredungskünste und die Zahlung seiner Schulden ihn nach ein wenig Ziererei endlich veranlassten, das Kriegshandwerk an den Nagel zu hängen und sein Glück mit uns zu versuchen.« Neben einem festen Tagessatz und »dem einen oder anderen Lendentuch, wann immer seine Shuka sich abnutzen sollte«, bot Burton Bombay fünf Taler Prämie pro Monat, die ihm bei der Rückkehr nach Sansibar vollständig auszuzahlen wären, vorausgesetzt natürlich, er überlebte die Reise. Burtons Taler waren Maria-Theresien-Taler, geprägte Silbermünzen, die im internationalen Handel bereits seit über hundert Jahren in Gebrauch waren.

Für Burton waren Bombays wertvollste Eigenschaften seine Fröhlichkeit, Ehrlichkeit und bewundernswerte Arbeitsmoral. »Er arbeitet aus Prinzip«, schrieb der Forscher, »und schuftet dabei wie ein Pferd.« Für Speke war die Sache persönlicher. Bevor sie Bombay begegneten, war Burton der einzige Mensch in der Expedition gewesen, mit dem Speke sich unterhalten konnte, nur hielt sich sein Interesse an einer Unterhaltung mit Burton in Grenzen. Er behauptete zwar, es störe ihn nicht, weder des Arabischen noch einer afrikanischen Sprache mächtig zu sein, doch die Tatsache, dass Bombay, der Hindi sprach, das Anglo-Hindi-Gemisch verstand, das Speke in Indien aufgeschnappt hatte, erlöste diesen aus der Einsamkeit, die er seit der Ankunft in Sansibar empfunden hatte. »Das Alleinsein liegt mir nicht besonders«, würde er später einem Freund gestehen. »Meine einzige [Motivation], so oft allein zu reisen, war die bessere Verfolgung meines Ziels – ansonsten teile ich gern ein Vergnügen, bin keineswegs so selbstbezogen.«

Nach nur einem Tag in Chogué machten Burton und Speke sich mit ihren neuen Rekruten wieder auf den Weg. Als die Nacht hereinbrach, bemerkte Speke plötzlich, dass er seinen Kompass im letzten Lager vergessen hatte, und wollte zurückgehen, um ihn zu holen. Burton, der sich weigerte, wegen eines einzigen Instruments umzukehren, bestand darauf, den Weg nach Norden fortzusetzen. Als die Männer endlich ein Dorf am Flussufer erreichten, in dem sie übernachten »und in einem Festmahl aus Milch und Fleisch schwelgen« wollten, verkündete Speke, er werde seinen Kompass holen gehen, obwohl dieser mittlerweile fünfundzwanzig Kilometer entfernt war. »Ich fragte, ob jemand freiwillig auf den Schmaus verzichten und mich auf dem Weg begleiten wolle«, schrieb er. »Bombay war der Einzige, der sich überreden ließ.«

Bombay war nicht nur einverstanden, die zusätzlichen fünfzig Kilometer hin und zurück mit Speke zurückzulegen, er tat es gern und gutgelaunt. Er war »stets bereit, etwas für andere zu tun«, schrieb Speke voller Zuneigung. Unterwegs erzählte Speke Bombay von seinem Interesse an der örtlichen Flora und Fauna, wobei er jede seiner Entdeckungen, von Flussmuscheln bis hin zu Vögeln, kommentierte, und Bombay erzählte ihm Geschichten aus seinem Leben und erinnerte sich an die Wildtiere, die sein Vater ihm gezeigt hatte. Am vorherigen Lagerplatz angekommen, fanden sie schon bald den Kompass und kehrten zurück, ohne sich eine Rast zu gönnen. »Wir schritten wacker aus, denn Bombay … erschien mir erstaunlich gut zu Fuß«, schrieb Speke, »er scherzte, plauderte und marschierte am Ende der knapp fünfzig Kilometer genauso munter wie zu Beginn des Wegs.«

Als sie schließlich das Dorf erreicht hatten, in dem Burton und die übrigen Männer auf sie warteten, war Speke, wie er später schreiben würde, »Bombay bereits sehr zugeneigt«. Deshalb sollte das neue Expeditionsmitglied ihm auf dem Weg ins Landesinnere als persönlicher Dolmetscher und Diener zur Verfügung stehen – »wie Robinson Crusoes Freitag«. Während sein Groll gegen Burton Tag um Tag größer wurde, und er jede Unzulänglichkeit, jedes vermeintlich kränkende Wort seines Kommandanten auf die Waagschale legte, sah er in Bombay jemanden, mit dem er sprechen konnte, auf den Verlass war. Was Burton durch Steinhaeusers Abwesenheit verloren hatte, hatte Speke in der Person Bombays gefunden.

10.

Der Tod stand ihm ins Gesicht geschrieben

Als sie Sansibar am 6. März wieder erreichten, musste Burton an Land getragen werden, weil er zu krank war, um sich auf den Beinen zu halten, während Speke hinterherwankte. Schon bald nach ihrem Aufbruch in Chogué waren die beiden Engländer und Valentine, einer der jungen goanischen Köche der Expedition, von einem derart kräftezehrenden Fieber befallen worden, dass sie nicht nur ihre Küstenerkundung abbrechen mussten, sondern um ein Haar gestorben wären. Speke sprach von einer »heftigen Gallensucht«, die ihrer Haut eine erschreckend grelle Gelbfärbung beschert habe, einer Gold-Guinee gleich. »Wären wir dazu imstande gewesen«, schrieb er, »dann hätten wir gewiss einen ockergelben Schweiß abgesondert, wie er einem Maler wohl gefallen hätte.« Sie hatten sich wahrscheinlich mit dem in Ostafrika weit verbreiteten Typhus angesteckt, der die Leber in Mitleidenschaft zog und häufig Gelbsucht hervorrief. »Jack Speke und ich sehen aus wie gelbsüchtige Gespenster«, schrieb Burton an einen Freund, als er wieder kräftig genug war, um den Stift zu halten, »sofern unsere Sprache ein solches Wort kennt und die Geisterwelt eine solche Krankheit.«

Die Krankheit hatte sich zunächst durch körperliche Schwäche und eine lähmende Müdigkeit angekündigt, war dann aber rasch vorangeschritten. Die Männer wurden nicht nur von rasenden Kopfschmerzen und derart heftigen Brechanfällen geplagt, dass sie sich kaum auf den Beinen halten konnten, auch ihre Augen wurden »heiß, schwer und schmerzten«, wie Burton schrieb. »Die Haut war … trocken, brennend heiß, der Puls hart und hoch, die Zunge pelzig.« Er hatte eine Woche lang nichts gegessen und kaum geschlafen, und sein elender Zustand war geprägt von Angst, Niedergeschlagenheit und Wahnvorstellungen. Zwar verfügte er über einen Vorrat an Chinin, ein Malariamittel, das erst wenige Jahrzehnte zuvor aus der Rinde des Chinarindenbaumes gewonnen werden konnte, aber es musste mit Bedacht verabreicht werden. »Diese Arznei … hat schon viele das Leben gekostet«, warnte Burton, »vor allem Franzosen; sie hatten sie zum falschen Zeitpunkt überdosiert und einen Hirnschlag erlitten.«

Nachdem ihm zu Ohren gekommen war, dass Burton und Speke gefährlich erkrankt waren und »sich selbst kurierten«, wie Speke es ausdrückte, hatte Hamerton ein Boot gechartert, das sie nach Sansibar zurückholen sollte. Der Konsul, der selbst so angeschlagen war, dass er »nur am Abend auflebte«, tat alles, um den Männern zu helfen, behandelte sie »wie Söhne«, schrieb Burton dankbar, »nicht wie Fremde auf der Durchreise«. Hamerton bemühte sich nach Kräften, ihnen einen Eindruck von der Gefährlichkeit ihrer Expedition zu vermitteln. Abgesehen von den vielen Krankheiten, die sie sich einfangen konnten, liefen sie ernsthaft Gefahr, die Menschen, denen sie unterwegs begegnen würden, zu erzürnen, vor den Kopf zu stoßen, törichterweise herauszufordern oder unwissentlich zu ängstigen. »Der Konsul gab mir auch zu bedenken«, schrieb Burton, »dass meine den Handel betreffenden Fragen, und meine Gewohnheit, die Antworten niederzuschreiben, Unmut erregen könnten – doch ohne meine Notizen hätte ich keinen Bericht erstellen können.«

Burton nahm Hamertons Warnungen nicht auf die leichte Schulter, zumal er wusste, dass der Konsul auch den französischen Forscher Eugène Maizan auf mögliche Gefahren hingewiesen hatte. Bevor Maizan Sansibar 1845 verlassen hatte, war er von Hamerton »gewarnt worden«, schrieb Burton, »dass seine glänzenden Gerätschaften und die vielen Kisten, in denen man Münzen vermuten würde, eine Gefahr darstellten«. Vergebens. Maizans Mörder hatte dem Franzosen zuerst Gliedmaßen und Kopf abgeschlagen und dann seinen ausgeweideten Goldchronometer zum Tabakbeutel und den vergoldeten Knauf seiner Zeltstange zum Halsschmuck umfunktioniert.

Um an Maizans Schicksal zu erinnern, hatte Hamerton Burton sogar in die Festung geführt; er sollte den Mann, der während des Mordes die Kriegstrommel geschlagen hatte, mit eigenen Augen sehen. Obwohl weithin angenommen wurde, dass der wahre Mörder immer noch frei herumlief, war dieser Mann für das Verbrechen an Maizan verurteilt und zwei Jahre vor dem französischen Konsulat angekettet worden, bevor man ihn zur Festung geschleift hatte. Hier habe er die vergangenen acht Jahre »sitzend unter einer Cadjan-Hütte verbracht, mit schweren Ketten an eine Kanone gefesselt«, schrieb Burton, und sei nur mit Mühe in der Lage gewesen, »aufzustehen oder sich hinzulegen«. Obschon Burton sowohl für Maizan als auch für diesen Mann, der unschuldig jahrelanger Folter ausgesetzt gewesen war, Mitleid empfand, ließ er sich nicht von seinem Vorhaben abbringen. Er würde keine goldglänzenden Instrumente ins Landesinnere mitnehmen, aber ebenso wenig würde er seine Expedition aufgeben, bevor sie überhaupt begonnen hatte. »Lieber in den Hades«, schrieb er, »als zurück nach Bombay.«

Burton ließ sich nicht abschrecken, doch während er jetzt auf das Ende der Masika, der großen Regenzeit wartete, war er ständig gereizt. Das Fieber hatte ihm länger zugesetzt als Speke, und »ein bettlägeriges altes Weib« aus ihm gemacht, wie er verächtlich schrieb. Tagelang fiel strömender Regen, überflutete große Teile der Insel und verwandelte ihre sonnige, tropische Schönheit in öde Trostlosigkeit. Und auch die grellen Blitze und der grollende Donner erschienen wie ein böses Omen. Speke bemerkte Burtons Rastlosigkeit, schob sie auf den »Schock, den seine Nerven bei der Konfrontation in Somaliland davongetragen« hatten, aber ihm selbst erging es ähnlich. »Die elektrisch aufgeladene Atmosphäre beeinträchtigte unser Nervenkostüm«, schrieb er. »Ich litt an einer nervösen Empfindlichkeit, die ich so noch nicht kannte, und erschrak bei jeder plötzlichen Störung. Selbst ein Stift, der vom Tisch fiel, ließ mich auffahren.«

Die Masika hatte früh eingesetzt in diesem Jahr und sollte mehrere Monate andauern. »Bis die Niederschläge nachließen«, schrieb Speke, »würden wir geduldig hier warten müssen und die uns auferlegte Freizeit nutzen, um Proviant zu beschaffen und Reisevorbereitungen zu treffen.« Einiges von dem, was sie benötigten, hatten sie bereits nach Sansibar mitgebracht: aus Bombay wissenschaftliche Instrumente und aus England Wäsche und persönliche Utensilien. Beide Männer hatten jeweils nur eine zusätzliche Garnitur Kleidung bei sich, doch Burton hatte die seine mit Bedacht ausgewählt, denn er wusste aus Erfahrung, dass nicht nur seine Bequemlichkeit, sondern seine Überlebenschancen erheblich davon abhingen. »Die Farbe Rot«, so seine Warnung, »sollte tunlichst vermieden werden, sie dunkelt schnell nach und erregt viel zu viel Aufmerksamkeit. Abgesehen von Hemd und Hose ist die einzige Notwendigkeit ein weiter ›Bauchwärmer‹, eine Weste ohne Kragen – sonst schläft es sich nicht gut darin – mit Ärmeln und Rücken aus ein und demselben Material und vier Pattentaschen.« Burton verwahrte alles Mögliche in diesen Taschen, seine Notiz- und Skizzenbücher, seine Uhr, dazu Kompass, Thermometer und Taschenmesser. Letzteres war ein äußerst nützliches Vielzweckwerkzeug und umfasste »Schere, Pinzette, Zahnstocher, Ohrstocher, Nadel, Feile, Ahle, Funkenstahl, Schraubenzieher, Metallsäge, Klappmesser und Federmesser«.

Die Expedition brauchte jedoch weitere Versorgungsgüter, nicht nur Tagesrationen, sondern auch, fast ebenso wichtig, *kuhonga*, Geschenke. Burton bezeichnete das *kuhonga*-System als »Erpressung, den von Reisenden gefürchteten Zoll«, doch dienten diese Geschenke seit langem als wichtige Eintrittsgebühr nach Ostafrika und nötigten Forschungsreisende, ihr unerlaubtes Eindringen in ein fremdes Land zumindest zu honorieren. Damals übliche Geschenke waren Stoffe, Perlen und Messingdrähte. Letztere, *masango* genannt, konnte man in Sansibar kaufen, »die billigen für zwölf, die teuren für sechzehn Taler«, schrieb Burton.

Wie Burton schon lange wusste und Speke durch seine schmerzvollen Erfahrungen in Somaliland gelernt hatte, waren einige Arten von *kuhonga* beliebter, während andere als völlig inakzeptabel galten. Wer den Unterschied nicht verstand oder mit den sich ständig wandelnden Märkten nicht Schritt halten konnte, riskierte das rasche Ende einer ansonsten sorgfältig geplanten und gut ausgestatteten Expedition. Bei seiner ersten Reise nach Aden hatte Speke »allen möglichen billigen, nutzlosen Krimskrams bei sich, Flinten und Revolver, Säbel und Essbesteck, Perlen und Stoffe«, entrüstete sich Burton und fügte hinzu, dass dergleichen »verächtlich zurückgewiesen worden wäre«.

Stoffe waren sinnvoller als Draht, aber sie waren schwierig zu transportieren, und man wählte leicht die falsche Art. Burton verfügte zwar nur über ein schmales Budget, wusste aber, dass es fast schon fahrlässig wäre, die billigen Stoffe, mit denen er seine Träger abspeiste, als *kuhonga* einzusetzen. »In einigen Gegenden«, schrieb er, »wollen die Menschen ihre Ziegen und wertvolleren Vorräte nicht gegen schlichte Stückwaren verkaufen. … Nicht selten vermag dann ein wenig scharlachroter Walkstoff, der am Ende eines ausufernden Feilschens ins Spiel gebracht wird, eine Tür zu öffnen und das Unmögliche möglich zu machen.« Die veränderlichsten und kompliziertesten *kuhonga* waren Perlen, vergleichbar in etwa mit den Kupfer- und Silbermünzen Europas, wenn auch hübscher anzusehen in ihrer schimmernden Vielfalt. Es gab in Ostafrika etwa vierhundert verschiedene Arten von Perlen oder *ushanga*, und wie wichtig es sei, die richtigen zu kaufen, könne nicht genug betont werden, warnte Burton. »Jede Nachlässigkeit in diesem Zusammenhang verursacht nicht nur tägliche Unannehmlichkeiten, sondern kann für eine Expedition auf der Schwelle zum Erfolg noch das Aus bedeuten«, mahnte er. »Gegen Ende einer langen afrikanischen Reise, wenn die eigentliche Forschungsarbeit erst beginnt, erweist sich ein Mangel an Ausstattung als verhängnisvoll.«

Burton wusste, dass er nach dem Kauf von Vorräten und *kuhonga* kaum noch genügend Mittel hätte, um seine Männer zu bezahlen. Zum Glück waren einige von ihnen beim Sultan »in Lohn und Brot und unterstanden seinem Kommando«. Ramji, Angestellter des Zollhauses in Sansibar, war bereit, sie zu begleiten, und erlaubte Burton, zehn seiner Sklaven – er bezeichnete sie als seine »Söhne« – als Wachleute und Träger anzuheuern. Burton kam mit ihm überein, jedem seiner »Söhne« monatlich fünf Taler zu zahlen. Dieselbe Summe versprach er den acht Belutschen, den Soldaten, die er in Chogué mitsamt ihrem *jemadar* oder Kommandanten angeheuert hatte. Mit ihnen hatte er vor der Abreise aus Sansibar vereinbart, ihren Sold für sechs Monate im Voraus zu bezahlen.

Burton empfand die Übereinkunft als gerecht, mehr gab sein begrenztes Budget nicht her, doch zu seiner Überraschung sprang Hamerton ein. »Der britische Konsul erbot sich, gewisse Ausgaben der Expedition aus öffentlichen Geldern zu bestreiten, die ihm seiner Auffassung nach zur freien Verfügung standen«, schrieb Burton, »und er versprach dem Wegführer und den Wachleuten Geldsummen, die ich, wäre ich nicht in der Zwickmühle gewesen, als exorbitant zurückgewiesen hätte.« Said bin Salim, dem *ras kafilah* oder Karawanenführer, zahlte Hamerton fünfhundert Taler, damit während seiner Abwesenheit die Ausgaben der Familie gedeckt wären. Said, den Burton als einen »schüchternen kleinen Mann« beschrieb, »dessen Nerven zum Zerreißen gespannt« waren, hatte sich nur sehr widerstrebend bereit erklärt, die Expedition zu begleiten, also hatte Hamerton ihm tausend Taler und eine goldene

Uhr in Aussicht gestellt, wenn sie erfolgreich wäre. Allerdings hätte der Konsul diese Versprechen nur »unter Vorbehalt« und gänzlich vom zufriedenstellenden Verhalten der Männer abhängig gemacht, so Burton.

❁

Am 16. Juni, nachdem der Regen nachgelassen und Burton den Großteil der benötigten Vorräte besorgt hatte, war die Expedition endlich bereit, Sansibar zu verlassen und ins Landesinnere aufzubrechen. Sie umfasste jetzt sechzehn Männer: Burton, Speke und Bombay, die Köche Valentine und Gaetano, die acht Belutschen und einige Träger. Der Sultan von Sansibar hatte ihnen einen kleinen Dreimaster zur Verfügung gestellt, eine Achtzehn-Kanonen-Korvette namens *Artémise*, die sie zum Festland bringen sollte. Hamerton, obschon er dem Tod täglich einen Schritt näher zu kommen schien, bestand darauf, sie zu begleiten. »Konsul Hamerton, fast lethargisch aufgrund seines langen Leidens«, schrieb Burton, »erachtete es als seine Pflicht, uns an die gefährliche Küste zu bringen und unseren Aufbruch dort zu überwachen.« Der Apotheker Frost, der den Konsul medizinisch betreute, reiste mit ihm.

Die *Artémise* legte in Wale Point an, wenige Meilen von einer kleinen Siedlung namens Kaole entfernt, dem geplanten Ausgangspunkt der Expedition. Bevor sie jedoch von Bord gehen konnten, mussten sie auf den Karawanenführer Said bin Salim und den Amtsvorsteher Ramji warten, die bereits zwei Wochen zuvor zum Festland aufgebrochen waren, um weitere Männer anzuheuern. Da die afrikanischen Karawanen, die jedes Jahr nach der Regenzeit den langen Weg aus dem Landesinneren zurücklegten, die Küste jedoch noch nicht erreicht hatten, war es weitaus schwieriger als sonst, verfügbare Träger zu finden. Burton, der für seine Expedition zwei Jahre eingeplant hatte, dachte an mindestens einhundertsiebzig Männer. Neben Zelten, Moskitonetzen, Luftkissen, Decken, einem Tisch und Stühlen, Ess- und Kochutensilien, Feldbetten und Teppichen führte die Expedition siebzig Packen *kuhonga* und ausreichend Munition für zwei Jahre mit sich, insgesamt vierzig Kisten, die jeweils vierzig Pfund wogen.

Während sie warteten, ging Speke wieder einmal auf Flusspferdjagd. »Das Elfenbein dieser Tiere ist kostbarer als das der Elefanten«, schrieb er, »und dank seiner härteren Emaille bei Zahnärzten sehr gefragt.« Spekes Interesse galt jedoch weniger den Tieren als dem Nervenkitzel der Jagd. »Am besten erwischt man den Hippopotamus bei Ebbe, wenn die Ufer zutage treten, dann suhlt er sich im Schlamm oder aalt sich im Sand«, schrieb er. »Ich erwähne dies eigens, weil man dort, wo das Wasser tief ist, vergeblich auf die Tiere schießt, es sei denn, man tötet sie mit dem ersten Schuss, denn sind sie nur verwundet, tauchen sie unter wie die Wasserratten und lassen sich nicht mehr blicken.«

Diese Jagdausflüge, für Speke das reinste Vergnügen, waren für die Expedition nicht ganz ungefährlich. Ragte nur der Kopf eines Flusspferds aus dem Wasser, schoss Speke auf die Ohren des Tieres, um es zum Angriff auf die Kanus anzustacheln, eine Taktik, die manchmal *zu* gut funktionierte. Einmal »trieb ein männlicher Hippopotamus einen seiner Hauer mit solcher Wucht durch das Boot, dass er es teilweise aus dem Wasser hob«, erinnerte Speke sich später. Bei anderer Gelegenheit tauchte ein weibliches Tier so unvermittelt unter ihnen auf, dass Speke nach hinten geschleudert wurde, einer der Männer tatsächlich ins Wasser fiel, auf dem Rücken des Nilpferds landete und eiligst wieder ins Boot kletterte. Auch eine von Burtons Elefantenbüchsen ging über Bord und konnte nicht zurückgeholt werden. Speke bedauerte den Verlust zutiefst, behauptete aber, die Feuerwaffen seines Kommandanten dienten ohnehin nur als »Schauobjekte, zur Belustigung der Araber«.

Spekes Begeisterung für die Jagd war in Burtons Augen sowohl Ablenkung und Ärgernis als auch, sofern sie nicht der Nahrungsbeschaffung diente, unnötige Grausamkeit. Vor allem die Jagd auf

Elefanten missbilligte er und schimpfte über Leute, »die nur zum Vergnügen Elefanten töten«. Immerhin lasse sein Begleiter besondere Vorsicht walten, wenn er eine geladene Flinte in Händen hielt, räumte er ein. »Die Sorgfalt, mit der er seine Waffe handhabte, war bemerkenswert.« Da Burton selbst Gewehre nur als Mittel zur Verteidigung oder als Vorsichtsmaßnahme gegen den Hunger ansah, wusste er zu schätzen, dass Speke sich der Gefahr, die sie darstellten, zumindest bewusst war. »Ich lege stets großen Wert darauf, die Gewohnheiten eines Reisegefährten dahingehend zu prüfen«, erklärte Burton, »und ich konnte feststellen, dass selbst in dem Augenblick, als unser Kanu von dem Hippopotamus erschüttert und umgestoßen wurde, der Lauf seiner Waffe weder auf ihn selbst noch auf andere gerichtet war.«

Zehn Tage, nachdem die Expedition Sansibar verlassen hatte, trafen Said und Ramji endlich in Wale Point ein. Sie hatten jedoch weit weniger Männer bei sich, als für die Expedition benötigt wurden. Burton hatte auf einhundertsiebzig Träger gehofft, erhielt aber nur sechsunddreißig. Er habe ursprünglich auch mehr Männer angeheuert, erzählte Ramji, doch als diese hörten, dass ihr Arbeitgeber ein *muzungu* sei, ein Weißer, hätten sie sich augenblicklich verdrückt.

Ladha Damha, Sansibars Zolleinnehmer, der sich ihnen wenige Tage nach ihrer Ankunft an der Küste angeschlossen hatte, schlug vor, man solle die fehlenden Träger durch Packesel ersetzen. Es stellte sich aber schon bald heraus, dass es fast genauso schwierig war, geeignete Esel zu finden wie geeignete Männer. »Dreißig Tiere, gute, schlechte und mittelmäßige«, schrieb Burton, »wurden für die Reise mit großen Seesäcken und schäbigen arabischen Packsätteln beladen. Letztere bestanden aus schadhaften Jutesäcken, die mit Stroh ausgestopft waren.« Um sie nicht zu überlasten, ließ er widerstrebend Waren im Wert von 359 Talern zurück, außerdem sein geliebtes eisernes Beiboot, die *Louisa.* Er wusste, er würde es bitter bereuen, wenn sie als erste Europäer den Tanganjika-See erreicht hätten – die Quelle des Weißen Nils, wie er hoffte. Er heuerte zweiundzwanzig Männer an, die der Expedition nach zehn Tagen mit dem übrigen Gepäck folgen sollten. Doch es würde fast ein Jahr vergehen, bis sie diese Männer mitsamt den dringend benötigten Versorgungsgütern wiedersahen.

Ungeachtet seiner persönlichen Vorbehalte gegen die Sklaverei konnte Burton nicht verhindern, dass an der Expedition auch Sklaven teilnahmen. »Gegen das Übel der Sklavendienste war kein Kraut gewachsen«, schrieb er, »also bezahlte ich die Männer und behandelte sie wie Freie.« Als man ihm jedoch Sklaven zum Geschenk machen wollte, lehnte er ab und bat auch die Männer in seinem Dienst, ihren Lohn nicht für den Kauf versklavter Menschen zu verwenden. Die aber dachten nicht daran, der Forderung ihres Kommandanten nachzukommen. »Unser Gesetz erlaubt es«, argumentierten sie. »So konnte ich nichts weiter tun als dafür zu sorgen, dass ihre Sklaven wohlgenährt waren und nicht zu Schaden kamen«, schrieb Burton.

Sogar Bombay kaufte sich einen Sklaven, der ihn auf der Expedition begleiten sollte, behandelte den Mann aber besser als sich selbst. Sein Name war Mabruki, und er gehörte wie Bombay zu den Yao. Bombay brachte Mabruki nicht nur Freundlichkeit entgegen, sondern tiefe Zuneigung, und nannte ihn seinen Bruder. Mabruki »war von seinem Stammesbruder Bombay in Sansibar ausgewählt worden«, schrieb Burton. »Er war der Sklave eines arabischen Scheichs, der ihn für die Summe von fünf Talern pro Monat gern an ihn abtrat.« Im Gegensatz zu Bombay wirkte Mabruki auf Burton und Speke kalt und abweisend. »Er hat ein abscheuliches, wenn nicht gar gewalttätiges Naturell«, schrieb Burton, »bald ist er wild und ungebärdig, bald fügsam, niedergeschlagen und verdrießlich, dann wieder aufbrausend und heftig.« Bombay jedoch, der wusste, wie ein Sklave sich fühlte, welche Wut mit diesem erniedrigenden Zustand einherging, »war ihm sehr zugetan«, schrieb Speke, obwohl Mabruki seiner Meinung nach »keinerlei Tugenden besaß, die jemandes Zuneigung verdient hätten«.

Gut eine Woche nach ihrer Ankunft in Wale Point ließ der Apotheker Frost, der Hamerton zur Festlandküste begleitet hatte, Burton wissen, es sei für den Konsul nun an der Zeit, nach Sansibar zurückzukehren. »Er informierte mich mit ernster Miene und in förmlichem Ton«, schrieb Burton, »dass sich für Lieutenant Colonel Hamerton angesichts seiner angegriffenen Gesundheit ein längerer Aufenthalt vor der Küste verbiete.« Burton, der den Konsul von vornherein für zu krank gehalten hatte, um die Überfahrt mitzumachen, pflichtete ihm bei. Was er allerdings überhaupt nicht guthieß, war, dass Frost seinem Patienten »winzige Dosen Morphin in Kombination mit üppiger Zuckerkost« verabreichte, um etwas zu behandeln, was Burton für ein »tödliches Leberleiden« hielt. Die Morphindosen seien »zu gering bemessen, um Schaden anzurichten«, so das Argument des Apothekers. Sie waren aber auch nicht hilfreich, so viel stand fest.

Bevor Burton von Bord ging, gab Hamerton ihm noch einen letzten Rat mit auf den Weg: »Vertrauen Sie auf Ihren Instinkt und hören Sie nicht auf die Lehnstuhlgeographen. ›Immer hübsch der Nase nach!‹«, sagte er, und riet ihm, all die »Samtpantoffelträger«, die sich eine Meinung gestatteten, tunlichst zu ignorieren. Burton verabschiedete sich voller Wehmut von seinem warmherzigen Freund, »dem der Tod in deutlichen Lettern ins Gesicht geschrieben stand«. Er wusste, dass er Hamerton vielleicht zum letzten Mal sah, und obwohl der Konsul dies auch wusste, war er voller Zuversicht. »Sein fester Glaube half ihm, dem Tod mit Freude entgegenzusehen«, erinnerte sich Burton. »Dieser Mut hatte etwas Erhabenes. Menschen wie ihm begegnet man selten.«

Wohl wissend, dass er im Landesinneren Hamertons Rückhalt benötigen würde, sorgte Burton sich auch der Expedition wegen um die Gesundheit des Konsuls. So gefährlich war die vor ihnen liegende Reise, dass seine Männer allmählich nervös wurden. Ein Belutsche namens Zahri, der bereits im Landesinneren gewesen war, bestand darauf, dass sie nicht weniger als einhundertfünfzig Gewehre und etliche Kanonen mitnehmen müssten. Sie würden durch eine Gegend marschieren, gab ein anderer zu bedenken, wo Männer auf Bäumen saßen und Fremde mit Giftpfeilen beschossen, die ihr Ziel nur selten verfehlten. »Er riet uns daher, Bäume unter allen Umständen zu meiden«, schrieb Burton entnervt. »Keine einfache Sache in einem Land voller Wälder.« Die Männer erzählten einander Geschichten von Elefantenherden, die Menschen im Schlaf überrumpelten, von Nashörnern, die zweihundert Männer auf einmal töten konnten, und von Hyänen, die gefährlicher seien als bengalische Tiger. Burton konnte wenig tun, um sie zu beschwichtigen. »Vergebens warf ich ein, dass Gewehre in den Händen aufrechter Männer allzumal besser seien als Kanonen, die von Nichtsnutzen abgefeuert würden, dass ein Mensch nur einmal sterben könne, dass die Rationen dorthin getragen werden müssten, wo es nichts zu kaufen gab, und dass Schießpulver und Gewehrkugeln bekanntermaßen Nashörnern, Elefanten und Hyänen überlegen sind«, schrieb er. »Alles umsonst, eine Übermacht war gegen mich.«

Nachdem Hamerton sich verabschiedet hatte, ging Burton eines Abends mit dem Zolleintreiber Ladha und seinem Amtsvorsteher Ramji zu einer nahegelegenen Kirche, um mit ihnen die Expedition zu planen. Sie sollten in ihre Liste notwendiger Gegenstände unbedingt ein Boot mit aufnehmen, sagte er und begründete seine Forderung mit dem Argument, er hätte seine *Louisa* zurücklassen müssen und keine Lust, am Tanganjika- beziehungsweise Ujiji-See vor der Schwierigkeit zu stehen, ein Boot auftreiben zu müssen. Ladha wandte sich an Ramji und sprach im Kachchhi-Dialekt mit ihm, wie er rings um den Golf von Kachchh gesprochen wurde, »in der irrigen Annahme«, so Burton, »ich hätte keinerlei Kenntnis davon«. »Wird er ihn je erreichen?«, fragte Ladha. »Natürlich nicht«, erwiderte Ramji verächtlich. »Wer ist er denn schon?« Für den Augenblick schwieg Burton, aber später ließ er Ladha zu dessen Entsetzen wissen, dass er den Ujiji-See vollständig zu erforschen gedachte – und außerdem den Kachchhi-Dialekt sprach.

Während die drei Männer miteinander sprachen, ertönte plötzlich ein grausiger Schrei, der sie verstummen ließ. »Das laute Todesgeheul zerriss die nächtliche Grabesstille«, schrieb Burton. Sie rannten an die Kirchenpforte und erfuhren, dass der einzige Sohn eines hoch angesehenen Anführers vor Ort sowie zwei seiner Gefolgsleute zu Tode gekommen waren, weil ein Flusspferd ihr Boot umgestoßen hatte. Ladha wandte sich wütend an Burton und gab ihm die Schuld an der Tragödie. »*Insaf karo!* Sei ehrlich!«, rief er, »und gib zu, dass dies das erste Unheil ist, das ihr durch eure Gegenwart ins Land gebracht habt!«

Burton widersprach, aber als Ladha ging, »sank mir der Mut«, schrieb er. Während er allein in der Kirche stand, musste er wieder an die lange Reihe von Enttäuschungen, Unglücksfällen und Tragödien denken, mit denen die Expedition bereits konfrontiert gewesen war: Sie waren monatelang aufgehalten worden, zunächst von einer zermürbenden Trockenzeit, dann von heftigem Monsunregen, verfügten weder über genügend Vorräte noch über genügend Männer. Steinhaeuser war schwer erkrankt, Speke verdrossen und Hamerton dem Tode nah. Keiner seiner Männer glaubte an ein Gelingen der Expedition, nicht einmal an ihr Überleben. »In der Einsamkeit und Stille der Dunkelheit«, schrieb Burton, »fühlte ich mich wie der Spielball eines widrigen Schicksals.«

11.

Ein alter Feind

Einer blutroten Fahne folgend, brach die Ostafrika-Expedition am Morgen des 27. Juni 1857 endlich zum Tanganjika-See auf. Die Männer, »bewehrt mit Schild, Schwert und Dolch«, schrieb Burton voller Stolz, »eilten in Reih und Glied aus den Kaole-Quartieren«. Eine Stunde zuvor war die morgendliche Stille von einem brüllenden, dröhnenden Lärm zerrissen worden, der immer lauter wurde und selbst den Trägsten in Schwung gebracht hatte. Dumpfe Trommeln, trällernde Pfeifen, kreischende Hörner und dazwischen die Rufe: »*Kwecha! Kwecha! Pakia! Pakia! Hopa! Hopa!*« – »Einsammeln! Packen! Los geht's!«

Das Swahili-Wort für »Karawane«, würde Burton später erläutern, lautet »*Safari*«, abgeleitet vom arabischen *safar*, »Reise«. Den Mann ohne Heimat, der sich überall heimisch fühlte, nur nicht in England, der sich mit jeder Sprache und Kultur befasste, ausgenommen der seinen, bewegte dieses Wort seit langem, da ihm die Verheißung von Abenteuern, Möglichkeiten, ja Hoffnung innewohnte. Wann immer er später darüber nachdenken würde, was eine Expedition für ihn bedeutete, pflegte er ein altes Sprichwort zu zitieren: »Die Welt ist ein herrliches Buch, und wer die Heimat nie verlässt, der liest nur eine Seite daraus.« Der Weg, der nun vor ihnen lag, erlöste ihn von den trostlosen Gedanken der vergangenen Nacht und von der Sorge um das Gelingen seiner Expedition. »Die Aufregung, Neuland zu erkunden«, schrieb er, »dazu die eigentümliche Landschaft zerstreuten meine melancholischen Vorahnungen ein wenig.«

Der *kirangozi* an der Spitze der Karawane trug die Fahne der Expedition. Obwohl der peitschende Wind und die spitzen Dornen sie schon bald in Fetzen reißen würden, kündete ihr lebhaftes Rot doch stolz davon, dass sie aus Sansibar kamen. Dem *kirangozi* folgte ein hochrangiger *pagazi* oder Träger, der eine Kesselpauke schlug und in seinem langen, schmalen, scharlachroten Gewand und dem Kopfschmuck aus dem Fell eines schwarz-weißen Affen, an dessen Spitze die goldene Federkrone des Kronenkranichs prangte, wahrhaft königlich aussah. Als Nächstes folgten die Packtiere, ein jedes von zwei Männern begleitet, einer, um es zu führen, der andere, um es anzutreiben; dann die Träger, »zumeist junge Burschen, schlaksig und leicht«, schrieb Burton, »mit den schlanken, glatten Beinen von Leoparden«. Jeder von ihnen balancierte auf dem Kopf oder quer über den schmalen Schultern ein langes, zylindrisches Packstück, etwa zwei Meter lang und sechzig Zentimeter im Durchmesser. Die Nachhut bildeten die Waffenträger, die leichtere Lasten trugen, doch jederzeit bereit sein mussten, die Expedition zu verteidigen.

Hätte Burton das Land, durch das sie zogen, von oben sehen können, vor sich ausgebreitet wie auf einem modernen Satellitenbild, seine außerordentliche Schönheit hätte sogar ihn sprachlos gemacht. Sobald das grünblaue Wasser des Indischen Ozeans hinter ihnen lag, nahm die Landschaft mit jeder Etappe, jeder Meile andere Formen an. Der Boden unter ihren Füßen war zumeist festgestampfter roter Lehm, doch hin und wieder bestand er auch aus weißem Granit oder silbrig schimmernder Glimmererde. Es gab ausgedehnte Hochebenen, die jäh zu gewaltigen kesselartigen, mit Dunst und Nebelschwaden gefüllten Becken abfielen; schmale mäandernde Flüsse; dichte Wälder; goldene Felder und weite Savannen. Die Bäume – mal einzeln stehend, mal dicht gedrängt wie in feierlicher Versammlung – trugen smaragdgrünes Laub und rosafarbene Blüten, und manch einer, so Burton, warf mit seinem schweren Geäst und der ausladenden Krone einen kreisrunden Schatten, dessen Umfang in der Mittagssonne nicht weniger als hundertfünfzig Meter betrug. »Der ostafrikanische Himmel«, würde er sich später begeistert erinnern, »war von einem klareren, tieferen Blau, als ich es je in Griechenland oder Italien erblickt habe.«

Während sich der lange Zug aus Männern und Eseln »wie eine monströse Schlange über Berge, Täler und Ebenen« wand, konnte er jederzeit einer Sklaven- oder Elfenbeinkarawane begegnen. In den meisten Fällen gab es über eine anfängliche, vorsichtige Begrüßung hinaus wenig Interaktion. Beide Karawanenführer bewegten sich langsam aufeinander zu und taxierten sich rasch, ehe sie etwas in Gang setzten, was wie ein wilder Angriff anmutete. »Alle anderen folgen ihrem Beispiel mit viel hektischem Gedränge, das als Auftakt zur Bildung zweier feindseliger Fronten missverstanden werden könnte«, schrieb Burton, »aber sofern kein böses Blut besteht, löst sich das Ganze bald in Rufen und Gelächter auf.« Selten kam jemand in solchem Trubel versehentlich zu Tode, erwuchs aus den gutgelaunten Rempeleien etwas Ernsteres, Hitzigeres oder Gefährlicheres. Für solche Fälle hatte die Expedition vorgesorgt: Das vereinbarte Signal bei jeder Art von Gefahr bestand aus drei Schüssen, woraufhin die Bewaffneten sich unverzüglich und kampfbereit an die Spitze der Karawane zu begeben hätten.

Man ging allerdings davon aus, dass es zwischen den Karawanen nicht zu gewalttätigen Auseinandersetzungen kommen würde, dass sie einander im Gegenteil behilflich sein würden, wann immer sich die Gelegenheit bot. Als Burton und seine Männer sich dem ersten Halt auf ihrer Route näherten, einem kleinen Dorf namens Kuingani, hinterließen die Träger entlang des Wegs Zeichen für künftige Reisende. Obwohl der sandige Pfad nach Kuingani ihre beständige Aufmerksamkeit forderte, weil er von massiven, schartigen Pflanzen und Dornen übersät war, die den Trägern die nackten Füße aufschlitzten und sich im Fell ihrer Esel verkrallten, suchten die Männer nach Möglichkeiten, anderen Reisenden Botschaften zu hinterlassen. Um anzuzeigen, dass in der Nähe Wasser zu finden war, verwendeten sie beispielsweise Keramikscherben, aufgehäufte Schneckenhäuser oder einen Tierschädel. Mit einem geknickten Zweig oder einer in den Sand geritzten Linie warnten sie vor Gefahr. Wenn genügend Zeit war, versahen sie ihre Botschaften sogar mit einer Prise Humor. »Hier und da taucht in diesen Gebilden ein kleiner Spaß auf«, schrieb Burton, »ein in den Baumstamm geritzter Mund etwa, mit einem Holzstöckchen darin, das eine Pfeife darstellt.«

Die meisten Pfade, denen die Expedition in den nächsten neun Monaten folgen würde, waren von afrikanischen Kaufleuten angelegt und später auch von arabischen Sklavenhändlern genutzt worden. Während Letztere ihre menschliche Fracht in Richtung Küste bugsierten, verzehrten sie die Mangos, die sie aus Arabien mitgebracht hatten, und spuckten die Steinkerne auf den Boden. So säumten bald ausladende, duftende Mangobäume, deren langstielige Früchte an Schmuckstücke erinnerten, den Pfad menschlichen Elends. Dieser Kontrast war ein krasses Sinnbild für das schmerzvolle Nebeneinander von Schönheit und Leid, das einen Großteil der Region prägte. »Der Dämon Sklaverei herrscht über eine Einsamkeit, die er selbst geschaffen hat«, schrieb Burton später. »Kann es sein, dass der Mensch, einem unerklärlichen Gesetz folgend, das ihn zum Elend verdammt, gerade dort sein eigenes Unglück schmieden muss, wo die Natur ihn am reichsten beschenkt hat?« Obwohl er sich außerstande fühlte, der Misere, die er sah, entgegenzuwirken, würde Burton einige Wochen später Gelegenheit haben, bei der Befreiung von fünf Menschen zu helfen, die wie Bombay bei einem Angriff auf ihr Dorf verschleppt worden waren. Er habe nicht mehr getan als andere, die über ein mitleidiges Herz und eine Waffe verfügten, schrieb er, aber zumindest sei es ihm möglich gewesen, dieser kleinen Gruppe dabei zu helfen, »an den heimischen Herd« zurückzukehren.

❋

Die großen Königreiche Ostafrikas, die die Expedition durchqueren beziehungsweise streifen würde, waren mächtig und politisch komplex. Zu den bekanntesten ersten Dynastien gehörte jene der Bachwezi. Die Bachwezi, die vermutlich über das heutige West-Uganda sowie später über Teile Kenias und Tansanias herrschten, werden mit einigen der erstaunlichsten frühen Erdwerke des Kontinents in Verbindung gebracht, darunter das zehneinhalb Kilometer lange Grabensystem rings um ein Weidegebiet in der Nähe eines Flusses. Es wird vermutet, dass die Bachwezi um die Wende zum fünfzehnten Jahrhundert im Süden durch die Hima und im Norden durch die Luo verdrängt wurden, die über weite Landstriche regierten, bis sie irgendwann Teil der Bantu wurden.

Im neunzehnten Jahrhundert gab es bereits Dutzende autonome Königreiche in der Region. Im Westen gehörten das Königreich Loango, das vermutlich im fünfzehnten Jahrhundert von den Vili gegründet worden war, und Karagwe, ein landwirtschaftlich geprägtes Reich, in dem König Rumanika regierte, zu den bedeutendsten. Das größte Königreich im Norden war Buganda. Es war fast fünfhundert Jahre zuvor vom Regenten der Ganda gegründet worden, der sein Herrschaftsgebiet erweitert hatte. Als Burton und Speke in Sansibar eintrafen, war der damalige König von Buganda, Mutesa I., gerade an die Macht gekommen. Während seiner achtundzwanzigjährigen Herrschaft sollte Mutesa I. das Militär in Buganda reformieren und vergrößern, arabische Händler, ausländische Missionare und europäische Forscher dagegen an die Kandare nehmen.

Araber trieben zwar seit Jahrhunderten Handel in der Region, profitierten aber von einem Netzwerk, das von Ostafrikanern, besonders den Nyamwezi, bereits fest etabliert worden war. Als Teil eines starken Agrarreiches, in dem unter anderem Getreide, Hirse und Reis gedieh, hatten die Nyamwezi auch ein ausgeklügeltes Handelsnetz entwickelt, das sich von der Region rings um den Tanganjika-See bis zur Küste erstreckte, dieselbe Route also, die Burtons Expedition nehmen würde. Sie pflegten ein partnerschaftliches und für beide Seiten einträgliches Geschäftsverhältnis mit arabischen Händlern, das gelegentlich durch Eheschließungen gestärkt wurde. So hatte Fundikira, Oberhaupt von Unyanyembe, dem wichtigsten Fürstentum der Nyamwezi, seine Tochter einem Araber aus dem Oman namens Muhammad bin Juma zur Frau gegeben. Burton durfte sich glücklich schätzen, mehrere Nyamwezi für seine Expedition gewinnen zu können, denn sie galten als die begehrtesten Führer und Träger in der Gegend.

Nachdem sie einen schlammigen Sumpf durchquert hatten, der von langem, wirrem Gras überwuchert war, erblickten Burton und seine Männer in der Ferne endlich das Dorf Kuingani. Inmitten von Reisfeldern gelegen, war diese Ansammlung von »Bienenkorbhütten« gesäumt von Kokospalmen und Mangobäumen, Basilikumbüschen und baumhohen wilden Hibiskussträuchern. Es gab hier wenig zu tun, also ruhten sie sich aus und bereiteten sich auf die nächste Etappe der Expedition vor. Burton indes, den noch immer Zweifel quälten und der seine Besorgnis in den Augen seiner Männer gespiegelt sah, nutzte die Gelegenheit, einen *mganga* in sein Zelt zu bitten, einen Medizinmann, und sich von ihm die Zukunft weissagen zu lassen.

Obwohl er ein Mann der Wissenschaft war, hegte Burton, wie viele Briten in viktorianischer Zeit, auch ein großes Interesse am Übernatürlichen. Er hatte schon etliches ausprobiert, von der Hypnose, die er mit seinen fesselnden schwarzen Augen angeblich beängstigend gut beherrschte, bis hin zum Blick in die Glaskugel. Vor seiner Reise nach Mekka hatte er sich mit einem gewissen Frederick Hockley angefreundet, einem bekannten britischen Okkultisten, der die Kunst der Kristallomantie beherrschte: Durch den Blick in eine spiegelnde Fläche – in Hockleys Fall waren es Kristallkugeln – wollte man Aufschluss über die Zukunft erhalten. Da Burton den Wunsch geäußert habe, »einen Kristall und einen Spiegel« mit nach Mekka zu nehmen, so Hockley, habe er ihm eine »kleine, ovale, auf einen Sockel montierte Kristallkugel« und einen schwarzen Spiegel mitgegeben, Gegenstände, mit deren Hilfe er später Burtons Fortschritte zu verfolgen suchte. »Mein Medium Emma (damals vierzehn Jahre alt)«, hatte Hockley aufgeregt geschrieben, »warf einen prüfenden Blick hinein und sagte – ›Jetzt ist es hell; ich sehe Sand. Und jetzt Kamele.‹« Burton, weitaus skeptischer als Hockley, war nicht so leicht zu beeindrucken. Man habe ihm gesagt, seine Kristallkugel beinhalte »›gute Schwingungen‹«, doch das sei uninteressant, murrte er in einem Brief an einen Freund.

Auch halluzinogenen Drogen war Burton keineswegs abgeneigt: Im günstigsten Fall würden sie ihm ein Fenster zu den Kulturen aufstoßen, die er erforschte, zumindest aber eine interessante Erfahrung verschaffen, dachte er. In Indien hatte er Opium geraucht und *bhang* getrunken, eine Art Cannabis. Es habe ihn »allenthalben Verrat argwöhnen« und »in der einfachsten Handlung den vertracktesten, gemeinsten Hintersinn entdecken« lassen: »Deine Gedanken werden wild und unzusammenhängend, deine Phantasie treibt irre Blüten.« In Ostafrika hatte er *pombe* ausprobiert, ein Getränk aus gemälzter Hirse von recht durchschlagender Wirkung. Außerdem hatte er *khat* gekaut, ein Stimulans, das aus den Blättern der *Catha edulis* oder Paradiesblume gewonnen wird. Die Wirkung sei eher enttäuschend gewesen, so Burton. »Ich versuchte es mit einem kräftigeren Aufguss, jedoch vergebens«, schrieb er. »Die Araber dagegen, an Stimulantien und Rauschmittel nicht gewöhnt, können wie die Opiumesser nicht leben ohne diese Aufregung.«

Der Medizinmann in Kuingani bot Burton und seinen Männern keine Aufregung, sondern etwas viel Wertvolleres: Bestärkung. Nachdem er als Bezahlung einen Taler und eine Gebetsmütze entgegengenommen hatte, die Burton in Surat erworben hatte, schüttelte der Mann eine große, mit Kieselsteinen und Metallteilen gefüllte Kalebasse und wedelte mit zwei Ziegenhörnern vor ihm herum, die mit einer Schlangenhaut zusammengebunden und mit Glöckchen verziert waren. »Kaum war der Geist der Prophezeiung in ihn eingedrungen und er mittels Ekstase mit dem

Totenreich verbunden, sprach er genau im Stil seiner Bruderschaft auf der ganzen Welt«, schrieb Burton. »Die Reise werde günstig verlaufen. Es werde viel debattiert, aber wenig getötet. … Glückliche Heimkehr zu Frau und Familie.«

Obwohl Burton der Prophezeiung des Medizinmannes ebenso wenig Glauben schenkte wie anderen religiösen Zeremonien, war sie ihm angesichts dieser Expedition, deren Scheitern mit jedem Tag wahrscheinlicher wurde, doch ein kleiner Trost. In der ersten Woche nach dem Aufbruch in Kaole lauschte Burton nach dem beruhigenden Kanonenschuss, den die *Artémise* jeden Abend abfeuerte und der dann meilenweit über die stille Landschaft hallte. Hamerton hatte darauf bestanden, in Küstennähe zu bleiben, bis die Expedition die Gegend, in der Maizan zu Tode gekommen war, hinter sich gelassen hätte. Die Kanone war eine nächtliche Erinnerung, dass sich sein Freund noch in der Nähe aufhielt und »eine Zuflucht, falls nötig, nicht weit war«. Nach einigen Nächten jedoch blieben die Schüsse plötzlich aus, so dass Burton sich zu wundern anfing. Schließlich »fasste einer der Männer sich ein Herz« und überbrachte ihm eine verstörende Nachricht. Ein Händler, der von der Küste kam, hatte unter den Trägern das Gerücht verbreitet, dass Hamerton verstorben sei. Burton wusste nicht, was er glauben sollte, und konsultierte Said bin Salim. Der gab an, er habe »vollstes Vertrauen, dass die Meldung der Wahrheit entsprach«. »Doch damit nicht genug«, schrieb Burton, »alle Mitglieder der Expedition waren sich auf einmal einig, dass ich mit Konsul Hamertons Ableben jegliche Unterstützung seitens der Regierung von Sansibar verloren hätte.«

Bald darauf desertierten mehrere Männer, wodurch die Expedition, ohnehin unterbesetzt, weiter geschwächt wurde. Träger im hinteren Bereich der Karawane ließen still und heimlich ihre Lasten fallen und verdrückten sich in den Wald. Andere schlichen sich nachts davon oder während die übrigen abgelenkt waren, zum Beispiel als ein Bienenschwarm sie attackierte. »Auf unserer achtzehnmonatigen Reise«, schrieb Burton später, »gab es nicht einen, von Said bin Salim bis zum erbärmlichsten Sklaven, der keinen Fluchtversuch geplant oder unternommen hätte.« Ende Juli hatten sie auf diese Weise bereits neun Träger verloren. Einer von ihnen hatte einen Koffer getragen, der den Großteil der Schreibfedern, Tintenfässer und Papierbögen der Expedition enthielt, dazu Vermessungsbücher und den Nautischen Almanach des Jahres 1858. Ein »unersetzlicher Verlust«, schrieb Burton.

Überdies gerieten die verbleibenden Männer, krank, erschöpft, verängstigt und von Heimweh geplagt, immer öfter aneinander. Burton hielt es für besser, »derartige Unstimmigkeiten austragen zu lassen; wer sie vorzeitig unterbindet, würgt die Schlange, ohne sie zu töten«. Speke dagegen gab an, Burton habe es stets ihm überlassen, Streitereien zwischen den Männern zu schlichten, die Kampfhähne zu trennen und Strafen zu verhängen. Eines Tages, schrieb er, hätten mehrere Träger die Arbeit verweigert, »es kam zum Streit, den wieder einmal ich beenden musste, wie immer, wenn es im Lager Schwierigkeiten gab.«

In Wirklichkeit war es Bombay, der die meisten Spannungen ausräumte, der die Männer zurechtwies, aber auch beruhigte und jeden dazu brachte, die Arbeit wieder aufzunehmen. Er war schnell sehr beliebt bei den übrigen Expeditionsteilnehmern, und sie verpassten ihm liebevolle Spitznamen wie etwa *Pombe*, »kleines Bier«, Mamba oder Krokodil, wegen seiner spitz zugefeilten Zähne, die ihnen bei jedem Lächeln entgegenblitzten. Er hatte zwar keine Probleme damit, Befehle zu erteilen, die Träger zu mehr Eile anzutreiben, oder die Wachleute zu ermahnen, der Fairness halber auch einen Teil der Lasten zu übernehmen, arbeitete aber selbst schwerer als sie alle – schwerer zumal als sein Sklave Mabruki, den er beschützte und umsorgte wie einen jüngeren Bruder. »Er schuftete wie ein Pferd, wenn er unsere Zelte errichtete und bewohnbar machte«, schrieb Burton, »währenddessen sein Sklave … im kühlen Schatten saß oder vor sich hindöste.« Nach Spekes Überzeugung war Bombay einer der großherzigsten Menschen, denen er je begegnet war. »Er tat nie etwas, um sich einen Vorteil zu verschaffen«, schrieb er, »und scheute keine Mühen, um allen gefällig zu sein.«

Burton beklagte sich gern, dass Bombay vergesslich sei oder unbeholfen, vertraute aber genau wie Speke auf seine freundliche, ruhige Art, seine unbedingte Loyalität und seine Hilfsbereitschaft. Er würde niemals vergessen, wie sich Bombay seiner annahm, als er während eines zermürbenden Marsches nicht mehr die Kraft hatte, sich auf den Beinen zu halten. Speke war noch in der Lage, auf einem Esel zu reiten, den Bombay am Strick führte, aber da die übrigen Esel als Packtiere gebraucht wurden, blieb Burton nichts anderes übrig als sich auf den eigenen, zittrigen Beinen voranzuschleppen. Halbstündlich musste er sich hinlegen und ausruhen. Als er schließlich aufblickte, beugte sich Bombay lächelnd über ihn. »Wie erfreut war ich, als ich in das liebenswürdige Gesicht von Seedy Bombay blickte«, schrieb er. »Er führte einen Esel am Strick und war in großer Hast zu mir zurückgekehrt, um mir ein paar *Scones* und hartgekochte Eier zu bringen.«

Bombay hielt auch die übrigen Männer zur Großherzigkeit an, wenn es sein musste mit rabiaten Mitteln. Eines Abends, als sie nach einem langen Marsch Rast machen wollten, stellten Burton und Speke fest, dass ihr Zelt noch mit dem Rest der Karawane unterwegs war. Sie baten daher Said bin Salim, ihren Karawanenführer, ihnen die Hälfte seiner Zeltbahn zu überlassen, damit sie vor den Elementen geschützt wären. Als Said sich weigerte, ging Bombay wütend auf ihn los und beschämte ihn damit vor den anderen. Said gab schließlich nach und überließ den beiden grollend die Zeltbahn. Als Burton sie ihm tags darauf zurückgeben wollte, »wies er sie beleidigt von sich«.

❁

In den ersten achtzehn Tagen der Expedition legte die Karawane nur an die hundertneunzig Kilometer zurück, kam also gefährlich langsam voran. Es lag nicht an mangelndem Einsatz. Die meisten

Tage begannen um vier Uhr morgens mit dem durchdringenden Schrei eines ihrer sorgsam gehüteten Hähne. »Der rotgesichtige apoplektische Gockel ... flattert mit den Flügeln und begrüßt die Dämmerung mit lautem Krähen«, schrieb Burton. »Sogleich erhält er Antwort von jedem Hahn und Hähnchen in Hörweite.« Daraufhin entfachten Gaetano und Valentine, zitternd in der für die Goaner schier unerträglichen Kälte, das Feuer und bereiteten für Burton und Speke ein Frühstück. Während die Expeditionsleiter den Tag mit Tee oder Kaffee, sofern verfügbar, begannen, gefolgt von Reismilch und Molkekeksen oder Porridge, bereiteten ihre Männer sich mit Fleisch auf den langen Marsch vor, das sie in einem Kessel über offenem Feuer kochten.

An guten Tagen war die Expedition nach einer Stunde marschbereit, jeder an seinem Platz in der langen Karawanenschlange. An schlechten Tagen hingegen, die mit quälender Krankheit oder lähmender Mattigkeit einhergingen, war an einen langen Fußmarsch nicht zu denken. Dann lagen die Männer fiebernd in ihren Zelten und fürchteten in klaren Momenten um ihr Überleben. »Uns war elend zumute«, gestand Burton. »Mit jedem Morgengrauen drohte eine neuerliche Ladung Kummer und Sorge, und war der Tag zu Ende, wussten wir, dass bald wieder ein quälender Morgen heraufdämmern würde, aber niemals gab ich meinen Entschluss auf, eher alles aufs Spiel zu setzen, einschließlich meiner selbst, als unverrichteter Dinge heimzukehren.«

Mittlerweile war es Burton gelungen, weitere Männer anzuheuern, so dass sie nun insgesamt einhundertzweiunddreißig zählten. Neben Bombay und Said bin Salim waren die wichtigsten Expeditionsmitglieder der Dolmetscher Muinyi Wazira, der fünf afrikanische Dialekte beherrschte, die Köche Valentine und Gaetano und schließlich der *jemadar* Mallock, Anführer der Soldaten. Mohammed war der älteste Soldat der Expedition, Shahda der jüngste. Khudabakhsh sei groß und kräftig, aber aufbrausend, schrieb Burton. »Mutter Natur hat ihn zum besten Mann der Truppe bestimmt, er selbst sich zum schlechtesten gewandelt.«

Was die übrigen Wachleute anging, so beschrieb Burton Ismail als »hartnäckigen Invaliden«, Belok als Snob, Darwash hingegen als geradezu mustergültig. Gul Mohammed schien er zu bewundern, wusste aber nicht so recht, ob ihm auch zu trauen sei. »Er ist zugleich tapfer und heimtückisch, höflich und herabsetzend, ehrbar und unehrlich, gutmütig und bösartig«, behauptete er. All diese Männer im Auge zu haben und am Leben zu erhalten, wäre die größte Herausforderung.

Allein die Esel stellten eine schier unüberwindliche Hürde dar. »Auskeilend, buckelnd, steigend und stampfend«, trotzten sie jedem Zähmungsversuch mit einer Wildheit, dass sogar jene vor ihnen kapitulierten, die eigens zu ihrer Handhabung angeheuert worden waren. Es war nahezu unmöglich, die zweihundert Pfund schweren Lasten sicher festzuzurren, weil die Stricke, die sie halten sollten, bereits zu faulen begannen. Unterwegs waren die Tiere, sofern das überhaupt möglich war, noch schwieriger zu bändigen. »Die Esel scheuen, stolpern, steigen, nehmen Reißaus, kämpfen, werfen sich zu Boden oder drehen Pirouetten, sobald sie bestiegen werden«, schrieb Burton entnervt. »Sie bocken und buckeln, bis ihre Gurte reißen, stolpern für ihr Leben gern in Löcher und Mulden und rennen umher wie Schweine, wenn der Wind bläst.«

Im Laufe der Zeit schrumpfte die zusammengewürfelte Eselschar von dreißig Tieren auf die Hälfte. Einer wurde bei einem übereilten Aufbruch versehentlich zurückgelassen. Zwei suchten das Weite, als niemand hinsah, und ein anderer hatte sich den Rücken dermaßen verrenkt, dass er kaum noch laufen, geschweige denn die sperrigen, viel zu schweren Packen tragen konnte. Ein für seine Bösartigkeit berüchtigtes Tier, der »einäugige Satan« genannt, weil es irgendwann ein Auge verloren hatte, legte sich kurzerhand auf den Boden und regte sich nicht mehr von der Stelle. Schließlich wurde der Esel »in die Wildnis entlassen«, schrieb Burton, »weil kein Mensch es wagte, ihn zu beladen und am Strick zu führen«. Eines Nachts wurden die Männer von den Schreien dreier Esel aus dem Schlaf geschreckt. Eine Hyäne hatte sie attackiert und ihnen Fleisch aus den Flanken gerissen. »Das waren allerdings die Tiere, die wir aus Sansibar hergebracht hatten«, notierte Burton. »Der Esel vom Festland wehrt sich mit Zähnen und Hufen gegen seinen feigen Angreifer.«

Das Wetter war ebenso unvorhersehbar und launisch wie die Esel. Bald herrschte brütende Hitze, versengte ihnen die Gesichter und zehrte an ihren Kräften, bald goss es in Strömen, und Gewitterstürme trieben blauviolette Wolkengetüme über den Himmel. »Wütende Windstöße verschossen Regentropfen wie Musketenkugeln«, schrieb Burton. »Die hohen, steifen Bäume bogen sich ächzend in den Böen; die Vögel wurden kreischend von ihren Ruheästen gescheucht; die Esel standen mit gesenkten Köpfen und hängenden Ohren da, die eingezogenen Schwänze dem Wetter zugewandt, und sogar die Tiere der Wildnis schienen in ihren Höhlen Zuflucht gesucht zu haben.« Der Boden, durchnässt nach tagelangem Monsunregen, sog an ihren Füßen, so dass die Expedition nur noch schleppender vorankam, was alles überschattete. »Der Erde … entströmt ein schwefliger Geruch«, schrieb Burton, »und mancherorts könnte der Wanderer hinter jedem Busch eine Leiche vermuten.«

Selbst wenn es nicht regnete, war alles, was die Expedition mitführte, entweder feucht, tropfend nass, faulig oder verrostet. Ob wissenschaftliche Instrumente oder persönliche Utensilien, alles zerfiel langsam in seine Einzelteile. »Die Feuchtigkeit in der Atmosphäre zersetzt alles, was mit ihr in Kontakt kommt«, klagte Burton. »Kommen sie mit Feuchtigkeit in Berührung, brechen die Stahlfedern der Pulverflaschen wie geröstete Federkiele; Kleidung wird schlaff und klamm, Papier durch den Verlust der Lasur weich und nass, taugt nur noch zum Löschblatt; Stiefel, Bücher und botanische Sammlungen werden schwarz; Metalle sind ständig rostig; die besten Zündhütchen, obschon als wasserfest ausgewiesen, detonieren nicht, wenn sie nicht sorgfältig in Wachstuch gewickelt und in Blechbüchsen verwahrt werden.« Das Holz schimmelte, die Köpfe der Schwefelhölzer schrumpften und zerkrümelten, Pappschachteln lösten sich auf und wurden zu Kleister, und durchweichtes Schießpulver ließ sich nicht entzünden.

Wie schon immer war Speke stolz darauf, bei nahezu jedem Wetter arbeiten zu können. Unter einem tropfenden Zelt oder auf einem Haufen versengter Erde sitzend, brachte er sich den Gebrauch des Sextanten bei. Er machte das Beste aus der beschädigten Ausrüstung, und während sich die Expedition hügelaufwärts schleppte oder sich mit Macheten einen Weg durch den Dschungel bahnte, blieb er zurück, um Messungen durchzuführen. »Am Ende des auszehrenden Marsches pflegte er Nacht für Nacht stundenlang im kalten Tau zu sitzen«, erinnerte Burton sich im Nachhinein, »um die Monddistanzen zu bestimmen und die Chronometer einzustellen.« Obwohl er argwöhnte, Speke sei nur darauf erpicht, ihm etwaige Fehler nachzuweisen, bewunderte Burton doch die Disziplin und das Durchhaltevermögen seines jungen Begleiters, die dieser schon bei seinen Reisen durch das Himalaya-Gebirge an den Tag gelegt habe, wie er schrieb. Speke habe dort »unvorstellbare Härten« ertragen. »Er stand im frostigen Morgengrauen auf, marschierte den ganzen Tag unter sengender Sonne, … verbrachte die beißend kalten Nächte in einem winzigen Zelt und schlief nicht selten über seiner Mahlzeit ein.«

Trotz wiederkehrender Fieberschübe hatte auch Burton einen Weg gefunden, seine Arbeit fortzusetzen. An den meisten Abenden, nachdem die Karawane ihr Nachtlager aufgeschlagen hatte, schrieb er Berichte für die Royal Geographical Society und ergänzte die umfangreichen Notizen, die er in Sansibar begonnen hatte. Er hatte bereits mehrere Notizbücher mit detaillierten Beschreibungen seiner Beobachtungen und Erlebnisse gefüllt. Dank seines obsessiven Wesens und seiner großen Begeisterung für Afrika flog die Feder geradezu über die Seiten. »Für die Ausführlichkeit meiner ethnographischen Beschreibungen habe ich keine Entschuldigung«, würde er später schreiben. »Die Ethnologie Afrikas ist in der Tat das Interessanteste, wenn nicht gar das einzig Interessante an diesem Kontinent. Alles im Zusammenhang mit den Sitten und Gebräuchen, dem moralischen und religiösen, dem sozialen und kommerziellen Zustand dieser unerforschten Gesellschaften, verdient eifrige Beobachtung, sorgfältige Beschreibung und exakte Darstellung.«

Sowohl Burton als auch Speke mussten sich täglich mit ihren wissenschaftlichen Instrumenten herumärgern, die selten funktionierten, selbst wenn weder die Feuchtigkeit noch störrische Esel ihnen zugesetzt hatten. Zu den Gerätschaften, die sie aus Bombay mitgebracht hatten, gehörten ein Sechszoll-Sextant, zwei prismatische Kompasse, fünf Thermometer, zwei Taschen-Chronometer, mehrere Winkelmesser und ein sogenanntes Patentlog, das üblicherweise auf Schiffen zum Einsatz kam, um deren Geschwindigkeit und zurückgelegte Distanz zu messen; Burton und Speke wollten es nun an Land erproben. »Als Erstes machte ich mich an die Kartographierung des Geländes«, schrieb Speke. »Dazu bestimmt man mit Hilfe einer Uhr die Marschgeschwindigkeit, nimmt entlang der Straße oder abseits davon auf augenfälligen Landmarken – wie etwa einem Hügel – Kompasspeilungen vor und notiert die Wasserscheide – kurzum, alle topographischen Objekte.«

Die vielen hundert Meilen, die die Karawane zurücklegte, waren zwar nur spärlich besiedelt, dafür aber landschaftlich äußerst abwechslungsreich. Die Männer durchquerten weites, offenes Grasland, dichtes Dornengestrüpp, hüfttiefe Sümpfe und eine wasserlose, sandige Ödnis. Auch Flora und Fauna waren von spektakulärer Vielfalt – nicht nur was Größe, Schönheit und Komplexität betraf, sondern auch hinsichtlich ihres Nutzens – und ihrer Gefährlichkeit.

Die Steppen boten den hungrigen Männern hervorragende Jagdgründe und damit eine willkommene Ablenkung vom zermürbenden Expeditionsalltag. Sie fanden dort eine Vielzahl an Geflügel, von Rebhühnern über Frühlingstauben bis hin zu Perlhühnern, die Burton an »große Glockenblumen auf den Bäumen« erinnerten. Sie passierten Herden von still grasenden Zebras – »die anmutigsten aller Tiere«, wie Burton voller Bewunderung notierte – und einzelne Leoparden, die hoch auf knorrigen Bäumen ruhten, die schlanken, gefleckten Körper über dicke Äste hingestreckt. Giraffen galoppierten steif an ihnen vorbei, mit schlagenden Schwänzen, wippenden Hälsen, und ihre unmöglich langen Beine wirkten wie aus den wulstigen Gelenken gerutscht. Die Männer entdeckten auch mehrere Antilopenarten, die langhalsigen Kudus etwa oder die Gnus mit ihren borstigen Mähnen. »Unsere Träger begegnen ihnen mit gesunder Ehrfurcht«, schrieb Burton, »denn angeblich sind sie durchaus imstande, eine Karawane zu attackieren.«

Die Urwälder mit ihrer dichten Vegetation waren das herausforderndste Gelände für die Karawane. Auch das Jagen fiel hier viel schwerer, da die Tiere ihr Tarnkleid nutzen konnten, oder einfach nur reglos, wie in Totenstarre, auszuharren brauchten, um mit der Umgebung zu verschmelzen. Die einzigen Tiere, die sie häufig sahen, waren kleine schwarzgesichtige Affen, die sie mit unverhohlener Neugier beäugten, ehe sie davonsprangen. Sogar Elefanten schienen den Dschungel zu bevorzugen, »wo sie sich in den Tümpeln wälzten und sich an saftigen Wurzeln, Früchten, Rinden und Blättern gütlich taten«, schrieb Burton. Außerdem waren sie dort für Elfenbeinjäger schwerer auszumachen.

Das Einzige, was Elefanten im Dschungel zu fürchten hatten, waren die kleinen Kreaturen, die zu ihren Füßen wimmelten. Zwischen den verschlungenen Ranken und verfaulenden Blättern summte es von Leben: Hier gediehen Dutzende Ameisenarten, eine Gefahr sogar für die größten Tiere, sobald sie krank oder verletzt waren. Die »verrückte Langhorn-Ameise« drehte sich in erratischen Kreisen, die nichts Ameisenhaftes an sich hatten, und versprühte dabei Säure aus ihrem gekrümmten Leib. Der Biss der Emse, wie Burton sie nannte, mit ihrem »Bulldoggen-Kopf und dem mächtigen Kiefer …, brennt wie der Stich einer glühend heißen Nadel. Geht sie daran, sich um ihr Opfer zu winden, lässt sie sich eher in zwei Teile zerreißen, als den Biss zu lockern.« Überaus berüchtigt war auch die kupferbraune Safariameise, zur Gattung der Wanderameisen zählend, die in Millionenstärke ausrückte und sich über jede mögliche Beute, jeden vermeintlichen Feind hermachte. In dichten Kolonnen kreuzten sie den Weg der Expedition, attackierten »wütend Mensch und Tier«, schrieb Burton, »bis die Karawane in einen stockenden, humpelnden Trott verfiel – ein Anblick für Götter«.

Oft hörten die Männer des Nachts, wenn sie in ihren fadenscheinigen Zelten lagen, das eine Geräusch, das ihnen unweigerlich Angst einflößte: das tiefe, kehlige Gebrüll eines Löwen. Die Löwen selbst befanden sich nicht unbedingt in der Nähe – ihr Gebrüll war meilenweit zu hören –, wenn aber doch, waren die wenigsten von ihnen auf Menschen aus. »Diese Eigenart«, so Burton, »beschränkt sich auf alte Tiere, deren abgenutzte Zähne nicht mehr zum Kampf taugen.« Die meisten Expeditionsmitglieder wussten jedoch von Leuten zu berichten, die von einem Löwen übel zugerichtet oder sogar gefressen worden waren. Selbst Burton kannte einen Mann, der einen Löwenangriff überlebt hatte, nämlich David Livingstone, Großbritanniens berühmtesten und angesehensten Forscher. Dieser hatte Zentralafrika und den Süden des Kontinents über zehn Jahre lang erkundet, hauptsächlich, um die Beendigung des Sklavenhandels voranzutreiben.

In seiner Jugend war Livingstone als Missionar in Bechuanaland tätig gewesen, dem heutigen Botswana. Ein Löwe hatte mehrere Stück Vieh gerissen, die einem nahegelegenen Dorf gehörten, und Livingstone hatte sich mit nur einer Flinte allein aufgemacht, das Raubtier zu töten – ein törichter Fehler, wie er später einräumte. Er hatte zweimal auf den Löwen geschossen und ihn beide Male verfehlt. Er lud gerade nach, als einige Männer aus dem Dorf ihm verzweifelt etwas zuriefen. Gerade noch rechtzeitig merkte er auf und sah, wie der Löwe ihn von hinten anfiel. »Er erwischte mich im Sprung an der Schulter, und wir stürzten beide zu Boden«, erinnerte er sich. »Unter entsetzlichem Knurren schüttelte er mich wie ein Terrier eine Ratte.« Obwohl die Dorfbewohner das Tier mit Schüssen verscheuchen konnten und Livingstone mit einer zerfetzten Schulter davongekommen war, würde er nie vergessen, wie er damals dem Tod ins Auge geblickt und dabei erstaunlich wenig Angst verspürt hatte. »Der Schock führte zu einer Stumpfheit, wie sie vermutlich eine Maus befällt, die von einer Katze gepackt wird. Bei mir verursachte er eine Art Verträumtheit, in der ich weder Schmerz noch Panik empfand, obwohl mir durchaus bewusst war, was mit mir geschah«, schrieb Livingstone später. »Ähnliches schildern Patienten, die teilweise unter dem Einfluss von Chloroform stehen: Sie sehen die gesamte Operation, aber sie spüren das Messer nicht. … Die Erschütterung schaltete die Angst aus und ließ keinerlei Gefühl des Grauens aufkommen, als ich mich dem Löwen zuwandte. Dieser eigenartige Zustand wird wahrscheinlich in allen Tieren hervorgerufen, die von Beutegreifern getötet werden, und ist wohl eine mitleidige Vorsorge durch unseren gütigen Schöpfer, um den Todesschmerz zu lindern.«

❋

Auf Tierangriffe musste ein Expeditionsteilnehmer stets gefasst sein, doch weitaus tödlicher waren die vielen Krankheiten, die im Wasser, in der Nahrung und in den Insekten lauerten, die ringsum durch die Luft schwirrten. Obwohl Speke sich später bei Norton Shaw beklagen würde, dass »Burton immerzu krank gewesen« sei, war er selbst als Erster und am schlimmsten betroffen. Am meisten fürchtete er die schmerzhaften, potenziell tödlichen Fieber, die »das Gehirn angreifen und einem die Sinne vernebeln. Dann gibt es keine Erholung von der Schwäche, die sie hervorrufen.« Überdies waren die Symptome so vielfältig wie beunruhigend seltsam. »Wenn ich im Bett lag, drehten sich manchmal meine Zehen herum und blickten mir ins Gesicht«, erinnerte er sich später. »Dann wieder legte ich die Hand hinter meinen Rücken, und sie steckte dort fest, bis ich sie mit der anderen Hand ergriff, um die angespannten Muskeln zu wärmen. Wenn sie sich entspannt hatten, konnte ich die Hand wieder nach vorn holen.«

Die schmerzhaften Verrenkungen und die aufgezwungene Untätigkeit waren schlimm genug, aber für Speke war die Tatsache, dass Burton wohlauf war, während er selbst krank darniederlag, fast so widerwärtig wie das Leiden selbst. »Er war das Kranksein nicht gewohnt«, notierte Burton, »daher konnte er es weder an sich selbst noch an anderen ertragen.« Speke blieb jedoch nicht lange das einzige kranke Expeditionsmitglied. Bald waren auch der Karawanenführer Said bin Salim, die Köche Valentine und Gaetano sowie mehrere Träger betroffen, ebenso Burton selbst. Während das Fieber bei Speke Krämpfe hervorrief, wirbelte es Burtons Verstand durcheinander. »Im Fieberschub und oft noch stundenlang danach hatte ich die eigenartige Überzeugung, meine Identität sei zwiegespalten; ständig zerfiel ich in zwei Personen, die sich gegenseitig behinderten und bekämpften«, beschrieb er den Zustand später. »Die schlaflosen Nächte brachten abscheuliche Visionen mit sich, Tiere von grässlichster Gestalt, hässliche alte Hexen, Wesen, aus deren Oberkörpern mehrere Köpfe ragten.«

Die Expedition lief auch Gefahr, sich die Pocken einzufangen. In den Karawanen, die ihren Weg kreuzten, hatte diese Krankheit viele Männer das Leben gekostet. Noch im achtzehnten Jahrhundert als eine der tödlichsten Seuchen gefürchtet, waren die Blattern um die Mitte des neunzehnten Jahrhunderts weitgehend besiegt, zumindest in Großbritannien. In Afrika dagegen, wo nur wenige Menschen geimpft waren, stellten sie weiterhin eine nicht unbedeutende Gefahr dar. »Erst gestern begegneten wir einer großen Karawane, die bereits fünfzig Personen an die Blattern verloren hatte; ihre toten Kameraden riefen uns grausige Szenen in Erinnerung«, würde Burton später schreiben. »Die Elenden wollten kein Jota vom Pfad abweichen, jeder Schritt mit nachlassender Kraft war kostbar; wer einmal stürzte, der stand nicht mehr auf; kein Dorf ließ den Tod in seine Nähe kommen, kein Verwandter oder Freund würde ihretwegen umkehren, und so lagen sie, bis Rabe und Geier, Hyäne und Fuchs ihren Qualen ein Ende setzten.« Burtons Männer wandten sich traurig und furchtsam ab, als sie an den Leichen vorübergingen, die auf dem Weg oder in dessen Nähe lagen. Einige infizierten sich selbst mit der Krankheit, und weil sie nicht mehr mit der Karawane Schritt halten konnten, fielen sie bald zurück und verschwanden. Die Expedition kehrte um, um nach ihnen zu suchen, fand aber keinerlei Spuren mehr, die sie zu den Sterbenden hätten führen können.

Am 10. September, fast drei Monate nach ihrem Aufbruch an der Küste, erreichte die Expedition den »Schrecklichen Pass«, wie Burton ihn nannte. Am Fuß der bewaldeten, über zweitausend Meter hohen Rubeho-Berge wappneten sich die Männer für den Weg, der vor ihnen lag. »Von Schüttelfrost gebeutelt und schwindelgeplagt, die Ohren taub vor Schwäche und auf Beinen, die uns kaum zu tragen vermochten, betrachteten wir mit verbissener Verzweiflung den steilen Anstieg …, den wir mit unseren ausgehungerten, verdrossenen Eseln zu bewältigen hätten«, schrieb Burton. »Alsdann fassten wir uns ein Herz und nahmen den Schrecklichen Pass in Angriff.«

Sie brauchten sechs Stunden bis zum Gipfel. Burton war schwach, aber klar im Kopf. Speke dagegen konnte kaum gehen, geschweige denn einen Berg besteigen, und brauchte daher die Hilfe dreier Männer, um sich auf den Beinen zu halten. »Er … bewegte sich mechanisch«, schrieb Burton, »fast wie im Koma.« Als sie endlich die andere Seite erreichten, mussten sie innehalten. Spekes Fieber war in ein so heftiges Delirium übergekocht, dass man ihm aus Angst, er könne sich oder andere verletzen, die Waffen abnehmen musste. Burton hatte Sorge, Spekes Anfall werde, falls er ihn überhaupt überlebte, einen »bleibenden Schaden in seinem Gehirn« hinterlassen. »Der Tod«, schrieb er, »stand ihm ins Gesicht geschrieben.«

Zwei Tage später war Speke endlich so weit genesen, dass er in einer Hängematte getragen werden konnte. Burton, aus seinem eigenen fiebrigen Stupor erwacht, musste erkennen, in welch unmittelbarer Gefahr die Expedition sich befand. Er hatte angenommen, der viele Proviant, den sie aus Sansibar mit sich führten, würde mindestens bis zum Tanganjika-See reichen. In Wirklichkeit ging er schon jetzt zur Neige. »Zum ersten Mal seit vielen Tagen hatte ich die Kraft, die Träger und ihre Lasten zu inspizieren«, schrieb er. »Die Vorräte, die für ein Jahr hätten reichen sollen, waren bereits nach drei Monaten zur Hälfte aufgebraucht.«

Angesichts dieser schockierenden Erkenntnis wurde Burton klar, dass ihnen neben diversen Krankheiten nun auch noch der Hungertod drohte. Während sie weiter in westlicher Richtung auf den Tanganjika-See zutrotteten, mit ihren störrischen Eseln kämpfend, die Rücken gebeugt unter der schweren Last, fiebernd und erschöpft, passierten sie die Leichen von Männern, die, wie sie vermuteten, nicht nur an den Pocken verstorben waren, sondern weil sie nichts Essbares hatten finden können. »Hier und da stießen wir auf die abgenagten Gerippe oder aufgedunsenen Leichen von Trägern, die in dieser Hungergegend zugrunde gegangen waren, und ihr Anblick stimmte uns traurig«, schrieb Burton.

Die Region gab für Durchreisende kaum etwas her. »Die Gegend ist steinig und zerklüftet, nur wenige Felder liegen im dichten, buschigen Dschungel verstreut. Der Boden ist rot, und kultivierte Äcker alternieren mit Buschland und Wäldern voller wilder Früchte – die einen genießbar, die anderen giftig.« Selbst wenn sie Menschen fanden, um mit ihnen zu handeln, hatten sie im Tausch gegen Fleisch oder Milch kaum etwas von Wert zu bieten. Burton hatte sich nur wenige der hochwertigen *kuhonga* leisten können, die es in Sansibar zu kaufen gab, und ein Großteil davon war entweder bereits verschenkt oder von seinen Männern unterwegs gestohlen worden. »Said bin Salim, der mit den Geschenken betraut gewesen war, war aus Angst allzu großzügig gewesen«, klagte Burton verbittert. »Zu krank, um die Ausgaben zu überwachen, hatte er überdies seinen ›Kindern‹ erlaubt, unter Mithilfe der Belutschen und der ›Söhne Ramjis‹, alles zu plündern und beiseitezuschaffen, dessen sie habhaft werden konnten.«

Da die Männer sich der drohenden Gefahr bewusst waren und sahen, dass Burton wie auch Speke gefährlich erkrankt waren, blieb ihnen so fern der Heimat kaum etwas anderes übrig als sich zu nehmen, was sie brauchten, sobald sich die Gelegenheit bot, und Wege zu finden, sich selbst mit Nahrung zu versorgen. Wann immer ihnen ein essbares Tier über den Weg lief, ob Hase oder Antilope, ließen sie augenblicklich ihre Lasten fallen und jagten ihm mit ihren Speeren hinterher. Minuten später war es tot, in Stücke gerissen und roh verzehrt. Sogar Ameisen waren willkommene Proteinquellen, und sie zu essen ein kleiner Akt der Rache für den Ärger und den Schmerz, den sie verursacht hatten. »Der Mensch rächt sich an der weißen Ameise und befriedigt seine Gier nach tierischer Nahrung«, schrieb Burton, »indem er die größten und fettesten Exemplare kocht und genüsslich zum … Porridge verzehrt.«

Da er nicht sicher war, ob sie ihre Vorräte im nächsten Dorf auffüllen konnten, falls sie es überhaupt bis zum nächsten Dorf schafften, hoffte Burton auf die Unterstützung durch das Konsulat in Sansibar. Speke, endlich so weit genesen, dass er wieder klar denken konnte, pflichtete ihm bei. Auch er sah die Expedition in ernsthafter Gefahr und war fest entschlossen, der nächsten Handelskarawane, die auf dem Rückweg zur Küste war, ein Schreiben mitzugeben. »Ich überschlug unseren durchschnittlichen Verbrauch, kam zu dem Schluss, dass es uns am Lebensnotwendigen für die Weiterreise fehlte, und beschwor Captain Burton, er möge um Nachschub ersuchen, ungeachtet der Tatsache, dass unser Regierungszuschuss bereits aufgebraucht war«, schrieb er. »Die Vorstellung, wir könnten scheitern, ertrug ich nicht.« Die Frage war nur: Wer sollte ihnen helfen?

Schon vor knapp einem Monat hatte Burton, damals noch voller Zuversicht, an Hamerton geschrieben und ihn höflich, aber dringend um Hilfe gebeten. »Wir leiden noch immer an den Folgen des Fiebers«, hatte er ihm mitgeteilt, »und sehen mit Grauen unsere Arzneivorräte schwinden.« Nachdem er weder eine Antwort noch zusätzliche Vorräte erhalten hatte, war Burton endlich widerstrebend zu dem Schluss gelangt, dass die Gerüchte wohl zutrafen und sein Freund verstorben war. Also nahm er »schwindelig und mit zitternden Händen« einen der letzten kostbaren Papierbögen der Expedition und schrieb an Hamertons Nachfolger in Sansibar. »Sir, ohne Ihren Namen zu kennen, bin ich so frei, mich an Sie zu wenden. Unsere prekäre Lage mag mein Verhalten rechtfertigen«, schrieb er und redigierte im Gehen sein Schreiben. »Seit dem traurigen Ableben unseres Freundes Lieutenant Colonel Hamerton haben wir keine Unterstützung mehr erhalten, obwohl sie uns versprochen war. Kein Brief, keine Nachricht hat uns erreicht, während andere Reisende wiederholt Nachrichten von der Küste erhalten haben. … Wir leiden ständig am Fieber, und haben so wenig ~~Vorrat an~~ Chinin, dass wir es für äußerste Notfälle aufsparen müssen. Abschließend gestatte ich mir, meiner ~~Hoffnung~~ Überzeugung Ausdruck zu verleihen, Sir, dass Sie zwei Offizieren, die den speziellen Schutz des Foreign Office ihrer Britischen Majestät genießen, nicht länger eine derart unverdiente und schändliche Vernachlässigung zuteilwerden lassen.«

Der Brief, der von Yaruk, dem *jemadar* der Expedition, auf einem gefährlichen, einsamen Weg zur Küste gebracht wurde, würde Sansibar erreichen, während die Ostafrika-Expedition sich weiter in Richtung Tanganjika-See quälte. Allerdings wäre fast acht Monate lang niemand vor Ort, der das Schreiben entgegennehmen könnte. Und als Hamertons designierter Nachfolger endlich auf der Insel eintraf, sollte er Burton keine große Hilfe sein. Der neue britische Konsul auf Sansibar war nämlich kein anderer als Colonel Christopher Palmer Rigby, jener ehrgeizige junge Linguist, der über zehn Jahre zuvor die Gujarati-Prüfung nur als Zweitbester bestanden hatte, hinter Burton, und später Präsident des Komitees gewesen war, das ihn im Arabischen hatte durchfallen lassen. Während Burton sich zur mutmaßlichen Quelle des Weißen Nils voranklämpfte, wusste er lediglich, dass sein Freund, der Mann, der ihn so liebenswürdig und fürsorglich behandelt hatte und auf dessen Hilfe stets Verlass gewesen war, nicht mehr unter den Lebenden weilte. Dass ein alter Feind seinen Platz eingenommen hatte, wusste er nicht.

12.

Tanganjika

Für knapp tausend Kilometer brauchte die Expedition einhundertvierunddreißig Tage. Als sie endlich Kazeh erreichte, eine der bedeutendsten Handelsniederlassungen in der Region und entscheidende Anlaufstelle, hatte sie fast drei Viertel des Wegs zum Tanganjika-See hinter sich gebracht. Da aber immer noch vierhundert Kilometer vor ihnen lagen, benötigten die Männer dringend frische Vorräte. Und so legten sie eine mehrtägige Rast in Kazeh ein, in der Hoffnung, die Versorgungsgüter aus Sansibar würden bis dahin zu ihnen gelangen. Doch es sollten fünf Wochen verstreichen, bis sie imstande wären, den Marsch fortzusetzen.

Gleich nach ihrer Ankunft in Kazeh nahm Burton einen arabischen Scheich namens Snay bin Amir in seine Dienste. Snay war nicht nur gut vernetzt und ein fleißiger Arbeiter, der sich um ihren Proviant kümmerte, ihnen half, Träger anzuheuern, und ihnen eine Bleibe besorgte, er kannte die Gegend außerdem wie seine Westentasche. »Snay war weiter gereist als die meisten in diesem Land«, schrieb Speke voller Bewunderung. »Und weil er schlaue, kluge Erkundigungen anstellte, kannte er Gott und die Welt.«

Snay war in ganz Ostafrika herumgekommen, was Burton und Speke auf die Idee brachte, er könnte ihnen womöglich eine ihrer drängendsten Fragen beantworten. Sie breiteten die eigenartige Landkarte vor ihm aus, die Rebmann und Erhardt gezeichnet hatten, und befragten ihn zu dem riesigen, einer Nacktschnecke gleichenden Gewässer, das die Zeichnung beherrschte. Snays Antwort verblüffte sie. Rebmann und Erhardt lägen falsch, sagte er. »Die Missionare hatten drei Seen in einem zusammengefasst«, schrieb Speke. In Wirklichkeit gab es nicht nur einen gewaltigen Binnensee, sondern drei, einer größer als der andere: der Nyassa im Süden, der Tanganjika im Westen und der Nyanza, auch Ukerewe genannt, im Norden. Nachdem Snay sich die Karte angesehen hatte, zeigte er sich verwundert, dass sie ihren Weg nach Westen fortsetzten, in Richtung der Stadt Ujiji, die am Ufer des Tanganjika-Sees lag, anstatt nach Norden zum Nyanza-See zu wandern. »Er gab uns den dringenden Rat«, schrieb Speke später, »anstatt weiter nach Ujiji lieber zu dem großen Gewässer zu marschieren, dessentwegen wir schließlich hergekommen waren.«

»Voller Freude« schlug Speke Burton augenblicklich vor, die Route zu ändern. Statt »in westlicher Richtung zum kleineren Ujiji-See zu wandern«, sollten sie ihr Augenmerk lieber auf dieses größere Gewässer im Norden richten. Schließlich sei der Nyanza nicht nur was seine Ausmaße betraf, sondern »in jeder Hinsicht großartiger als der Tanganjika-See«. Obwohl Burton behauptete, »sofort erkannt« zu haben, »dass die Existenz dieses noch unbekannten Sees manch eine Diskrepanz erklären würde, die von theoretischen Geographen angenommen und verbreitet worden war«, wollte er den Tanganjika-See nicht aufgeben. Er hatte zu viel Zeit und Mühe, Hoffen und Bangen in dieses Gewässer investiert, um jetzt eine andere Richtung einzuschlagen.

❀

Die Expedition würde so bald nirgendwohin aufbrechen. Eine Woche nach ihrer Ankunft in Kazeh erkrankten erneut fast alle Männer, vom *kirangozi* bis hin zu den Köchen Valentine und Gaetano. Letztere traf es als Erste. Dann erkrankten Mabruki und Bombay, den »ein Schüttelfrost ans Lager fesselte«, so Burton. Ramjis »Söhne« waren vom Fieber geschwächt, und Ismail, einer der Belutschen, drohte der Ruhr zu erliegen. Speke hatte sich endlich erholt und war nun wieder bei Kräften, eines der wenigen Expeditionsmitglieder, das sich noch auf den Beinen halten konnte.

Auch Burton war krank geworden und einen Monat später so schwach, dass Speke ihn überredete, vorübergehend die Führerschaft an ihn abzutreten. »Ich dachte, Captain Burton werde sterben, wenn wir uns nicht auf den Weg machten«, schrieb Speke später, »also bat ich ihn, das Kommando vorläufig mir zu überlassen, dann würde ich sehen, was ich tun könnte, um uns voranzubringen.« Am 5. Dezember führte Speke alle Männer, die noch halbwegs bei Gesundheit waren, mit der Hälfte ihres Gepäcks in die nächste Siedlung, Zimbili. Snay, der in Kazeh bleiben würde, versprach indes, ihre Briefe und Schriften der nächsten Karawane nach Sansibar mitzugeben und – entscheidender noch – die »Nachzügler« mit den Vorräten, die sie an der Küste hatten zurücklassen müssen und jetzt dringend benötigten, zur Eile anzutreiben.

Drei Tage später kam Burton »mehr tot als lebendig« hinterher. Dieses Procedere sollte den ganzen Dezember hindurch beibehalten werden: Speke marschierte zum nächsten Etappenhalt voraus, bereitete die Unterkünfte für die Expedition vor, und einige Tage später waren die beiden Männer wieder vereint. Burton, der sich nicht bewegen konnte, musste in einer Hängematte getragen werden. Da die Expedition ohnehin über zu wenig Träger verfügte, konnte sie nur zwei entbehren; dabei wären mindestens vier vonnöten gewesen, um Burtons hingestreckten Körper zu schleppen, obwohl er nach wochenlanger Krankheit stark an Gewicht verloren hatte. Beim letzten Tagesmarsch vor Weihnachten ging Saīd, der Karawanenführer, schweigend an Burton vorüber, ohne seinen liegenden Kommandanten auch nur eines Blickes zu würdigen. »Zweifellos unter dem Eindruck, meine Tage wären gezählt«, schrieb Burton, »ging er auf der letzten Wegstrecke wortlos an mir vorbei.«

Mitte Januar, sechs Monate nach Beginn der Reise, war Burton fast vollständig gelähmt, konnte nicht einmal mehr die Hände gebrauchen. Seine Arme und Beine waren plötzlich »schwer geworden und brannten, als wären sie einem glühenden Feuer ausgesetzt«, schrieb er. Als an diesem Tag die Sonne unterging, stimmte er mit Said überein: Er lag wohl im Sterben. »Der Anfall hatte seinen Höhepunkt erreicht. Ich sah ›jenes dunkle Tor in der Wildnis / Das niemand kennt‹ weit offen stehen, um mich einzulassen«, schrieb er. »Mein gesamter Körper war lahm, kraftlos, bewegungslos, und meine Glieder schienen dahinzuwelken und abzusterben; in den Füßen hatte ich jedes Gefühl verloren, spürte nur ein Pochen und Kribbeln wie von lauter Nadelstichen; die Arme widersetzten sich meinem Willen, und meinen Fingern war es einerlei, ob sie Stoff oder Stein berührten. Nach und nach schien dieser Anfall sich nach oben hin auszubreiten, presste die Rippen zusammen und hielt dann jählings inne.« In diesem Zustand einer fast vollständigen Lähmung sollte Burton beinahe ein Jahr verbleiben.

Er wusste, dass die Expedition noch mindestens zwei Monate von ärztlicher Hilfe entfernt war. Bis an den Tanganjika müssten sie noch Hunderte Kilometer bewältigen, und dann läge »die Hauptarbeit der Expedition noch vor ihnen!« Es erschien ihm unwahrscheinlich, dass die Männer, zumal ja selbst geschwächt, ihn so weit würden tragen können. Wiederkehrende Krankheiten, die täglichen Strapazen und die mageren Essensrationen hatten an ihren Kräften gezehrt. Er habe die Expedition mit dem Entschluss unternommen, »das Problem zu lösen oder zu sterben«, schrieb Burton. »Ich hatte mein Bestes gegeben, und nun schien mir nichts anderes übrig zu bleiben, als dem Tod entgegenzusehen.«

Speke, der so oft schlechtgelaunt und reserviert gewesen war, zeigte sich jetzt ehrlich besorgt um Burtons Gesundheit. Im Laufe der langen Reise hatten die beiden Männer auch Momente der Nähe erlebt und friedliche, ruhige Abende miteinander verbracht. Nach einem langen Tagesmarsch im Zelt sitzend, hatte Burton Berichte und Briefe geschrieben und sich für sein nächstes Buch Notizen gemacht, während Speke an eigenen Skizzen und Schriften gearbeitet hatte. Gelegentlich hatte er Burton seine Reiseberichte gezeigt und ihn um Rat gefragt, und Burton gab ihm bereitwillig Auskunft. Sie hatten sich auch die kleine Büchersammlung geteilt, die Burton als bescheidenen Luxus mit auf den Weg genommen hatte. »Die wenigen Bücher – Shakespeare, Euklid und so weiter –, aus denen meine kärgliche Bibliothek bestand«, schrieb Burton, »lasen wir beide immer wieder.«

Burton tröstete nun die Gewissheit, dass Speke die Mission fortsetzen würde, komme, was wolle. »Sollte einer von uns zugrunde gehen«, so seine Hoffnung, »käme vielleicht der andere mit dem Leben davon, um die Forschungsergebnisse nach England zu bringen.« Obwohl Speke sich nach Kräften bemühte, Burton am Leben zu erhalten, wusste dieser, wie gern sein Reisegefährte selbst das Kommando übernommen hätte. Burton hätte die Quelle des Weißen Nils gern selbst entdeckt, doch er war dankbar, dass der junge Mann, den er unter seine Fittiche genommen hatte, zumindest alles in seiner Macht Stehende tun würde, um die Expedition zu Ende zu bringen.

Doch auch Speke war nicht völlig gesund. Er hatte zwar seine Kraft wiedererlangt, dafür aber etwas ebenso Wertvolles eingebüßt, nämlich sein Sehvermögen. Das Fieber, dem er beinah erlegen wäre, hatte ihm ein grausames Erbe hinterlassen. »Mein Begleiter, dessen Blut ausgelaugt war, dem das häufige Fieber heftig zugesetzt hatte, litt jetzt an ›einer niedriggradigen Entzündung der gesamten inneren Augenhaut; vor allem Iris, Aderhaut und Netzhaut‹ waren betroffen; er beschreibt sein Leiden als ›fast vollständige Erblindung, die jeden Gegenstand gleichsam in einen Nebelschleier hüllt‹.« Valentine erging es ebenso; er verglich seinen Zustand mit einem »tintenschwarzen Fleck« auf den Augen, »der das Tageslicht völlig ausschloss«. Der Fleck, würde der angesehene britische Ophthalmologe Sir William Bowman später in einem Brief an Speke erklären, werde durch eine »Entzündung der Iris« verursacht, »Iritis genannt, bei der eine Ablagerung des schwarzen Pigments der Iris an der Vorderseite der Linse zu finden sei. … Sie kann mit der Zeit verschwinden, aber meines Wissens kennt die Medizin noch kein Gegenmittel.«

Die Erkrankung, allgemein bekannt als Ophthalmie, war im neunzehnten Jahrhundert relativ weit verbreitet. Burton und Speke waren beide schon davon betroffen gewesen, Burton in Indien und Speke in England. Zwei Ophthalmie-Anfälle in der Kindheit hatten Speke »das Lesen zu einer mühsamen Angelegenheit« gemacht, was nach Burtons Vermutung seine »Vorliebe für das Aufstöbern von Vogelnestern und seine Aversion gegen Bücherwissen« erklärte. Die Männer, die in Ägypten gegen Napoleon gekämpft hatten, litten ebenfalls daran: Die Symptome brachten nicht nur Schmerzen und Unannehmlichkeiten mit sich, sondern den erschreckenden Verlust des kostbaren Augenlichts. »Im Falle der Ophthalmie grenzt die Angst der Betroffenen fast an Wahnsinn«, schrieb zu Beginn des neunzehnten Jahrhunderts der Historiker Lieutenant Colonel Robert Wilson in seinem bahnbrechenden Werk *History of the British Expedition to Egypt*. »Für einen Soldaten, der die Schönheiten der Natur, die Wunder des Universums, die Objekte der zärtlichsten Liebe nicht mehr zu schauen vermag, ist diese Finsternis sicherlich schmerzvoller als das stille Grabesdunkel.«

❊

Am 10. Februar, als ein Sturm sich zusammenbraute, durchwateten die Männer einen Fluss und kämpften sich dann mehrere hohe, steile Hügel hinauf, die von langem Tigergras, Federgras, Schilf und Farn überwuchert waren. Sie hatten die Sondereinheit, die Burtons Hängematte trug, um zwei Männer ergänzt. Nun mühten sie sich schwitzend und stolpernd die Anhöhen hinauf, schlugen eine Bresche in die Gräser und warfen nervöse Blicke in den »von Regenwolken dunkelvioletten« Himmel. In der Ferne jedoch schimmerte Hoffnung durch die Wolken. »Himmelblaue Felswände mit vergoldeten Gipfeln«, schrieb Burton, »waren wie der Leuchtturm für den Seemann in Not.«

Drei Tage später erklommen sie einen weiteren Hügel, der Anstieg so steil, dass der Esel, auf dem Speke ritt, auf halber Strecke verendete. Als sie oben Rast machten, erregte etwas in der Ferne Burtons Aufmerksamkeit. Obwohl er eine ausgeprägte Ophthalmie von sich hatte abwenden können, indem er seine Augen mit »Kamelmedizin« behandelte, quälten ihn »Netze aus flirrenden Fliegen, die kleinere Gegenstände verschwimmen ließen und den Blick in die Ferne unmöglich machten«. Jetzt mied er mit seinen entzündeten Augen die grelle Sonne und wandte sich blinzelnd an Bombay: »Was ist das für ein lichter Streif dort unten?« Bombay antwortete schlicht: »Ich meine, es ist das Wasser.« Was er da vor sich sah, erkannte Burton, war der Tanganjika-See.

Seine erste Reaktion war nicht etwa Begeisterung, sondern bittere Enttäuschung. »Ich war bestürzt«, schrieb er später. »Da hatte ich mein Leben aufs Spiel gesetzt und meine Gesundheit eingebüßt für einen so jämmerlichen Preis. Ich beklagte meine Torheit, verfluchte den Hang der Araber zur Übertreibung und war drauf und dran, eine sofortige Umkehr vorzuschlagen, um stattdessen den Nyanza-See im Norden zu erkunden.« Als die Träger ihn jedoch näher herantrugen, an einem Schleier aus Bäumen vorbei, klärte sich zum Glück sein Blick, »und die Szenerie trat mir mit Wucht vor Augen«, schrieb er, »erfüllte mich mit Bewunderung, Staunen und Freude«. Vor ihm lag der längste und zweittiefste Süßwassersee der Welt, der auf gut sechshundertvierzig Kilometern den Zentralafrikanischen Graben durchschnitt. Wie ein schartiger blauer Riss in der Erdoberfläche, wurde das gewaltige Gewässer von steinigem, bewaldetem Gelände flankiert, das von seinen Ufern aus steil anstieg.

Wann immer Burton sich später an diesen Moment erinnerte, an die atemberaubende Schönheit des Wassers und der Landschaft ringsum, würde er übersprudeln vor Begeisterung und den Tanganjika-See mit schwärmerischer Lebhaftigkeit beschreiben. »Ein schmaler Streifen Smaragdgrün, niemals verdorrt und herrlich fruchtbar, fällt ab zu einem Band aus glitzernd gelbem Sand, hier von Binsen umhegt, dort von den Kräuselwellen sauber und klar umrissen«, schrieb er. »Weiter vorn erstreckt sich das Wasser, eine Fläche von hellstem, zartestem Blau …, vom kühlen Ostwind mit winzigen Sicheln aus schneeweißem Schaum bestreut. Den Hintergrund bildet eine hohe, zerklüftete Bergwand von stahlgrauer Farbe, mal gesprenkelt und bedeckt von perlendem Dunst, mal scharf sich abzeichnend gegen die azurblaue Luft.« Es war genauso, wie er es sich immer erträumt hatte, schöner noch, und alle Mühen wert, sogar den fragilen, gelähmten Körper, den er jetzt bewohnte. »Vergessen waren die Qualen, die Gefahren und die ungewisse Rückkehr«, schrieb er, »ich fühlte mich gewillt, das Zweifache dessen zu ertragen, was ich ertragen hatte.«

Speke, der neben ihm stand, spähte in die Ferne, und sein unverhohlener Ärger stand im auffälligen Kontrast zu Burtons Verzückung. Mittlerweile fast vollständig erblindet, fühlte Speke sich um die grüne und blaue Schönheit betrogen – er würde den Tanganjika später als »einen der schönsten Binnenseen der Welt« bezeichnen –, die sich vor den Augen fast aller Expeditionsmitglieder ausbreitete, nur nicht vor seinen. »Sie können sich vorstellen, wie bitter enttäuscht ich war«, schrieb er später. »Da hatte ich mich durch schier endlose Wildnis gequält, war ausgezehrt von Krankheit und geschwächt vom Mangel an Nahrung und Schlaf, und jetzt, am Höhepunkt meiner Bestrebungen, war der besagte Große See nichts weiter als gleißender Dunst vor meinen Augen.«

Behutsam stiegen die Männer den steilen Hügel auf der anderen Seite nach unten und erreichten bald das Ufer des Sees. Dort mieteten sie ein Kanu und gelangten in die Provinz Ujiji. Während ihres Aufenthaltes dort würden sie den Tanganjika-See erkunden, stets in der Hoffnung, auf einen Fluss zu stoßen, der seinen blauen Tiefen entströmte. Nach einer Reise von fast acht Monaten erreichten Burton und Speke als erste Europäer diesen See. Araber dagegen waren bereits seit fast zwei Jahrzehnten dort zugange und nutzten Ujiji als Stützpunkt, um Elfenbein und Versklavte aus der Umgebung zu kaufen. In Sansibar würden die Händler die verschleppten Menschen dann mit einem Gewinn von fast fünfhundert Prozent verkaufen, weshalb es sich so schwierig gestaltete, wie Burton finster notierte, den Sklavenhandel abzuschaffen.

Nach der Ankunft in Ujiji fand Burton bald eine Unterkunft in einem arabischen *tembe*, einer runden Hütte, deren vorspringendes Dach von hohen Pfählen getragen wurde. Das Dach war mit Lehm und langem Gras gedeckt, um den Regen abzuhalten, und im Inneren säumten Lehmbänke das Rund der Mauern. Als Möbel diente Burton außerdem ein Eisengestell, das als Bett, Sitzgelegenheit oder Tisch genutzt werden konnte und ohne Beschläge, Nuten oder Schrauben auskam, weil diese unterwegs verlorengehen konnten. Da die meisten ihrer Kerzen und Laternen bereits aufgebraucht, zerbrochen oder verloren waren, zogen sie selbst Kerzen, um das Dunkel im Inneren beleuchten zu können. Sie erhitzten dazu Wachs und Talg in einem Kessel und tauchten dann selbstgedrehte Dochte hinein. Die Kerzen setzten sie in bestoßene, mit Palmöl gefüllte Gefäße.

Mehrere Gemeinschaften lebten an diesem Ufer des Tanganjika-Sees, darunter die Wakaranga, die Wavinza und die Wajiji. Die Expedition hatte zumeist mit Letzteren zu tun, die Burton voller Bewunderung als »fast amphibienartig« beschrieb. Sie waren »exzellente Taucher«, schrieb er, »gute Schwimmer und Fischer und allesamt kraftvolle Ichthyophagen.« Er füllte seine Notizbücher mit detaillierten Beschreibungen ihrer Lebensweise, sah hingerissen zu, wie sie mit derselben Leichtigkeit, mit der er sich normalerweise an Land bewegte, durch die rauen Wogen glitten, und mit Hilfe diverser Werkzeuge, von Haken und Körben bis hin zu Netzen, mühelos ausreichend Fische fingen, um ihre Boote zu füllen.

Wie Burton erwartet hatte, bestand die größte Herausforderung, mit der die Expedition nach ihrer Ankunft am Tanganjika-See konfrontiert war, in der Suche nach einer Möglichkeit, ihn zu befahren. Es gab nicht viele Optionen, da die meisten Gemeinschaften, die entlang des Sees siedelten, einander bekriegten und somit außerstande oder nicht willens waren, ihre größeren, stabileren Boote an sie zu vermieten. Lediglich »kleine Nussschalen, gefertigt aus ausgehöhlten Baumstämmen«, waren in Ujiji verfügbar, schrieb Speke, die nicht nur »beim geringsten Sturm ans Ufer getrieben werden, sondern so klein sind, dass sie nur wenig Platz für Proviant bieten«. Obwohl Burton keine andere Wahl gehabt hatte, als sein amerikanisches Beiboot, die *Louisa*, zurückzulassen, bereute er den Entschluss jetzt mehr denn je. »Beim Anblick dieser Kanus beklagte ich den Verlust zutiefst«, schrieb er. »Doch dieses Bedauern hatte keinen Sinn. *Quo cumque modo*.« Er würde schon irgendwie einen Weg finden, den See zu erkunden.

Mittlerweile hatte Burton in Ujiji von mehreren Einwohnern erfahren, dass dem Nordufer des Sees ein großer Fluss entströmte. Die Vorstellung, dieser Fluss könnte den Weißen Nil speisen, und er brauchte ihn nur zu finden, um den Tanganjika-See als seinen Ursprung zu bestätigen, quälte ihn, als er in seinem *tembe* lag, zu krank, um aufrecht zu sitzen, geschweige denn wochenlang in einem unkomfortablen, beengten Kanu zu fahren. »Ich lag zwei Wochen lang auf der Erde«, schrieb er, »zu blind, um zu lesen oder zu schreiben, zumindest nicht ohne lange Pausen, zu schwach, um zu reiten, und zu krank für Gespräche.« Die einzige Lösung bestand seiner Ansicht nach darin, in Ujiji zu warten, während einer seiner Männer einen Araber aufsuchte, der am westlichen Ufer des Sees lebte und Gerüchten zufolge eine Dau besaß, groß und sicher genug, um die Männer zu Erkundungszwecken um den gewaltigen See zu tragen.

Zunächst war geplant, Said die Verhandlungen führen zu lassen, doch wie bei allem, was die Expedition versuchte, nahmen allein die Vorbereitungen viel mehr Zeit in Anspruch, als man erwartet hatte und aufbringen konnte. »Zuerst musste eine Mannschaft zusammengestellt und anschließend bezahlt werden. Als dies geschehen war, erwies sich das Boot als seeuntüchtig, und man musste die Lecks stopfen«, schrieb Speke frustriert, »dabei verging eine Menge Zeit, also änderte man die Pläne.« In den Wochen, in denen Burton fast leblos in seinem *tembe* lag, begann Speke allmählich zu genesen. Kurz nach der Ankunft in Ujiji hatte sich der zu diesem Zeitpunkt fast vollständig Erblindete zu alledem ein seltsames Fieber eingefangen, das eine »merkwürdige Gesichtsverzerrung« bewirkte, schrieb Burton, »und ihn zwang, zur Seite hin zu kauen wie ein Wiederkäuer«. Doch im Gegensatz zu Burton gewann der Jüngere wieder an Kraft und nutzte die Zeit, in der sie auf die Kanus warteten, um mit Bombays Hilfe im See zu schwimmen und zum Markt zu gehen. Dabei schützte er seine Augen mit einem Schirm vor der Sonne und »trug eine Brille mit bunten Gläsern«.

Anfang März war Speke schließlich bereit, nach Kasengé aufzubrechen, das Dorf am Westufer des Sees, wo er die Dau zu erhalten hoffte. Er hatte fünfundzwanzig Mann für die Überfahrt gewonnen, darunter Bombay, Gaetano, zwei Soldaten, ein Mann, der das Boot steuern sollte, und zwanzig Matrosen. Ihr Kanu, das für eine ausgedehnte Erkundung des Sees unzureichend war, würde für diese kürzere Fahrt genügen müssen. Es war außergewöhnlich lang und schmal, aus einem einzigen riesigen Baumstamm gefertigt, der aus einem Wald hoher Bäume am Westufer des Sees stammte. Als Sitze wurden Holzplanken quer über die Öffnung gebunden und mit Decken umwickelt. Im Rumpf verstauten sie Lebensmittel, Brennmaterial und Kochutensilien, außerdem sechzig Pfund Stoff, ein Pulvermagazin, eine große Ladung blauer Perlen und eine weitere mit *kitindis*, Armreifen, die sie als Bezahlung für die Dau eintauschen wollten. Nachdem sie es beladen hatten, war das Kanu brechend voll, und Speke hatte Zweifel, dass alle darin Platz fänden, ohne es zum Kentern zu bringen. »Ich streue mittschiffs ein, breite mein Bettzeug auf das Schilf, doch der Bereich ist so kurz, dass meine Beine immerzu abrutschen und ins Leckwasser baumeln. Koch und Bürge sitzen auf der ersten Planke, mir gegenüber; und hinter ihnen, dem Heck zugewandt, sitzt paarweise die eine Hälfte der Matrosen; auf der ersten Planke hinter mir sitzen Bombay und ein Belutsche, und hinter ihnen, bugwärts und ebenfalls paarweise, der Rest der Mannschaft. Der Kapitän bezieht im Bug Stellung, und alle Hände paddeln beidseitig im Takt.«

Trotz Spekes anfänglicher Begeisterung und seiner nunmehr robusteren Gesundheit war die Fahrt, die in Etappen entlang der langen, zerklüfteten Küste verlief, von Anfang an ein Desaster. Sogleich überraschte ein Sturm die kleine Expedition und ängstigte die Männer, die sich mühten, das übervolle, schwerfällige Boot durch die schwankenden Wogen zu manövrieren. So breit und tief war der Tanganjika – der zweittiefste See der Welt –, dass sie das Gefühl hatten, keinen See, sondern einen Ozean zu befahren. Das Unwetter war »ein Meeressturm in Miniatur«, schrieb Speke.

Sollte ihr Kanu sinken oder die Männer auch bloß in das aufgepeitschte Wasser geschleudert werden, befürchteten sie nicht nur zu ertrinken, sondern bei lebendigem Leib gefressen zu werden. Da sie am Ufer des Sees aufgewachsen waren, wo es nicht unüblich war, zwischen den Kiefern eines Krokodils zu landen, hielten die Männer unentwegt Ausschau nach den verstohlenen Räubern. Sie wagten es noch nicht einmal, Wasser in ein Gefäß zu schöpfen, weil sie befürchteten, die Kräuselwellen könnten ein Paar grüne Augen mit geschlitzten Pupillen auf sich aufmerksam machen. Als Speke die Reste seiner Mahlzeit achtlos über Bord kippte, beschwerten seine Männer sich sofort und bestanden wütend darauf, er solle sie gefälligst auf den Boden des Bootes werfen. »Die Tanganjika-Traditionen besagen …, dass die gierigen Krokodile selten jemanden verschonen, der es wagt, ihren Appetit mit den Speiseresten zu ködern, die des Öfteren von diesen Vehikeln herunterfallen. Außerdem folgen sie den Booten nach nur einem Happen oder besteigen sie gar«, schrieb Speke. »Die Matrosen hier lassen sich ebenso ungern von einem Krokodil verfolgen wie unsere Seeleute von einem Hai.«

Selbst als sie am Ufer Rast machten, war Speke nicht sicher vor Tierangriffen. Eines Nachts rüttelte ein weiteres Unwetter so heftig an seinem Zelt, dass der heulende Wind es von den Pflöcken riss. Nachdem der Sturm sich endlich gelegt hatte, zündete Speke eine Kerze an, um sein Zelt wieder festzuzurren. »Im selben Augenblick, wie durch Zauberhand«, schrieb er, »wimmelte es im Inneren von kleinen schwarzen Käfern, offenbar vom Schein der Kerze angelockt.« Er versuchte verzweifelt, sie abzuwehren, fegte sie von seiner Kleidung und dem Bettzeug, zermalmte sie unter den Sohlen und klopfte sie von den Zeltwänden. Doch die Käfer wollten nicht weichen, wurden immer mehr und immer zudringlicher, so dass Speke, der wild um sich schlug, spürte, wie sie durch sein Haar, die Beine hinunter und die Ärmel hinauf krochen. Erschöpft gab er es schließlich auf, löschte die Kerze und legte sich hin; und während zarte Flügel seinen Kopf umschwirrten, klebrige Beinchen über sein Gesicht krabbelten, fiel er in einen unruhigen Schlaf.

Geweckt von einem merkwürdigen Gefühl, nicht auf, sondern in seinem Kopf, musste Speke zu seinem Entsetzen feststellen, dass einer der Käfer tief in seinen Gehörgang gekrochen war. »Er kämpfte sich unbeirrt den engen Kanal hinauf, bis dieser ihm keinen Platz mehr ließ«, schrieb er später. »Dieses Hindernis brachte ihn offenbar in Rage, da er mit außerordentlicher Kraft, wie ein Kaninchen im Bau, in meinem Tympanum zu wühlen begann.« Zuerst war Speke versucht, auf die gleiche Weise zu reagieren, wie es die Esel der Expedition getan hatten, als ein Bienenschwarm über sie hergefallen war: Sie waren im Kreis und blindlings in die Büsche gerannt, hatten in ihrer Verzweiflung alles versucht, um die Bedrohung loszuwerden. Stattdessen zwang er sich, ruhig Blut zu bewahren, und probierte jedes Gegenmittel aus, das ihm einfiel, suchte fieberhaft nach irgendeiner Substanz – Salz, Öl, Tabak –, die er sich ins Ohr schütten konnte, um den Käfer samt seiner scharfen, schwarzen Fresswerkzeuge fortzujagen. Schließlich entschied er sich für geschmolzene Butter und träufelte die klebrige Flüssigkeit in seinen Gehörgang. Als dies keinen Erfolg zeigte, griff er nach seinem Taschenmesser. »Ich traktierte seinen

Rücken mit der Messerspitze, was mehr Schaden brachte als Nutzen«, schrieb er. »Zwar machten ein paar Stöße ihm den Garaus, verwundeten aber auch mein Ohr, und zwar so schlimm, dass es sich entzündete und heftig zu eitern begann, woraufhin sämtliche Gesichtsdrüsen, die vom Ohr bis hinunter an die Schulter reichten, sich seitwärts verkrümmten, und den gesamten Bereich mehrere Beulen zierten. Wenn ich mich recht entsinne, war es das Schmerzhafteste, was ich je zu ertragen hatte.«

In den folgenden Tagen konnte Speke nicht einmal den Mund öffnen und abgesehen von Brühe nichts zu sich nehmen. Er war jetzt nicht nur fast blind, sondern auch noch halbtaub. Die Entzündung, die der Käfer und das Taschenmesser hinterlassen hatten, »fraß ein Loch zwischen jener Körperöffnung [dem Ohr] und der Nase«, schrieb Speke, »so dass mein Ohr, wenn ich mich schnäuzte, dermaßen laut pfiff, dass alle, die es hörten, lachen mussten.« Doch nach einer Weile stellte er zu seiner Überraschung fest, dass die Attacke sein Augenlicht verbessert hatte. »Das Übel hatte auch sein Gutes«, schrieb er, »denn die Reizung, die der Käfer mit seinen Aktionen verursacht hatte, wirkte auf meine Blindheit wie ein Gegenmittel, da sie die Entzündung von meinen Augen fortzog.« Der Käfer selbst war zwar tot, blieb aber stur in Spekes Ohr stecken, bis etwa sechs Monate später ein Beinchen, ein Flügel und weitere kleine Körperteile mit dem Ohrenschmalz nach außen transportiert wurden.

❋

Acht Tage nach ihrem Aufbruch in Ujiji erreichten Speke und seine Männer endlich Kasengé. Der arabische Scheich Hamed bin Sulayyim, dem die Dau gehörte, die sie mieten wollten, hieß sie freundlich willkommen, verhielt sich aber frustrierend ausweichend. »Die Dau, derenthalben ich gekommen sei, befinde sich noch in Ukaranga, sagte er, am Ostufer«, schrieb Speke, »käme aber in ein, zwei Tagen zurück und stünde mir dann zur Verfügung.«

Als die Dau einige Tage später eintraf, betrachtete Speke sie voller Neid vom Ufer aus. »Sie wirkte sehr anmutig im Vergleich zu den elenden kleinen Kanus«, schrieb er, »und glitt im Schmuck ihrer weißen Segel langsam die glatten Wasser des Kanals herauf, gleich einem Schwan ›im Gartenteich‹.« Er freute sich darauf, an Bord dieser Dau zurück nach Ujiji zu segeln, von wo aus sie endlich in der Lage wären, den gesamten See zu erkunden.

Doch die Tage verstrichen, und der Scheich brachte immer wieder neue Gründe vor, die ihn davon abhielten, Speke die Dau zu überlassen. Sie müsse repariert werden, sagte er, dann wieder konnte er nicht genügend Seeleute auftreiben, um sie zu bemannen. Speke redete mit Engelszungen auf ihn ein, zeigte ihm die Geschenke, die er aus Ujiji mitgebracht hatte, lud ihn zu einem privaten Treffen ein, mit Bombay als Dolmetscher, bot ihm Geld, Gewehre und sogar sein Pulvermagazin, das der Scheich bewundert hatte. Nach zwei Wochen, in denen man ihm Speisen, Geschenke, Versprechen und Ausreden geboten hatte, scheinbar alles, nur nicht die Dau, gab Speke es endlich auf. Er besaß weder die nötigen Vorräte, noch die nötige Geduld, um noch länger zu warten. »Da mir klargeworden war, dass ich den Scheich durch nichts bewegen konnte, uns die Dau zu überlassen«, schrieb er, »wünschte ich …, nach Ujiji zurückzukehren.«

Für Speke war die Rückfahrt nach Ujiji, wo Burton ihn hoffnungsfroh erwartete, sogar noch schlimmer als die Hinreise. Wieder einmal hatte man ihn gedemütigt. Es war wie eine Wiederholung seiner erniedrigenden Expedition zum Wadi Nogal, die gescheitert war, weil Sumunter seine Unerfahrenheit ausgenutzt hatte. Jetzt würde er vor seinem Kommandanten zugeben müssen, dass es ihm nicht gelungen war, die so dringend benötigte Dau zu beschaffen. Ohne dieses Schiff wären all ihre Mühen, all ihre Opfer vergeblich.

Am 29. März, fast einen Monat, nachdem Speke Ujiji verlassen hatte, hörte Burton vor seinem *tembe* das mechanische Klicken von Luntenschlössern, ein Signal, dass die Männer angekommen waren. Da er mit einer triumphalen Rückkehr gerechnet hatte, wunderte er sich, als Speke niedergeschlagen, erschöpft, schmutzig und durchnässt vor ihn trat. Die Männer hatten auf dem Rückweg einem weiteren Sturm standhalten müssen, mächtiger noch als jener, der sie nach Kasengé begleitet hatte. Zu allem Übel hatten sie als Entschädigung für die Mühen noch nicht einmal die Dau aufzuweisen. »Ich habe noch nie einen derart feuchten, angeschimmelten Menschen gesehen; die Franzosen bezeichnen dergleichen als ›nass bis auf die Knochen‹«, schrieb Burton. »Seine Ausrüstung war in einem ähnlichen Zustand; seine Gewehre hatten Rost angesetzt, und sein feuerfestes Pulvermagazin dem Monsunregen nachgegeben.« Burton empfand zwar Mitleid mit Speke, machte aber kein Hehl aus seinem Frust. »Ich war entsetzlich enttäuscht«, gab er später zu. »Er hatte buchstäblich nichts erreicht.«

Dabei überbrachte Speke ihm eine Information, die Burton sich fast noch mehr gewünscht hatte als die Dau. Der Scheich hatte ihm nämlich erzählt, er habe bei einer Fahrt zum Nordufer des Sees einen großen Fluss gesehen, der ihm entströmte. »Ich habe ihn zwar nicht befahren«, sagte der Scheich, »doch kam ich dem Abfluss nah genug, um die Auswärtsströmung des Wassers zu sehen und zu spüren.« Damals sei er von einer Armada von etwa vierzig Kanus angegriffen worden, erzählte er, doch habe er »die Strömung eines großen Flusses gespürt, der das Wasser in nördlicher Richtung ableitet.« Während Burton auf Spekes Rückkehr gewartet hatte, hatte ein Mann in Ujiji ihm dieselbe Geschichte erzählt. »Als wir beide Aussagen miteinander verglichen«, schrieb Burton, »erkannten wir, was vor uns lag – ein Triumph, der es wert wäre, dafür Vermögen, Gesundheit und Leben aufs Spiel zu setzen.«

Fest entschlossen, den Fluss mit eigenen Augen zu sehen, heuerte Burton fünfundfünfzig Männer an, mietete zwei große Kanus und bestand darauf, in eines davon gehoben zu werden. Möglicherweise waren weder er noch die Boote robust genug, um die Reise zu überleben, doch nachdem er fast einen Monat lang in

Ujiji gewartet hatte, war er gewillt, das Wagnis einzugehen. »Wir hatten keine andere Wahl, als die Erkundung des Sees in gewöhnlichen Kanus fortzusetzen; weil unsere Vorräte rasch zur Neige gingen, konnten wir nicht mehr länger warten«, schrieb Speke. »Ich fand dies bedauerlich, denn mein Begleiter war immer noch so krank, dass ein jeder, der ihn bei einem Gehversuch sah, schwere Zweifel hegen musste, ob er je zurückkehren würde. Doch er hätte es nicht ertragen, zurückgelassen zu werden.«

Zwei Wochen später, nachdem sie derart heftige Stürme erlebt hatten, dass ihre Kanus wiederholt vollgelaufen und beinah auf den Grund des Sees gewirbelt worden waren, erreichten sie endlich Uvira, die nördlichste Handlungsniederlassung am Tanganjika. Burtons Hoffnung zerschlug sich jedoch fast sofort. Der Sohn eines Sultans vor Ort besuchte die Männer, und als er erfuhr, dass sie nach einem großen Fluss suchten, der dem See entsprang, erzählte er, dass er den Fluss kenne, er heiße Rusizi. Er könne sie zu ihm bringen, doch fließe er in den See hinein, nicht aus ihm heraus. Die Nachricht sei »niederschmetternd« gewesen, schrieb Burton.

Später würde Burton erkennen, dass keine seiner Informationsquellen zu besagtem Fluss verlässlich gewesen war, auch Speke nicht. Als er Bombay zu Spekes Unterhaltung mit Hamed bin Sulayyim befragte, erzählte der ihm, Speke habe den Scheich in der Aufregung missverstanden, denn dieser habe tatsächlich gesagt, der Fluss ströme *in* den See. Abgesehen davon bezweifelte Bombay, dass Hamed bin Sulayyim jemals auch nur in der Nähe des Flusses gewesen war. Er hielt dessen Behauptung für eine Finte, um Speke zu beeindrucken. Später würde Burton auch den Mann in Ujiji in Zweifel ziehen, der die Fließrichtung des Rusizi zwei Tage lang beobachtet haben wollte. Mit einem Mal gab dieser nämlich zu, so Burton, »dass er noch nie über Uvira hinausgekommen sei und dies auch niemals zu tun gedenke. Kurz gesagt, ich hatte mich von dem seltsamen Zusammentreffen zweier Falschaussagen täuschen lassen.«

Burton war dennoch entschlossen, den See zu erkunden, mit

oder ohne Dau, gesund oder krank. Auf der Fahrt zum Rusizi hatte er ein derart übles Geschwür auf der Zunge entwickelt, dass er kaum sprechen, geschweige denn kauen konnte, und noch schwächer wurde. Nachdem er sich jedoch siebzehn Tage lang ausschließlich von Milch ernährt hatte, war seine Zunge wieder heil, und während seine Beine noch immer geschwollen und schwach waren, spürte er zumindest seine Hände wieder, so dass er nun wieder in der Lage war zu lesen und zu schreiben. Speke war immer noch auf einem Ohr taub und würde es für den Rest seines Lebens bleiben, aber sein Sehvermögen hatte sich verbessert. So wären sie jetzt beide kräftig genug, glaubte Burton, um nach Ujiji zurückzukehren, ihre Vorräte aufzustocken und den See in Gänze zu erkunden.

Was sie jedoch in Ujiji vorfanden, machte jede Hoffnung auf eine ausführliche Erkundung zunichte: Ihre ohnehin schon knappen Vorräte waren fast vollständig aufgebraucht. Vor ihrem Aufbruch hatte Burton Said mit der Aufsicht über die Stoffe betraut, die für jede ihrer Unternehmungen, sei es der Einkauf von Nahrungsmitteln oder die Bezahlung von Stammesoberhäuptern, so unerlässlich waren. Jetzt waren von den einhundertzwanzig *shukkah* oder Ellen Stoff, die sie zurückgelassen hatten, nur noch zehn übrig. »Ich wollte natürlich wissen, was aus den übrigen hundertzehn geworden war, die vor der Zeit verschwunden waren«, schrieb Burton. »Said bin Salim zeigte auf einen kleinen Stapel Getreidesäcke und ließ mich wissen, dass er zwanzig Träger für den Rückweg« angeheuert habe. In der Hoffnung, der neue Konsul in Sansibar möge seine Bitte erhalten und ihm die lebensrettenden Versorgungsgüter inzwischen geschickt haben, hatte Burton wiederholt an Snay bin Amir in Kazeh geschrieben, jedoch keine Antwort erhalten. »Wieder starrte die altbekannte Not uns an«, schrieb Burton. »Nirgendwo konnte eine Karawane leichter verhungern als im reichen, fruchtbaren Zentralafrika.«

Tagelang hörten sie Gerüchte von einer großen Karawane, die im Anmarsch sei, ihre letzte Hoffnung. Doch Burton war skeptisch – »nicht optimistisch genug, um noch eine Enttäuschung zu ertragen«, schrieb er –, doch zu seiner Überraschung kündigten eine Woche nach ihrer Rückkehr nach Ujiji Musketenschüsse in der Ferne die Ankunft von Fremden an. Bereits am Mittag war sein *tembe* von Kisten, Bündeln und Männern umgeben, Teil einer Karawane, die von einem arabischen Händler namens Mohinna angeführt wurde. Sie hatten ihn in Kazeh getroffen, und er hatte sich bereit erklärt, die Vorräte mitzubringen, die sie in Snay bin Amirs Obhut gelassen hatten. »Hätte uns dieser Nachschub nicht zur rechten Zeit erreicht«, schrieb Speke, »ist schwer zu sagen, was für ein Schicksal wir genommen hätten.«

So willkommen die Karawane war, so brachte sie doch Nachrichten aus einer Welt, die ihnen unerreichbar fern schien und sich im vergangenen Jahr irgendwie ohne sie weitergedreht hatte. In den Gepäckstücken fanden sich Briefe an Burton, teils aus Sansibar, aber auch aus Europa und Indien. »Es waren die ersten, die uns nach fast elf Monaten erreichten«, schrieb Burton, »und natürlich enthielten sie schlechte Neuigkeiten.«

Zum ersten Mal erfuhren die Männer, dass es fast ein Jahr zuvor einen Aufstand in Indien gegeben hatte. Obwohl er gescheitert war, galt Indiens Erster Unabhängigkeitskrieg doch als erster konzertierter Versuch, die imperialistische Herrschaft des Britischen Empire abzuschütteln, der sich neunzig Jahre später schließlich in der Unabhängigkeit erfüllen würde. Burton hatte in seinem Buch über Mekka schon vor Jahren vor dem schwelenden Groll in Indien gewarnt. Die Inder würden bald beschließen, schrieb er, dass »die Engländer weder tapfer, noch klug, noch großzügig oder zivilisiert, sondern nichts weiter sind als überragende Schurken … So sehen sie freudig der Stunde entgegen, in der das aufgeklärte Junge Indien sich endlich erheben wird, um den ›widerwärtigen Eindringling‹ aus dem Land zu jagen.« Jetzt jedoch waren seine Gedanken weder bei den Briten noch bei den Indern, sondern bei seinem jüngeren Bruder Edward, der in der Kindheit sein bester Freund gewesen war und jetzt als Generalarzt in Ceylon arbeitete.

Einer von Spekes Brüdern – auch er hieß Edward – befand sich ebenfalls in Indien. Edward Speke war während des Aufstands zu Tode gekommen, wie sie später erfahren sollten. Edward Burton hatte zwar überlebt, kehrte aber tiefgreifend und tragisch verändert nach Hause zurück.

Im Gepäck aus Sansibar befand sich außerdem eine Todesnachricht, die Burton zwar erwartet, mit der er sogar gerechnet hatte, die ihn aber dennoch tief erschütterte. Ein Brief des Apothekers Frost, der sich um Hamertons medizinische Versorgung gekümmert hatte, bestätigte seine Befürchtungen. Bereits eine Woche, nachdem sein Freund sich von der Expedition verabschiedet hatte, war er, noch an Bord der *Artémise*, im Hafen von Sansibar verstorben. »Sein Tod war ein großer Verlust für sein Land«, schrieb Burton. »Seine Ehrenhaftigkeit und Aufrichtigkeit, seine Tapferkeit und Entschlossenheit kannten keine Grenzen; und tief im Herzen war er ein ›trauriger guter Christ‹ – möge der Himmel seine Ruhestätte sein!« Hamertons Tod war auch für ihn persönlich und seine Expedition ein Verlust, wusste Burton. Sie konnten sich in der Tat glücklich schätzen, dass er so lange überlebt hatte. »Der Tod des Konsuls«, schrieb er, »hätte der Expedition zum Verhängnis werden können, wenn sich ihr Aufbruch dadurch um eine Woche verzögert hätte.«

Burton, der sich ohnehin von der Welt abgeschnitten fühlte, empfand diese Nachricht als einen weiteren schmerzhaften Tiefschlag. »Solche Neuigkeiten treffen den Wanderer schwer, der lange Zeit fernab der Welt lebt, außerstande, ihre allmählichen Veränderungen zu begreifen, und der seine Besorgnis beschwichtigt, indem er das Vergangene beschwört, bis er glaubt, sein Heim habe keinen Verlust erfahren. Und so erwartet er, bei seiner Rückkehr all die vertrauten Gesichter lächeln zu sehen, die bei seinem Abschied weinten«, erklärte er. Als er die Versorgungsgüter genauer in Augenschein nahm, bemerkte er überdies, dass sie nicht die Gottesgabe waren, für die er und Speke sie zunächst gehalten hatten. In den Kisten, die die Träger nach Ujiji gebracht hatten, befanden sich unter anderem Päckchen mit Munition, die die Expedition nicht brauchte, zerbrochene Cognac- oder Currypulverflaschen, nahezu leere Kaffee-, Tee- und Zuckerkanister, außerdem Stoffe und Perlen von der minderwertigsten Sorte.

Sie hatten nun zwar gerade einmal ausreichend Nahrung und *kuhonga*, um nach Kazeh zu gelangen, mussten Ujiji dafür aber sofort verlassen. So glich ihr Abschied, schrieb Burton, »eher einer Flucht als dem Aufbruch einer friedlichen Expedition«. Es gab keine Möglichkeit mehr, den Rest des Sees zu erkunden. Da das Leben seiner Männer auf dem Spiel stand, blieb Burton keine andere Wahl, als an die Küste und von dort aus nach Sansibar zurückzukehren. Er hegte immer noch die Hoffnung, dass sie mit ein wenig mehr Zeit am Tanganjika auf den Abfluss des Weißen Nils gestoßen wären, wusste aber auch, dass er ohne Beweise nur ein weiterer Forscher wäre, der vergeblich am Rand eines alten Rätsels herumstocherte.

13.

Ans Ende der Welt

Noch bevor sie Ujiji verlassen hatten, setzte Speke sich dafür ein, dass die Expedition, anstatt auf direktem Weg nach Sansibar zu marschieren, einen Umweg über den Nyanza im Norden machen sollte. »Ich brannte darauf, den See zu sehen«, schrieb er. Sie könnten zunächst nach Kazeh gehen, schlug er vor, und wenn Burton dann noch immer nicht vollends genesen wäre, würden Speke und einige der Männer ohne ihn zum Nyanza weiterziehen. »Du könntest einstweilen niederschreiben, was die vielgereisten Araber aus all den umliegenden Ländern erzählen«, sagte er zu Burton, weil er wusste, das würde ihm gefallen. Burton, der sich nach wie vor nicht auf den Beinen halten konnte und Sorge hatte, dass sie selbst in Kazeh nicht genügend Vorräte auftreiben würden, um eine zusätzliche ungeplante Reise zu rechtfertigen, verwarf die Idee.

Burtons Gedanken kreisten immer noch um den Tanganjika. Als die Karawane sich in Bewegung setzte und Ujiji hinter sich ließ, warf er einen letzten Blick auf den langen, schimmernden See. »Der Gedanke, dass ich diese Landschaft vielleicht nie mehr zu Gesicht bekäme«, gestand er später, habe ihren Zauber nur erhöht, und so beschrieb er sie noch überschwänglicher als zu dem Zeitpunkt, da er sie vom Hügel aus zum ersten Mal erblickt hatte. »Dunkelviolette Wolkenmassen bedeckten jenes Himmelsviertel, wo die Sonne im Aufgehen begriffen war«, schrieb er. »Alsbald durchschnitten den Dunst, der gekräuselt war wie Meereswogen und gesäumt von leuchtendem Purpur, hauchzarte Fäden von Licht. Aus ihrem Kern indes schoss das lebendige Feuer seine breiten Strahlen hervor wie die Speichen eines riesigen Himmelsrades, welches im Rollen eine Flut von Gold über das hellblaue Wasser des Sees ergoss.«

Drei Wochen später, am 20. Juni 1858, war die Expedition wieder in Kazeh angelangt. Unterwegs waren die Männer durch einen außergewöhnlich glücklichen Zufall einer anderen Karawane begegnet, die einige der Güter mit sich führte, die man ein Jahr zuvor an der Küste hatte zurücklassen müssen. Die Kisten bargen weitere Briefe, die wie immer von weiteren Verlusten erzählten. »Fast jeder hatte einen teuren Verwandten oder Freund verloren«, schrieb Burton. »Said bin Salims Heim war seiner Hauptattraktion beraubt, seines einzigen Sohnes.« Burton erhielt eine Todesnachricht, die ihn noch schmerzlicher traf als die von Hamerton: Während er sich zum Tanganjika-See aufgemacht hatte, war in England sein Vater verstorben. Mit Hamertons Tod hatte sich Burtons Einsamkeit in Afrika verstärkt, mit dem Tod seines Vaters seine Einsamkeit in der Welt. Auch wenn sein Vater zeit seines Lebens weder besonders warmherzig noch fürsorglich gewesen war, so galt er ihm doch als Symbol der Stärke und verkörperte jene Art von Abenteuerlust und Wissensdrang, die auch ihn, seinen Erstgeborenen, charakterisierte. Sein Tod wäre zu jeder Zeit ein harter Schlag für ihn gewesen, doch traf er ihn jetzt, da er noch immer sehr krank und so fern der Heimat war, umso härter.

Zu seiner Überraschung wurde ihm in Kazeh allmählich leichter ums Herz. Sein Gesundheitszustand besserte sich, und auch die Selbstzweifel, die ihn seit der Ankunft an der afrikanischen Küste nicht mehr losgelassen hatten, verflogen allmählich. »Stärker als jede physische Erleichterung war in meinem Fall die moralische Wirkung des Erfolgs. Endlich legten sich die scheußlichen Zweifel und Sorgen, hatten die seelischen Nöte ein Ende, die mich von der Küste bis Uvira niemals verlassen hatten«, schrieb er. »Ich war mir stolz bewusst, vom Anfang bis zum Schluss mein Bestes gegeben zu haben, und dies unter den widrigsten Umständen. Welch künftige Unbilden das Schicksal auch immer für mich bereithalten mochte, der Lohn, den ich mir durch die Härten und Leiden der Vergangenheit errungen hatte, war mir nicht mehr zu nehmen.«

Speke dagegen war unglücklich und rastlos. Während Burton sich in die Tätigkeit vertiefte, die er am meisten liebte, und sich in umfangreichen, minutiösen Notizen über die Sprache und das Leben der Menschen verlor, denen sie begegnet waren, konnte Speke keinen Augenblick länger stillsitzen. »Ein schockierendes Land für den Jagdsport außer Elefanten scheint es hier nichts zu geben«, beschwerte er sich in einem kurzen Brief an Shaw von der Royal Geographical Society und scherte sich wenig um korrekte Interpunktion. »Es gibt in diesem uninteressanten Land buchstäblich nichts, worüber sich schreiben ließe, was könnte wohl trostloser sein als diese ewig gleichen Pfade, Dschungel, Steppen und so weiter, auch die Menschen sind überall die gleichen, dieses Land ist in der Tat eine riesige sinnlose Masse des ewig Gleichen.« Sogar die Arbeit, die ihn interessierte, nämlich die wissenschaftliche Vermessung, sei ihm unmöglich, murrte er, weil er dazu Hilfe benötige, Burton aber zu nichts zu gebrauchen sei. »Bis zum heutigen Tag konnte ich keine Messungen vornehmen, weil ich schlicht keinen Assistenten zur Verfügung hatte, um die Zeit zu bestimmen«, ließ er Shaw wissen. »Burton ist die ganze Zeit krank gewesen; er will nicht draußen im Tau sitzen und hegt eine entschiedene Abneigung gegen die Sonne, und wenn sich zufällig eine gute Gelegenheit bietet, um Monddistanzen zu messen, bekommt er es mit den Augen, und so werde ich immer enttäuscht.«

Burton bemerkte, dass Speke wieder mal »ein wenig säuerlich« war, führte dies aber auf die fehlenden Arabischkenntnisse seines Weggefährten zurück, ein Umstand, der ihn von den lebhaften Gesprächen ausschloss, die Burton mit den arabischen Händlern in Kazeh führte. »Nicht zuletzt deshalb wünschte er sich eine eigene Expedition«, glaubte Burton. Die wollte Speke in der Tat, und das möglichst sofort. Er erinnerte Burton an die Unterhaltung, die sie vor ihrem Aufbruch in Ujiji geführt hatten. »Ich sollte allein [zum Nyanza] weitergehen«, sagte er, »und die Wünsche der Royal Geographical Society hinsichtlich aller Binnenseen weitestgehend erfüllen. Deshalb hat man uns hergesandt.«

Speke war nicht nur erpicht darauf, sich mit einer eigenen Expedition auf den Weg zu machen, auch der Nyanza schien ihm seit ihrer Rückkehr nach Kazeh immer interessanter. Mit Hilfe von Burton und Bombay befragte er erneut Snay bin Amir, der ihnen als Erster von den drei großen Binnenseen erzählt und ihnen als Reiseziel nicht den Tanganjika-See, sondern den Nyanza empfohlen hatte. Snay hatte auch zwei Flüsse erwähnt, die dem nördlichen See entströmten. Er nannte sie Katonga und Kitangura. Jetzt jedoch, nachdem er Speke seine eigene Reise zum Nyanza geschildert hatte, Etappe für Etappe, verriet er Speke, dass es weiter im Norden noch einen dritten Fluss gebe. Er habe ihn selbst nicht gesehen, aber ein Sklave, der jetzt in Kazeh lebe, gehöre den Wanyoro an, durch deren Land dieser Fluss führe. »Dieser Mann nannte den Fluss Kivira und beschrieb ihn als viel breiter, tiefer und reißender als die Ströme Katonga und Kitangura«, schrieb Speke aufgeregt. »Und er kam aus der allgemein anerkannten Richtung des Sees.«

Speke brauchte Burton nicht lange zu bitten, ihn allein zum Nyanza ziehen zu lassen. »Mein Weggefährte, der durch die Rast und den relativ großen Komfort unseres Quartiers seine Kraft wiedererlangt hatte, erschien mir dieser Aufgabe durchaus gewachsen«, schrieb Burton. »Überdies war seine Anwesenheit in Kazeh keinesfalls wünschenswert.« Burton sei nur deshalb in Kazeh geblieben, würde Speke später behaupten, weil er »unglücklicherweise ziemlich erschöpft« gewesen sei. Da er zuversichtlich war, nach Ostafrika zurückkehren und den Nyanza erkunden zu können, schrieb Burton, er habe im Augenblick »Wichtigeres zu erledigen«, nämlich die sichere Rückkehr seiner Männer an die Küste zu gewährleisten. Er sei erleichtert gewesen, als Speke Kazeh verließ, würde er später zugeben, da dieser ihr Verhältnis zu den Arabern, von deren Hilfe die Expedition abhing, stark belastet habe. »Die Schwierigkeit wurde noch verschärft, weil der Anglo-Inder von orientalischen Sitten und Gebräuchen nicht das Geringste verstand«, schrieb er, »und abgesehen von ein paar Brocken des hässlichen anglo-indischen Jargons auch keinerlei orientalische Sprache beherrschte.«

Speke lehnte es erneut vehement ab, sich auf der Reise wie ein Araber zu kleiden. »Die Araber in Unyanyembé [nicht weit von Kazeh] hatten mir geraten, unterwegs ihre Tracht anzulegen, um weniger Aufmerksamkeit zu erregen«, schrieb er, »eine nutzlose Vorsichtsmaßnahme, die sie mir wohl eher zur Befriedigung ihrer eigenen Eitelkeit vorschlugen als zu irgendeinem Nutzen, den ich davon hätte: Sie wollten schlicht einen Engländer sehen, der sich auf ihren Stand herabließ.« Als Burton später las, was Speke geschrieben hatte, erschien ihm dies als ein weiterer Beweis für die tiefsitzende Ignoranz des jungen Mannes, und er spottete über dessen Vorstellung, irgendein Araber könnte einen Engländer beneiden. »Welche Kenntnis orientalischer Sitten kann von dem Verfasser dieser Zeilen wohl erwartet werden?«, höhnte er. »Dieser Galimathias von den Arabern! – des überheblichsten und stammesverbundensten aller orientalischen Völker.«

Nichtsdestotrotz benötigte Speke die Hilfe ihres arabischen Karawanenführers Said. »Ich bat um die Erlaubnis, Scheich Said mitnehmen zu dürfen«, schrieb er. »Der Weg sei gefährlich, erklärte ich, ohne ihn könne ich es nicht schaffen.« Burton hätte Said lieber bei sich behalten, gab aber schließlich unter der Bedingung nach, dass Speke Said selbst überzeugen müsse, denn außerhalb der vereinbarten Hin- und Rückreise zum Tanganjika-See sei dieser zu nichts verpflichtet. Als Speke sich an Said wandte, versuchte der Karawanenführer zunächst, dem Engländer das Vorhaben auszureden. Als ihm dies nicht gelang, lehnte er kurzerhand ab. Speke sei nicht sein Kommandant, sagte er. Enttäuscht begann Speke mit Said zu streiten, behauptete, »zum Nyanza zu gehen, sei ebenso seine Pflicht wie die meine«, und drohte, ihm die Prämie zu verweigern, die Hamerton ihm versprochen hatte, sollte die Expedition erfolgreich sein. Als Said sich nicht umstimmen ließ, schob Speke die Schuld auf Burton und behauptete später, dieser habe Said »ausdrücklich verboten«, ihn zu begleiten. Als Burton von der Anschuldigung erfuhr, zuckte er nur die Schultern. Er habe sich bemüht, Said in keiner Weise zu beeinflussen, schrieb er.

Als sich herumsprach, dass Said sich geweigert hatte, Spekes Expedition zu begleiten, wehrten sich auch die anderen Männer. Der *kirangozi* gab vor, regionale Kriege hätten die Wege unpassierbar gemacht, weshalb die Unternehmung zu gefährlich sei. Die Wachleute sträubten sich zunächst und begannen dann zu schachern. Ohne angemessene Entlohnung lehnten sie es ab, einen zusätzlichen Fußmarsch von über sechshundert Kilometern zurückzulegen. Selbst Bombay forderte ein Aufgeld für das Risiko, aber auch für die Zeit und die Anstrengung, die mit dem Abstecher zum Nyanza einhergingen. »Der alte, treue Diener ›Bombay‹ … verlangte seine sofortige Entlassung, wenn er vor der Reise nicht ebenfalls zusätzlich Stoff erhielte«, schrieb Burton. »Er war als Dolmetscher und Vertrauter zu wertvoll, als dass mein Begleiter ohne weiteres auf ihn hätte verzichten können.« Speke hätte ohnehin nachgegeben, weil er fast alles getan hätte, um Bombay zu halten, und als er noch dazu herausfand, dass der Stoff für den versklavten Mabruki gedacht war, den Bombay wie einen Bruder behandelte, war er regelrecht gerührt. »Nicht um seinetwillen, sondern für diesen Jungen hatte er so viel Aufhebens um den Stoff gemacht«, schrieb Speke. »Er ist in der Tat einzigartig, denn er sorgt sich nicht im mindesten um sich selbst, wie er sich kleidet, was er isst; er ist mit allem zufrieden und tut lieber die Arbeit der anderen als die seine.«

❁

Nachdem er erfahren hatte, dass er etwa sechzehn Tagesmärsche benötigen würde, um zum Nyanza zu gelangen, packte Speke genügend Vorräte für sechs Wochen ein. Neben Bombay begleiteten ihn Mabruki und Gaetano, ein *kirangozi*, zwanzig *pagazis* und zehn Wachleute. Jeder Wachmann hatte ein Gewehr, eines davon war Burtons Doppelflinte. Speke nahm auch Burtons fünfkalibrige Elefantenbüchse mit auf den Weg, die einzige, die auf der Reise zum Tanganjika nicht verlorengegangen war, sowie seine eigene vierkalibrige Flinte. Zwei der weniger problematischen Esel der Expedition, Ted und Jenny, sollten den Proviant tragen helfen.

Wie Speke es nach dem Fußmarsch zum Tanganjika nicht anders erwartet hatte, brachte jeder Tag ein kleineres Desaster mit sich. Bis auf Bombay gaben ihm alle Teilnehmer deutlich und lauthals maulend zu verstehen, wie verärgert sie darüber waren, dass man sie nach einem Jahr der Härten und Gefahren von ihren Familien und der wohlverdienten Ruhe fortzerrte. Die *pagazis* streikten schon bald und verlangten zusätzlich Stoff, ehe sie auch nur einen weiteren Schritt tun wollten. Speke hatte die falsche Sorte Perlen mitgebracht, was es ungleich schwieriger machte, unterwegs den ohnehin zu schweren Proviant zu kaufen. »Die weißen Perlen, die ich bei mir habe, sind von keinerlei Wert für die Menschen hier«, schrieb er frustriert. »Bunte Perlen sind dagegen so gefragt, dass ich alles dafür kaufen könnte, hätte ich nur welche mitgebracht.« Eine Sultanin – das erste weibliche Oberhaupt, dem die Expedition begegnete –, deren Territorium die Männer durchschritten, zwang sie zu einem langen Aufschub. Ein anderer Anführer hielt Speke für einen Magier und bestand darauf, er müsse ihm die Zukunft vorhersagen. Er bat mich, »ihm ein Horoskop zu erstellen, die wahrscheinliche Lebensspanne seines Vaters zu bemessen, ihn wissen zu lassen, ob es Kriege geben würde, und ihm das Wetter vorauszusagen, die Ernteaussichten und was die Zukunft für sein Land bereithalte«, schrieb Speke. »Der schlaue Bombay entgegnete, um mir Ärger zu ersparen, dass eine so große Aufgabe mehr Tage der Versenkung erfordern würde, als ich imstande sei zu geben.«

Obwohl Spekes Augen wieder halbwegs genesen waren, sich zumindest der Schleier gelüftet hatte, der seine Sicht so lange getrübt hatte, waren sie noch immer äußerst lichtempfindlich. Um sie vor der sengenden Sonne zu schützen, trug er einen sogenannten *wideawake*, einen breitkrempigen Filzhut, der im viktorianischen England an Beliebtheit gewonnen hatte, in Kontinentaleuropa dagegen seit Jahrhunderten getragen wurde: Schon auf Rembrandts Selbstporträts aus dem siebzehnten Jahrhundert ist er zu sehen. Speke hatte zudem eine Sonnenbrille bei sich – »französische graue Brillengläser« –, aber sie hatte bei den Menschen, denen er begegnet war, allzu viel Aufregung hervorgerufen. Manch einer wollte »das Vierauge« aus der Nähe betrachten, und so war er gezwungen gewesen, sie unterwegs abzunehmen.

Als die Männer am 30. Juli den Nyanza erreichten, einen Monat nach ihrem Aufbruch in Kazeh, linste Speke unter seiner Hutkrempe hervor, um sich den See anzusehen. Anders als der Tanganjika schien ihm der Nyanza schon auf den ersten Blick all die Strapazen wert zu sein, die er auf sich genommen hatte, um ihn zu erreichen. Er war das außergewöhnlichste Gewässer, das er je gesehen hatte. »Plötzlich lag die immense blassblaue Wasserfläche des Nyanza vor meinen Augen«, schrieb er. »Selbst in einem gut bekannten und erforschten Land hätte dieser Anblick den Reisenden gefesselt.«

Mit einer Fläche von fast siebzigtausend Quadratkilometern ist der Nyanza der größte See in Afrika und der zweitgrößte Süßwassersee der Welt. Während er den Blick über das schier endlose, glitzernde Gewässer schweifen ließ, fragte Speke sich staunend, wie weit es sich wohl erstrecken mochte. Mit Bombays Hilfe stellte er diese Frage jedem, der ihnen begegnete, bis schließlich eine Frau, die weiter nördlich am Nyanza geboren worden war, behauptete, ihres Wissens habe der See gar kein Ende. Könnte man ihn umrunden, »würde sie es ganz sicher wissen«. Ein Mann, der als Fischer schon weit auf dem See herumgekommen war, pflichtete ihr bei. Als Antwort auf Spekes Frage wandte er sein Gesicht nach Norden, nickte, warf seine Rechte wiederholt nach vorn und schnippte dabei mit den Fingern, wohl in dem Versuch, dachte Speke, »etwas unermesslich Großes anzuzeigen«. Endlich wandte er sich wieder Speke zu und sagte, dass niemand wisse, wo der See ende, aber er reiche »wahrscheinlich bis ans Ende der Welt«.

Wenn der Tanganjika-See ein Riss in der Erdoberfläche war, glich der Nyanza einem riesigen Kessel mit zerklüftetem Rand. Obwohl mehr als doppelt so groß wie der See im Westen, war er mit seinen achtzig Metern Tiefe erheblich seichter als der fast eintausendfünfhundert Meter tiefe Tanganjika-See. Im Verlauf seiner relativ kurzen Lebensspanne von nur vierhunderttausend Jahren war der Nyanza bereits dreimal ausgetrocknet. Nun beheimatete er zweihundert verschiedene Fischarten und fast tausend Inseln. Seine unregelmäßigen Ufer säumten Papyrussümpfe, immergrüne Wälder, neunzig Meter hohe Felsen und üppige Regenwälder.

Speke würde später darauf bestehen, er habe unter der dunklen Krempe seines Schlapphutes hervorgespäht und sofort gewusst, dass er die Quelle des Weißen Nils vor Augen hatte. Er hatte zwar keinerlei Beweis, war noch Hunderte Kilometer vom Nordufer des Sees entfernt, war sich aber ganz sicher, dass er recht hatte. »Ich hatte nun keinerlei Zweifel mehr, dass der See zu meinen Füßen jenen interessanten Strom hervorbrachte«, schrieb er, »dessen Ursprung der Gegenstand so vieler Spekulationen und das Ziel so vieler Forschungsreisender war.« *Er*, nicht Burton, hatte die uralte Frage beantwortet. *Er*, nicht Burton, hatte den See gefunden, von dem alle geträumt hatten. »Dieser See ist viel größer als der Tanganjika«, schrieb er stolz, »so breit, dass man das andere Ufer nicht sieht, und so lang, dass niemand seine Länge kennt.«

Speke kehrte schon nach dreitägigem Aufenthalt am Nyanza nach Kazeh zurück. In seiner Vorstellung jedoch gehörte dieser riesige alte See, der in Hunderttausenden Jahren das Zuhause zahlloser Menschen gewesen war, jetzt ihm. Bis zu seinem Lebensende würde er ihn immer wieder als »mein See« bezeichnen. Er bedauerte nur, dass er ihn verlassen musste. »Ich verspürte ähnliche Qualen wie einst der unglückliche Tantalus«, schrieb er, »und eine Trauer wie jede Mutter, die ihr Erstgeborenes verliert.«

❋

Während Spekes Abwesenheit hatte sich Burtons Gesundheitszustand stetig verbessert. Er hatte die Zeit ohne seinen misslaunigen Weggefährten genutzt, um an seinen ethnologischen und geographischen Aufzeichnungen zu arbeiten, aber auch, um die Expedition auf ihren letzten Marsch an die Küste vorzubereiten. Mit Hilfe eines Gewebebands aus indischer Baumwolle hatte er die Hängematten gestopft, die während seiner langen Lähmung sein Überleben gesichert hatten. Er hatte einen umherziehenden Kesselflicker angeheuert, um ihn ein schadhaftes Behältnis reparieren zu lassen, und bat den unendlich talentierten und findigen Snay bin Amir, zwei alte Eisenhacken in zwei dringend benötigte Steigbügel umzuarbeiten. Ihre Zelte waren mit doppeltem Tuch, blauen Baumwollvorhängen und kräftigen, akkuraten Stichen verstärkt worden. Valentine hatte für Burton grüne Filzpantoffeln mit Ledersohlen gefertigt, für Speke eine Überziehhose genäht sowie für sich selbst und Gaetano mehrere Stücke aus indigoblauer Baumwolle. Burton selbst hatte seinen Regenschirm ausgebessert, »stets ein wertvoller Begleiter in diesen Breiten«, indem er »Ösen und Stangen von dem wurmzerfressenen Stock nahm, an einem Speer befestigte und auf diese Weise den schützenden Schirm mit einer Waffe kombinierte«.

Am 25. August, als Burton gerade seine Projekte beendet hatte und sich in Kazeh zu langweilen begann, weil er es nicht mehr erwarten konnte, zur letzten Etappe der Expedition aufzubrechen, hörte er in der Ferne Rufe und Gewehrschüsse. Speke war zurück. Als die Angehörigen der Männer in seiner Karawane ihnen singend und lachend entgegeneilten, erleichtert, dass ihre Liebsten heil zurückgekehrt waren, nahm Speke zufrieden zur Kenntnis, dass die Araber ihm einen freundlichen Empfang bereiteten. Auch

Burton wartete schon, war froh, seinen Begleiter wohlauf zu sehen, und gespannt auf seine Neuigkeiten.

Als Burton sich am darauffolgenden Morgen jedoch an den Tisch setzte, um mit Speke zu frühstücken und über seine Reise zu sprechen, empfing Speke ihn mit einer verblüffenden Mitteilung: »Ich fände es bedauerlich, sagte ich ihm, dass er mich nicht hatte begleiten können«, schrieb Speke, »denn ich sei mir ziemlich sicher, die Quelle des Nils entdeckt zu haben.« Speke, der erwartet hatte, Burton werde von der Neuigkeit begeistert und von seiner Leistung beeindruckt sein, war angesichts der unverhohlenen Skepsis seines Kommandanten bestürzt. »Es war vielleicht eine Eingebung: in dem Moment, als er den Nyanza erblickte«, würde Burton später verdutzt zu Papier bringen. »Des glücklichen Entdeckers Überzeugung war stark, seine Begründung eher schwach.« Gut möglich, dass der Nyanza die Quelle war, dachte Burton, aber sie brauchten weit mehr als ein vages Bauchgefühl. Speke hatte nur wenige Tage am Ufer des Sees verbracht, nur einen Bruchteil des riesigen Gewässers gesehen und keine ernsthaften wissenschaftlichen Messungen vorgenommen. Die wenigen Gespräche, die er geführt hatte, waren notgedrungen durch mehrere Übersetzungen gefiltert worden. »Jack, der kein Wort Arabisch sprach, musste sich ganz auf Bombay verlassen. Bombay missdeutete Jacks schlechtes Hindustani«, schrieb Burton später. »Meiner Erfahrung nach sind Worte auf Reisen oft anfällig für die schlimmsten Unfälle und können schwerwiegende Folgen nach sich ziehen. … Es liegt auf der Hand, wie der Patzer zustande kam.«

Speke, entsetzt und wütend, weil Burton seinen Bericht nicht sofort für bare Münze nahm, wurde zusehends verbittert und insistierte, die Quelle des Weißen Nils gefunden zu haben und auch über ausreichend Beweise dafür zu verfügen. »Nach ein paar Tagen wurde mir klar, dass man nicht ein einziges Wort über den See, den Nil und ganz allgemein seine *trouvaille*, seinen Glücksfund, äußern konnte, ohne ihn zu kränken«, notierte Burton. »Wir kamen also stillschweigend überein, das Thema zu vermeiden.«

Speke war nicht nur tief gekränkt durch Burtons Reaktion, sondern argwöhnte zudem, sein Kommandant spiele die Entdeckung nur herunter, um sie später als die seine auszugeben. Um Speke zu beschwichtigen, hatte Burton ihm versichert, dass er im Moment zwar noch zu krank und die Expedition zu ausgelaugt sei, um augenblicklich zum Nyanza zurückzukehren, sie den See jedoch später gemeinsam erkunden würden. »Wir fahren nach Hause«, sagte er, »kurieren uns aus, präsentieren den Leuten, was wir herausgefunden haben, holen uns mehr Geld, kehren gemeinsam hierher zurück und bringen unsere Reise zu Ende.«

Speke hatte andere Pläne. Burton mochte der Kommandant der Expedition sein, aber die Quelle des Nils hatte er nicht gefunden. Diese Ehre, glaubte Speke, gebühre ihm allein und werde das Kräfteverhältnis zwischen ihnen dramatisch verschieben. Im Entwurf eines Artikels für die Royal Geographical Society würde Speke später schreiben, er habe den Nyanza zwar unverrichteter Dinge verlassen müssen und sich in sein Schicksal gefügt, »allerdings in der festen Überzeugung, dorthin zurückzukehren, sobald ich sämtliche Umstände meiner Entdeckung in England publik gemacht hätte«. Am Ende strich er den Satz zwar wieder durch, fügte aber noch einen letzten Gedanken hinzu: »Ich habe mich nicht geirrt.«

TEIL III

WUT

Richard Burton, der in Devon geboren wurde, aber in Europa aufgewachsen war, betrachtete England mit derselben Verachtung und Skepsis, die viele seiner Landsleute für ihn empfanden. Nachdem er seinen Ausschluss aus Oxford provoziert hatte, wo man ihn verspottet und gelangweilt hatte, trat er in die britische Ostindien-Kompanie ein. Er wurde ein berühmter Entdecker, Autor, Poet und Anthropologe sowie einer der brillantesten Linguisten, der mehr als fünfundzwanzig Sprachen und außerdem noch mindestens ein Dutzend Dialekte beherrschte.

1855 war Burton, der jede Religion erforschte und keine einzige respektierte, der erste Engländer, der als Araber verkleidet Mekka betrat. Obwohl er fast fließend arabisch sprach und ein Viertel des Korans auswendig rezitieren konnte, wusste er, wie leicht einem ein Fehler unterlief, der unter Umständen das Leben kosten konnte. »Ein Missgriff, eine hastige Bewegung, eine unüberlegte Äußerung«, schrieb er, »und meine Knochen würden jetzt den Wüstensand bleichen.«

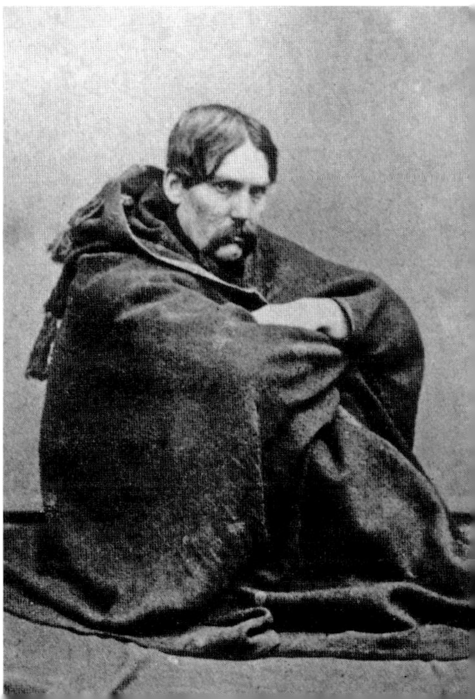

6
U N I A M E S I - S
(U K E R E W E)
WAKMRE
(Cannibals)
WAHUA
WASOGA
Sketch of a Map
from
1° N. to 15° S. Latitude and from 23 to 45° E. Longitude
delineating
the probable position and extent of the Sea of Uniamesi
as being the Continuation of the Lake Niasa
and
exhibiting the numerous heathen-tribes situated
to the East and West of that great Inland-sea
together with the
Caravan roads leading to it and into the
interior in general.
East Africa
Explanations.
Caravan roads
Ukambani

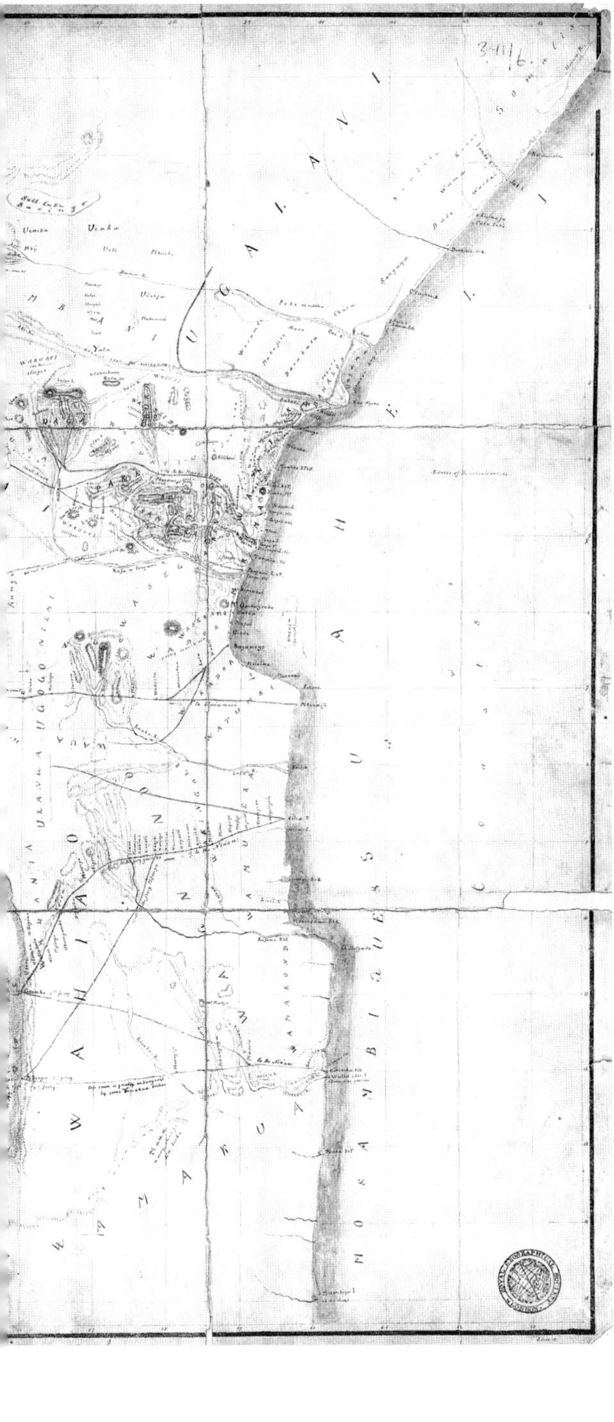

Seit langem entschlossen, das geographische Geheimnis um die Quelle des Weißen Nils zu lüften, das Philosophen und Geographen seit Jahrtausenden beschäftigte, war die Royal Geographical Society 1855 von einer höchst ungewöhnlichen Karte Ostafrikas fasziniert, die deutsche Missionare gezeichnet hatten. Sie zeigte einen riesigen Binnensee, dessen schneckenähnliche Gestalt viel Spott auf sich zog. Dennoch unterstützte die Society dieses Gewässers wegen eine Expedition in die Region – unter dem Kommando Richard Burtons und seines Stellvertreters John Hanning Speke.

[Umrisse des Sees der Klarheit wegen hervorgehoben]

John Hanning Speke, Mitglied der britischen Aristokratie, wurde auf Jordans, dem Stammsitz der Familie in Somerset, geboren und erzogen und erwies sich bald als ein geschickter und begeisterter Jäger. Nachdem er sich nach Indien begeben hatte und in ein Regiment der Bengal Native Infantry eingetreten war, nutzte er jede Gelegenheit, seine Umgebung zu erkunden, zu kartieren und seine naturgeschichtliche Sammlung zu erweitern. Sein Entdeckerleben nahm ernsthaft Fahrt auf, als er in Aden Richard Burton kennenlernte und sich seiner Expedition anschloss.

Einen krassen Gegensatz zur natürlichen Schönheit Sansibars bildete der entsetzliche Sklavenmarkt der Insel, auf dem Männer, Frauen und Kinder in ein Leben in Knechtschaft verkauft wurden. Die meisten waren im Landesinneren Ostafrikas eingefangen, in Ketten gelegt und dann Hunderte Kilometer zur Küste verschleppt worden. Dort hatte man sie in kleine überfüllte Boote bugsiert und nach Sansibar gebracht, von wo aus sie nach Arabien oder Indien verfrachtet worden waren. Der berüchtigte Sklavenmarkt auf Sansibar wurde 1876 endgültig geschlossen. Hundertsiebenunddreißig Jahre später entstand auf seinem Gelände ein Museum, das an die Opfer erinnert.

Dreißig Kilometer vor der Küste Ostafrikas gelegen, war die Inselgruppe Sansibar bereits Jahrtausende besiedelt gewesen, als 1498 die ersten Europäer dort ankamen. Diesen folgten bald britische Händler und Entdecker. Als 1856 Burton und Speke dort eintrafen, begaben sie sich geradewegs zum britischen Konsul, Colonel Atkins Hamerton. Dieser war zwar sehr hilfsbereit, aber offensichtlich schwer erkrankt. Das Gesicht des Konsuls, früher »so heiter und rosig«, schrieb Burton besorgt, war nun »totenblass, wie ausgebleicht«.

Sidi Mubarak Bombay war als kleiner Junge aus seinem Dorf in Ostafrika verschleppt, in Sansibar für ein Stück Stoff verkauft und in Westindien zwanzig Jahre lang als Sklave gehalten worden. Nach dem Tod seines Besitzers wieder in die Freiheit entlassen, war Bombay dann auf den Kontinent seiner Geburt zurückgekehrt. Dort begegnete er Burton und Speke, als diese sich aufmachten, um nach der Quelle des Weißen Nils zu suchen. Burton, beeindruckt von Bombays »unermüdlicher Tatkraft und … unbeirrbarer Redlichkeit«, bezeichnete ihn bald als das »Juwel der Gruppe«.

Nach einer langen, beschwerlichen Reise an den Tanganjika-See, der angenommenen Quelle des Weißen Nils, erkrankte Burton an Malaria und lag gelähmt in seinem Zelt, während Speke und Bombay nach Norden zu einem weiteren See marschierten, dem Nyanza. Auch wenn er nur einen kleinen Teil dieses Sees zu Gesicht bekam, war Speke hingerissen von der Schönheit des Gewässers und den Geschichten über seine schier endlosen Gestade, die sich angeblich »bis ans Ende der Welt erstreckten«. In der Gewissheit, die sagenhafte Nilquelle »entdeckt« zu haben, benannte Speke den größten See Afrikas nach der englischen Königin: Victoria.

Kaum war Burtons Expedition ins Landesinnere aufgebrochen, starb Atkins Hamerton, und Christopher Palmer Rigby wurde zum neuen britischen Konsul auf Sansibar ernannt.
Der hervorragende Linguist hatte innerhalb des britischen Militärs lange Zeit mit Burton in Konkurrenz gestanden. Als Burton erfuhr, dass sich sein alter Gegenspieler nun in der einzigartigen Position befand, die Expedition je nach Laune zu unterstützen oder zu behindern, quälte ihn daher die Sorge, dass auf Rigby kein Verlass sein könnte. »Dieser Name«, schrieb er, »verströmte einen unangenehmen Geruch«.

Da der Gesundheitszustand seines Kommandanten noch keine Reise zuließ, war Speke vor Burton nach England zurückgekehrt und erhob sogleich Anspruch auf eine der größten Entdeckungen in der Geschichte der Forschungsreisen. Schon am Tag nach seiner Ankunft in England traf er sich mit Sir Roderick Murchison, dem Präsidenten der Royal Geographical Society, um ihm den Nyanza-See zu beschreiben und eine weitere Expedition nach Ostafrika vorzuschlagen, diesmal unter seinem eigenen Kommando. Nachdem Murchison sich Spekes Geschichte begeistert angehört hatte, meinte er schlicht: »Speke, wir müssen Sie erneut dorthin schicken.«

James Augustus Grant, geboren in den schottischen Highlands, hatte Speke in der indischen Armee kennengelernt. Zwölf Jahre später, als er erfuhr, dass Speke nach Ostafrika zurückkehren würde, um seine Theorien über den Nyanza zu beweisen, erbot sich Grant, ihn als sein zweiter Offizier dorthin zu begleiten. Obwohl Speke ihn während der Expedition oft übergangen, ihm sogar die Möglichkeit verwehrt hatte zu sehen, wie der Nil dem Nyanza entströmte, blieb Grant zeit seines Lebens loyal und bestand darauf, es sei niemals »auch nur der Schatten von Neid, Misstrauen oder schlechter Laune« zwischen ihm und Speke gewesen.

Obwohl seine eigene Expedition stark unterfinanziert war, erklärte John Petherick, ein walisischer Händler und Konsul in Khartum, sich bereit, Speke und Grant am Ende ihrer Reise mit Booten und Vorräten entgegenzukommen. Doch weil Petherick sich aufgrund von widrigen Umständen, schweren Krankheiten und dem Tod zweier Expeditionsmitglieder verspätet hatte, weigerte sich Speke zornig, seine Hilfe anzunehmen, und beschuldigte ihn später gar einer Beteiligung am Sklavenhandel. Diese haltlose Behauptung beschädigte Pethericks Reputation nachhaltig und kostete ihn seinen Konsulatsposten. »Der Schlag«, gab Petherick zu, »war so hart, wie er nur sein konnte.«

Nachdem Speke der Royal Geographical Society ein Telegramm von historischer Tragweite aus Ägypten geschickt hatte, in dem er verkündete, dass »die Nilfrage gelöst« sei, bat Murchison ihn und Grant, nach ihrer Rückkehr einen Vortrag in London zu halten. Das Ereignis, das im Burlington House in der Piccadilly Street stattfand, erregte so viel Aufsehen, dass die wogende Menge mehrere Fenster im Palastgebäude zertrümmerte. In dem bis auf den letzten Platz gefüllten Inneren hatte sich ein illustres Auditorium eingefunden, das sogar den Comte de Paris und den Prince of Wales miteinschloss.

Isabel Arundell wurde von einer kontrollsüchtigen Mutter in einer streng katholischen aristokratischen Familie erzogen, die beispielsweise Sir Thomas Arundell *[unten]*, einen entfernten Cousin Heinrichs VIII., zu ihren Vorfahren zählte. Isabel war tiefgläubig, träumte jedoch von einem abenteuerlichen Leben ohne die erstickenden Zwänge, die Frauen in der viktorianischen Zeit auferlegt waren. »Ich wünschte, ich wäre ein Mann«, schrieb sie, »dann wäre ich Richard Burton! Doch da ich eine Frau bin, wäre ich gern Richard Burtons Ehefrau.«

Auch wenn Speke es in seinem Telegramm behauptet hatte, war die Nilfrage längst nicht gelöst. Und so wütete die Schlacht zwischen Burton, Speke und den Anhängern der beiden unvermindert weiter, wodurch die Kluft zwischen den Männern immer tiefer wurde. Schließlich war für den 16. September 1864 eine »große Nildebatte« im Royal Mineral Water Hospital in Bath anberaumt worden, die mit Spannung erwartet wurde. Als Burton am Vortag der Debatte den Vortragssaal betrat, sah er Speke zum ersten Mal seit Jahren wieder. »Ich werde sein Gesicht nie vergessen«, schrieb Isabel später über denjenigen, der ihrer Überzeugung nach ihren Ehemann hintergangen hatte. »Es war voller Kummer, voller Sehnsucht und Verwirrung.«

Nachdem Speke aus dem Saal geflohen war, begab er sich nach Neston Park, dem großen Anwesen seines Onkels, nur wenige Kilometer von Bath entfernt. Dort würde er mit seinem Cousin George Fuller auf die Jagd gehen und wieder zur Ruhe kommen, wusste er. Fuller, der spürte, dass Speke an diesem Tag ungewöhnlich aufgebracht war, hielt sich in dem weiten, offenen Gelände etwas abseits, bis er einen Schuss hörte. Er wandte sich um und sah zu seinem Entsetzen, wie sein Cousin von der niedrigen Steinmauer stürzte, auf die er gestiegen war. Fuller rannte zu ihm, wollte ihm helfen, doch Speke starb kurz darauf. Ein Schuss aus seiner eigenen Waffe hatte ihn in die Brust getroffen.

Niemand war von Spekes jähem Tod so nachhaltig erschüttert wie Burton, der noch sechsundzwanzig Jahre leben würde, während sein einstmals so kräftiger Körper ihn langsam im Stich ließ. Sein scharfer Verstand jedoch war noch äußerst lebendig. Seine letzten Jahre verbrachte er in Triest, zumeist am Schreibtisch, wo er alte Schriften ins Englische übersetzte, vom *Kamasutra* bis hin zu *The Scented Garden*. Obwohl Isabel sich wegen der umstrittenen Bücher Sorgen machte, bereitete Burton die Gewissheit, dass die britische Öffentlichkeit sie so schockierend wie unwiderstehlich fände, eine große Genugtuung.

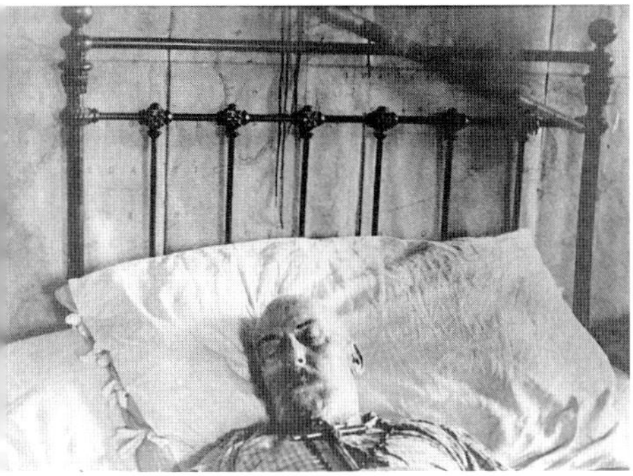

Nachdem sie mit Burton den Mann verloren hatte, den sie als ihren »irdischen Gott und König« bezeichnet und dem sie den Großteil ihres Lebens gewidmet hatte, glaubte Isabel, jetzt alles in ihrer Macht Stehende tun zu müssen, um seine Seele zu retten. Vor einem Kaminfeuer sitzend, warf sie sein letztes großes literarisches Werk, seine mit akribischer Sorgfalt ausgeführte Übersetzung von *The Scented Garden* (»Der parfümierte Garten«) in die Flammen. »In ehrfürchtiger Trauer«, schrieb sie, »verbrannte ich zitternd Blatt um Blatt, bis beide Bände von den Flammen verzehrt waren.«

Am frühen Morgen des 20. Oktober 1890 fand Isabel ihren Mann Richard Burton tot auf; er war neunundsechzig Jahre alt, seine letzte Übersetzung unvollendet. Zur Empörung seiner Verwandten und Freunde bestand Isabel auf einer katholischen Begräbnisfeier für ihren unbeugsamen und offen agnostischen Ehemann. Anschließend wurde Burtons Leichnam von Triest nach England überführt, um in einem von Isabel entworfenen Grab aus Granit und Marmor beigesetzt zu werden, das einem arabischen Zelt nachempfunden war.

Obwohl er die Quelle des Weißen Nils auf die Weltkarte gesetzt und damit das Geheimnis gelüftet hatte, das die Menschen seit Jahrtausenden beschäftigte, geriet Speke nach seinem Tod weitgehend in Vergessenheit. Seine Freunde und Unterstützer halfen nach Kräften, die Erinnerung an ihn lebendig zu erhalten, indem sie ein kleines Denkmal in die Steinmauer setzten, an der sein Leben geendet hatte, und in Kensington Gardens einen großen Obelisken errichten ließen. Doch nur wenige Besucher halten heutzutage inne, um die in den Granitsockel gemeißelte Inschrift zu lesen.

Nachdem Burton den Großteil seines Lebens Objekt von Neugier, Neid, Argwohn und Angst gewesen war, hatte er in späteren Jahren mit Armut und Ohnmacht zu kämpfen. Nach seinem Tod jedoch verhalfen ihm seine vielen Bücher, Gedichte und Übersetzungen vielleicht noch mehr als seine legendären Reisen gewissermaßen zu Unsterblichkeit. Die Londoner *Times* pries Burton in ihrem Nachruf als »einen der bemerkenswertesten Männer seiner Zeit«, und Burtons Porträt, 1872 von dem berühmten Maler Sir Frederic Leighton geschaffen, hängt heute in Londons National Portrait Gallery zwischen den angesehensten Persönlichkeiten des Landes.

Bombay, der fünfundsechzig Jahre alt wurde, war einer der weitestgereisten Männer in Afrika. Er war nicht nur mit Burton und Speke zum Tanganjika-See und mit Speke und Grant zum Nyanza marschiert, sondern hatte sich auch gemeinsam mit Henry Morton Stanley auf die Suche nach David Livingstone begeben. Außerdem hatten er und Verney Lovett Cameron als Erste den gesamten Kontinent durchquert, von Ost nach West. Am Ende seines Lebens hatte Bombay etwa neuntausendsechshundert Kilometer zurückgelegt, die meisten davon zu Fuß. Damit sicherte er sich seinen Platz unter den fähigsten Wegführern in der Geschichte der Erkundung Afrikas.

14.

Das Messer steckt in der Scheide

Bald nachdem sie im Herbst 1858 Kazeh verlassen hatten, erkrankte Speke erneut und war kurz vor Ende der Expedition dem Tode nah. Er hatte bereits bei der zweiten Etappe Anzeichen von Fieber gezeigt und »im grausamen Ostwind« gefröstelt. Als sie das nächste Dorf erreichten, Hanga, klagte er über einen mysteriösen Schmerz oberhalb der rechten Brust, der sich anfühlte, als würde ihm ein Brandeisen aufgedrückt. Der Schmerz wanderte dann nach links, erfasste mit scharfen, pulsierenden Stichen sein Herz, ehe er seinen rechten Lungenflügel umklammert hielt und sich schließlich wie eine bösartige Wolke über seine Leber legte.

Sie fanden keine Bleibe in Hanga, nur einen kleinen Unterstand, der zuvor offenbar Kühe beherbergt hatte. Er war »voller Ungeziefer«, schrieb Burton, und »der Wut der kalten Stürme schutzlos ausgesetzt«. Die Tage vergingen, und Speke ging es zusehends schlechter. Eines Morgens erwachte er jäh aus einem Albtraum, in dem ihn eine Meute Tiger und Leoparden, die vor eiserne Haken gespannt waren, mit sich fortgeschleift hatte. Auf der Bettkante sitzend, die Seiten mit beiden Händen umklammernd, »vom Schmerz halbbenommen«, rief er nach Bombay.

Der erkannte auf den ersten Blick, dass Speke an etwas litt, was man in dieser Gegend als »kleine Eisen« bezeichnete, eine äußerst schmerzhafte Krankheit, für die es weder Heilung noch Trost gab. Als eine weitere Abfolge heftiger Krämpfe Spekes mageren Körper peinigte, ergriff Bombay seinen rechten Arm und bog ihn über Spekes Kopf nach hinten, bis an sein linkes Ohr. »Indem die Lunge von der Leber gehoben wird, lassen sich die auszehrenden, quälenden Stiche lindern«, schrieb Burton. Die Krämpfe indes hielten an, jeder schmerzhafter und grausamer als der vorhergehende. »Er wurde einmal mehr von einer Meute hässlicher Teufel, Riesen und löwenköpfiger Dämonen gejagt, die mit übernatürlichen Kräften die Sehnen und Flechsen seiner Beine bis zu den Knöcheln herabrissen«, schrieb Burton. »Die Glieder von Krämpfen zermartert, die Gesichtszüge grässlich verhärmt, der Körper starr und reglos, die Augen trüb und glasig, gab er plötzlich ein bellendes Geräusch von sich; dabei vollführte er mit Mund und Zunge, die Lippen vorgestülpt, eine eigentümliche Hackbewegung – eine Folge seiner Atembeschwerden –, was sein Aussehen bis zur Unkenntlichkeit entstellte und den Schrecken der Beschauer vervollständigte.«

Burton, von Spekes Leiden entsetzt, wich ihm nicht von der Seite und half ihm nach Kräften. Wohl wissend, dass die Araber ihre eigene Arznei gegen die »kleinen Eisen« hatten, schickte er nach Snay bin Amir, der einen Umschlag aus pulverisierter Myrrhe, Mehl von der Mungobohne und Eidotter auf Spekes Seite legte. Als dieser keine Linderung brachte, bestand Snay auf einem Medizinmann. Die Ligatur, die dieser um Spekes Leib band, verfehlte jedoch nicht nur ihre Wirkung, sie drückte so schmerzhaft auf seine gepeinigten Organe, dass der Patient sie schon bald zerriss.

Während er sich vor Schmerzen wand und krümmte, verfiel Speke in ein fast durchgängiges Delirium. Zu Burtons Überraschung wurde aus seinem Gestammel bald eine zornige Abfolge von Anschuldigungen gegen seinen Kommandanten. »Er machte all seinem Unmut über vermeintliche Missetaten meinerseits Luft, von denen ich nicht die geringste Ahnung gehabt hatte«, schrieb Burton. Er habe ihm sein Reisetagebuch und seine naturgeschichtliche Sammlung aus Somaliland gestohlen, geiferte Speke und offenbarte dann sein verborgenstes Ressentiment. »Er war außer sich, weil ich drei Jahre zuvor in Berbera im Eifer des Gefechts zu ihm gesagt hatte: ›Nicht zurückweichen! Sonst glauben die noch, wir wollen uns ergeben!‹«, schrieb Burton, der sich wunderte, wie nachhaltig diese wenigen Worte, in höchster Gefahr geäußert, seinen Begleiter gekränkt hatten. »Ich weiß nicht, was ich ihm unbewusst noch alles angetan hatte. Das Fass zum Überlaufen brachte ich wohl, indem ich seine lautstarke Behauptung, er habe die Quellen des Nils entdeckt, nicht sofort widerspruchslos akzeptierte«, erinnerte sich Burton später, fassungslos angesichts des Ausmaßes von Spekes Verbitterung. »Ich hätte nie erfahren, was ihm alles auf der Seele lastete, hätte er es nicht im Delirium ausposaunt.«

Nach einem weiteren Schüttelkrampf verlangte Speke, der das Ende nahen sah, nach Feder und Papier. »Da er befürchtete, die zunehmende Schwäche von Geist und Körper werde bald jegliche Anstrengung verhindern«, erinnerte sich Burton später, »schrieb er einen zusammenhanglosen Abschiedsbrief an seine Familie.« Jener Krampfanfall markierte jedoch glücklicherweise den Anfang vom Ende der »kleinen Eisen«, und Speke begann sich langsam zu erholen. Mehrere Wochen sollten vergehen, bis er wieder auf der Seite liegen konnte, aber immerhin konnte er, auf Kissen gestützt, im Sitzen schlafen, wobei der Schmerz, wenn auch immer noch vorhanden, bald nachließ. Ohne zu ahnen, dass er seine lang versteckte Wut im Fieberwahn preisgegeben hatte, wandte Speke sich erleichtert und erschöpft an Burton. »Das Messer«, sagte er, »steckt wieder in der Scheide.«

✻

Als Speke schließlich kräftig genug war, um den Marsch fortzusetzen, hatte die Expedition einen neuen Karawanenführer. Da er die Geduld mit Said verloren hatte, beschloss Burton, ihn durch Bombay zu ersetzen. »Said bin Salim hatte durch seine Achtlosigkeit und seinen Hang zur Verschwendung schon lange mein Vertrauen verwirkt«, schrieb er. »Dazu kam das Verschwinden der

Ausrüstung, die ihm in Ujiji anvertraut worden war.« Er rief Said also zu sich, und gemäß dem persischen Sprichwort »Fälle nicht den Baum, den du gepflanzt hast«, versuchte er ihm die Nachricht möglichst schonend beizubringen. Er sei mittlerweile klüger geworden, was das Reisen durch Ostafrika betraf, teilte er Said mit, deshalb wolle er ihn von »seinen ärgerlichen Pflichten befreien«. Said nahm die Nachricht mit »ausgesprochen säuerlicher Miene« entgegen. Als ihm zu Ohren kam, dass von nun an Bombay für die begehrten Stoffe zuständig sein sollte, war er umso wütender und tat von Stund an sein Möglichstes, um Bombay zu diskreditieren. »Jedes böse Gerücht, das mir zugetragen wurde, hatte den unschuldigen Bombay zum Gegenstand«, erinnerte sich Burton später. »Man wollte ihn in meiner Wertschätzung herabsetzen.« Doch Bombay hatte nichts zu befürchten. Mit seiner »unermüdlichen Tatkraft«, so Burton, seiner »unbeirrbaren Redlichkeit und Herzensgüte« hatte er sich das Vertrauen seines Kommandanten längst verdient.

Anfang Dezember begegnete die Expedition einer Karawane, die von der Küste kam und Briefe für Burton und Speke mit sich führte. »Die Männer in der Karawane tauschten feierlich Neuigkeiten mit uns«, schrieb Burton, »und überreichten uns dann einen Packen Briefe und Dokumente, die wie üblich Unannehmlichkeiten verhießen.« Obwohl diese Karawane im Gegensatz zu den anderen keine weitere Todesnachricht im Gepäck hatte, löste sie in Burton sofort eine böse Vorahnung aus. Einer der Briefe, die man ihm überreichte, stammte von dem neubestellten britischen Konsul in Sansibar: Christopher Palmer Rigby. »Dieser Name«, schrieb Burton, »verströmte einen unangenehmen Geruch.«

❁

Am 2. Februar 1859 sahen die Männer der Ostafrika-Expedition nach eineinhalb Jahren zum ersten Mal wieder die Küste. »Jack und ich erblickten das Meer«, schrieb Burton. »Wir lüfteten unsere

Hüte und stießen ein Dreimalhoch aus.« Nachdem sie ein kleines Schiff aus Sansibar angefordert und erhalten hatten, um den in Europa noch unbekannten Rufiji-Fluss zu erkunden, machten sie auf Kilwa halt, der Insel, auf die Bombay als Kind verschleppt worden war, ehe er den gnadenlosen Sklavenmarkt in Sansibar erreicht hatte. Dann aber mussten sie ihr Vorhaben aufgrund einer rasch um sich greifenden Cholera-Epidemie aufgeben. »Wir verloren fast unsere gesamte Mannschaft. Die Seuche hatte zunächst die Ostküsten von Arabien und Afrika sowie die Inseln Sansibar und Pemba heimgesucht und dann die südlichen Siedlungen auf dem Festland nahezu entvölkert«, schrieb Burton. »Niemand wagte es, auf dem infizierten Schiff anzuheuern.«

Einen Monat später kamen die Männer auf Sansibar an. Obwohl sich alle freuten, wieder hier zu sein, war sofort zu spüren, dass sich die Insel »in höchster Verwirrung« befand, wie Burton es ausdrückte. Das entsetzliche Wüten der Cholera-Epidemie hatte täglich zweihundertfünfzig Menschenleben gefordert. »Die Toten werden inmitten der Lebenden begraben«, hatte Rigby am 1. Februar in seinem Tagebuch vermerkt, »man verscharrt sie in langen Reihen am Wegesrand, in Gräbern so flach, dass die Erde kaum die Zehen bedeckt.« Sansibar war auch politisch in Aufruhr. Thuwaini bin Said, Sultan des Oman und Bruder von Majid, Sultan von Sansibar, hatte Kriegsschiffe entsandt und drohte der Insel mit Invasion. Wütend, weil sein Bruder den Tribut nicht mehr zahlte, den er ihm gut zwei Jahre zuvor zugesagt hatte, wollte er sich nun nehmen, was ihm seiner Meinung nach von Rechts wegen zustand. Rigby kam Majid zu Hilfe, indem er einem britischen Kreuzer befahl, den Angriff abzuwehren, ehe Thuwainis Schiffe Sansibar erreichten.

Zu schwach, um sich über das, was um sie herum vor sich ging, groß Gedanken zu machen, begaben sich Burton und Speke geradewegs zum britischen Konsulat. Für Burton hatte sich das große weiße Gebäude mit Blick auf die See, in dem Hamerton ihn zwei Jahre zuvor so freundlich begrüßt hatte, grundlegend und unwiderruflich verändert. »So betrat ich denn krank und reisemüde und nicht ohne ein Gefühl der Wehmut das Haus, das meine Erinnerung mit einem alten Freund verband«, schrieb er. »Bald hätte ich noch mehr Grund, seinen Verlust zu bedauern.« Plötzlich befiel ihn eine große Mattigkeit, die wenig mit der langen Reise zu tun hatte, die er hinter sich gebracht, oder mit den Krankheiten, die er durchlitten hatte. Wie immer nach einer Expedition erschien ihm deren Ende umso schwieriger, je erfolgreicher sie war. »Der Aufregung des Reisens folgte ein Gefühl tiefster Niedergeschlagenheit an Körper und Geist«, schrieb er, »selbst das Sprechen war zu mühsam.«

Da Burton nichts weiter wollte als seine Wunden zu lecken und sich mit französischen Groschenromanen »*à vingt sous la piece*« zu verkriechen, wich er dem neuen Konsul aus, so gut es ging. Rigby wiederum war ohnehin nicht sonderlich erpicht auf Burtons Gesellschaft und außerdem schwer beschäftigt, zumal er sich erst seit sieben Monaten in Sansibar aufhielt. Im März des vorausgehenden Jahres, als Burton und Speke ein Boot mieten wollten, um den Tanganjika-See zu erkunden, war Rigby in Bombay in rasender Fahrt aus einer Kutsche geschleudert worden. Er war zwei Monate lang ans Bett gefesselt gewesen und hätte um ein Haar beide Beine verloren. In dieser Zeit hatte er von seiner Ernennung zum Konsul erfahren. Ende Juni war er zwar noch immer dünn und schwach gewesen, aber doch kräftig genug, um die Reise nach Sansibar anzutreten. Erst im Juli hatte er das Konsulat übernommen und zum ersten Mal seit Hamertons Tod die britische Fahne hissen lassen.

Bei Burtons Ankunft war sofort klar, dass der alte Groll keineswegs vergessen war. »Das Konsulat war mir unerträglich geworden«, schrieb Burton. »Ich war viel zu erfahren in Lokalpolitik, merkte viel zu deutlich, was vor sich ging, um seinem neuen Bewohner ein angenehmer Gesprächspartner zu sein.« Dass Burton dem französischen Konsul Ladislas Cochet, mit dem Rigby bereits einen diplomatischen Disput geführt hatte, ganz ungeniert einen Besuch abstattete und herzlich von ihm sprach, trug nicht gerade zur Entspannung bei. »Setzen Sie Rigbys Bedenken als Gastgeber in Relation zu Burtons mangelndem Feingefühl als Gast«, schrieb Rigbys Tochter Jahre später noch immer voller Zorn, »als er freundlichen Umgang mit einem Mann pflegte, nämlich M. Cochet, der mit besagtem Gastgeber gesellschaftlich nicht verkehrte.«

Während Burton mit dem Konsul eher auf Kriegsfuß stand, stellte er zu seinem Leidwesen fest, dass Speke und Rigby schnell Freunde wurden. »Nach unserer Ankunft in Sansibar geriet er in schlechte Hände«, schrieb Burton später, »und da er wie die meisten ehrgeizigen Männer dazu neigte, sich benachteiligt und missachtet zu fühlen, solange sich kein Erfolg einstellte, kam man schnell an seinen wunden Punkt: seine Verdienste, die nicht die gebührende Anerkennung fanden.« Speke, der verbissen an seinem Gefühl der Kränkung und seinem verletzten Stolz festhielt, rannte bei Rigby offene Türen ein. Die Herabsetzungen und Demütigungen durch Burton seien umso empörender gewesen, so Speke, als dieser ohne ihn verloren gewesen wäre. »Ohne mich«, schrieb er, »hätte er die Reise niemals unternehmen können.«

Später würde Speke insistieren, dass selbst Hamerton ihn vor Burton gewarnt habe. Der verstorbene Konsul, behauptete er, habe bereits vor ihrer Abreise aus Sansibar seine Tüchtigkeit gelobt und angedeutet, die Expedition sei nur durch ihn zu retten. »Als ich ihn im Vertrauen fragte, ob ich Burton mit Anstand allein lassen könne …, sagte er nein, um Gottes willen, bloß das nicht, Sie würden den Erfolg der Unternehmung aufs Spiel setzen«, behauptete Speke Rigby gegenüber. »Er war sich völlig sicher, dass Burton scheitern würde, sagte jedoch zu ihm: ›Sie haben Glück, dass Speke Sie begleitet, hoffentlich kommen Sie beide gut miteinander aus.‹ Und zu mir sagte er: ›Speke, ich lasse Sie ungern gehen, denn diese Expedition wird vermutlich scheitern. Ich persönlich würde mich diesem Burton unter gar keinen Umständen anschließen.‹«

Speke fand in Rigby einen mitfühlenden Zuhörer, der besorgt jede Kritik in sich aufnahm, die sein neuer Freund an seinem alten Feind äußerte. »Speke ist ein recht umgänglicher, fröhlicher, energischer Bursche«, schrieb Rigby einige Wochen später an einen Freund. »Burton kann ihm nicht das Wasser reichen und hat im Vergleich zu Speke nicht das Geringste zustande gebracht.« Der Konsul wiederum nährte Spekes größte Angst: dass Burton ihm wieder etwas wegnehmen würde, diesmal aber nicht nur sein Tagebuch, sondern seine größte Entdeckung. »Speke ist ein bescheidener, anspruchsloser Mann, aber nicht sehr flink mit der Feder«, schrieb Rigby. »Burton wird lautstark ins Horn blasen und den Ruhm für die Entdeckungen für sich beanspruchen. Speke arbeitet. Burton liegt den ganzen Tag nur herum und holt sich bei anderen seine Ideen.«

Noch bevor er wusste, wer Hamertons Nachfolger sein würde, hatte Burton schon geahnt, dass ihm mit dem Tod seines Freundes, vom persönlichen Verlust einmal abgesehen, auch berufliche Nachteile entstehen könnten. Acht Monate zuvor hatte er einen Brief an Shaw von der Royal Geographical Society geschrieben, weil er Sorge hatte, die Versprechen, die der Konsul seinen Männern gemacht hatte, nicht einlösen zu können: »Der verstorbene Lt. Col. Ham. … hat unserem Karawanenführer im Voraus nicht weniger als fünfhundert Taler aus öffentlichen Geldern gezahlt und ihm eine großzügige Belohnung und goldene Uhr versprochen, falls es ihm gelingen sollte, uns lebend zurückzubringen, was damals höchst unwahrscheinlich schien. Derartige Summen konnten wir uns nicht leisten, außerdem sehen wir uns nicht in der Lage, nach unserer Rückkehr die hohen Prämien zu zahlen, die diesen Männern in unserem Beisein in Aussicht gestellt wurden. … Ich gestatte mir, der Expertenkommission der R.G.S. diese Angelegenheit dringendst ans Herz zu legen, da wir in Sansibar, sollten Colonel Hamertons Versprechen von seinem Nachfolger nicht eingelöst werden, in eine äußerst unangenehme Lage geraten.« Um den Tanganjika-See überhaupt zu erreichen, hatten

Burton und Speke zu jenem Zeitpunkt bereits Hunderte Taler von ihrem eigenen Geld ausgegeben. Speke hatte sich sieben Monate zuvor mit demselben Anliegen ebenfalls an Shaw gewandt »und in seinem Brief auf die notwendigen Maßnahmen zur Entlohnung unseres Karawanenführers und unserer Gefolgsleute gedrungen«, erinnerte Burton Shaw. Die Gesellschaft hatte bisher keinem der beiden Männer geantwortet.

Burton, der sich nun genötigt sah, Rigby um die Einlösung von Hamertons Versprechen zu bitten, war nicht überrascht, als der neue Konsul dies ablehnte. »Da ich den Eindruck hatte, Colonel Hamerton habe von Regierungsseite keine Befugnis erhalten, auch nur einen Teil der Kosten für diese Expedition zu übernehmen«, würde Rigby später der britischen Regierung in Bombay erklären, »und diese Versprechen wahrscheinlich in dem Glauben gab, dass mit der erfolgreichen Erforschung des unbekannten Landesinneren ein Ziel von großer nationaler Bedeutung erreicht wäre und der Expeditionsleiter mithin großzügig entlohnt würde. Da Captain Burton bereits Gelder erhalten hatte, um seine Ausgaben zu decken, ließ ich ihn wissen, dass ich mich nicht befugt fühlte, ohne Zustimmung der Regierung irgendwelche Zahlungen zu leisten.« Allerdings dürfte Rigby gewusst haben – die Regierung in Bombay und die Royal Geographical Society waren jedenfalls im Bilde –, dass die Unterstützung, die Burton erhalten hatte, kaum reichte, um auch nur die Grundbedürfnisse der Expedition zu decken, geschweige denn die Zusagen einzulösen, die Hamerton im Namen der Regierung gemacht hatte.

Nachdem Burton mittlerweile eintausendvierhundert Pfund von seinem eigenen Vermögen ausgegeben hatte, um diese beklagenswert unterfinanzierte Expedition durchzuführen, hatte er nichts mehr übrig, um den Männern, die ihn begleitet hatten, eine zusätzliche Prämie zu zahlen. Allerdings hatten sie diese seiner Meinung nach auch nicht verdient. »Unsere Gefolgsleute sollten *in jedem Fall* einen *festen Lohn* erhalten, der ihnen auch gezahlt wurde, und für den Fall, dass sie sich gut betrugen, noch eine Prämie obendrauf«, argumentierte er. »Unsere Esel, sechsunddreißig an der Zahl, kamen allesamt ums Leben oder gingen verloren; unsere Träger rannten davon; unsere Güter wurden zurückgelassen und gestohlen.«

Bombay erhielt alles, was ihm versprochen worden war. Die übrigen Männer jedoch, die während der Reise zwar hin und wieder verängstigt oder frustriert gewesen waren, immerhin aber ihr Leben riskiert hatten, um die Expedition zu einem erfolgreichen Abschluss zu bringen, wurden kurzerhand entlassen. Speke hatte Said mit dem Verlust seiner Prämie gedroht, als der sich geweigert hatte, ihn zum Nyanza zu begleiten; jetzt unternahm er keinen Versuch, auch nur einem der Männer eine Belohnung zu sichern. »Jack und ich waren uns vollkommen einig, dass es ein Eingeständnis der Schwäche wäre, schlechtes Betragen zu belohnen«, schrieb Burton. »Man würde es uns nicht als Großzügigkeit, sondern als Feigheit auslegen und jedem künftigen Reisenden übel mitspielen.« Und auch Rigby, der es ablehnte, die von seinem Vorgänger zugesagten Regierungsgelder auszuzahlen, bestand nicht darauf, dass Burton die Verbindlichkeiten Hamertons aus eigener Tasche bestreiten sollte. Stattdessen, so Burton später, sei auch er der Meinung gewesen, »dass die im Voraus gezahlten fünfhundert Taler genügen müssten«.

Burton hatte geplant, noch eine Weile auf der Insel zu bleiben. Er wollte sich auskurieren und die Regierung überzeugen, ihn weiterhin freizustellen und finanziell zu unterstützen, damit er seine Forschungsarbeit fortsetzen konnte. Doch Rigbys unverkennbarer »Wunsch, mich abreisen zu sehen«, und Spekes »nervöser Drang, nach Hause zu eilen«, ließen ihm keine Wahl. »Ich verließ ungern die Stätte meiner Mühen, da noch so viel zu tun war«, schrieb er. »Doch das ängstliche Bestreben meines Gastgebers, sich seines Gastes zu entledigen, dazu die rastlose Ungeduld meines Reisegefährten – der den Gedanken nicht ertragen konnte, auch nur eine Stunde zu verlieren – nötigten mich, meine Vorhaben aufzugeben, auch wenn dies ganz und gar nicht meinem Wunsch entsprach.«

Gut zwei Wochen nach ihrer Rückkehr nach Sansibar gingen Burton und Speke an Bord der *Dragon of Salem*, ein britisches Segelschiff auf dem Weg nach Aden. Rigby lehnte es ab, die Männer zum Abschied an Deck zu begleiten, obwohl dies »eine im Orient übliche Geste der Höflichkeit« war, sollte Burton später bemerken, in der festen Überzeugung, dass diese Kränkung beabsichtigt und gegen ihn gerichtet war. Bombay dagegen war wie immer zur Stelle, als sie ihn brauchten, wie seit ihrer ersten Begegnung zwei Jahre zuvor. An Rigbys »statt … kam als würdiger Ersatz Seedy Mubarak Bombay«, schrieb Burton, »dessen ehrliches Gesicht in diesem Moment besonders anziehend wirkte.«

In Aden wohnten Burton und Speke bei Burtons altem Freund Dr. John Steinhaeuser, der sich der Expedition nicht hatte anschließen können. Da Burton immer noch kränkelte und über anhaltendes Fieber klagte – »es klebte an mir wie das Nessushemd« –, legte Steinhaeuser ihm nahe, in Aden zu bleiben, bis sein Zustand sich gebessert hätte. Steinhaeuser, selbst Arzt, half ihm nicht nur nach Kräften, gesund zu werden, er hatte auch Sorge, sein Freund könne in unvorhergesehene Schwierigkeiten geraten. Steinhaeuser »warnte mich mehrmals«, würde Burton später schreiben, »dass irgendetwas im Busch sei«.

Am 18. April fuhr eine Fregatte der Royal Navy, die *HMS Furious*, in den Hafen ein. An Bord befand sich der Achte Earl of Elgin, Sohn des Siebten Earl, nach dem die *Elgin-Marbles*, heute *Parthenon-Marmore*, benannt waren. Mit ihm reiste sein Privatsekretär Laurence Oliphant. Dieser machte gerade eine besonders schwierige und verletzliche Phase in seinem Leben durch. Er war monatelang mit Elgin unterwegs gewesen, nach China gereist und wieder zurück und hatte vor kurzem von dem plötzlichen, unerwarteten Tod seines geliebten Vaters erfahren. Nach ihrer Abreise aus China war Oliphant aus einem lebhaften Traum erwacht und hatte anschließend seinen Freunden erzählt, er habe darin seinen Vater gesehen, »und er war tot«. Bald darauf hatte das Schiff in Galle, Ceylon, angelegt. Dort wurde ihm mitgeteilt, dass sein Vater in der Nacht des besagten Traums einem Herzanfall erlegen war.

Bei aller Trauer freute sich Oliphant über das Wiedersehen mit Speke, mit dem er sich vier Jahre zuvor auf einem Schiff angefreundet hatte, beide auf dem Weg in den Krimkrieg. Er interessierte sich auch für Spekes Reisen mit Burton. Mit ihm hatte er damals um militärische Posten und öffentlichen Beifall konkurriert, was Burton allerdings nicht wusste. Lord Elgin bot beiden Männern für die Rückkehr nach England einen Platz an Bord der *Furious* an. Weil er Burton für zu krank zum Reisen hielt, bestand Steinhaeuser darauf, seinen Freund noch einige Wochen in Aden zu behalten. Speke dagegen sagte sofort zu. Er sei dermaßen erpicht gewesen auf die Rückkehr nach England, schrieb Burton später, dass er sich »von seinem Gastgeber nicht einmal verabschiedete«.

Vor Spekes Abreise sprach Burton ein letztes Mal mit ihm, weil er sich einen Augenblick Zeit nehmen wollte, um das Ende ihrer außergewöhnlichen Expedition zu würdigen. Auch wenn das Verhältnis zwischen den beiden die meiste Zeit sehr angespannt gewesen war und Spekes verbitterte Schimpftiraden während seiner jüngsten Krankheit das Ausmaß seines Grolls offengelegt hatten, waren sie doch immerhin zwei Jahre miteinander unterwegs gewesen, in denen sie sich gegenseitig gepflegt und beschwichtigt, in denen sie Bücher und Ideen ausgetauscht sowie enttäuschende und euphorische Momente geteilt hatten. Als die *Furious* im Begriff war, die Segel zu setzen, versprach Burton, er werde bald nachkommen. »Ich beeile mich, Jack«, sagte er, »ich komme, so schnell ich kann.« Spekes Worte zum Abschied seien herzlich gewesen, so Burton später: »Leb wohl, alter Knabe; und keine Sorge, ich gehe erst zur Royal Geographical Society, wenn du aufgetaucht bist, dann erscheinen wir dort gemeinsam. Da kannst du ganz beruhigt sein.«

Nunmehr allein in Aden, schrieb Burton erneut an die Royal

Geographical Society, diesmal, um ihren Mitgliedern vom Nyanza-See zu berichten. Sowohl vor Spekes und Bombays Reise dorthin als auch nach ihrer Rückkehr, hatte Burton bereits offen die Möglichkeit in Betracht gezogen, dass nicht der Tanganjika-, sondern der See weiter im Norden das Ziel ihrer Suche sein könnte. Er hatte seine Hoffnung in den Tanganjika noch nicht ganz aufgegeben, schilderte der Society jedoch in seinem Brief Spekes Expedition zum Nyanza und legte den Mitgliedern ans Herz, ihr Beachtung zu schenken. »Captain Speke ... wird Ihnen seine Karten, Beobachtungen und zwei Schriften vorlegen, die eine ein Tagebuch von seiner Fahrt auf dem Tanganjika zwischen Ujiji und Kasenge, die andere seine Erkundung des Nyanza«, schrieb er. »Hierauf, mit Verlaub, möchte ich die ernsthafte Aufmerksamkeit des Komitees lenken, da einige Gründe dafürsprechen, dass dieser See den wichtigsten Quellfluss des Weißen Nils speist.«

An Bord der *Furious* jedoch änderten sich Spekes versöhnlichere Gefühle für Burton schnell, ebenso seine Pläne. »Er ließ sich zu Handlungen hinreißen, die sein eigenes sittliches Empfinden im Nachhinein scharf verurteilt haben dürfte«, würde Burton später schreiben, »wenn es sie überhaupt je verzieh.« So wie er in Sansibar seine Wut und Angst mit Rigby geteilt hatte, zog Speke jetzt seinen alten Freund Oliphant ins Vertrauen. Dieser fühlte sich genau wie der Konsul von Burton ins Unrecht gesetzt und gab Speke nun den Rat, sich vor ihm zu hüten. Jahre später sollte Speke sich an das Gespräch erinnern, das er mit Oliphant an Bord der *HMS Furious* geführt, und an den Rat, den sein Freund ihm erteilt hatte. »Burton ist ein neidischer Mensch, und als Expeditionsleiter wird er die Lorbeeren für den Nyanza-See selbst kassieren wollen«, hatte Oliphant ihn gewarnt. Wäre er an Spekes Stelle, würde er sich unverzüglich zur Royal Geographical Society begeben und sich das Kommando über die zweite Expedition sichern.

15.

Da schoss er auf mich

Nach drei Wochen an Bord der *HMS Furious* verlor Speke keine Zeit, die Entdeckung der Nilquelle für sich zu beanspruchen. Einen Tag nach seiner Ankunft in Plymouth reiste er nach London und stieg im Hatchett's Hotel in Piccadilly ab. Dort erreichte ihn ein Brief von Norton Shaw, dem Sekretär der Royal Geographical Society, der ihn in der Heimat willkommen hieß. Spekes Antwort wurde noch am selben Tag zugestellt. »Ich habe es vielleicht schon erwähnt, aber ich bin der festen Überzeugung, dass der Nyanza eine Quelle des Nils ist, wenn nicht gar seine Hauptquelle«, schrieb er, das einzige Mal, dass er noch den Hauch eines Zweifels zuließ. Am selben Abend machte Shaw ihn mit Clements Markham bekannt, der einmal einer der bekanntesten und dienstältesten Präsidenten der Society werden würde. Speke »benötige seinen Rat«, erklärte ihm Shaw. »Wir besprachen das Ganze eine Zeitlang«, würde Markham später über seine Unterhaltung mit Speke schreiben, »aber seine fehlende Loyalität Burton gegenüber war mir nicht geheuer.«

Ungeachtet seiner persönlichen Meinung zu Speke fuhr Markham tags darauf mit ihm zum Belgrave Square. Das stattlichste Gebäude in Belgravia, einem der vornehmsten Viertel in Londons Stadtmitte, würde eines Tages Botschaften und Botschafter, Herzöge und Prinzessinnen beherbergen. Zum damaligen Zeitpunkt residierte dort der Präsident der Royal Geographical Society, Sir

Roderick Impey Murchison. Speke hatte eine Karte bei sich, auf der er seine Wanderung zum Nyanza skizziert hatte, und brannte darauf, Murchison seine Theorie darlegen zu können: Nicht der Tanganjika-, sondern der Nyanza-See sei die Quelle des Weißen Nils, weshalb nicht Burton, sondern er, Speke, die nächste Ostafrika-Expedition leiten sollte. »Sir Roderick«, stellte Markham fest, »nahm ihn sofort beim Wort.«

Wie Speke war auch Murchison ein Mitglied der britischen Aristokratie. Als Sohn wohlhabender Eltern in Tarradale House geboren, auf dem Gelände von Schottlands legendärem Tarradale Castle, hatte er das Royal Military College besucht und war dann in die Armee eingetreten. Nachdem er seinen Abschied genommen hatte, um das Leben eines Landadeligen zu führen, hatte er sich vor allem Spekes Lieblingszeitvertreib gewidmet, der Jagd. Davon abgesehen war er ein äußerst fähiger, kenntnisreicher Geologe geworden: Basierend auf einer detaillierten Erforschung der Geologie von Südwales, Südwestengland und dem Rheinland hatte er die Begriffe Silurisches und Devonisches System geprägt. Bis zum Jahr 1859 war Murchison bereits dreimal zum Präsidenten der Royal Geographical Society gewählt worden – zunächst 1843 als Nachfolger von William Richard Hamilton, der den Stein von Rosette aus Ägypten mitgebracht hatte; ein zweites Mal 1851; und zuletzt 1856, als Burton und Speke nach Sansibar aufgebrochen waren.

Murchison war nicht nur wegen seiner Erfolge auf dem Gebiet der Geologie zum Präsidenten gewählt worden, sondern auch wegen seiner gesellschaftlichen Verbindungen. Schon bald nach ihrer Gründung im Jahr 1830 hatte die Royal Geographical Society harte Zeiten durchlebt. In den sogenannten »Hungerjahren« der 1840er Jahre war die Zahl ihrer Mitglieder so niedrig gewesen, dass der Vorstand sogar erwogen hatte, Frauen anzuwerben. Diese äußerste Maßnahme konnte gerade noch abgewendet werden, indem die Society sich zu zwei fast ebenso umstrittenen Neuerungen durchrang: Zum einen würde sie fortan auf der Zahlung der Mitgliederbeiträge bestehen, zum zweiten – Murchison sei Dank – ihren Blick weniger auf die ernsthafte, aber kreuzbiedere Tätigkeit des Wissenschaftlers fokussieren als auf die glamouröse Welt des Forschungsreisenden. Dieser Schritt hatte viele gefeierte Wissenschaftler verprellt, von Alfred Russel Wallace bis hin zu Charles Darwin, der nur wenige Monate nach Spekes Rückkehr aus Ostafrika sein Werk *On the Origin of Species (Über die Entstehung der Arten)* veröffentlichen würde. Gleichzeitig hatte der Schwerpunkt auf Forschungsreisen aber die Aufmerksamkeit der Presse auf sich gezogen und eine viel größere Anzahl zahlender Mitglieder geködert.

Während seiner zweiten Amtszeit hatte Murchison innerhalb der *British Association for the Advancement of Science*, einer Organisation, die sich der Bekanntmachung und Förderung von Wissenschaft verschrieben hatte und oft mit der Royal Geographical Society zusammenarbeitete, sogar eine neue Abteilung gegründet. Diese sogenannte *Section E* schied die Geographie von ihrem früheren Begleitfach, der Geologie. In der Vergangenheit hatte die Geologie im Vergleich zur Geographie als seriösere und insofern auch bedeutendere Wissenschaft gegolten. Nachdem Murchison begonnen hatte, Forschungsreisende bei den Versammlungen sprechen zu lassen, stellte die *Section E* schon bald jede andere Abteilung in den Schatten. Sie »stand an Beliebtheit und Nützlichkeit keiner anderen nach«, schrieb Murchison. 1856, zum Beginn seiner dritten Amtszeit als Präsident, zählte die Royal Geographical Society bereits zweitausend Mitglieder, weitaus mehr als jede andere wissenschaftliche Gesellschaft in London.

Um die Handlungsfähigkeit der Society zu erhalten, brauchte Murchison einen Forscher, der in der breiten Öffentlichkeit gut ankam. »Damals konnte die Society es sich nicht leisten, den jährlichen Löwen vermissen zu lassen«, würde Burton später spötteln. »Sein Gebrüll hatte hauptsächlich den Damen zu gefallen und sollte die Institution voranbringen.« Viele Jahre lang hatte Murchisons Freund David Livingstone diese Rolle erfüllt, ebenso geliebt und bewundert für seinen Kampf gegen den Sklavenhandel wie für seine großartigen Entdeckungen. Doch Livingstone stand nun schon fast zwanzig Jahre im Licht der Öffentlichkeit und ging auf die fünfzig zu. Sein Haar wurde langsam grau, und die vielen Verletzungen und Krankheiten aus all den Jahren forderten allmählich ihren Tribut von seinem einst kräftigen Körper. Die Gesellschaft brauchte ein frisches Gesicht.

Murchison hatte sich schon vor dessen Rückkehr für Speke interessiert. Fast ein Jahr zuvor hatte er eine Versammlung einberufen, um ein Feldbuch zu besprechen, das Burton geschickt hatte. Ihm war eine Landkarte beigelegt, die Speke von den Anfangsetappen ihrer Reise skizziert hatte. Nachdem er Buch und Karte vorgestellt hatte, lenkte Murchison den Blick der Society auf John Hanning Speke, Burtons jungen und relativ unerprobten Weggefährten. »Viele von uns wissen um die bemerkenswerten Großtaten, die Captain Burton auf seinen Auslandsreisen vollbracht hat«, sagte er, »jetzt hat er sich mit einem Mann zusammengetan, der ihm ebenbürtig zu sein scheint.« Am meisten interessierte ihn Spekes geplante Reise zum Nyanza, da sie mit Murchisons eigenen Vermutungen hinsichtlich der Geographie Ostafrikas übereinstimmte. »Gebe Gott, dass Captain Speke von seiner gefährlichen Expedition zu jenem weiter nördlich gelegenen großen See heil zurückkehren möge«, sagte er. »Bisher gibt uns dieses sogenannte Binnenmeer allerhand Rätsel auf.«

Bei seinem Besuch in Belgrave Square konnte Speke Murchison daher problemlos überzeugen, dass er eine eigene Expedition verdiente. »Ich brauche wohl nicht zu erwähnen, dass Sir Roderick meine Ansichten sofort teilte«, würde Speke später schreiben, begeistert darüber, in diesem mächtigen Mann einen Verbündeten gefunden zu haben. »Und weil er meinen brennenden Wunsch kannte, der Welt mittels einer faktischen Überprüfung des Abflusses zu beweisen, dass der Victoria Nyanza die Quelle des Nils ist, vertrat er die vernünftige Ansicht, dass eine solche Entdeckung dem Ruhme Englands und der Gesellschaft, deren Präsident er war, nicht verlorengehen dürfe.« Murchison, der auf die siebzig zuging und keine eigenen Kinder hatte, betrachtete mit Stolz den feingliedrigen, wohlerzogenen jungen Mann, der da vor ihm saß, und gerade erst von seinen Abenteuern in Afrika heimgekehrt war. »Speke«, sagte er, »wir müssen Sie noch einmal dorthin schicken.«

Ende Mai 1859, zwei Wochen nach Spekes Gespräch mit Murchison, traf Burton in London ein. Während sein Untergebener seit seiner Rückkehr als »Held der Stunde« gefeiert worden war, gab es für den Kommandanten der Expedition, wie Isabel bitter bemerkte, kaum Fanfarenstöße. Dieser stellte verblüfft fest, dass sich Speke nicht nur schnurstracks und ohne ihn zur Royal Society begeben, sondern vor dem ehrwürdigen Gremium bereits einen Vortrag gehalten hatte – »gänzlich gegen meinen Willen«, würde Speke später betonen. Ungläubig schrieb Burton, es habe ihm regelrecht »den Boden unter den Füßen weggezogen«. Während er zu begreifen suchte, was während seines Aufenthaltes in Aden mit seiner Expedition geschehen war, wurde ihm eines schmerzlich bewusst: Speke war nicht länger sein Freund und Protegé, sondern sein Gegner. »Mein Weggefährte zeigte nun sein wahres Gesicht«, schrieb Burton, »als mein zorniger Rivale.«

Trotz seiner Verwunderung über Spekes Verhalten in seiner Abwesenheit nahm Burton ihn in Schutz. In der Öffentlichkeit bewunderte er weiterhin seine positiven Charakterzüge und schrieb später: »Niemand weiß edle Eigenschaften wie Tatendrang, Mut und Beharrlichkeit, die er in solch hohem Maße besitzt, besser zu schätzen als ich.« Und er glaubte fest daran, dass ihre Freundschaft hätte fortbestehen können, wäre Speke nicht den böswilligen Einflüsterungen von Männern wie Rigby und Oliphant erlegen. »Jack ist einer der tapfersten Burschen der Welt«, würde Burton später Isabel entgegnen, die sich seinetwegen ereifert hatte. »Sein einziger Fehler ist seine maßlose Eitelkeit; sie macht ihn anfällig für jede

Schmeichelei. In guten Händen wäre er der Beste von allen. Lass ihn in Ruhe; eines Tages wird ihm das alles entsetzlich leidtun.«

Zwei Tage nach seiner Heimkehr wurde Burton von der Royal Geographical Society die angesehene *Founder's Medal* verliehen. Dankbar für die Auszeichnung und weil er sich Speke immer noch verpflichtet fühlte, nutzte er einen Teil seiner Dankesrede, um seinen Begleiter zu loben. »Was den Erfolg der letzten Expedition angeht, Sir, so muss ich der Gerechtigkeit halber auf die Umstände verweisen, die diesen Erfolg erst möglich machten«, sagte Burton an Murchison gewandt. »Die geographischen Ergebnisse, auf die Sie mit so schmeichelhaften Worten hingewiesen haben, sind Captain J.H. Speke zu verdanken. Während ich mich der Geschichte und Ethnographie, den Sprachen und Eigenheiten der Menschen widmete, fiel Captain Speke die mühsame Aufgabe zu, eine exakte Topographie zu erstellen und über astronomische Beobachtungen unsere jeweilige Position zu ermitteln – eine Mühe, zu der sich selbst der unerschrockene Livingstone zuweilen außerstande sah.«

Murchison war ganz seiner Meinung. Da er im Begriff war, die Präsidentschaft an seinen Nachfolger abzutreten, den Politiker und Diplomaten Lord Ripon, hatte er durchzusetzen versucht, dass die Society an diesem Tag nicht nur Burton, sondern auch Speke mit der *Founder's Medal* auszeichnete. Als das Gremium sich sträubte, wollte Murchison Burtons Ehrentag dennoch nutzen, um das Augenmerk der Mitglieder auf Speke zu lenken. »Auch ich möchte die Gelegenheit ergreifen und Ihrem Kollegen Captain Speke für die überaus wichtige Rolle, die er im Verlauf der afrikanischen Expedition unter Ihrer Leitung spielte, meine tiefempfundene Anerkennung zollen«, sagte Murchison in seiner Eröffnungsrede. Es sei ihm ein Anliegen, ließ er die Society wissen, »auf den gewaltigen Nyanza-See im Landesinneren zu verweisen, den Ihr Begleiter entdeckte, als Sie krank darniederlagen. Dieser Entdeckung gebührt meiner Meinung nach ebenfalls die höchste Auszeichnung, die diese Gesellschaft zu vergeben hat.« Murchison hielt Wort. Nachdem er Speke lobend erwähnt hatte, äußerte er die Ansicht, der junge Mann müsse die nächste Expedition leiten. »Wir wollen hoffen, dass der unerschrockene Speke nach einem Jahr Erholung ermuntert werden kann, erneut von Sansibar aus ins Landesinnere zu marschieren«, drängte er die Society, »damit er seine Theorie, derzufolge der Nyanza die Hauptquelle des Nils ist, auch beweisen kann.«

Spekes Triumph war nahezu vollkommen. Er hatte nicht nur eine der größten Errungenschaften in der Geschichte der Geographie für sich reklamiert, sondern zudem erfolgreich den Expeditionskommandanten als armselige Figur hingestellt, die dem kühnen jungen Helden kreuzlahm hinterherhinkte. Einige Wochen später sollte ein Reporter des *Examiner* in einer Juniversammlung der Royal Geographical Society einer Diskussion über die Frage beiwohnen, ob nun der Tanganjika- oder der Nyanza-See die Quelle des Nils sei, und dabei den Eindruck erhalten, dass nur einer von beiden wirklich in Frage kam. »Wir werden unsere Aufmerksamkeit auf den Nyanza-See beschränken, weil er der wichtigere ist«, schrieb er. »Captain Speke hat ihn allein aufgesucht, weil sein Reisegefährte schwerkrank war und ihn nicht begleiten konnte.«

Im selben Monat traf sich die Royal Geographical Society erneut, diesmal um über konkurrierende Anträge von Burton und Speke für eine weitere Expedition nach Ostafrika zu entscheiden. Die Versammlung wurde vom Expeditionssubkomitee der Gesellschaft einberufen, in dem Laurence Oliphant saß. Er war nach seiner Rückkehr gemeinsam mit Speke und Francis Galton, dem Cousin Charles Darwins, in den Vorstand aufgenommen worden. Galton würde später nicht nur die Notwendigkeit betonen, dass *nature* von *nurture*, »Natur von Erziehung«, zu unterscheiden sei, sondern beeinflusst von der Theorie seines Cousins zur natürlichen Auslese, die gefährliche und problematische Praxis der Eugenik begründen. Der Entdecker und Mathematiker Galton verfasste außerdem ein populäres Buch mit dem Titel *The Art of Travel* (»Die Kunst des Reisens«), das Forschungsreisenden so praktische Informationen bot wie etwa eine Formel zur Bestimmung des Wegs eines angreifenden Tieres oder die Empfehlung, für Expeditionen Frauen anzuheuern: Sie trügen gern schwere Lasten, hieß es, und seien kostengünstig zu ernähren, weil sie beim Kochen einfach nur ihre Finger abzulecken brauchten. In seinen Memoiren würde Galton später die Stärken der Forschungsreisenden Burton und Speke und ihre unterschiedlichen Charaktere zusammenfassen. Burton sei »ein Mann von exzentrischem Verstand und Geschmack, im Wesen orientalisiert und Bohemien durch und durch«, schrieb er. »Speke hingegen war ein echter Brite, konventionell, solide und resolut.«

Burton wusste, dass er zwar weitaus besser qualifiziert war als Speke, um die neue Expedition zu leiten, jedoch als schwierig, gar umstritten galt, als ein Hedonist in puritanischen Zeiten. Die britische Regierung hatte unlängst den *Obscene Publications Act* erlassen, der Verkauf und Verbreitung jeglicher Schriften für ungesetzlich erklärte, die sie als unangemessen einstufte. Die Romanautorin George Eliot wurde in der *Saturday Review* scharf kritisiert, weil sie in *Adam Bede* das Thema Schwangerschaft erwähnte, und als sie in einem anderen Roman ein Waisenkind beschrieb, das dringend ein Bad nötig hatte, erhielt sie einen Brief von ihrem Verleger: »Ich entsinne mich nur einer Passage«, schrieb er ihr, »die meine kritische Zensur auf den Plan rief, nämlich die Anspielung auf Schmutz in Verbindung mit Ihrer Heldin.« Überdies stand England mit seiner Zensur beileibe nicht alleine da. In den Vereinigten Staaten wurde Walt Whitmans Gedichtsammlung *Grashalme* für »zu sinnlich« erklärt. Die meisten Bibliotheken weigerten sich, ein Exemplar anzuschaffen, Whitman verlor seine Anstellung im Bureau of Indian Affairs, und der Präsident von Yale erklärte, die Lektüre des Buches sei kaum besser als »nackt durch die Straßen zu schlendern«. Selbst in Frankreich wurde Gustave Flaubert nach dem Erscheinen seines Debütromans *Madame Bovary* wegen Verstoßes gegen die guten Sitten der Prozess gemacht, und Baudelaire musste sich aufgrund der sexuellen Bildsprache in den *Blumen des Bösen* wegen »Beleidigung der öffentlichen Moral« vor Gericht verantworten.

Burton strafte seine puritanischen Landsleute nicht nur mit Verachtung, sondern umgab sich noch dazu mit Männern, deren Interessen als absolut obszön galten. Zu seinen engsten Freunden zählte der Dichter und Politiker Richard Monckton Milnes. Milnes war ein Mitglied des Parlaments und bekannt für seine umfangreiche Bibliothek, die schöne, seltene Bücher und eine große, nunmehr verbotene Erotika-Sammlung enthielt, darunter das Gesamtwerk des Marquis de Sade. Milnes machte Burton mit Frederick Hankey bekannt, der ihm den Großteil seiner Sammlung beschafft hatte. Dieser war der Sohn des Gouverneurs von Malta, ein ehemaliger Offizier der Garde und lebte mit seiner Geliebten mittlerweile in Frankreich. Auch Hankey verfügte über eine eigene Sammlung, die hauptsächlich aus sexuellen Folterwerkzeugen bestand. Er würde Burton später voller Stolz eines seiner geschätzten Besitztümer zeigen: ein Buch aus Menschenhaut. Er bedauerte nur, dass es aus der Haut eines bereits Toten bestand. Jahrelang lag Hankey dem Weltreisenden Burton im Ohr, ihm die Haut einer bei lebendigem Leibe gehäuteten Frau mitzubringen. »Kein Mann getötet, kein Kerl gefoltert. Das im Blut treibende Kanu ist der Mythos aller Mythen«, schrieb Burton später aus Westafrika an Milnes. »Der arme Hankey muss wohl weiterhin auf seine *peau de femme* warten.«

Bis zu einem gewissen Grad hatte Burton selbst schuld an seinem schlechten Ruf. Er genoss es, der »feinen Gesellschaft« die Schamröte ins Gesicht zu treiben, freute sich diebisch, wenn seine Zuhörer, sobald er Geschichten von seinen Reisen erzählte, vor lauter Entrüstung und Erregung Augen und Münder aufsperrten, und ließ zu, dass man ihm nahezu jede Schandtat zutraute, von sexueller Ausschweifung bis hin zum Mord. »Es amüsierte ihn außerordentlich, die braven Leute zu schockieren, und um dieses Ziel zu erreichen, ließ er seiner Phantasie freien Lauf. Wer Burton nur flüchtig kannte, ihm bei einer Dinnerparty oder im Club begegnet war, hatte im Allgemeinen eine ganze Reihe scheußlicher Geschichten über seine Grausamkeit und Unmoral auf Lager. Man sagt oft zu Recht, dass Burton diese schrecklichen Geschichten zum eigenen Schaden erzählte«, würde später ein Freund über ihn schreiben. »Das trifft zweifellos auch zu. … Gleichzeitig bin ich sicher, dass Burton weder zu monströser Grausamkeit noch zu grober Unmoral fähig war. Ich kannte ihn gut. … und ich kann bezeugen, dass Akte der Grausamkeit und Unmoral ihn stets zur Weißglut brachten.« Burton fand es interessant, dass man seine Lügen anstandslos akzeptierte, seine ehrlichen Geschichten indes nur selten. »Ihm kam es ausgesprochen komisch vor, dass man ihm seine Flunkereien abnahm«, würde Isabel sich später erinnern, »und wenn er die Wahrheit sagte, glaubte man ihm seltsamerweise nicht.« Burton wurde immer noch zu Partys eingeladen, aber oft als Kuriosität behandelt, und mit Vorsicht. »Seine übliche Konversation damals«, erklärte Galton, »eignete sich nicht gerade für die sittenstrenge Gesellschaft.«

❋

Spekes Vorschlag an das Subkomitee, er werde auf demselben Weg wie beim ersten Mal zum Nyanza reisen, wurde augenblicklich angenommen. Auf seine nunmehr privilegierte Stellung innerhalb der Society vertrauend, forderte er fünftausend Pfund, fünfmal so viel wie Burton vier Jahre zuvor erhalten hatte, und wünschte, wie es dem Prestige der Expedition entsprach, in einem Kriegsschiff nach Sansibar zu reisen. Obwohl die Society bezweifelte, dass ein so großes Budget vonnöten wäre, sagte sie ihm schließlich zweitausendfünfhundert Pfund zu. Hätte Burton 1856 diese Summe erhalten, wäre ihm nicht nur das überflüssige Budgetieren und Feilschen, sondern auch einiger Kummer erspart geblieben. Außerdem hätte ihm das Geld ermöglicht, sowohl den Tanganjika- als auch den Nyanza-See in Gänze zu erkunden. Das Komitee bewilligte vorerst auch Burtons Vorhaben, die Suche nach der Nilquelle wieder aufzunehmen, obwohl alle Beteiligten wussten, dass er für einen baldigen Aufbruch noch viel zu angeschlagen war. Nach der

Finanzierung von Spekes Expedition wäre für eine weitere auch gar kein Geld mehr übrig.

Speke, plötzlich zum Star avanciert, sog den Beifall der Society und die öffentliche Aufmerksamkeit auf wie ein Schwamm. »Verehrter Rigby, ich übermittle Ihnen per Post über Aden den Tagungsbericht der Society, um Ihnen zu zeigen, auf wie viel Interesse meine Entdeckungen in diesem Land stoßen«, tönte er in einem Brief an den Konsul. »Seit meiner Heimkehr hatte ich … keine Ruhe, wurde von links nach rechts und wieder zurück geschleift, bis mir ganz schwindelig war. Dass die Heiterkeit so groß sein würde, hätte ich mir niemals träumen lassen.« Er war nicht nur als Held heimgekehrt, jetzt hatte man ihn sogar zum Anführer erkoren: Er würde an der Spitze seiner eigenen Expedition nach Afrika zurückkehren, und diese wäre erheblich besser ausgestattet und erhielte weitaus mehr Aufmerksamkeit als die von Burton.

Dass Spekes Vorschlag sich durchgesetzt hatte, bedeutete nicht nur einen Sieg für ihn, sondern zugleich eine Niederlage für Burton. Da er seit seiner Abreise aus Sansibar in regem Austausch mit Rigby stand, schrieb Speke ihm erneut und bejubelte die Tatsache, dass Burtons Versuch gescheitert war. »Nachdem ich vorgeschlagen hatte, mich erneut zu den Seen aufzumachen, erwähnte ich die Rahmenbedingungen Burton gegenüber, sagte ihm, er hätte gute Karten. Prompt reichte er tags darauf seine Unterlagen ein und stellte sich ebenfalls zur Verfügung«, schrieb er. »Nun hat der Vorstand abgestimmt, und was soll ich sagen? Er hat mir den Vorzug gegeben, da ich bei der letzten Expedition den wissenschaftlichen Teil übernommen hatte.« Burton mochte genial und berühmt sein, vielbeachtete Bücher schreiben und Dutzende Sprachen beherrschen, aber Speke war ihm stets eine Nasenlänge voraus gewesen – am See, in England und in der Royal Geographical Society. »Diesmal«, schrieb Speke genüsslich, »ist Sir R. Murchison mein Schirmherr.«

Auch einer der erfolgreichsten Verleger im Vereinigten Königreich umgarnte Speke: John Blackwood. Über fünfzig Jahre zuvor hatte Blackwoods Vater den Verlag William Blackwood and Sons gegründet. Ausgerechnet sein sechster Sohn John besaß ein besonderes Gespür für neue literarische Talente. Seit er sieben Jahre zuvor in den Verlag eingestiegen war, hatte er eine große Bandbreite gefeierter Schriftsteller gewonnen, darunter Mary Ann Evans, deren Erstlingswerk unter dem Pseudonym George Eliot erst zwei Jahre zuvor im *Blackwood's Magazine* erschienen war. Der Verlag würde auch E.M. Forster und Anthony Trollope publizieren und vierzig Jahre nach Speke als erster Joseph Conrads *Herz der Finsternis* veröffentlichen.

Laurence Oliphant kannte John Blackwood seit Jahren, schrieb gelegentlich für ihn und stellte ihm oft neue Talente vor. Jetzt machte er ihn mit John Hanning Speke bekannt. Speke und Oliphant hielten sich bereits in Schottland auf, um vor der British Association for the Advancement of Science zu sprechen, als Blackwood den jungen Entdecker in sein Sommerhaus in Gibleston in der Grafschaft Fife einlud. »Wir hatten einen überaus interessanten Mann bei uns zu Gast, Captain Speke. Er ist kürzlich von den Mondbergen heimgekehrt und hat ein Gewässer entdeckt, das er aus gutem Grund, wie ich meine, für die Quelle des Nils hält«, schrieb Blackwood im August an George Eliot. »Er ist ein Prachtexemplar von einem Engländer, mannhaft und ungerührt. … Die vielen Gefahren und Unbilden, die er durchlebt hat, würden genügen, um bei jedem gewöhnlichen Menschen beim bloßen Gedanken an Afrika Abscheu zu erregen. Er jedoch ist fest entschlossen, noch einmal dorthin zurückzukehren und sein Entdeckungswerk fortzuführen. Er hat zu diesem Zweck bereits Geldmittel erhalten. Seiner Erwiderung auf meine Vorbehalte wusste ich nichts entgegenzusetzen – ›Stellen Sie sich vor‹, sagte er, ›wie empört ich wäre, wenn irgendein aufgeblasener, französischer Prahlhans statt meiner dorthin reiste und die Lorbeeren für diese Entdeckung zum Ruhme *Frankreichs* einheimste.‹«

Die Vorteile einer Veröffentlichung seiner Reiseberichte im *Blackwood's Magazine* leuchteten Speke durchaus ein. Tatsächlich hatte er schon bald nach seiner Heimkehr mit John Blackwood korrespondiert. Murchison hatte zwar gehofft, Speke werde seine Schriften wie bei einer von der Society finanzierten Expedition üblich in deren *Journal* publizieren, war aber von Oliphant überzeugt worden, dass Spekes Geschichte eine größere Öffentlichkeit verdiente als die Society ihr zu bieten hatte. »Da zahlreiche Freunde hier wie auch in Indien den innigen Wunsch geäußert haben, mehr über meine jüngsten Reisen in Afrika, über die gesellschaftliche Ordnung dort und die allgemeinen Lebensverhältnisse der Menschen zu erfahren, sende ich Ihnen hiermit zur Veröffentlichung in Ihrem Magazin das Reisetagebuch, das ich führte, als ich allein in Afrika unterwegs war«, hatte Speke an Blackwood geschrieben, womit er die Beiträge Bombays und der vielen Dutzend Träger, Wachleute und Wegführer, die seinen Marsch erst möglich gemacht hatten, kurzerhand ignorierte. »Ich hatte viele Anfragen von Staatsmännern, Geistlichen, Kaufleuten und vor allem auch Geographen; daher hoffe ich, das Erscheinen des Tagebuchs in Ihrem auflagenstarken Magazin wird diesen Leuten die gewünschten Informationen vermitteln.«

Speke wollte seine Reiseschilderungen zwar einerseits im *Blackwood's Magazine* veröffentlichen, andererseits sollte die wissenschaftliche Gemeinde ihre Aufmerksamkeit nicht wieder Burton zuwenden. Als ihm zu Ohren kam, dass die Royal Geographical Society zum ersten Mal eine Ausgabe ihres *Journal* ausschließlich Burtons Schilderung der Ostafrika-Expedition zu widmen gedachte, schrieb Speke einen verärgerten Brief an Norton Shaw. Es sei doch Shaws Idee gewesen, dass seine Aufzeichnungen nun im *Blackwood's Magazine* erschienen, behauptete er: »Burton erzählt mir, er habe für das *Journal* der Society einen sehr langen Bericht verfasst, was mich doch ziemlich verwundert, denn wie Sie sich erinnern, habe ich der Society meine sämtlichen Manuskripte angeboten, die ich in Afrika eigens für sie geschrieben hatte«, beschwerte er sich. »Sie aber meinten, ich solle nicht so freigebig sein, sondern selbst von der Veröffentlichung meines Buches profitieren, so wie jeder andere auch.«

Der Sieg genügte Speke nicht mehr. Burton, der wenig Hoffnung hatte, für eine eigene Expedition Unterstützer zu finden, stellte trotz seiner angeschlagenen Gesundheit noch immer eine Gefahr für ihn dar. Burton hatte Speke in die Royal Geographical Society eingeführt, hatte ihn in seinem Wunsch bestärkt, ihr beizutreten. Jetzt sollte diese Society, wenn es nach Speke ging, alles Lob ihm allein zuerkennen, während Burton leer ausging. In Briefen an Rigby und Shaw behauptete Speke, Lord Elphinstone, der Gouverneur von Bombay, habe »sein Bedauern ausgedrückt, dass nicht ich, sondern Burton die Goldmedaille erhalten hat«. Selbst die Tatsache, dass Burton die letzte Expedition geleitet hatte, war für Speke inzwischen unerträglich geworden. »In Sansibar wissen es alle«, insistierte er später Rigby gegenüber, »dass bei dieser Expedition *ich* die erste Geige spielte und Burton nur die zweite.«

❁

In seinen Briefen an Rigby schwärmte Speke nicht nur von seinen Erfolgen in England, sondern ermutigte den Konsul zugleich, offiziell gegen Burton zu klagen. Dieser habe seinen Männern eine Prämie vorenthalten, was unfair, ja grausam gewesen sei. Speke wusste, dass Hamerton dieses Versprechen gegeben und Rigby sich geweigert hatte, es mit Regierungsgeldern einzulösen. Und er wusste auch, dass Burton sein Expeditionsgeld längst aufgebraucht und über tausend Pfund seines eigenen Vermögens darauf verwendet hatte, sie alle zurück an die Küste zu bringen. Nichtsdestoweniger hatte Speke kurz nach seiner Abreise aus Sansibar in einem Brief an Rigby behauptet, Burton habe Ramji um sein Geld betrogen. Dabei hatte Burton den Mann bereits im Voraus für die Hilfe seiner »Söhne« entlohnt. »Ich finde es ungeheuerlich, dass Ramjee betrogen wurde, und habe Burton mehr als einmal darauf hingewiesen, wenn wir im Landesinneren über Geschäftliches sprachen«, hatte Speke noch auf dem Weg nach Aden geschrieben. »Sie haben selbst gehört, wie Burton das Thema an Ihrem

Frühstückstisch abtat, und ich meine, dass Sie jetzt, da Sie über die Sache im Bilde sind, in der Pflicht stehen, diesem bedauernswerten Mann Gerechtigkeit widerfahren zu lassen. Verzeihen Sie, wenn ich Ihnen das jetzt sage, doch ich dachte, Sie hätten mich in Sansibar missverstanden, als ich Ihnen das Problem schilderte, oder wären der Ansicht gewesen, Sie hätten kein Recht, sich einzumischen.«

Nach Spekes Ankunft in England erwähnten weder er noch Rigby Burton gegenüber ihre Bedenken. Stattdessen listeten sie Anschuldigungen gegen ihn auf und schickten diese dorthin, wo sie den größten Schaden anrichten würden: an die britische Regierung in Bombay und an die Royal Geographical Society in London. »Da Captain Speke mir nach seiner Abreise aus Sansibar in zwei vertraulichen Briefen mit größter Eindringlichkeit die Ansprüche dieser Männer schilderte, die Strapazen, die sie auf sich nahmen sowie ihre Treue und Beharrlichkeit ..., erachte ich es als meine Pflicht, der Regierung ihre Ansprüche zur Beachtung zu bringen«, schrieb Rigby, wobei er seine eigene Rolle in dieser Angelegenheit, nämlich seine Weigerung, die Versprechen seines Vorgängers einzulösen, gänzlich unerwähnt ließ. »Denn bleiben die Männer nach allem, was sie im Dienst britischer Offiziere erduldet haben, ohne Lohn, gerät unser für Treu und Glauben stehender Name in diesen Ländern in Verruf, wie ich meine.«

Nachdem Norton Shaw Rigbys Brief an die Royal Geographical Society gelesen hatte, legte er ihn Burton vor. Diesen trafen die Vorwürfe wieder einmal aus heiterem Himmel, doch diesmal verteidigte er sich mit der mächtigsten Waffe, die ihm zur Verfügung stand – seiner Feder. »Ich nehme mit größtem Erstaunen zur Kenntnis, dass Capt. Speke in zwei vertraulichen Briefen an Captain Rigby nachdrücklich auf die Ansprüche dieser Männer verwies, ohne die Angelegenheit jemals mit mir, dem Leiter der Expedition, zu besprechen«, schrieb er an die Regierung in Bombay. »Seit meiner Abreise aus Sansibar stehe ich in regem Briefwechsel mit besagtem Offizier, und bis zu diesem Augenblick hatte ich den

Eindruck, dass Captain Spekes Meinung bezüglich der Ansprüche des oben erwähnten Karawanenführers und seiner Gefolgsleute der meinen entsprach. … Bedauerlicherweise hat Captain Rigby, ohne den Sachverhalt gründlich zu prüfen (denn das hat er ganz offensichtlich nicht getan), mir keine Gelegenheit gegeben, schriftlich dazu Stellung zu nehmen, bevor er seine Beschwerde an die Regierung in Bombay schickte.«

Dann richtete Burton seine spitze Feder gegen den Konsul persönlich. Schon als er erfahren hatte, wer Hamerton ersetzen sollte, war ihm klar gewesen, dass er in Sansibar keinen herzlichen Empfang zu erwarten hätte. In Aden hingegen hatte er sich vor den Gefahren kleinlicher Eifersucht in Sicherheit gewähnt – und wieder falschgelegen. Jetzt war seine Antwort an Rigby kaum verhohlene Wut.

Sir, dank der Freundlichkeit und Rücksicht meines Freundes Dr. Shaw durfte ich in den Brief Einsicht nehmen, den Sie ihm am 10. Oktober des vorigen Jahres aus Sansibar schickten. Ich will nicht versuchen, ihn mit den Begriffen zu charakterisieren, die sich am besten dafür eigneten. Dazu müsste ich in der Tat auf eine ebenso ›niederträchtige‹ und ungebührliche Sprache zurückgreifen, derer Sie sich befleißigen. Doch dafür besteht keine Notwendigkeit. Wer handelt wie Sie, ist für einen ehrbaren Mann nicht der Beachtung wert. Ihr bösartiger Angriff gegen mich sollte mir möglichst großen Schaden zufügen: Sie taten dies nicht etwa in Ausübung einer öffentlichen Pflicht, sondern zur Befriedigung einer langjährigen privaten Feindseligkeit gegen mich. Sie ließen mir keine Abschrift Ihrer Attacke zukommen, gaben mir keine Gelegenheit, Stellung zu beziehen; Sie verbreiteten diese Verleumdung auf die für Verleumdungen übliche Weise, im Geheimen und hinter meinem Rücken. Dabei bedienten Sie sich einer Methode, welche die übliche Reaktion auf dergleichen Schmähungen unmöglich machte, haben aber gleichzeitig, so fern von England, keinerlei Konsequenzen für Ihre Person zu befürchten. So wie die

Dinge stehen, bleibt mir nur eine Art und Weise, Ihren Brief zu behandeln, nämlich mit der Verachtung, die er verdient.

Infolge der Anschuldigungen Spekes und Rigbys erhielt Burton so etwas wie eine Entschuldigung seitens der Royal Geographical Society und eine Rüge seitens der Regierung in Bombay. Ein Expeditionskomitee unter Führung von George Everest, nach dem sechs Jahre später der Sagarmartha, der höchste Berg der Welt, benannt werden sollte, räumte ein, Burtons Expedition habe »Ergebnisse von solcher Wichtigkeit« erbracht, dass sich dafür »die Ausgabe einer sogar noch größeren Geldsumme« rechtfertigen ließe. Als Burton das Gremium jedoch um die Rückerstattung der Geldsumme bat, die er gezwungenermaßen ausgelegt hatte, wurde ihm mitgeteilt, dass die Society den Betrag weder selbst erstatten, noch Ansprüche an das Foreign Office geltend machen werde, die über die bereits vorgestreckte Summe von eintausend Pfund hinausgingen.

Aus Bombay erfuhr Burton zu seiner Entrüstung, dass man Rigbys und Spekes Version den Vorzug gegenüber seiner Darstellung gegeben hatte, und dass er selbst nach jahrelangen Mühen und Opfern nun statt Dankbarkeit nichts als Kritik erntete: »Nachdem er [der Kolonialminister für Indien] sowohl Ihre Erklärung als auch Captain Spekes Aussage zu diesem Thema zur Kenntnis genommen hat, kommt er zu dem Schluss, dass Sie vor Ihrer Abreise aus Sansibar den dortigen Konsul über die Forderungen hätten informieren müssen«, schrieb ein Regierungsvertreter an Burton. »Wäre dieser Kurs befolgt worden, hätte das Ansehen der britischen Regierung keinen Schaden genommen.« Anstatt den Schlag klaglos hinzunehmen, schrieb Burton umgehend zurück. »Ich habe die Angelegenheit Captain Rigby vorgelegt, der sie mit mir oder Captain Speke vor unserer Abreise aus Sansibar hätte bereinigen können, hätte er – zum damaligen Zeitpunkt – ein Eingreifen als seine Pflicht erachtet«, erklärte er. »Ich bin mit Verlaub überrascht, dass all meine Bemühungen und langjährigen Dienste im Zusammenhang mit der Erkundung Afrikas mir keinen anderen Lohn einbringen sollten als die Aussicht, eine monetäre Verpflichtung übernehmen zu müssen, die mein verstorbener Freund seligen Angedenkens, Lieutenant Colonel Hamerton, eingegangen war und von seinem Nachfolger Captain Rigby ohne Rücksprache mit mir entschieden wurde.«

Da Burton nun nicht nur besiegt, sondern zudem gedemütigt worden war, bekundete Speke sein Bedauern darüber, dass es so hatte kommen müssen. Die leidige Angelegenheit sei für ihn sehr schmerzlich, beteuerte er in einem Brief an Rigby. »Von allen unangenehmen Dingen, die ich jemals ausführen musste, war die Entscheidung gestern wohl die härteste und schmerzhafteste«, schrieb er. »Jetzt steht meine Aussage gegen die von Burton, und beide liegen der Regierung vor.« Gleichzeitig bat er Rigby, ihren persönlichen Briefwechsel unter Verschluss zu halten. Burton sollte nicht erfahren, wie sehr sie in ihrer Korrespondenz über ihn hergezogen waren, wie sie über seine »schwachen Beine und seinen morschen Darm« gespottet und ihre »Abscheu« gegen ihn zum Ausdruck gebracht hatten. »Burton wird vermutlich Einsicht in meine Briefe an Sie fordern«, schrieb Speke. »Soll er sie ruhig lesen. Natürlich sollten Sie zuvor alles tilgen, was für die strittige Angelegenheit nicht von Belang ist – überlassen Sie ihm nur jene, die Sie dazu veranlasst haben, gegen ihn vorzugehen.«

Was Burton sogar noch mehr verblüffte als Spekes Verrat, war dessen selbstgerechter Zorn. Obwohl er nun begriffen hatte, wie groß Spekes Ehrgeiz war und wie tief sein Groll saß, fiel es Burton immer noch schwer, nicht den jungen Mann in ihm zu sehen, den er ermuntert hatte, an seinen Expeditionen teilzunehmen, den er Wissenschaftlern, Forschern und Gönnern vorgestellt hatte, dem er mit Rat und Tat zur Seite gestanden hatte, wenn er sich unsicher fühlte, und den er gepflegt hatte, wenn er krank war. »Man hatte ihm zweifellos eingeredet, dass der Erfolg der Expedition allein ihm zuzuschreiben war: Er hatte gelernt, sich gekränkt zu fühlen«, schrieb Burton, der versuchte, sich einen Reim aus alledem zu machen. »Ich brauche wohl kaum zu betonen, dass niemand so unversöhnlich ist wie der, der einen anderen verletzt.« Wann immer er jetzt an die gemeinsame Zeit mit Speke in Afrika zurückdachte, kam Burton ein arabischer Vers in den Sinn:

> Ich brachte ihm bei Tag das Bogenschießen bei –
> Und als sein Arm kräftig genug war, da schoss er auf mich.

16.

Traum eines Exilanten

Während Speke sich ganz dem Rausch seines neugewonnenen Ruhms hingab, versank Burton in tiefste Verzweiflung. Die Depression, die seinen Triumphen stets folgte, traf ihn jetzt härter denn je, warf einen langen Schatten auf das Erreichte und dämpfte die Hoffnung auf Künftiges. Nachdem er Hunderte Kilometer unkartiertes Gelände durchquert, den Tanganjika erreicht und die *Founder's Medal* erhalten hatte, vergällte ihm der Tiefschlag, den der Mann ihm versetzt hatte, dessen Mentor er gewesen war und den er für seinen Freund gehalten hatte, jeden Erfolg.

Der einzige Lichtblick in Burtons Leben war Isabel, doch selbst sie erschien ihm jetzt unerreichbar. Sie waren drei Jahre voneinander getrennt gewesen, und fast ebenso lang hatte sie keine Nachricht von ihm erhalten, doch ihre Zuneigung war ungebrochen. Seit jener Nacht, in der er England ohne ein Wort des Abschieds verlassen hatte, hatte sie ihm treu geschrieben, hatte ihm alle zwei Wochen lange Briefe geschickt, ihnen Zeitungsausschnitte beigelegt, ihm die Bücher geschildert, die sie las, ihn über Freunde und Verwandte auf dem Laufenden gehalten. Als Antwort hatte sie von Richard vier Briefe erhalten, dann nichts mehr.

Während Burton bei dem verzweifelten Versuch, ein uraltes Rätsel zu lösen, sein Leben aufs Spiel gesetzt hatte, war Isabel mit ihrer Familie nach Europa gereist, das einzige Abenteuer, das ihr gestattet war. Doch wohin sie auch ging, ihre Gedanken entfernten sich nie weit von dem Mann, den sie heiraten wollte. Im Schiefen Turm zu Pisa hatte sie staunend seinen ins Mauerwerk geritzten Namen entdeckt und den ihren daneben gesetzt. »Wie kurios, dass er dabei hätte sagen können: ›Meine zukünftige Frau wird viele Jahre später auch hierherkommen, um im Gedenken an mich ihren Namen einzuritzen‹«, schrieb sie. In der Schweiz hatte sie zwei Heiratsanträge erhalten und keinen von beiden auch nur in Erwägung gezogen. Sie würde Richard Burton heiraten oder keinen.

Isabel befand sich seit einem Jahr wieder in England, als sie von Spekes triumphierender Rückkehr aus Afrika erfuhr. Doch von dem Mann, dem sie nicht nur treu geblieben, sondern immer noch glühend zugetan war, noch immer kein Wort, weder öffentlich noch privat. Just als sie überlegte, die Sache aufzugeben und ins Kloster zu gehen, erreichte sie ein anonymer Brief aus Sansibar. Er war an sie adressiert, enthielt aber nur ein kleines Gedicht auf einem Blatt Papier.

Für Isabel
Jene Stirn, welche vor meinen Augen sich hob
Wie zu des Pilgers heil'gem Schrein
Diese Augen – mein Leben lag in ihrem Licht;
Diese Lippen mein Opferwein;
Diese Stimme, die mir klang wie
Die Musik in eines Exilanten Traum

Zwei Tage später las Isabel in der Zeitung, dass Burton endlich auf dem Weg in die Heimat sei. »Mir ist ganz seltsam zumute«, schrieb sie in ihr Tagebuch, »ich fühle mich ängstlich, krank, bestürzt, brenne darauf, ihn zu sehen und will zugleich weit fort, um nach allem, was ich gelitten und ersehnt habe, nicht noch mehr erdulden zu müssen.« Tags darauf hatte sie eine Freundin besucht und im oberen Salon gewartet, als die Türglocke einen weiteren Besucher ankündigte. Gleich darauf drang eine Männerstimme zu ihr herauf. »Ich möchte die Adresse von Miss Arundell.« Diese

Stimme, schrieb sie später, »ging mir durch und durch«. Da öffnete sich hinter ihr die Tür zum Salon. Sie wandte sich um und erblickte zu ihrem Erstaunen Richard Burton. »Einen Moment lang waren wir beide wie vom Donner gerührt«, schrieb sie. »Das Herz schlug mir bis zum Hals, so dass ich dachte, er müsse es hören, und mir ansehen, wie überspannt meine Nerven waren.«

Ohne noch einen Gedanken an die Freundin zu verschwenden, deretwegen sie gekommen war, verließ Isabel mit Burton unverzüglich den Salon, folgte ihm die Stufen hinunter und stieg mit ihm in einen Wagen. »Ich war wie benommen«, schrieb sie. »Ich war zu keinem Wort, keiner Regung fähig, fühlte mich, als wäre ich aus einer Ohnmacht oder einem Traum erwacht; es war ein heftiger Schmerz, und die erste halbe Stunde fand ich keine Erleichterung.« Isabel war so erschüttert, dass sie nicht einmal weinen konnte, ihn aus trockenen, weit aufgerissenen Augen und mit klopfendem Herzen immerzu anstarrte. Im Bemühen, sich zu fassen, hatte sie Burtons Bildnis aus der Tasche gezogen. Sie hatte es drei Jahre lang bei sich getragen wie eine Ikone, einen Talisman, ein Symbol der Hoffnung. Ohne zu zögern, hatte er daraufhin ein Bild von ihr aus der Tasche geholt. Beide Bilder, würde Isabel später schreiben, waren völlig unversehrt, ein Beweis dafür, »wie sorgfältig wir sie stets aufbewahrt hatten«.

Isabel war überglücklich, den Mann, von dem sie seit Jahren geträumt hatte, endlich wiederzusehen, doch selbst sie bemerkte, wie grundlegend er sich seit ihrer letzten Begegnung verändert hatte. »Er hatte einundzwanzig Fieberattacken überlebt – war teilweise gelähmt und halberblindet gewesen«, schrieb sie später, noch immer erschüttert. »Er war nur noch ein Gerippe, mit bräunlich gelber Haut, die lose an ihm herabhing, hervortretenden Augen und Lippen, die seine Zähne entblößten. … Er war traurig verändert; verschwunden waren Jugend, Gesundheit, Lebensmut und Schönheit.« Obwohl der Gedanke, dass dieser Mann, der einmal so viel Kraft und Energie ausgestrahlt hatte, jetzt nur noch ein blasser, schwächlicher Schatten seiner selbst war, Isabel fast das Herz brach, war ihr Wunsch, ihn zu heiraten, allenfalls noch größer geworden. »Er war noch immer … mein irdischer Gott und König, und ich wäre am liebsten vor ihm auf die Knie gefallen, um ihn anzubeten«, schrieb sie. »Ich saß da und sah ihn an und dachte: ›Du bist der meine, kein Mann auf Erden ist dir gleich.‹«

❋

So sehr sich Isabel danach sehnte, Burton endlich zu heiraten, ein unverrückbares Hindernis gab es nach wie vor: ihre Mutter. Eliza Arundell suchte seit zehn Jahren nach einer passenden Partie für ihre älteste Tochter. Richard Burton jedoch entsprach so ganz und gar nicht ihren Vorstellungen vom idealen Schwiegersohn. Als Isabel ihr mitgeteilt hatte, dass sie Burton heiraten wolle, war Elizas Reaktion kalt, unnachgiebig und erstaunlich barsch gewesen, sogar für eine Mutter, die von ihren Kindern stets absoluten Gehorsam verlangt hatte. Isabel würde es niemals vergessen. »Als ich nach Hause kam und Dir voller Begeisterung erzählte, ich hätte den Mann fürs Leben gefunden …, was hast Du mir geantwortet?«, schrieb sie später. »Er wäre der *Einzige*, dem Du mich niemals zur Frau geben würdest; lieber würdest Du mich im Sarg sehen.«

Burton hatte sämtliche Qualitäten, die Eliza an einem Schwiegersohn ablehnte. Er war berühmt, aber auf die allerschlimmste Art. Skandalöse Gerüchte zirkulierten über ihn, und in den erlesenen gesellschaftlichen Kreisen der Arundells sah man ihn selten – allerdings hatte Burton, wie Isabel ihrer Mutter endlich zu gestehen wagte, auch gar nicht das Verlangen, irgendwelchen gesellschaftlichen Kreisen anzugehören, auch nicht den ihren. Er hatte kaum Vermögen und noch weniger Perspektiven. Die Regierung in Bombay hatte ihm eine Rüge erteilt, die Royal Geographical Society ihm zwar die höchste Auszeichnung verliehen, ihn aber seitdem ignoriert. Stattdessen überschüttete sie seinen zweiten Offizier mit Aufmerksamkeit und Finanzmitteln. Für eine Mutter, die sich für ihre Tochter nicht nur eine gewisse gesellschaftliche

Stellung, sondern auch finanzielle Sicherheit wünschte, schien Burton die schlimmstmögliche Wahl.

Was Burton für Eliza jedoch gänzlich inakzeptabel machte, war die Tatsache, dass er ihre religiösen Überzeugungen nicht teilte, schlimmer noch, überhaupt keiner Konfession anzuhängen schien. Isabel würde ihr Leben lang versuchen, Burton sanft, aber bestimmt zum Katholizismus zu bekehren, selbst als er schon im Sterben lag. Burtons Nichte Georgiana Stisted würde später behaupten, er sei die meiste Zeit ein Deist gewesen, doch Burton selbst hatte sich zwar mit fast jeder Religion befasst, sich aber von allen distanziert. Die organisierten Kirchen, so seine Überzeugung, brachten nur Unglück, sowohl für ihre praktizierenden Gläubigen als auch für jene, die zu »retten« sie vorgaben. »Ich komme immer mehr zu dem Schluss, dass der einzig wahre Glaube darin besteht, den Glauben der Nachbarn in Bausch und Bogen abzulehnen«, schrieb er an einen Freund. »Hoffentlich sehen wir uns zur nächsten Séance.«

Trotz Elizas unverhohlener Abneigung gegen Burton und ihrer strikten Weigerung, ihm die Hand ihrer Tochter zu geben, versuchte Isabel weiterhin, sie zu überzeugen. Einige Monate, nachdem ihr Verlobter aus Afrika zurückgekehrt war, schrieb sie ihrer Mutter einen langen, sorgsam durchdachten Brief mit starken Argumenten. Bevor sie diese jedoch kundtat, sprach sie eine Warnung aus: »Meine liebe Mutter, ich bin Dir sehr dankbar, dass ich Dich ins Vertrauen ziehen darf. Es ist das erste Mal, und ich möchte mir diese Gelegenheit nicht entgehen lassen. Es wird sehr tröstlich für mich sein, Dir alles zu erzählen«, schrieb sie. »Doch bitte verzeih, wenn ich auf meine empfindliche Stelle verweise, die man nicht berühren darf, denn ein unfreundliches oder verächtliches Wort könnte unser aller Zukunft vergällen.« Dann sprach sie Punkt für Punkt die Bedenken ihrer Mutter an, um ihr zu beweisen, wie ungerecht und unlogisch sie waren. »Es überrascht mich, dass ausgerechnet Du, die Du Talent stets verehrt hast, meine Liebe als kindische Schwärmerei abtust. Vater hingegen liebt Wagemut und

Abenteuer, und in Burton ist all dies vereint«, argumentierte sie. »Denkt nur an seine militärischen Verdienste – in Indien und auf der Krim! Denkt an seine Schriften, seine Reisen, seine Dichtungen, seine Sprachen und Dialekte. Seit Mezzofantis Tod ist er das größte Sprachgenie Europas; er ist der beste Reiter, Schwertkämpfer und Pistolenschütze. Er hat die Goldmedaille erhalten, ist ein Fellow der Royal Geographical Society, und alle Zeitungen berichten über seinen Ruhm, seine Reputation und die Dankbarkeit der Öffentlichkeit. … Ich könnte Dir Abenteuer von ihm erzählen, die Dich begeistern würden, wärest Du nicht so voreingenommen.« Nachdem sie ihre Mutter an Burtons viele Erfolge erinnert hatte, bestand Isabel darauf, dass er auch ein durch und durch guter Mensch sei, selbst wenn man ihr das Gegenteil erzählt hätte. »Er ist mitnichten der Mann, … für den die Leute ihn halten, oder der zu sein er zuweilen aus Übermut vorgibt«, schrieb sie. »Die schlechten Meinungen, die Du vielleicht über ihn gehört hast …, rühren daher, dass er sich rücksichtslos gegen jeden stellt, der unsinniges Zeug über Religionen, Herzensangelegenheiten und Prinzipien daherfaselt.«

Zum Thema Religion meinte sie beruhigend: »Er führt ein gutes Leben, hat eine natürliche Ehrfurcht vor Gott, ein angeborenes Ehrgefühl und tut Gutes, auch wenn man nichts darüber weiß«, schrieb sie. Isabel war überdies zuversichtlich, dass sie ihn mit der Zeit und mit ruhiger, sanfter Führung – wie sie sie gegenwärtig ihrer Mutter angedeihen ließ – zur Einsicht bringen konnte. »*Noch* folgt er keiner Form; zumindest bekennt er sich zu keiner«, räumte sie ein, doch gebe es bereits Hinweise, dass er bald ihre Gesinnung übernehmen werde. »Er möchte in der katholischen Kirche getraut werden, ermutigt mich, meinen Glauben auszuüben, will, dass unsere Kinder katholisch erzogen werden, und ist bereit, mir sein Versprechen diesbezüglich schriftlich zu geben.« Viele Männer behaupteten, sie seien gottesfürchtige Katholiken, erinnerte Isabel ihre Mutter, aber wenige seien in ihrem tiefsten Inneren so gut wie Burton. »Ich selbst halte nichts von Leuten, die sich zwar Katholiken *nennen*, dies aber nicht durch ihre Taten besiegeln«, schrieb sie, »und Captain Burton führt ein weitaus christlicheres, edleres, sinnvolleres und ganz gewiss auch gottgefälligeres Leben als viele unserer Bekannten, die sich Katholiken nennen.«

Obwohl Isabel alle ihr zur Verfügung stehenden Ressourcen nutzte – ihren scharfen Verstand und ihr bewegtes Herz –, um ihre Mutter von Burton als Schwiegersohn zu überzeugen, ließ Eliza sich nicht umstimmen. »Als Reaktion auf diesen Brief hielt sie mir eine entsetzlich lange, ernste Standpauke«, würde Isabel sich später erinnern. »Richard sei kein Christ und habe kein Geld, sagte sie mir.« Burton riet ihr, es aufzugeben. Sie würde ihre Mutter niemals umstimmen, da diese genau wie ihre Tochter über »die edle Starrköpfigkeit des Maultiers« verfüge. Es bliebe ihnen keine andere Wahl als ohne ihren Segen zu heiraten. Isabel jedoch wollte das nicht. Obwohl mittlerweile fast dreißig Jahre alt, konnte sie sich noch immer nicht dazu durchringen, sich dem Willen ihrer Mutter zu widersetzen.

❁

Burtons Leben war plötzlich und auf unerklärliche Weise auseinandergebrochen. Alles, wovon er geträumt, wofür er sich abgerackert und mehrfach sein Leben riskiert hatte, war verschwunden. Nun wusste er nicht, wohin er sich wenden sollte. Selbst jene wenigen Bestandteile seines Lebens, auf die er sich stets hatte verlassen können, waren verloren. Beide Eltern waren tot, und sein jüngerer Bruder Edward, der ihm sein Leben lang Halt und Stütze gewesen war, der beste Freund seiner rastlosen Kindheit, hatte sich tragisch und unwiderruflich verändert. Edward Burton hatte zwar im Gegensatz zu Edward Speke den Indischen Aufstand vor zwei Jahren überlebt, war aber nach einem schweren Hitzschlag nach Hause geschickt worden. Dieses Ereignis, gepaart mit einem Vorfall, bei dem er drei Jahre zuvor von einer zornigen Meute attackiert und verprügelt worden war, hatte zu einem völligen geistigen Zusammenbruch geführt – anders ließ sich sein Zustand nicht beschreiben. »Sein Verstand löste sich langsam auf«, würde Georgiana Stisted später schreiben, »und sollte sich nicht mehr erholen.« Der tapfere, gutaussehende junge Mann, der seinem Bruder bei jeder jugendlichen Revolte zur Seite gestanden hatte, der sogar seinen Ausschluss aus Cambridge provozierte, nachdem man Richard nahegelegt hatte, er möge Oxford verlassen, war nun ein Insasse im Irrenhaus der Grafschaft Surrey. Er hatte seit seiner Rückkehr kein Wort mehr gesprochen, und würde bis auf eine einzige Ausnahme, die kaum mehr war als ein Flüstern, bis zum Ende seines Lebens schweigen, nahezu vierzig Jahre lang. Edwards schwere, rätselhafte Krankheit isolierte ihn gänzlich und unwiderruflich von seiner Umgebung, nicht einmal sein Bruder drang noch zu ihm durch.

Um möglichst schnell alles zu vergessen, was seit seiner Rückkehr geschehen war, verließ Burton London bei der ersten sich bietenden Gelegenheit. Rastlos von einem Ort zum anderen reisend, versuchte er, seinen zerschundenen Körper zu kurieren und seine gepeinigte Seele zu befreien. »Ein heftiges Verlangen nach frischer Luft und eine schwere Last auf meiner Seele – so ähnlich muss sich ein schlechtes Gewissen anfühlen – trieben mich aus der Stadt«, schrieb er an Monckton Milnes aus Dover, wo er sich »der Wasserkur« unterziehen wollte. Milnes lud ihn daraufhin ein, eine Woche in seinem Landsitz Fryston Hall zu verbringen, neben Gästen wie Henry Adams oder Alfred Lord Tennyson, der dem zugigen alten Anwesen den Spitznamen *Freezetown* (»Frosthausen«) verpasste. Milnes selbst nannte es liebevoll *Aphrodisiopolis*, in Anspielung auf seine umfangreiche Erotika-Sammlung. Von Fryston Hall reiste Burton nach Boulogne, wo er fast zehn Jahre zuvor Isabel zum ersten Mal begegnet war. In Paris legte er einen Zwischenhalt ein, um Hankey zu besuchen.

Doch nicht einmal Milnes und Hankey gelang es, trotz ihrer seltenen Sammlungen und ungeheuerlichen Andeutungen, Burton von seiner Schwermut abzulenken. Als er seine Verwandten besuchte, kam seine junge Nichte Georgiana nicht umhin zu bemerken, wie sehr sich ihr einst so schillernder Onkel verändert hatte, und sie war nicht die Einzige. »Uns allen fiel auf, dass er krank und deprimiert wirkte«, schrieb sie. Er war nicht nur fragil und schwach, sein Herz war gebrochen. »Spekes unerklärlicher Verrat setzte ihm ärger zu, als er sich eingestehen wollte«, so Georgiana. »Für einen so warmherzigen Menschen wie ihn musste das unwiderrufliche Ende einer langen Freundschaft einen immensen Schmerz bedeuten.« Georgiana und ihre Eltern waren geradezu vernarrt in Burton, ermunterten ihn, sie bei langen Spaziergängen zu begleiten oder ihnen bei Tisch Gesellschaft zu leisten. Sie sorgten dafür, dass er genügend Zeit für sich hatte, um zu schreiben und nachzudenken, aber nichts schien zu helfen. »Den ganzen Sommer über wirkte er kränklich und verzagt«, würde Georgiana später schreiben. »›Die Burtons sind Pechvögel‹, heißt es in seiner Familie, und zuweilen klebte das Pech so hartnäckig an ihm, dass es fast seine Karriere beendet hätte. Selbst das Positive, das ihm widerfuhr, hatte wie ein Skorpion einen giftigen Stachel.«

17.

Hart wie Stein

In der zufriedenen Behaglichkeit seines Familiensitzes Jordans plante Speke unterdessen emsig seine eigene Expedition. Was ihn offenbar am meisten beschäftigte, betraf allerdings weder die Vorräte, die es mitzunehmen galt, noch die günstigste Route, sondern die Frage, wen er anheuern sollte. Aus eigener Erfahrung wusste Speke, dass die Wahl der Männer, mit denen er durch Ostafrika marschieren würde, eine lebenswichtige und potenziell gefährliche Entscheidung war. Er würde sie nicht leichtfertig treffen.

Loyalität wurde für Speke zum zentralen Thema. Natürlich musste er Sidi Mubarak Bombay bei sich haben. »Sagen Sie Bombay, dass ich ihn hier über den grünen Klee gelobt habe«, schrieb er an Rigby, »nun besteht so viel Interesse an seiner Mitarbeit, dass ich ihn das nächste Mal mit nach Hause bringen muss.« Mit Bombay an seiner Seite hätte er nicht nur einen Dolmetscher und ortskundigen Führer, wusste Speke, sondern zudem einen vertrauenswürdigen Gefährten. Mit ihm würde er sich niemals verloren oder einsam fühlen.

Als weitaus schwieriger empfand Speke die Wahl seines Stellvertreters. Die Royal Geographical Society hatte bereits mehrere Bewerbungen für diesen Posten erhalten, aber Speke wollte jemanden, den er persönlich kannte und dem er vertraute. Als Erster kam ihm Edmund Smyth in den Sinn. Er hatte Smyth bereits zweimal im Stich gelassen: zuerst 1854, als er lieber allein nach

Aden gesegelt war statt wie geplant mit Smyth, und erneut zwei Jahre später, als er die gemeinsame Jagd im Kaukasus hatte sausen lassen, um sich Burtons Ostafrika-Expedition anzuschließen. Doch Speke war zuversichtlich, dass Smyth ihm nichts nachtragen würde, und zudem überzeugt, dass auf seinen alten Freund unbedingt Verlass war, komme, was wolle. Er war ein »Typ, der nicht vor die Hunde gehen würde, voller Schneid und immer klar im Kopf«, schrieb er, »ein Mann, der meine Gewohnheiten teilt, ganz nach meinem Geschmack.« Smyth hatte in Indien gedient, im Dreizehnten Regiment der bengalischen Infanterie, und im Zweiten Anglo-Sikh Krieg gekämpft, in den Schlachten bei Chenab und Gujrat. Er hatte mit Speke im Himalaya gejagt, die Bergwelt in Kumaon und Garhwal erforscht und am Oberlauf des Ganges einen Pfad eröffnet, der Reisenden lange verschlossen gewesen war. Zwei Jahre zuvor hatte der Schriftsteller Thomas Hughes, der mit Smyth die Rugby School besucht hatte, in seinem beliebten Roman *Tom Brown's Schooldays* ihm sogar eine Figur nachempfunden. »Der schrägste, coolste Fisch in Rugby«, hatte Hughes über Crab Jones, die Smyth-Figur, geschrieben. »Wenn er in diesem Moment gegen den Mond stolpern würde, er würde sich aufrappeln, ohne die Hände aus den Hosentaschen zu nehmen.«

Doch kaum hatte er Smyth gebeten, ihn zu begleiten, änderte Speke erneut seine Meinung und zog sein Angebot zurück. Er hatte plötzlich Bedenken, dass sein alter Freund nicht mehr zäh genug sein könnte, um mit ihm Schritt zu halten. »Mir ist zu Ohren gekommen, dass Smyth des Öfteren fiebert«, schrieb er herablassend an Shaw. »Ich will ihn nicht dabeihaben. … Ich bin hart wie Stein.« Speke suchte nach jemandem, der nicht nur intelligent und stark war, sondern zugleich – vielleicht noch wichtiger – von unerschütterlicher Loyalität. Er brauchte jemanden, der ihn niemals hintergehen, ihm weder seine Position als Kommandant neiden noch ihm seinen Platz in der Geschichte als Entdecker der Nilquellen streitig machen würde.

Am Ende fand sich der ideale Begleiter: James Augustus Grant hatte sich in einem Brief an Speke gewandt und sich erboten, ihn nach Ostafrika zu begleiten. Der Sohn eines Gemeindepfarrers war in den schottischen Highlands geboren, in Aberdeen zur Schule gegangen und schließlich in die indische Armee eingetreten. Dort hatte er Speke vor zwölf Jahren kennengelernt. Grant besaß all die guten Eigenschaften, die Speke sich von seinem stellvertretenden Kommandanten wünschte. Die meisten davon trafen weder auf Burton noch auf Speke selbst zu. Grant war bescheiden, zurückhaltend und zufrieden damit, die zweite Geige zu spielen. »Mutter denkt unentwegt an unseren Freund Grant und ist hingerissen von der Vorstellung, dass er mich begleiten wird«, schrieb Speke von seinem Familiensitz Jordans aus an Shaw. Mit Grant, das wusste Speke, käme er niemals in Gefahr, das Rampenlicht teilen zu müssen. »Die Entdeckung des Nils, dessen bin ich gewiss, wird mir keiner wegnehmen«, schrieb er zufrieden an Rigby.

Nachdem Speke es nicht sonderlich schwergefallen war, die Entdeckung der Nilquellen für sich zu beanspruchen, sollte er nun den Beweis dafür erbringen, was weitaus schwieriger wäre. Speke war zwar bereits am Nyanza gewesen, hatte aber noch nie eine Expedition dieser Größe geleitet. Nun wäre es an ihm, all die missliebigen Entscheidungen zu treffen, für die er Burton kritisiert hatte. Die Royal Geographical Society würde ihm keine große Hilfe sein. Sie erwartete von Speke – wie von allen Forschungsreisenden –, dass er die Angelegenheit selbst in die Hand nahm, und ließ ihm ihre Instruktionen erst einen Monat vor dem geplanten Reisebeginn zukommen. Als Speke sie endlich erhielt, boten sie ihm wenig Orientierung. Von Sansibar aus sollte die Expedition sich geradewegs zum nördlichen Ufer des Nyanza begeben und die Stelle finden, an der der Weiße Nil dem See entströmte. Damit hätten Speke und seine Männer den Beweis erbracht, dass besagter See die Hauptquelle war, und sollten alsdann dem Flusslauf in nördlicher Richtung bis zur deutschen Mission Gondokoro am Ostufer folgen, im heutigen Südsudan. Die ganze Angelegenheit würde, so die Erwartung der Society, bis Ende 1861 abgeschlossen sein, also in gut einem Jahr.

Speke wusste, dass seine Expedition, wenn sie in Gondokoro einträfe, in Schwierigkeiten stecken würde. Sie hätte kaum noch Vorräte übrig und keine Möglichkeit, ein Schiff zu bekommen, das sie nach Khartum brächte, von wo aus sie nach England zurückkehren konnte. Er brauchte jemanden, der bereit wäre, ihm mit Booten und Proviant entgegenzukommen. Mit Murchisons Hilfe fand er genau den richtigen Mann dafür: John Petherick kannte die Gegend um Gondokoro wie seine Westentasche. Der Waliser Bergbauingenieur hatte vergeblich nach Kohlevorkommen in Ägypten und dem Sudan gesucht, ehe er die Segel gestrichen hatte und Elfenbeinhändler im Niltal geworden war. Dort hatte er die Nebenflüsse des Nils erforscht und als erster Europäer den Fluss Bahr el-Ghazal kartographiert, das größte der zehn Teileinzugsgebiete des Nils. Nach seiner Ernennung zum britischen Vizekonsul in Khartum war er 1859 nach England zurückgekehrt, um Murchison aufzusuchen, den er seit Jahren kannte. Murchison wiederum stellte ihn Speke vor.

In den folgenden Monaten setzte Speke alles daran, sich mit Petherick anzufreunden. Nachdem er eine Karte gesehen hatte, die dieser vom oberen Nil gezeichnet hatte, lobte er das Werk als »überaus wertvoll« und Petherick als den »größten Forschungsreisenden in jenem Teil Afrikas«. Petherick forschte gern, blieb dabei aber lieber anonym. Speke gab ihm zu bedenken, wie berühmt er werden könnte. »Bekanntheit zu erlangen, ob als Forschungsreisender oder als Autor, lag mir fern«, schrieb Petherick. »Es war Captain Speke, der mich von all meinen neuen Bekannten am meisten drängte, meine Vorurteile hinsichtlich einer Veröffentlichung zu überwinden.« Speke ermunterte Petherick, seine Reisetagebücher nicht nur zu veröffentlichen, sondern sie, wie er selbst es getan hatte, an das *Blackwood's Magazine* zu schicken. »Das

Interesse der Öffentlichkeit … ist weitaus größer als Sie annehmen, darum dürfen Sie ihr das, was jetzt in Ihnen verborgen liegt, nicht länger vorenthalten«, nötigte er Petherick. »Die Royal Geographical Society verfügt nicht über die Mittel, einem breiteren Publikum Informationen zugänglich zu machen, wogegen Blackwood eine höhere Auflage bietet als jeder andere. Noch einmal, die Royal Geographical Society ist unendlich träge, Blackwood indes braucht keine Woche, um eine Karte, einen Aufsatz oder was auch immer zu drucken.«

Speke lud Petherick sogar ein, ihn auf Jordans zu besuchen. »Ich habe Petherick gebeten, für ein paar Tage herzukommen«, schrieb er an Norton Shaw, »damit wir Pläne schmieden können, wie wir uns gemeinsam über Afrika hermachen.« Während Spekes Mutter sich für Grant begeisterte, weil er ihrem Sohn gegenüber so uneingeschränkt loyal war, gaben seine Schwestern Petherick den Vorzug, wenn auch nur, weil er sie zum Lachen brachte. Klein und untersetzt, mit einem widerspenstigen Bart und einem Kopf voller wilder Locken, fühlte Petherick sich in einem Zelt in Afrika weitaus wohler als auf einem britischen Herrensitz. Er sei »wie ein blindwütiges Nilpferd« inmitten ihrer delikaten Möbel und des feinen Porzellans herumgetrampelt, schrieb Speke. Seine Schwestern hatten Freude daran, dem vierschrötigen Menschen dabei zuzusehen, wie er sich einzufügen suchte, stets im Ungewissen, was von ihm erwartet wurde. »Sehr zum Vergnügen der Mädchen«, schrieb Speke an Blackwood, »fand Petherick sich heute mit den Kirchenbüchern nicht zurecht.«

Doch bei aller Unbeholfenheit im Umgang mit Aristokraten war Petherick keineswegs dumm. Er wollte an den Nil zurück und war gern bereit, seine eigenen Bestrebungen hintanzustellen, um Speke bei der Verwirklichung der seinen zu helfen; allerdings hatte er Sorge, für solch ein schwieriges Unterfangen nicht genügend Finanzmittel auftreiben zu können. Selbst Speke hatte nur zweitausendfünfhundert Pfund erhalten, und ein Großteil davon war Murchison zu verdanken, der sich direkt an seine Freunde im

Schatzamt gewandt hatte. Um zu tun, was Speke und die Royal Geographical Society von ihm erwarteten – während Spekes Expedition von Sansibar aus gen Norden wanderte, sollte Petherick von Khartum aus nach Süden reisen, um dann in Gondokoro mit drei vollbeladenen Versorgungsbooten auf Speke und seine Männer zu warten –, würde Petherick eine Geldsumme benötigen, die jener von Speke gleichkäme. »Die Ausgaben für eine solche Expedition würden sich auf etwa zweitausend Pfund belaufen«, erklärte Petherick der Society. »Sollte eine so große Summe nicht verfügbar sein, würde ich vorschlagen, zwei mit Proviant bestückte Boote unter der Aufsicht eines meiner eigenen Männer, auf dessen Integrität stets Verlass war, auf die Ankunft der Expedition warten zu lassen. … Die Ausgaben lägen dann, nach moderater Kalkulation, bei eintausend Pfund.«

Petherick hatte allen Grund, sich zu sorgen. Die Royal Geographical Society bemühte sich lediglich, sein Gehalt um dreihundert Pfund im Jahr anheben zu lassen, doch selbst diese Forderung verweigerte die Regierung. »Ich muss schon sagen«, beklagte sich der Untersekretär des Schatzamtes, »die Society saugt uns ganz schön aus.« Murchison bemühte sich nach Kräften, das Geld selbst aufzutreiben. Am Ende konnte er die Society und das Foreign Office überreden, jeweils einhundert Pfund beizusteuern, legte von seinem eigenen Geld zwanzig Pfund dazu und drängte seine Kollegen in der Society, es ihm gleichzutun. »Man kann von Konsul Petherick doch nicht erwarten, dass er das Unternehmen aus eigener Tasche bezahlt«, tadelte er sie. Am Ende war Petherick aber noch immer weit von den zweitausend Pfund entfernt, die er mit Sicherheit benötigen würde. Er hatte wiederholt erklärt, dass der Gefallen, um den man ihn bat, unmöglich mit den Mitteln zu bewältigen wäre, die man ihm zur Verfügung stellte. Trotzdem erteilte ihm Francis Galton, der im Expeditionskomitee der Society saß, die Anweisung, er solle im November 1861 in Gondokoro auf Speke warten und nötigenfalls bis mindestens Juni 1862 dort verbleiben.

Während Petherick noch mit der Society rang, bereiteten Speke und Grant ihre Abreise vor. Galton lud beide Männer zu sich nach Hause ein, um ihnen eine gute Reise zu wünschen. Noch Jahre danach würde er sich staunend an die Ergebenheit erinnern, die Grant Speke entgegenbrachte. »Diese unbedingte Loyalität, mit der Grant sich Speke verpflichtet sah, war schon bemerkenswert, wenn ich so sagen darf«, schrieb er später. Doch selbst mit Grant wollte Speke kein Risiko eingehen. Weil ihm das gequälte Verhältnis zwischen ihm selbst und seinem eigenen Kommandanten nur allzu deutlich vor Augen stand, setzte er unverfroren einen strengen Vertrag auf, den er seinem bescheidenen, zurückhaltenden Stellvertreter am Abend vor ihrer Abreise nach Ostafrika zur Unterzeichnung vorlegte.

Hiermit stimme ich zu, Captain J. H. Speke bei seiner Expedition nach dem östlichen Zentralafrika zu begleiten, und erkläre mich mit den folgenden Bedingungen einverstanden: Dass ich der Expedition während der gesamten Reise keine Kosten verursachen werde, meine Dienste und Fähigkeiten ausschließlich der Expedition zur Verfügung stelle und auf das Recht auf eigene Publikationen oder Sammlungen jedweder Art verzichte, es sei denn, Captain Speke oder die R. G. S. geben ihr Einverständnis.
Captain Speke seinerseits erklärt sich einverstanden, Captain Grant unter den oben genannten Bedingungen an der Expedition teilhaben zu lassen.

J. A. Grant
J. H. Speke

Endlich sicher, dass er niemals in dieselbe Lage geraten würde, in die er Burton gebracht hatte, empfand Speke nun einen Anflug von Bedauern darüber, wie sich alles entwickelt hatte. Burtons übergroße Selbstgewissheit, sein Desinteresse an der Meinung anderer und seine Überzeugung, dass er sich, ganz gleich in welcher Lage, ausschließlich auf seinen eigenen Verstand verlassen konnte, hatten Speke schon immer an ihm gestört. Was ihn aber tatsächlich zur Weißglut getrieben hatte, war die Tatsache, dass er Burton offenbar weder beeindrucken, noch einschüchtern konnte. »Wann immer ich über irgendetwas sprach, fuhr er mir dermaßen grob über den Mund, dass ich lieber mit mir selbst Rat hielt«, hatte Speke sich Shaw gegenüber beklagt. »Burton ist einer dieser Männer, die sich *grundsätzlich* niemals irren, und folglich auch niemals einen Fehler eingestehen, so dass die Unterhaltung mit ihnen irgendwann eher langweilt als erfreut.«

Jetzt jedoch, da Speke im Begriff war, seine eigene Expedition zu leiten, wich sein Groll allmählich einem Gefühl der Großherzigkeit. »Burton und ich sind uns heute in der R.G. Society begegnet«, gestand er Rigby in einem Brief, »aber er hat nicht mit mir gesprochen. Nach einer kleinen Meinungsverschiedenheit hatte er den Wunsch geäußert, jede persönliche Korrespondenz mit mir zu beenden.« Die Briefe zwischen den beiden Männern – sie hatten einander weiterhin geschrieben, nachdem Speke aus Aden abgereist war – waren im Ton zunehmend kälter geworden, zumal das Ausmaß von Spekes Verrat allmählich ans Licht kam. Was so überaus vertraut begonnen hatte – zwei Freunde, die einander mit wechselseitigem Respekt, ja Herzlichkeit schrieben –, war schnell zu knisternder Anspannung und dann zu kaum verhohlener Wut geworden. Aus »Mein lieber John« wurde rasch »Mein lieber Speke«, dann »Speke« und endlich das absolute Minimum, das in viktorianischer Zeit gerade noch als höflich durchging: »Sir.« Schließlich bat Burton Norton Shaw, er möge zwischen ihnen beiden vermitteln, und erklärte, er wünsche »fortan keine private oder direkte Kommunikation mehr mit Speke«.

Zwei Tage vor Spekes geplantem Aufbruch nach Afrika wandte er sich ein letztes Mal mit einem Brief an Burton. »Mein lieber Burton«, schrieb er in dem Versuch, zu einem freundlicheren Umgangston zurückzufinden. »Ich kann England nicht verlassen und

Sie dabei ebenso schnöde anreden wie Sie mich, zumal Sie sich herbeiließen, bezüglich der Summe, die ich Ihnen schulde, ein freundschaftliches Arrangement vorzuschlagen.« Burton jedoch wollte Spekes Versöhnungsangebot nicht annehmen. Er war zu tief gekränkt, hatte zu viel verloren. Seine verletzten Gefühle würden nicht mehr heilen. »Sir, ich habe Ihr Schreiben vom 16. April zur Kenntnis genommen«, erwiderte er kurz angebunden. »Was die Schuldenfrage angeht, so habe ich keinerlei Einwände. Allerdings kann ich Ihrem Wunsch, weniger unterkühlt zu korrespondieren, nicht entsprechen – jeder andere Ton wäre mir zuwider. Hochachtungsvoll«, schrieb er und ließ den Brief unsigniert.

TEIL IV

DIE BÖSEN ZUNGEN VON FREUNDEN

18.

Der Prinz

Der Erste, der Speke im Herbst 1860 in Sansibar willkommen hieß, war derselbe, den er bei seinem Abschied von der Insel gut ein Jahr zuvor zuletzt gesehen hatte. Weder Speke noch Burton würden jemals vergessen, wie Sidi Mubarak Bombay am Ufer gestanden hatte, um ihnen Lebewohl zu wünschen, ehe ihr Schiff in See stach. Bei seiner Rückkehr wurde Speke von Bombay in Empfang genommen, standhaft, ehrlich und tapfer wie eh und je. Und bereit, sich noch einmal mit ihm zum Nyanza aufzumachen.

Wieder vereint mit Bombay, konnte Speke es kaum erwarten, den Mann aufzusuchen, mit dem er im Laufe des vergangenen Jahres eine Fernallianz geschmiedet hatte. Er führte Grant daher rasch zum britischen Konsulat, wo Rigby die beiden willkommen hieß. »Er war erfreut, uns zu sehen«, schrieb Speke, »und hatte in Erwartung unserer Ankunft bereits Zimmer für uns vorbereiten lassen, damit Captain Grant und ich in den Genuss seiner Gastfreundschaft kämen, bis alles arrangiert wäre und wir endlich ins Landesinnere aufbrechen konnten.« Der Konsul nahm Speke beiseite, um ihm eine, wie er glaubte, antike Landkarte der Hindus zu zeigen, die etwa sechzig Jahre zuvor veröffentlicht worden war. Seiner Ansicht nach stützte sie Spekes Theorie, der zufolge sich die Mondberge südlich des Nyanza-Sees befanden und den Nil somit nicht vom See abschotten konnten, wie einige seiner Kritiker behauptet hatten. »Colonel Rigby reichte mir nun eine höchst interessante Abhandlung über den Nil und die Mondberge, mit einer dazugehörigen Karte … aus den ›Puranas‹, den heiligen Schriften der Hindus«, schrieb Speke. »Sie bestätigt in gewissem Maße meine Hypothese.« Die wahre Quelle alten Wissens über Ostafrika, glaubte Speke nun, läge nicht bei den Ägyptern, sondern bei denjenigen, die diese Karte gezeichnet hatten. »All unsere früheren Informationen hinsichtlich der Hydrographie dieser Regionen sowie der Mondberge gingen von den alten Hindus aus, die sie an die Priester am Nil weitergaben«, so sein Argument. »Jene umtriebigen ägyptischen Geographen, die *ihr* Wissen verbreiteten, um Berühmtheit für *ihren* Weitblick zu erlangen, wenn sie das tiefreichende Mysterium lösten, das die Quelle ihres heiligen Flusses verhüllte, waren allesamt hypothetische Schwindler.«

Speke war nach seinen ersten Eindrücken von der Gegend so zuversichtlich, tatsächlich die Quelle des Weißen Nils gefunden zu haben, dass er diese bereits umgetauft hatte. Nach seiner Rückkehr nach England erhielt der größte See Afrikas den Namen der britischen Monarchin Victoria. »Weil die Königin sich nach meiner Heimkehr so höflich nach meiner Gesundheit erkundigt hatte«, erklärte er einem Freund, »habe ich den See nach ihr benannt.« Natürlich hatte der See bereits einen Namen. Sogar mehrere. Bei den Swahili hieß er Nyanza, während all jene, die in seiner unmittelbaren Nähe lebten und sich in der Bantusprache Luganda verständigten, den See Nalubaale nannten und ihm, da er ihre Gemeinschaft so reich beschenkte, den Geist einer Frau oder Mutter zuschrieben. Die Luo, die auf dem Gebiet des heutigen Kenia und Tansania lebten, nannten ihn im Dholuo-Dialekt Nam Lolwe, was auf eine endlose Wasserfläche verweist. Keiner dieser Menschen wusste, dass ihr See in der westlichen Welt nun plötzlich Victoria Nyanza und schließlich Victoriasee hieß.

Speke war gewiss nicht der erste Forscher, der ein geographisches Merkmal auf einem anderen Kontinent mit einem neuen Namen versah, und würde auch nicht der letzte bleiben. Seen, Bergketten, Inselgruppen, ja ganze Länder wurden nach Personen benannt, die sie vielleicht ein einziges Mal oder noch nie gesehen hatten. Die Menschen vor Ort, die dankbar waren für die Nahrung, das Wasser, den Schutz oder die Schönheit, die diese geographischen Besonderheiten ihnen boten, von ihnen zuweilen mit Furcht, stets aber mit Respekt betrachtet, wurden kaum je gefragt. Doch nicht jeder Forscher billigte diese Praxis. Burton empfand die Umbenennung des Nyanza nicht nur als anmaßend, sondern geradezu als grotesk, genau wie Spekes Entscheidung, bestimmte Stellen am Tanganjika-See als »Speke Channel« und »Burton Point« zu bezeichnen. »Ich vertrete nach wie vor die Auffassung …, dass die Nomenklatur der Einheimischen auf jeden Fall beizubehalten ist«, schrieb Burton und zitierte dann den Geographen James Macqueen: »Was könnte wohl absurder sein, als irgendeinem Teil dieser Welt, zumal im tiefsten Afrika, einen englischen Namen aufzudrücken.«

Für Speke war der See bereits der Victoria Nyanza, und seine einzige Aufgabe bestand nun darin, ihm – und sich selbst – einen Platz in der Geschichte der Geographie zuzuweisen. Dazu musste er möglichst viele Männer anheuern. Als Karawanenführer stellte er erneut Said bin Salim an, obwohl dieser am Tanganjika-See den Großteil ihrer Vorräte verschachert hatte, so dass Burton sich gezwungen sah, ihn durch Bombay zu ersetzen. Als sein Faktotum, Dolmetscher und Gefährte kam für Speke kein Anderer in Frage als Bombay. Bombay wiederum wollte seinen Sklaven Mabruki bei sich haben, den er drei Jahre zuvor für Burtons Expedition gekauft hatte. So wie Speke sich nicht vorstellen konnte, ohne Bombay durch Ostafrika zu reisen, wollte Bombay Sansibar nicht ohne Mabruki verlassen.

In England war Speke von Murchison unterstützt worden, in Sansibar stand ihm Rigby tatkräftig zur Seite. Nach der leidigen Auseinandersetzung um Hamertons Versprechen, die einzulösen Rigby als Hamertons Nachfolger abgelehnt hatte, notierte sich der Konsul nun sorgfältig jede Abmachung, auf die Speke sich einließ. »Die Entlohnung dieser Männer im ersten Jahr sowie die Vertragsbedingungen wurden nun mit freundlicher Bewilligung durch Colonel Rigby in die Konsulatsbücher eingetragen«, schrieb Speke, »als Sicherheit für beide Parteien und als Vorkehrung gegen Streitigkeiten auf dem Weg.«

Speke hatte sich nicht nur auf das Wiedersehen mit Rigby und Bombay gefreut, sondern auch auf die gemeinsame Reise mit Grant. »Er ist ein sehr guter Freund«, schrieb er, »und weil er auch für den Jagdsport zu haben ist, kommen wir wunderbar durch die Tage.« Grant pflichtete ihm von Herzen bei und schrieb später, es habe zwischen ihm und Speke »niemals auch nur einen Schatten von Neid, Argwohn oder schlechter Laune« gegeben. Von Anfang an sei ihr Verhältnis zueinander nicht nur von ungezwungener Kameradschaft geprägt gewesen, sondern auch von ihrer klaren Auffassung davon, wer innerhalb der Expedition das Sagen hatte. Sie waren Altersgenossen – Grant war sogar ein paar Wochen älter als Speke – und hatten beide ähnliche Militärkarrieren durchlaufen, dennoch stand außer Frage, dass Speke der Kommandant und Grant sein Untergebener war. Im Gegensatz zu Speke, der nicht zur zweiten Geige taugte, hatte Grant kein Problem mit dieser Rolle und vergaß auch nie die Vereinbarung, die er in England unterzeichnet hatte. Er war ein äußerst begabter Künstler und hatte sein Skizzenbuch nach Sansibar mitgebracht. Darin stand folgender Eintrag: »Mitteilung. Falls ich sterbe, soll dieses Buch mit Spekes Erlaubnis meiner Schwester übergeben werden.«

Bevor sie Sansibar verließen, wurde Speke auf eine Flusspferdjagd eingeladen. Grant, selbst ein erfahrener und begeisterter Jäger, sollte auf ihn warten. Während er sich also in Geduld übte, wurde er aufgefordert, der Hinrichtung zweier Männer beizuwohnen, die beschuldigt wurden, wenige Monate zuvor unweit des Nyasa-Sees den deutschen Forscher Dr. Albrecht Roscher ermordet zu haben. Als der Vollstreckungsbefehl des Sultans eine Weile auf sich warten ließ, richtete ein Mann in der Menge das Wort schließlich an Grant. »Darf man beginnen?«, fragte er. »Ja«, erwiderte Grant, »nur zu; fahren Sie fort«, und sah zu, wie die beiden Gefangenen, einer nach dem anderen, durch einen Schwerthieb nahezu enthauptet wurden. »Beide erschienen wie in einem süßen Schlummer; zwei Hühner hüpften auf die noch zuckenden Leiber, und die Kühe auf dem offenen Platz blieben unbeeindruckt liegen«, schrieb Grant später. »In der Hoffnung, niemals wieder eine solche Szene mitansehen zu müssen, verließ ich die Stätte; dennoch empfand ich eine gewisse Befriedigung, da der Gerechtigkeit Genüge getan war. Wäre ich nicht zugegen gewesen, wären diese Mörder ihrer Strafe wohl entgangen.«

Speke, der es nicht erwarten konnte, den Nyanza zu erreichen, und in nur eineinhalb Jahren Petherick in Gondokoro zu treffen gedachte, brach gut einen Monat nach seiner Ankunft auf Sansibar zum Festland auf. »In der absoluten Gewissheit, das große Nilproblem in Bälde ein für alle Mal gelöst zu haben, machte ich mich auf den Weg«, schrieb er. Doch mit Beginn der Expedition fingen zu seiner großen Enttäuschung auch die Desertationen an. »Ich startete in Sansibar mit zweihundert Gefolgsleuten«, beschwerte er sich. »Als wir in Kazeh eintrafen, vierhundertdreißig Meilen westlich der Meeresküste, waren von den zweihundert nur noch vierzig Mann übrig. Drei Viertel hatten uns im Stich gelassen.« Als Burton sich damals weigerte, auch die Deserteure zu belohnen, hatte Speke ihm vorgeworfen, er sei zu streng. Für seine eigenen Männer aber verlangte Speke jetzt eine weitaus härtere Bestrafung. »Die Männer des Sultans schleichen sich davon und lassen uns im Stich. Ich habe dem Scheich gesagt, er möge dem Sultan einen Brief schreiben und sich über die Leute beschweren. Ihr Verhalten muss streng geahndet werden, damit nicht andere ihrem Beispiel folgen«, schrieb er an Rigby. »Sie sind faktisch Diebe, was umso schlimmer ist, als sie mir Treue geschworen haben, und ich wünsche, dass man sie entsprechend bestrafe. … Ich schicke eine Liste mit den Namen der siebzehn Männer, die sich davongemacht haben, dann können Sie mit ihnen verfahren, wie Sie es für richtig erachten.« Seine Warnung an die verbliebenen Männer war klar: Auf dem Spiel stand nicht nur ihre Prämie, sondern auch ihre Freiheit. Sollten sie desertieren, ließ er sie wissen, »wäre mein Arm lang genug, um sie an der Küste zu ergreifen und ins Gefängnis zu stecken«.

Speke erwartete Gehorsam von seinen Männern, aber vor allem wollte er rasch vorankommen. Immer wieder wurde seine Expedition in frustrierender, ja gefährlicher Weise ausgebremst. In Kazeh, dem Handelsposten, wo er und Burton wegen dessen Erkrankung fünf Wochen hatten pausieren müssen, wurde Speke aufgrund von Problemen mit Gesundheit, Logistik und durch Verhandlungen fast doppelt so lang aufgehalten. Als die Expedition sich endlich wieder auf den Weg machen konnte, steckte sie gleich darauf fast drei Monate lang im Königreich Uzinza fest, weil dessen Herrscher, Lumeresi, ihr die Weiterreise verweigerte. Mittlerweile war es Oktober geworden; in wenigen Monaten sollte die Expedition auf Petherick stoßen, und hatte noch immer Hunderte Meilen vor sich.

Bald würden die Vorräte zur Neige gehen. In einem verzweifelten Schreiben an Rigby gestand Speke, er sei zutiefst besorgt, wisse sich kaum noch zu helfen. Die Männer waren darauf angewiesen, kleine Beutetiere zu jagen, für gewöhnlich Spatzen und Tauben. »Wir mussten auf den Zufall hoffen und auf unsere Gewehre vertrauen«, so Grant. »Eines Abends bestand unsere ganze Mahlzeit aus zwei Maiskolben, die wir mit Salz verzehrten.« Während die anderen auf Holzkisten hockten und sich deprimiert über ihre Blechteller beugten, schlich Bombay sich davon und kam kurz darauf mit einem »sehr kleinen und seltsam platt gewalzten toten Huhn« wieder zurück. Dann verschwand er erneut und stöberte irgendwo fünf lebende Hühner auf, von denen sie sich die folgenden zwei Tage ernährten.

Fast jeder der Männer war schon krank gewesen. Speke und Grant zogen sich Erkrankungen zu, die ihre kräftigen, gesunden

Körper in humpelnde, hustende, schlotternde Hüllen verwandelten. Speke fing sich eine so heftige Erkältung ein, dass er kaum noch schlafen oder stehen konnte. »Die Symptome waren insgesamt ziemlich beunruhigend«, gab er später zu. »Mein Herz schien entzündet zu sein und war zum Bersten gespannt, drückte und stach bei jedem Atemzug, was durch fortwährendes Husten, bei dem Ströme von Schleim und Galle ausgeworfen wurden, noch stark verschlimmert wurde.« Wie am Tanganjika-See, als ihm ein Käfer ins Ohr gekrabbelt war, nahm Speke die Sache schließlich selbst in die Hand. »Indem ich mir überlegte, wie ich die Krankheit, die mich befallen hatte, am besten kurieren könnte«, schrieb er, »versuchte ich, eine Packnadel als Haarseil durch meine Seite zu ziehen.« Zu schwach, das stumpfe Ende ins Fleisch zu treiben, bat er einen der Männer um Hilfe, doch auch ihm gelang es nicht.

Grant litt immer wieder an Fieberschüben, doch am meisten behinderte ihn eine Infektion in seinem rechten Oberschenkel, der sich »durch die Entzündung stark verformte«. Monatelang hatte er keine Ahnung, wodurch diese extreme Schwellung verursacht wurde und wie ihr beizukommen war. Der »intensive Schmerz … ließ durch einen tiefen Schnitt und reichlich Eiterfluss vorübergehend nach«, schrieb er. »Dann aber bildeten sich neuerliche Abszesse, und wieder wurden Schnitte gemacht. … Um die angesammelte Flüssigkeit abzulassen, ritzte ich täglich mein Bein auf, als sei ich ein Blutegel.« Als die anderen Männer sahen, wie sehr Grant litt, versuchten sie nach Kräften, seine Schmerzen zu lindern. Bombay verpasste ihm sogar einen Umschlag aus Kuhdung, Salz und Schlamm, aber nichts schien zu helfen. Sein Bein wurde nur noch schlimmer.

❋

Um Spekes Furcht und Frust noch zu verschärfen, erreichte ihn die Nachricht, dass Burtons Buch über die Ostafrika-Expedition, *The Lake Regions of Central Africa*, mittlerweile erschienen war. Obwohl Burton darin den Mut und die Stärke seines Weggefährten lobend hervorhob, erwähnte er auch dessen Fehler und Unzulänglichkeiten, zum Beispiel, dass er weder die arabische noch irgendeine afrikanische Sprache beherrsche, und unfähig gewesen sei, am Tanganjika-See ein Boot zu beschaffen. Nachdem er von Burtons Buch und den Vorwürfen darin erfahren hatte, schlug Spekes Gereiztheit in Wut um, und er schwor Vergeltung. »Ich habe heute von Rigby erfahren, … dass Burton im Zusammenhang mit der See-Expedition einige Bosheiten über mich veröffentlicht hat. … Sollte er in irgendeiner Weise meine Ehre beschmutzt haben, täte es mir doch sehr leid, in den letzten Beiträgen, die ich Ihnen zur Veröffentlichung schickte, etliche seiner Transaktionen beschönigt zu haben«, schrieb er an seinen Verleger John Blackwood. »Dass sie in meiner Abwesenheit publiziert werden, finde ich überaus bedauerlich. Vielleicht könnten Sie, ohne sich selbst Schaden zuzufügen, die Öffentlichkeit bis zu meiner Rückkehr auf die Folter spannen.« Blackwood, der Speke bereits geraten hatte, seine Angriffe gegen Burton in den Magazinbeiträgen zu mäßigen, flehte ihn an, keine Änderungen mehr vorzunehmen. Sogar Spekes Mutter sollte sich an Blackwood wenden und ihn bitten, er möge ihren Sohn davon abhalten, seine Fehde mit Burton vor aller Augen auszutragen. »Man hat uns dringend empfohlen, Hanning diesen Streit nicht an die Öffentlichkeit bringen zu lassen, und so möchten wir ihm die Möglichkeit dazu entziehen«, schrieb sie. »Auch Mr. Speke und meine anderen Söhne halten es für angeraten, dieses Buch in unveränderter Form zu veröffentlichen.«

Speke, der von den Bedenken seiner Familie und dem Widerwillen seines Verlegers nichts ahnte, setzte von Ostafrika aus seine Schimpftiraden gegen Burton fort. »Auf in den Kampf, ich bin bereit«, schrieb er an Blackwood, nachdem er seine Gegendarstellung formuliert hatte. »Ich ertrug es nicht länger, also habe ich tüchtig auf Burton eingedroschen, wie er es verdient.« Grant sei nicht minder erzürnt über Burtons Buch, so Speke. »Der gute alte Grant meint, der Mann müsste hängen«, schrieb er, »ich bin schon längst zu diesem Schluss gelangt, um ehrlich zu sein.« Weil er wusste, dass er bei Rigby offene Türen einrannte, erging Speke sich in jedem seiner Briefe an den Konsul in bitteren Beschwerden über Burton. »Würde die Society ihn kennen, wie ich ihn kenne, und sehen, wie sehr sie seiner wahnwitzigen Eitelkeit auf den Leim gegangen ist, hätte sie seinen Reisebericht niemals angenommen«, schrieb er in einem langen, weitschweifigen Brief, in dem er zwischen vergangenen Kränkungen und Plänen für eine künftige Rache hin und her wechselte. »Sie nennen ihn zu Recht einen gemeinen, bösartigen Hund, und ich kann es gar nicht erwarten, nach England zurückzukehren und zum Gegenschlag auszuholen. Er hat ohne meine Erlaubnis mein Reisetagebuch aus Somaliland drucken lassen, um damit seine *Ersten Schritte* aufzublähen – dabei versprach er, mir die Ausgaben zu erstatten, die ich in Somaliland hatte. … Die Wurzel allen Übels ist seine Selbstsucht, aus ihr erwachsen Eitelkeit, Täuschung und jede andere Abscheulichkeit, die er immer schon meisterhaft beherrschte und wohl auch immer beherrschen wird … Burtons Behauptung, ich hätte in ›untergebener Funktion‹ agiert, zeigt doch nur, wie sehr ihn der Eindruck quält, die Leute seien *zu Recht* zu dem Schluss gelangt, dass nicht er, sondern ich bei der letzten Expedition die ganze Arbeit verrichtet hatte. Wann immer es Streit gab im Lager, musste ich ihn schlichten, weil Burton überfordert war. Wozu musste er erwähnen, ich sei weder des Arabischen noch des Französischen mächtig, und meine fehlenden Kenntnisse der Sitten und Gebräuche seien ein guter Grund gewesen, mich aus Kazeh fortzuschicken?«

❋

Mittlerweile lagen nur noch zwei Königreiche zwischen der Expedition und dem Nyanza-See, aber es waren zwei der größten und mächtigsten in Ostafrika – Karagwe und Buganda, in dem das heutige Kampala liegt, die Hauptstadt der Republik Uganda. In der Hoffnung auf bessere Unterkünfte und mehr Respekt seitens ihrer Könige gab auch Speke sich als königliche Hoheit aus. Als man ihm die übliche Unterkunft für arabische Händler anbot, spielte er den Gekränkten; er sei schließlich kein Kaufmann, erklärte er, sondern ein Prinz. »Ich bestand auf meinen Ansprüchen als fremder Prinz«, schrieb er, »dessen königliches Blut eine solche Unwürdigkeit nicht ertragen könne. Der Palast sei meine Sphäre.« Als er, wie es der Brauch war, stundenlang warten musste, um den König zu sehen, brüllte er vor Zorn und drohte wieder abzureisen. »Ich hatte beschlossen, mich niemals auf den Boden zu setzen, wie es die Einheimischen und die Araber tun müssen«, erklärte er, »oder meine Ehrerbietung auf andere Art zu zeigen als es in England üblich ist.« Mit Bombay als Dolmetscher offerierte er seine *kuhonga* auf einem Eisenhocker sitzend, in der Hand einen Sonnenschirm, der ihn vor der Hitze schützte. »Ich konnte weder in der Sonne sitzen, noch in der Hütte eines armen Mannes wohnen«, schrieb er. »Es war unter meiner Würde.«

Trotz seiner Abhängigkeit von Bombay, der seine Treue und Unersetzbarkeit immer wieder unter Beweis gestellt hatte, hatte Speke zugelassen, dass sich ein Zerwürfnis zwischen ihnen anbahnte. Alles hatte mit der unentwegt brodelnden und zuweilen explodierenden Spannung zwischen Bombay und einem weiteren Expeditionsmitglied begonnen, einem äußerst tüchtigen, aber überheblichen und ehrgeizigen Menschen namens Baraka, der Bombay schon länger seine Machtposition neidete. Obwohl Speke wusste, dass Baraka Bombay »unentwegt schikanierte« und alles in seiner Macht Stehende tat, um die anderen Männer, vor allem die Wanguana-Träger, gegen ihn aufzuhetzen, geriet er in Rage, als Bombay sich aus Verzweiflung an einen Medizinmann wandte und ihn um Hilfe bat. Er tauschte kostbare Perlen gegen einen Trank, von dem er sich erhoffte, er möge »die Herzen der Wanguana erweichen und sie für ihn einnehmen«, träufelte ihn in ein Gefäß mit *Pombe* und stellte es neben Baraka. Als Baraka herausfand, dass das Pombe-Bier kontaminiert war, beschuldigte er Bombay des versuchten Mordes an ihm. Wütend auf Bombay, weil er »an solch abwegigen Hokuspokus glaubte«, gab Speke nun zur Strafe Baraka den Vorzug und besuchte mit diesem statt mit Bombay den König. Diese eine Handlung war, »so geringfügig sie anderen erscheinen mochte, für die verfeindeten Parteien von großer Bedeutung«, so Speke.

In seiner rastlosen Ungeduld, den Nyanza zu erreichen, ging Speke sogar selbst auf Bombay los. Eines Morgens, als der regionale Wegführer nicht auftauchte, erteilte Speke Bombay den Befehl, das Lager abzubrechen. »Wie können wir denn gehen?«, fragte Bombay, wohl wissend, dass sie dem Zeitplan hinterherhinkten und Gefahr laufen würden, sich in dem ihnen unbekannten Gelände zu verlaufen. Statt ihm zu antworten, wiederholte Speke seinen Befehl: »Brich die Zelte ab.« Nicht gewillt, blindlings Befehle auszuführen, deren Konsequenzen ihm Sorge bereiteten, fragte Bombay erneut: »Wer wird uns führen?« Wieder verweigerte Speke die Antwort und befahl ihm schroff, die Zelte abzubrechen. Als Bombay noch immer nicht gehorchte, rief Speke erzürnt einige Männer herüber und riss das Zelt eigenhändig nieder, so dass es Bombay unter sich begrub. Da »geriet er in Wut«, wie Speke sich später erinnerte, »und beschimpfte die Männer, die mir behilflich waren, da sich Feuer und Pulverkästen unter dem Zelt befänden. Ich musste nun natürlich meinerseits in Wut geraten und Bombay zurechtweisen.« Sie würden noch das ganze Zelt in die Luft jagen, rief Bombay da und traute seinen Ohren nicht, als Speke wütend entgegnete: »Wenn ich beschließe, mein Eigentum in die Luft zu jagen, dann ist das meine Sache; und wenn du nicht sofort spurst, sprenge ich dich gleich mit!« Er lasse sich nicht beleidigen, gab Bombay wütend zurück. Da schlug Speke vor aller Augen auf ihn ein. Wieder und wieder. Blutüberströmt schlich Bombay davon und schwor, nie mehr für Speke zu arbeiten, ein Vorsatz, den er nicht einhalten würde.

Bombay verzieh Speke schließlich den Gewaltausbruch und die Demütigung, kam ins Lager zurück und setzte den gemeinsamen Marsch fort. Speke bereute sein Handeln nicht. Was auf dem Spiel gestanden habe, davon schien er überzeugt, sei nicht etwa Bombays Sicherheit oder Selbstachtung gewesen, auch nicht seine Freundschaft zu Speke, nicht einmal seine ungebrochene Loyalität der Expedition gegenüber, sondern Spekes eigene Würde. »Es war das erste und letzte Mal, dass ich mich veranlasst sah, meine Würde zu gefährden, indem ich eigenhändig Schläge verteilte«, schrieb er später. »Aber in dieser Situation konnte ich nicht anders, sonst hätte ich Befehlsgewalt und Respekt eingebüßt; denn obwohl ich oft Gelegenheit hatte, meinen Männern wegen Diebstahls hundert oder gar hundertfünfzig Peitschenhiebe zu diktieren, konnte ich der Rangfolge wegen keinem der Untergebenen gestatten, Bombay zu schlagen, und musste die Arbeit daher selbst erledigen.«

❁

Speke, der es kaum erwarten konnte, den Nyanza zu erreichen und den Beweis zu erbringen, dass diesem See der Weiße Nil entsprang, hatte keine Sorge, Petherick in Gondokoro zu verpassen. Er war sicher, der Händler werde geduldig auf ihn warten und nötigenfalls sogar nach ihm suchen. Da er England vor Petherick verlassen hatte, ging Speke davon aus, dass dieser die erforderlichen Geldmittel erhalten hatte. Darüber hinaus sah er Petherick in der Pflicht, ihm jede erdenkliche Unterstützung angedeihen zu lassen, und sei dies noch so unbequem, kostspielig oder gefährlich für Petherick selbst. Im Januar war Speke zu Ohren gekommen, dass »fremde Besucher« auf dem Nil gesichtet worden waren. Hocherfreut nahm er an, dass es sich dabei um Petherick und seine Männer handeln müsse. »Das neue Jahr«, schrieb er, »begann mit einer überaus spannenden Nachricht, die uns alle in helle Aufregung versetzte. Wir glaubten fest, dass sich Mr. Petherick den Nil heraufkämpfte, um uns entgegenzukommen.«

Einige Monate später – Speke war gerade in Buganda eingetroffen – erreichte ihn erneut eine Nachricht. Diesmal hatten die Kundschafter König Mutesas, des mächtigen Herrschers vor Ort, einen bärtigen Weißen erspäht. Speke war einerseits froh, zugleich aber auch besorgt. Ihm war plötzlich in den Sinn gekommen, Petherick könnte aus Versehen seine List auffliegen lassen und verraten, dass er keineswegs von königlichem Geblüt war. Er beschloss daher, Baraka auf die Suche nach ihm zu schicken und gab ihm einen Brief mit: »Mein lieber Petherick«, schrieb er darin. »Sie werden vorerst Ihre Würde ablegen müssen und mich als Ihren Vorgesetzten betrachten.« Er habe Mutesa erzählt, dass Petherick sein Untergebener sei, erklärte er, und dass »ich Ihnen befahl, den Nil heraufzukommen, um nach mir zu suchen und mich fortzubringen; drei Boote samt Fracht gehörten mir, und Sie dürften sich meinen Befehlen nicht widersetzen.« Außerdem solle Petherick sich nicht wie ein Offizier kleiden. »Erscheinen Sie nicht in Uniform, denn ich habe hier keine«, schrieb Speke. »Aber bringen Sie uns eine Menge der üblichen roten Stoffe und Fes-Hüte her, meine Männer sollen sie als Ehrengardisten tragen.«

Eine weitere Schwierigkeit war Grant. Sein Bein war nicht verheilt, sein Zustand hatte sich im Gegenteil noch verschlechtert, so dass die Expedition nun noch schleppender vorankam. »Jetzt behinderte mich vor allem eines: Grant war übel dran, er würde sich wohl erst in ein, zwei Monaten erholen«, schrieb Speke. »So schnell wie möglich voranzukommen, war aber die einzige Chance, die Reise erfolgreich zu Ende zu bringen.« Speke sah nur eine Lösung und beschloss, Grant mitsamt ihrem Gepäck zum Palast von König Kamrasi in Bunyoro, nördlich des Nyanza, vorauszuschicken, während er selbst ohne ihn in östlicher Richtung weitermarschieren würde, bis er den Nil erreichte und hoffentlich die Stelle, wo dieser dem Nyanza entströmte. Obwohl Spekes Entscheidung später als fragwürdig gälte, als unfair gegen Grant, würde dieser seinen Freund bis zuletzt verteidigen. »Zum damaligen Zeitpunkt war ich definitiv außerstande, zwanzig Meilen am Tag zu marschieren, schon gar nicht in Uganda, durch Sümpfe und über unwegsames Gelände. Ich fügte mich also schweren Herzens der Notwendigkeit unserer Trennung«, erklärte Grant. »Ich möchte eines klarstellen: Es wurde der Verdacht geäußert, mein Weggefährte hätte den Glücksmoment beim Anblick des Flusses nicht mit mir teilen wollen. Doch so war es ganz und gar nicht.« Welchen Grund Spekes Entscheidung auch immer haben mochte, das Resultat bliebe dasselbe, und beide wussten es. Grant, der die Schwierigkeiten, Kosten und Gefahren der Expedition mit Speke geteilt hatte, würde sowohl um den genussvollen Moment beim Anblick des dem Nyanza entströmenden Flusses gebracht, als auch um den nachfolgenden Ruhm.

Drei Wochen, nachdem sie Buganda verlassen und sich von Grant getrennt hatten, erreichten Speke und seine Männer Urondogani und erblickten schließlich den Weißen Nil. »Endlich stand ich an seinem Ufer«, schrieb er. »Die Szene war wunderschön, nichts kam ihr gleich!« Er wandte sich an Bombay und die übrigen Männer und drängte sie, »sich die Köpfe zu rasieren und im heiligen Strom zu baden, der Wiege von Moses.« Bombay lehnte dies höflich ab. »Wir betrachten diese Dinge nicht in derselben phantastischen Weise wie du«, erklärte er Speke. Für Speke war das Land rings um den Nil der ideale Ort sowohl für den europäischen Handel als auch für die christliche Bekehrung. »Wie gemacht für Missionare, dachte ich bei mir!«, schrieb er. Doch wie der Nyanza bereits einen Namen trug, hatten Bombay und die übrigen Expeditionsmitglieder bereits einen Glauben, gab Ersterer Speke sanft zu verstehen, und dieser sei ebenso stark und tief wie der von Speke. »Wir könnten unseren muslimischen Glauben ebenso wenig ablegen«, sagte Bombay, »wie du den deinen.«

Eine Woche später standen Speke und Bombay vor einem tosenden Wasserfall, etwa fünf Meter hoch und nahezu dreihundert Meter breit. Vor ihren Augen gebar Afrikas größter See den längsten Fluss der Welt, auf Tausende Kilometer die Lebensader für Millionen Menschen. Speke fehlte es an Proviant und Zeit, um mittels wissenschaftlicher Messungen und einer vollständigen Erkundung des Nyanza den endgültigen Beweis erbringen zu können, dass dieser See tatsächlich die Quelle des Weißen Nils war;

dennoch war er zufrieden, das gesteckte Ziel erreicht zu haben. »Der Zweck der Expedition war nun erfüllt. Ich sah, dass der alte Vater Nil ganz zweifellos im Victoria Nyanza seinen Ursprung hat; dieser See ist folglich, wie ich es vorausgesagt hatte, die große Quelle des heiligen Flusses«, schrieb er mit Genugtuung. »Ich hatte das Gefühl, ich sollte mich zufriedengeben mit dem, was ich erreichen durfte; denn ich hatte gut die Hälfte des Sees gesehen und besaß Informationen über die andere Hälfte, wodurch ich alles über den See wusste, zumindest was die geographisch relevanten Aspekte betraf.«

Nachdem er beschlossen hatte, den Wasserfall zu Ehren des Ersten Marquess of Ripon, der bei Beginn der Expedition Präsident der Royal Geographical Society geworden war, Ripon Falls zu taufen, kehrte Speke nach Urondogani zurück, wo er den Fluss zum ersten Mal gesehen hatte. Dort kaufte er fünf Holzboote und setzte auf dem Nil die Segel. Er nutzte die begrenzte Menge an Zeit und Ressourcen, die ihm zur Verfügung stand und notierte Längengrad und Breitengrad, den Aufriss des Flusses und der ihn umgebenden Hügel. Sein Boot wich Flusspferden und Krokodilen aus, während seine Männer nach den zwei Meter langen Nil-Barschen mit ihren breiten, klaffenden Mäulern und silbrigen Bäuchen fischten. Speke blickte sich um und nahm sich einen Moment, um nicht nur das Potenzial des Flusses für die kommerzielle Ausbeutung oder christliche Bekehrung, sondern schlicht seine Schönheit zu würdigen. Er habe das Gefühl, schrieb er, »als brauchte ich nichts weiter als eine Frau und Kinder, einen Garten und eine Yacht, ein Gewehr und eine Angelrute, um hier ein Leben lang glücklich zu sein.«

❋

Im Februar, dreizehn Monate, nachdem Spekes Expedition Petherick in Gondokoro hätte treffen sollen, erreichte sie endlich die deutsche Mission. Unterwegs hatte er sich in Bunyoro wieder mit

Grant zusammengefunden und in einem Lager haltgemacht, von dem er annahm, es sei vielleicht Pethericks. Stattdessen gehörte es Pethericks Handelsrivalen, einem Malteser namens Amabile Musa de Bono. De Bono und Petherick waren keine Freunde. Die beiden Männer waren nicht nur Konkurrenten im Elfenbeinhandel, in seiner Funktion als Konsul des Sudan hatte Petherick den Malteser de Bono und einen seiner ranghöchsten Untergebenen, Kurshid Agha, wegen Sklavenhandels verhaften lassen. Ein Freund hatte Petherick erst vor kurzem gewarnt, dass de Bono versuche, ihn loszuwerden, und sogar Gerüchte streue, Petherick selbst sei in den Sklavenhandel verwickelt. Nun erzählten de Bonos Männer Speke, ihr Kommandant habe von seiner Expedition erfahren und sie geschickt, ihm zu helfen. Speke wurde klar, dass sie vermutlich die weißen Männer gewesen waren, die Mutesas Kundschafter unweit des Nils beobachtet hatten. Er sei de Bono sehr dankbar, aber wo war Petherick, fragte er sie. Die Antwort, schrieb er später, war »ein mysteriöses Schweigen«.

Während Speke in Gondokoro am Fluss entlangschlenderte, vorbei an der leeren Missionskirche und an einigen Booten, die am Ufer vertäut lagen, eilte plötzlich ein Mann auf ihn zu. Schon von fern war zu erkennen, dass es sich um einen Engländer handelte, doch als der Mann näher kam, wurde ebenfalls klar, dass es nicht Petherick war. Stattdessen ergriff Spekes Freund Samuel Baker seine Hand und drückte sie kräftig. »Ich kann gar nicht sagen, welche Freude das war«, schrieb Speke. »Wir sprudelten über vor Begeisterung, so überwältigt waren wir beide von unserem Wiedersehen.«

Baker, ein Ingenieur, Forscher und Großwildjäger, hatte jahrelang versucht, eine eigene Expedition auf die Beine zu stellen, um die Quelle des Weißen Nils zu finden. In dem Bemühen, ihn davon abzuhalten, mit Speke und Grant in Konkurrenz zu treten, hatte die Royal Geographical Society ihn stattdessen zu überreden versucht, den Fluss Sobat im Südsudan zu erkunden. Doch Baker hatte sich nicht abbringen lassen. »Ich hegte in aller Demut die wilde Hoffnung«, schrieb er, »dass ich wie der unbedeutende Wurm, der sich durch die härteste Eiche bohrt, mit Beharrlichkeit zum Herzen Afrikas vordringen könnte.« Weil er wusste, dass er weder von der Royal Geographical Society noch der Regierung Hilfe erhalten würde, verwendete Baker sein eigenes Geld, das er sich mit dem Bau einer Eisenbahn und mehrerer Brücken in Osteuropa verdient hatte. Dort war er, auf einem Sklavenmarkt in Rumänien, auch seiner außergewöhnlichen jungen Frau Florence begegnet. Diese war in Ungarn geboren, als Kind in einem Flüchtlingslager zurückgelassen und an einen armenischen Sklavenhändler verkauft worden und sprach Türkisch, Arabisch und Englisch. Baker war mindestens doppelt so alt wie sie, aber sie hatte darauf bestanden, mit ihm durch Afrika zu reisen. Sie kleidete sich sogar wie er in schwerer Jagdkluft, doch wann immer sie versuchte, ihr langes blondes Haar im Fluss zu waschen, kam es zu Menschenaufläufen.

Da der Royal Geographical Society Gerüchte von Pethericks Tod zu Ohren gekommen waren, hatte sie Baker beauftragt, Speke in Gondokoro zu helfen. Baker hatte zugesagt, aber er und Florence waren nicht etwa deshalb immer noch vor Ort, weil sie jahrelang auf Speke zu warten bereit waren, sondern weil sie einige von de Bonos Männern für ihre eigene Expedition gewinnen wollten. Nachdem Baker ihn über sämtliche Ereignisse informiert hatte, die sich seit seiner Abreise vor zwei Jahren in der westlichen Welt zugetragen hatten – vom Tod des Prinzen Albert, Königin Victorias Ehemann, bis zum Beginn des Amerikanischen Bürgerkriegs –, wollte Speke von ihm wissen, was Petherick zugestoßen war. Petherick habe vor seiner Abreise aus England eintausend Pfund erhalten, erwiderte Baker. Das Geld sei durch Spenden zusammengekommen, gedacht als Unterstützung für Speke. Jetzt handle Petherick ungefähr siebzig Meilen westwärts von Gondokoro mit Elfenbein.

Während er Baker zuhörte, schlug Spekes Verwirrung allmählich in Gereiztheit um. »Ich war natürlich sehr ärgerlich auf Petherick«, schrieb er später, »denn ich war aus Uganda fortgeeilt und hatte mich von Grant getrennt, … nur um die Verabredung mit ihm einzuhalten.« Drei der Boote, die am Flussufer vertäut lagen, gehörten Petherick, wie er erfuhr. Dieser habe sie für Speke dort zurückgelassen, angefüllt mit Vorräten und von seinen eigenen Männern bewacht. Es war jedoch Pethericks Abwesenheit, die Speke so zornig machte. Da seine Expedition schwer dezimiert war, akzeptierte er grollend fünfundneunzig Ellen Tuch von Pethericks Männern, aber nur vom »schlichtesten Zeug«, insistierte er, »als Notbehelf für Moskitonetze für meine Männer, dazu vier Matrosenhemden für meine Vorarbeiter«. Den Rest lehnte er ab und nahm stattdessen die Vorräte und Boote, die Baker ihm anbot.

Vier Tage später trafen Petherick und seine Frau Katherine in Gondokoro ein. Ihre Reise, die sechs Wochen hätte dauern sollen, hatte sich über sieben Monate hingestreckt und Petherick nicht doppelt, sondern fünfmal so viel Geld gekostet wie die Royal Geographical Society ihm zur Verfügung gestellt hatte. Er und seine Frau hatten mit knapper Not überlebt, anders als mehrere Mitglieder ihrer Expedition. Pethericks Botaniker James Brownell und sein junger Assistent Foxcroft waren beide am Fieber gestorben. Sie hatten Schiffbruch erlitten, Boote über Hunderte Meilen Ödland und durch hüfttiefe Sümpfe geschleppt, hatten nahezu all ihre Vorräte verloren und schließlich ausgehungert und zerlumpt die Handelsstation Wayo erreicht. Dort waren sie nicht, um Handel zu treiben, wie Baker behauptet und Speke geglaubt hatte, sondern in dem verzweifelten Versuch, Nahrung und medizinische Hilfe zu erhalten. Obwohl die auszehrende Reise aus dem starken, gesunden Forscher Petherick »einen hilflosen Invaliden« gemacht hatte, hatte er niemals aufgegeben, war fest entschlossen, »jedes Hindernis zu überwinden und auf Teufel komm raus meine Verabredung mit Speke einzuhalten«.

Noch ehe Petherick in Gondokoro aus seinem Boot gestiegen war, sah er Speke am Ufer stehen. Überrascht und erleichtert, denjenigen zu begrüßen, dessen Gesundheit und Wohlergehen in den vergangenen sieben Monaten seine Hauptsorge gegolten hatte, wollte Petherick ihm gleich zeigen, was er alles für seine Expedition beschafft hatte. Doch seine Freude wich bald blankem Entsetzen. Speke ließ Petherick unverzüglich wissen, dass er keinerlei Dankbarkeit für die Mühen zu erwarten hatte, die er seinetwegen auf sich genommen hatte, da er der Meinung war, Petherick habe nicht genug getan. »Statt der … herzlichen Begrüßung, die ich mir von den Reisenden erhofft hatte, die wir nach fieberhafter Suche nun endlich gefunden hatten«, schrieb Petherick, »wurde uns ein recht frostiger Empfang zuteil.« Petherick drängte Speke, sich von den Vorräten, die er für ihn zurückgelassen hatte, zu nehmen, was immer er brauchte, aber Speke lehnte ab. Er wollte »von unserem Proviant oder unserer Hilfe nur das Allernötigste in Anspruch nehmen, um seinen dringendsten Bedarf zu decken, sollte es anderweitig nicht zu bekommen sein«, wunderte sich Petherick. Er brauche seine Hilfe nicht mehr, ließ Speke ihn wissen. »Baker hat mir seine Boote zur Verfügung gestellt.«

In jener Nacht willigte Speke ein, mit Petherick und seiner Frau zu Abend zu essen, doch Katherine würde ihm seine verächtliche Haltung ihnen gegenüber niemals verzeihen. Sie hatten einen großen Schinken aus England mitgebracht und ihn Hunderte Meilen quer durch Afrika geschleppt. Während andere wertvolle Vorräte verlorengegangen waren, hatten sie diese Delikatesse retten können und auch dann nicht gegessen, als sie kaum noch das Nötigste hatten, um sich am Leben zu erhalten. Den Schinken wollten sie für ein Festmahl mit Speke aufbewahren, wenn sie in Gondokoro wieder mit ihm vereint wären. Während des Essens bat Katherine Speke noch einmal eindringlich – wie zuvor schon ihr Ehemann –, er möge ihre Hilfe annehmen. »Doch er entgegnete nur hochnäsig: ›Ich bin nicht gewillt, Ihre faulen Ausreden anzuerkennen‹«, erinnerte sie sich später voller Abscheu. Da sie ihre Entrüstung kaum noch verbergen konnte, verließ sie den Tisch und lehnte es ab, jemals wieder mit Speke zu speisen. Monate später schrieb sie, noch immer gekränkt bei der Erinnerung an jenen Abend, einen

Brief aus Khartum, in dem sie Spekes Benehmen bei ihrer Ankunft in Gondokoro schilderte. »Nach all unserer Mühe!«, schrieb sie. »Aber sei's drum, seine Herzlosigkeit wird auf ihn selbst zurückfallen.«

19.

Verdamme ihre Seelen

Während Speke unverdrossen auf den Nyanza zuhielt, ein einziges, unerschütterliches Ziel vor Augen, schien Burton sich im Kreis zu drehen. Von einem Kontinent zum anderen, einer Idee zur nächsten wechselnd, war er zu dem geworden, was er immer gefürchtet hatte, »ein strahlendes Licht ohne Fokus«. Der scharfe Intellekt, der so lange sein Studium der Sprachen und Religionen, der fremden Kulturen und fernen Länder befeuert hatte, war plötzlich ohne Sinn und Ziel. Er war enttäuscht von sich und wütend auf alle anderen. »Was bin ich doch für ein Misanthrop«, schrieb er.

Einer der wenigen, denen Burton noch vertraute, nachdem er ein Jahr lang übervorteilt und betrogen worden war, war sein Freund John Steinhaeuser, der Schweizer Arzt in Aden. »Er war ein Mensch, der in guten wie in schlechten Tagen kein Jota von seiner Freundschaft abrückte und dessen Blick mir am wärmsten erschien, wenn die kleinliche Welt sich am kältesten zeigte«, schrieb Burton. Er hatte die Tatsache, dass Steinhaeuser erkrankt und somit außerstande war, sich der Ostafrika-Expedition anzuschließen, lange bedauert, denn hätte der Arzt sie begleitet, wäre »Lieutenant Speke aller Wahrscheinlichkeit nach weder taub noch vom Fieber entstellt, und ich nicht gelähmt gewesen«. Doch wichtiger noch als sein medizinisches Fachwissen war für Burton Steinhaeusers Freundschaft. Der Arzt war »literarisch interessiert, äußerst belesen und zudem der standhafteste, entschlossenste Charakter, der sich je auf ein verzweifeltes Vorhaben einließ«, schrieb Burton. »Niemals störte ein unfreundlicher Gedanke, geschweige denn ein unfreundliches Wort unsere schöne Kameradschaft.« Als sich die beiden Männer in einem Bistro in Boulogne wiederbegegnet waren, hatte Steinhaeuser Burton von einer Idee erzählt. »Du sollst erfahren, wonach mir der Sinn steht», sagte er. Burton würde sich später erinnern, wie sein Freund die Arme ausbreitete und wie von göttlicher Eingebung beseelt ausrief: »Ich fahre nach Amerika! O ja, ich fahre nach Amerika.«

Burton und Steinhaeuser schifften sich im Frühjahr 1860 nach Nordamerika ein, nur ein Jahr vor Beginn des Amerikanischen Bürgerkriegs. Sie reisten gemeinsam von Kanada nach Boston, und von dort nach New York und Washington. Dann beschloss Burton, den amerikanischen Westen zu erkunden, stieg allein in eine Postkutsche und fuhr von Saint Joseph, Missouri, nach San Francisco. Wie schon so oft in der Vergangenheit war die Triebfeder seiner Reise auch diesmal sein Interesse an fremden Kulturen. Im amerikanischen Westen befasste er sich mit dem Mormonenglauben und den First Nations, die schon lange mit den europäischen Einwanderern um ihr Land und ihr Leben kämpften.

Seit seiner Reise nach Mekka hatte sich Burtons neuentfachte anthropologische Leidenschaft, die aus einer natürlichen Wissbegier und einem aufrichtigen Interesse an anderen Kulturen erwachsen war, allmählich verändert, war nicht nur gefärbt von imperialer Überheblichkeit, sondern vergiftet von persönlicher Verbitterung. Wie bei all seinen Reisen beherrschte Burton bald die Sprachen der Indigenen, vor allem die Zeichensprache, und verglich ihre Traditionen, Riten und Religionen mit denen anderer Kulturen, die er entweder aus eigener Anschauung oder aus Büchern kannte. Fasziniert von der Praxis des Skalpierens, wies er darauf hin, dass sie ihren Ursprung nicht etwa in Nordamerika, sondern in Nordostasien habe. »Die Idee dahinter«, erklärte er, »ist zweifellos der natürliche Wunsch, sich vom getöteten Feind eine

Trophäe zu bewahren.« Doch seine Beschreibungen der Indigenen waren oft gefühllos und grausam, ohne jede Empathie, sein Blick auf sie nicht ehrlich. In seinem Buch *The City of the Saints*, über seine Reisen durch Nordamerika, charakterisierte er die amerikanischen Natives nicht einfach nur als Angehörige einer anderen Kultur, die Respekt und Schutz verdienten, sondern als andere Spezies. »Ich glaube nicht, dass aus einem Prärieindianer jemals ein Christ werden kann«, schrieb er in einer Diskussion amerikanischer Missionare. »Er muss zuerst humanisiert, dann zivilisiert und schließlich christianisiert werden; und ich bezweifle, wie gesagt, dass er die Prozedur überleben würde.«

Burton hatte sich schon lange über die verzweifelten Versuche christlicher Missionare, »die Wilden zu retten«, lustig gemacht. Speke hingegen, der Afrikaner häufig als Kinder beschrieb, bewunderte die Arbeit der Ordensleute. »Indem man ihn unterweist«, so seine Überzeugung, »gewinnt man das Herz eines schwarzen Mannes am sichersten. Und ist es einmal erobert, kann es in jede Richtung gelenkt werden, die dem Präzeptor gefällt.« Burton hingegen hatte trotz Isabels Bemühungen wenig übrig für Geistliche, schon gar nicht für Missionare. Er hatte sie in Afrika bei der Arbeit erlebt und ihre Methoden bestenfalls für wirkungslos und heuchlerisch, schlimmstenfalls für grausam befunden. Während diese Geistlichen sich einerseits über Talismane anderer Religionen erbosten, ermutigten sie andererseits die Ehrfurcht vor christlichen Symbolen und Gegenständen, von Medaillen bis hin zu Palmblättern, bemerkte er trocken. »Priester mögen gute Diener sein, aber sie sind, nüchtern betrachtet, schlechte Herren. Die kirchliche Tyrannei, die gegen Menschen aller Schichten ausgeübt wird, ist eher geeignet, die Auslöschung des Christentums in diesem Land voranzutreiben, in dem doch so viel unternommen wurde, es zu verbreiten«, schrieb Burton. »Während die Ordensleute von jener Sanftmut sprechen, die einem Missionar so gut zu Gesichte stehe …, erlassen sie gleichzeitig acht Verordnungen oder ›geistliche Memoranden‹, mit denen sie Gouverneure von

Städten und Provinzen absetzen, weil sie nicht korrekt verheiratet sind, nicht zur Messe gehen oder die Patronatsfeste nicht einhalten. Die Strafe für alle Disziplinverstöße scheint die Auspeitschung zu sein.« In Ostafrika, erzählte Burton seinen Lesern mit Gusto, seien böse Geister weiß.

Den Mormonen schien Burton mehr Sympathien entgegenzubringen, und das trotz ihrer tiefen religiösen Überzeugungen und ihres frommen missionarischen Eifers. Sie erinnerten ihn in mancher Hinsicht an die Muslime, denen er in Arabien und Afrika begegnet war und die er bewunderte. Besonders beeindruckte ihn ihr charismatischer Präsident Brigham Young. Burton machte halt in Salt Lake City und verbrachte eine Stunde mit Young, der nach der Ermordung des Religionsgründers Joseph Smith die Kirche leitete. »Mein erster Eindruck nach dieser kurzen Unterredung war, dass der Prophet kein gewöhnlicher Mensch ist«, schrieb Burton später, »und dass er keine jener Schwächen und Eitelkeiten aufweist, die den gewöhnlichen ungewöhnlichen Menschen charakterisieren.« Selbst für die umstrittenste Praxis der Mormonen, die Polygamie, hegte Burton ein gewisses Verständnis. Speke indes, der sein Leben lang unverheiratet blieb, war der Meinung, dass »Männer mit vielen Ehefrauen jenem süßen Familienglück englischer Prägung offenbar wenig abgewinnen«. Burton jedoch hatte die Polygamie im Islam studiert und sah darin einen gewissen Nutzen. »Die wörtliche Auslegung der Schrift hat die Mormonen geradewegs zur Polygamie geführt«, schrieb er. »Die Texte, die Abraham Nachkommen so zahlreich wie die Sterne am Himmel oder die Sandkörner auf der Erde verhießen, … ermuntern seine Nachkommen, ein ebensolches Glück anzustreben.« Sogar Frauen profitierten von der Praxis, behauptete er, vor allem im ländlichen Utah. »Dienstboten sind ein rares Gut und kostspielig; es ist billiger und bequemer, sie zu heiraten«, so sein Argument. »Das Leben im wilden Westen Amerikas erfordert Schwerstarbeit: eine Frau allein vermag dort die mannigfaltigen Haushaltspflichten, das Kochen, Schrubben, Waschen, Nähen, Kinderkriegen und -erziehen nicht zu bewältigen. Hier ist Arbeitsteilung vonnöten, und die findet sie, indem sie sich auf eine Schwesternschaft einlässt.«

❋

Während Burton in Utah mit den Vorzügen der Polygamie befasst war, bereitete Isabel sich zu Hause darauf vor, seine Frau zu werden. Nachdem er – wieder einmal ohne ein Wort des Abschieds – nach Nordamerika abgereist war, brauchte man ihr nicht zu sagen, dass er fort war, sie wusste es auch so, wie sie später behaupten würde. »Ich war mit zwei Freundinnen spazieren«, schrieb sie, »da krampfte sich mein Herz zusammen.« Wieder zu Hause, war sie im Begriff, ihrer verdutzten Schwester mitzuteilen, dass sie Richard wohl wieder einmal eine Zeitlang nicht sehen würde, als es an der Tür klopfte. »Man reichte mir einen Brief mit der vertrauten Handschrift«, schrieb sie. »Ich kannte mein Schicksal, und so öffnete ich ihn mit angehaltenem Atem. Richard war abgereist.«

In seinem Brief hatte Burton Isabel mitgeteilt, dass er neun Monate fortbleiben würde und bei seiner Rückkehr eine Antwort von ihr erwarte. Würde sie sich ihrer Mutter endlich widersetzen und ihn heiraten? »Wenn mir dazu der Mut fehlte«, wusste sie, »würde er nach Indien zurückkehren, von dort zu anderen Forschungsreisen aufbrechen und nie mehr zurückkommen.« Die folgenden sechs Wochen verbrachte Isabel im Bett, und eine Reihe verunsicherter und besorgter Ärzte behandelte sie gegen »Grippe, Mumps, Halsweh, Fieber, Delirium und was ich mir noch alles nicht zugezogen hatte«, schrieb sie. »In Wirklichkeit hatte ich nur Liebeskummer, mühte mich herauszufinden, was ich wollte, ein letztes intensives Ringen mit der ungewissen Zukunft, die vor mir lag, und nichts und niemand konnte mir dabei helfen.« Als sie sich schließlich aus dem Bett schleppte und die Ärzte fortschickte, hatte Isabel sich entschieden. Sie würde »einen armen Mann heiraten und mich außerdem für Expeditionen ertüchtigen«, schrieb sie und ging sogleich ans Werk.

In den folgenden Monaten war Isabel bemüht, sich alles anzueignen, was es ihrer Ansicht nach als Richard Burtons Ehefrau zu beherrschen galt. Obwohl sie »nicht auf dem Land dahinvegetieren könnte«, wie sie schrieb, »in weißer Schürze und mit einem Schlüsselbund, meine Dienstboten maßregelnd oder Eier und Butter zählend«, entfloh sie der Stadt, um auf der Farm einer Freundin nicht nur kochen zu lernen, sondern auch, wie man die Pferde versorgte, die Hühner fütterte und die Kühe molk. Wieder in London, bat sie einen Bekannten, sie fechten zu lehren. Als er wissen wollte, warum, reagierte sie erstaunt. »Das fragst du?«, sagte sie. »Na, um Richard zu verteidigen, wenn wir in der Wildnis angegriffen werden.«

Als sie sich ihren künftigen Anforderungen allmählich gewachsen fühlte, erstellte Isabel eine Liste mit siebzehn »Verhaltensregeln für mich als Ehefrau«, die ihr helfen sollten, Burton glücklich zu machen. Er sollte sich bei ihr geborgen fühlen. »Sei deinem Gatten eine Gefährtin, Freundin, Ratgeberin und *Vertraute*, damit es ihm daheim an nichts fehle«, schrieb sie an sich selbst. »Sorge für sein leibliches Wohl; gestatte ihm das Rauchen und auch alles andere, denn tust du es nicht, *tut es eine andere.*« Da sie schon immer von Abenteuern geträumt hatte, freute sie sich »auf ein hartes Männerleben« und nahm sich vor, »keinerlei Stillstand aufkommen zu lassen«. Nichts, wusste sie, würde ihn »mehr langweilen als Stagnation«. Gleichzeitig ermahnte sie sich, stets »fröhlich und attraktiv« zu sein und sich »in jeder Hinsicht zu verbessern und weiterzubilden … damit er deiner nicht überdrüssig werde«. Sie wollte »ihm jeden seiner Wünsche erfüllen, stets die Romantik der ersten Tage aufrechterhalten, ob daheim oder in der Wüste«. Natürlich würde sie ihn niemals in Frage stellen oder kritisieren, mehr noch, sie würde ihm selbst dann nicht widersprechen, sollte er etwas an ihr auszusetzen haben. Vor allem würde sie »niemals dulden, dass jemand respektlos von ihm sprach«, und »seine Fehler vor *aller Welt* verbergen«. Dann fügte sie noch hinzu, dass es »angesichts seiner besonderen Wesensart« zuzeiten »beruhigend auf ihn einzuwirken« gälte, aber nur, wenn es »mit seiner Ehre in den Augen der Welt im Einklang« stünde.

Als Burton schließlich nach England zurückkehrte, war Isabel bereit. Sie trat vor ihre Eltern und bat sie erneut um ihren Segen. Ihr Vater, seit langem fasziniert von Burton, sagte ihr: »Ich stimme von ganzem Herzen zu, sofern deine Mutter zustimmt.« Die Antwort ihrer Mutter war ein kurzes, knappes »Niemals!« Isabel konnte zwar nicht behaupten, dass es ihr inzwischen gleichgültig war, aber sie hatte das Warten satt. »Ich kann unser beider Leben nicht einer bloßen Laune opfern, und du solltest das nicht von mir erwarten«, entgegnete sie ihrer Mutter. »Ich werde ihn heiraten, ob es dir nun passt oder nicht.« Obwohl Isabels Geschwister genau wie ihr Vater Burton »mit Freuden in die Familie aufnahmen«, wie sie sagten, wurde am Ende entschieden, dass sie und Richard im engsten Kreis heiraten würden, mit nur wenigen Freunden als Trauzeugen.

Drei Wochen später gaben Richard und Isabel einander in der Royal Bavarian Chapel in Londons Warwick Street das Jawort. In beigefarbenem Kleid und weißer Haube, erfüllt von religiösem Ernst traf Isabel Richard an der Kirchenpforte. Als sie gemeinsam ins Innere traten, sah sie mit Rührung, wie er in das Weihwasserbecken fasste und »ein sehr großes Kreuz schlug«. Er hatte sowohl ihr als auch dem Kardinal, der in die Ehe eingewilligt hatte, versprochen, dass sie ihre Religion stets praktizieren dürfte. »Ihre Religion praktizieren!«, hatte er gesagt. »Und wie sie das tun wird!« Trotz dieses heiteren Zugeständnisses war Burton nicht gewillt, seine eigene Einstellung zur Kirche zu ändern, und würde auch keinen Versuch unternehmen, sich vor der Londoner Gesellschaft zu rehabilitieren. Nach ihrer Hochzeit waren Richard und Isabel zu einem Frühstück im Haus ihres gemeinsamen Freundes Dr. George Bird eingeladen. Der Arzt hatte während Burtons Abwesenheit als Isabels Fechtmeister fungiert. Weil er der Versuchung nicht widerstehen konnte, Burton wegen der wilden Gerüchte aufzuziehen, die schon so lange über ihn kursierten, sagte

Bird: »Sag mal, Burton, wie geht's dir, wenn du jemanden abgemurkst hast?« In gespieltem Staunen zu dem Arzt aufblickend, entgegnete Burton: »Oh, recht gut! Und dir?«

❁

Bald nach der Hochzeit verlor Burton bei einem Brand fast seine gesamte Habe. Vor seiner Abreise nach Nordamerika hatte er alles seinen Agenten, den Brüdern Grindlay, zur Aufbewahrung in ihren Lagerräumen überlassen und seitdem noch nicht wieder abgeholt. »Bis auf die wenigen Truhen, die wir bei uns hatten«, schrieb Isabel, »verzehrten die Flammen unseren gesamten irdischen Besitz.« Burton hatte vor allem den Verlust der seltenen Manuskripte und persönlichen Schriften zu beklagen, die er dort vermeintlich sicher aufbewahrt hatte. Um den Verlust herunterzuspielen, scherzte er: »Dass einige dieser Manuskripte verbrannt sind, wird die Welt verschmerzen.« Er staunte jedoch, als ein Angestellter ihm erklärte, die Grindlay-Brüder seien im Gegensatz zu ihm versichert gewesen, und von ihm wissen wollte, ob er etwas von Wert verloren hätte, wie zum Beispiel Schmuck. »Als ich dies verneinte«, erinnerte sich Burton im Nachhinein, »wich das Mitleid in seiner Miene der Verwunderung darüber, dass mir irgendein anderer Verlust so großen Kummer bereiten könnte, was ich recht amüsant fand.« Es sei ohnehin nicht von Belang, antwortete er, denn was er verloren habe, sei mit Geld nicht zu ersetzen.

Zu Beginn des Jahres 1861 erhielt Burton endlich einen Konsulatsposten. Er brachte ihm nur siebenhundert Pfund im Jahr ein und befand sich auf der westafrikanischen Insel Bioko, die damals unter dem portugiesischen Namen Fernando Póo bekannt war und als »Müllhalde des Foreign Office« galt. Burton wusste jedoch, dass er dieses Angebot nicht ablehnen konnte. »Ich brauche wohl nicht zu sagen, dass ich es dankbar annahm«, schrieb er an Milnes. »Der Hund, der die Krumen der Regierung verschmäht, darf nicht erwarten, jemals in ihren Brotlaib beißen zu dürfen.

Das nennt man ausgleichende Gerechtigkeit.« Er hatte sich etwas Besseres erhofft, hatte geglaubt, seine langjährigen Dienste, die vielen Dutzend Sprachen, die er beherrschte, dazu sein enzyklopädisches Wissen über Asien und Ostafrika kämen ihm zugute, wurde jedoch eines Besseren belehrt. Jahre später würde der irisch-amerikanische Journalist Frank Harris den Vizekönig von Indien, Lord Lytton, fragen, warum er Burton nicht für einen Posten vorgeschlagen habe. »Sie hätten ihn niemals ernannt«, hatte Lytton gerufen. »Er verfügt weder über den richtigen Titel noch die erforderliche Position; außerdem wäre er zu eigenmächtig. Du meine Güte, er würde ständig über die Stränge schlagen und den Kahn zum Kentern bringen!«

Isabel jedoch war anstelle ihres Gatten gekränkt. »Er, der in jedem anderen Land mindestens mit dem Verdienstorden des Knight Commander ausgezeichnet und mit einer ansehnlichen Pension ausgestattet worden wäre, musste froh sein, den Fuß auf die unterste Sprosse der Konsulatsleiter setzen zu dürfen«, beklagte sie sich. »Im Alter von vierzig Jahren fand er sich wieder zu Hause, mit dem Rang eines Captain, ohne Sold, ohne Pension, mit jeder Menge Ruhm, einer frisch Angetrauten und einem kleinen Konsulatsposten im verderblichsten aller Klimata.« Als sie noch dazu erfuhr, dass er sie nicht mitnehmen wollte, weil sie seiner Meinung nach das Klima nicht überleben würde, war sie erst recht unglücklich. »Unter normalen Umständen bedeutet Äquatorialafrika für eine Engländerin den sicheren Tod«, schrieb Burton. »Ich staune, mit welcher Mischung aus Wahnsinn und Brutalität zivilisierte Ehemänner, um Witwer zu werden, ihren besseren Hälften Gift verabreichen, die Kehlen durchschneiden oder die Schädel einschlagen. Dabei ließe sich die Angelegenheit mit einigen Monaten an der afrikanischen Luft, auf Sansibar oder Fernando Póo, ebenso gründlich und still, sicher und zuverlässig erledigen.«

Burton befürchtete, er könne auf Fernando Póo sterben, aber nicht an einer Krankheit, sondern an Langeweile. Um gegen die Eintönigkeit anzukämpfen und vielleicht sogar etwas Denkwürdiges zu erreichen, füllte er seine Tage mit fieberhafter Tätigkeit. Unter dem Pseudonym F.B., Francis Baker – sein zweiter Vorname kombiniert mit dem Mädchennamen seiner Mutter –, schrieb er sein bekanntestes Versepos *Kasidah* und gab vor, es aus dem Arabischen übersetzt zu haben. Er beschrieb zweitausendfünfhundert Seiten mit Notizen und sammelte mit Hilfe der Einheimischen eine große Menge an Sprichwörtern. Sie reichte aus, um ein vierhundertfünfzig Seiten starkes Buch zu füllen, das er unter dem Titel *Wit and Wisdom in West Africa* veröffentlichte. Er erkundete das Nigerdelta und den Fluss Bonny, hielt am Gabon-Fluss nach Gorillas Ausschau, erklomm den Mount Cameroon, Europäern damals als Mount Victoria bekannt, und behauptete, er habe als erster Europäer seinen Gipfel erreicht. »Der Erste zu sein, ist hier alles«, schrieb er. »Der Zweite interessiert niemanden.« Er besuchte außerdem zweimal das Königreich Dahomey, damals für seine Menschenopfer bekannt, und bewunderte die »lange Herrschaft einer Dynastie, deren acht Vertreter insgesamt zweihundertzweiundfünfzig Jahre auf dem Thron gesessen hatten und somit den sieben römischen Herrschern Konkurrenz machten, deren Regentschaft sich über fast dieselbe Zeitspanne erstreckte.« Nachdem er einer rituellen Massenhinrichtung beigewohnt hatte, schüttelte Burton dem König von Dahomey zum Abschied die Hand. »Du bist ein guter Mann«, sagte der König zu ihm, »aber zu zornig.« Burton musste ihm recht geben. »Die meisten Reisenden sind wie die Poeten eine zornige Spezies«, räumte er ein.

Was Burton auch unternahm, nichts schien ihn von dem Groll und der Gedrücktheit zu befreien, die ihn seit seiner Rückkehr aus Ostafrika im Griff hatten. In einem Brief an Blackwood, in dem er ihm seine Reisen durch Nordamerika und seine Pläne zu einem Buch darüber schilderte, schrieb er hoffnungsfroh: »Ich muss in Übung bleiben, was Afrika anbelangt.« Fernando Póo war allerdings nicht, was ihm vorschwebte. Ungeachtet dessen, was die Insel ihm an Inspiration und Abenteuer bot, empfand er sie als bedrückend und gab später zu, er sei nach seiner Ankunft dort

»ungewöhnlich suizidal« gewesen. Ich fühlte mich wie »ein Falke im Käfig«, schrieb er, »ein Prometheus, an dessen Herz der Dämon Verzweiflung fraß«.

❊

Ende 1862 war Burtons Herz nicht nur von Verzweiflung zerfressen, es hatte zu faulen begonnen. Auf Heimaturlaub aus Fernando Póo, pflegte er den Versammlungen der Ethnological Society in London beizuwohnen, die zwanzig Jahre zuvor gegründet worden war, um »durch induktive Forschung die hochgeschätzte Einigkeit der Menschheit zu bestätigen«. Als Folge von Darwins Schrift *Über den Ursprung der Arten* hatte sich innerhalb der Society jedoch ein Riss aufgetan. Er schied jene, die dem Monogenismus anhingen – ihnen zufolge teilten alle Menschen einen gemeinsamen Vorfahren – von den Verfechtern des Polygenismus, die den unterschiedlichen Ethnien unterschiedliche Stammeltern zuordneten. Am Ende verließen die Polygenisten die Society. Einer von ihnen war Richard Burton, der seinen scharfen Verstand und seine jahrelange Forschung fortan in den Dienst einer Pseudowissenschaft stellte, die dermaßen verdreht, destruktiv und toxisch war, dass sie unermesslichen Schaden anrichten würde, und das auf Jahre hinaus.

Als 1863 die Emanzipationsproklamation der Regierung Abraham Lincolns in Kraft trat, wurde Burton, von seinem Konsulatsposten freigestellt, ein Gründungsmitglied der Anthropological Society in London. Diese Gesellschaft war das geistige Kind von Dr. James Hunt, einem bekannten Sprachtherapeuten, der Leo Tennyson, den Sohn des Dichters Alfred Lord Tennyson, zu seinen Patienten zählte, ebenso wie den Mathematiker und Schriftsteller Charles Dodgson, bekannt unter seinem Pseudonym Lewis Carroll, Autor von *Alice im Wunderland.* Hunt behauptete zwar, ein Gegner der Sklaverei zu sein, doch seine Ansichten zum Konzept der »Menschenrassen« waren so extrem, dass man ihn später der Kollaboration mit den amerikanischen Konföderierten beschuldigte. Sie hätten ihn bestochen, hieß es, die Briten zu ihren Gunsten zu beeinflussen. Für Hunt wie für Burton war der Monogenismus ein antiquiertes religiöses Konzept, vereinnahmt von Männern wie Speke, die glaubten, Afrikaner seien die Abkömmlinge von Noahs zweitem Sohn Ham und mithin »dazu verdammt, Sem und Jafet als Sklaven zu dienen«. Als 1859 Darwins Schrift *Über die Entstehung der Arten* erschien, verschob sich jedoch das Fundament des Monogenismus allmählich von biblischen Theorien hin zur Antike, vom Reich des Glaubens hin zu dem der Wissenschaft.

Burton ging es weniger um den Kampf zwischen den Verfechtern von Monogenismus und Polygenismus als um die Freiheit seiner Forschung und Rede. »Ich kann uns nur beglückwünschen«, sagte er in seiner ersten Ansprache vor der Society, »dass wir hier in diesem Raum eine Denk- und Redefreiheit vorfinden, wie sie in keiner anderen Gesellschaft Großbritanniens gepflegt wird.« Doch schon bald nach dieser Versammlung empfand Burton auch diese neue Gesellschaft als zu eng. »Kaum hatten wir begonnen, als die ›Anständigkeit‹, diese weiße Gruft voller Unrat, sich gegen uns erhob«, höhnte er. »Die Schicklichkeit plärrte uns mit ihrer dreisten Stimme nieder, und die Brüder bekamen weiche Knie und knickten ein.«

In einem Hinterzimmer des Bertolini – ein Speiselokal in der Nähe des Leicester Square – gründete Burton daraufhin seine eigene Geheimgesellschaft: den Cannibal Club. Umgeben von weißen Männern mit schwarzen Zylindern rief Burton die Versammelten mittels eines Stabes zur Ordnung, dessen geschnitzter Knauf wie der Kopf eines Afrikaners geformt war, der einen menschlichen Schenkelknochen im Mund hatte. Im Cannibal Club gab es keine Tabus, seine Spezialität war die Pornographie, die Männer wie Burtons alten Freund, den dichtenden Parlamentarier Monckton Milnes, anlockte. Auch Milnes' vielversprechender junger Schützling Algernon Charles Swinburne trat dem Club bei. Der kleine, zierliche Mann mit dem schmalen Mund, dem auffällig großen, von losen Locken umrahmten Kopf und dem reizbaren Temperament, war als Sohn einer wohlhabenden Familie in Northumbria geboren, hatte in Eton und Oxford studiert, war aber wie Burton ohne Abschluss ausgeschieden. Jetzt verbrachte er den Großteil seiner Zeit damit, sich sinnlos zu betrinken, sich selbst zu geißeln und überaus lyrische, aber für das viktorianische England schockierend explizite Gedichte zu verfassen. Swinburne, zum Zeitpunkt der Gründung des Cannibal Club erst sechsundzwanzig Jahre alt, würde zu einem der bekanntesten britischen Dichter des neunzehnten Jahrhunderts avancieren: Von 1903 bis zu seinem Tod 1909 war er jedes Jahr für den Literaturnobelpreis nominiert.

Für Burton verfasste Swinburne den sogenannten *Cannibal Catechism* (»Kannibalenkatechismus«). Vor jeder Versammlung, während die Männer in der Aussicht auf einen gepflegten Vollrausch anzüglich lachten, rezitierte eines der Mitglieder die erste Strophe von Swinburnes Gedicht, eine Verhöhnung der Eucharistie. Es war anstößig und blasphemisch und somit Balsam für Richard Burtons gepeinigtes Herz.

Bewahre uns vor unseren Feinden,
O Herr über Sonne und Himmel,
Dessen Speis und Trank Fleischpasteten sind
Und Blut in Schüsseln!
Von Deiner süßen Gnad, verdamme ihre Augen
Und verdamme ihre Seelen!

20.

Neston Park

Die Royal Geographical Society war nicht vorbereitet auf die vielen Menschen, die sich anlässlich ihrer Sonderversammlung am 23. Juni 1863 vor dem Burlington House eingefunden hatten. An ein kleines, aus vornehmen Wissenschaftlern bestehendes, wohlerzogenes Auditorium gewöhnt, sah sie sich nun plötzlich von einer gewaltigen, entschlossenen Meute überschwemmt, die im prunkvollen Gebäude am Piccadilly die Fenster zertrümmerte. Im Inneren betraten Würdenträger wie der Comte de Paris und der Prince of Wales den dunkel getäfelten Hörsaal und füllten seine gestuften Reihen aus üppigen Polstersitzen. Viele würden nach dem Vortrag noch bleiben und die Zeichnungen und Proben begutachten, die man sorgfältig auf einem Tisch arrangiert hatte. Andere wären zutiefst enttäuscht, weil im brechend vollen Saal kein Platz mehr war und sie vor der Tür stehen mussten, hoffend, etwas von dem zu erhaschen, was im Inneren gesprochen wurde. Von Königlichen Hoheiten bis hin zu einfachen Kaufleuten waren alle gekommen, um den hochverehrten Redner dieses Abends zu hören, John Hanning Speke.

Zwei Monate zuvor hatte Speke von Alexandria aus ein Telegramm an Murchison geschickt: »Das Nilproblem ist gelöst.« Die Worte hallten durch die Räumlichkeiten der Society und gelangten hinaus in die Welt. Die Neuigkeit verbreitete sich wie ein Lauffeuer, und als Speke und Grant schließlich in London eintrafen, hatte die Aufregung ihren Siedepunkt erreicht. »Das Jahrhunderträtsel geknackt zu haben, durch Afrika gereist zu sein, dem großen Vater aller Flüsse von seiner Quelle in den Mondbergen bis zur Mündung an der Küste Ägyptens gefolgt zu sein, ist eine Großtat, welche die Namen Speke und Grant auf ewig in die Annalen geographischer Entdeckungen einschreiben wird«, schwärmte ein Reporter. »Der Ursprung des Nils ist nun kein Geheimnis mehr, denn das Problem, von dem schon Homer sprach, über das Herodot spekulierte, das Alexander verblüffte und Nero beschäftigte, ist nun endlich gelöst, und dies dank der Geschicklichkeit, Beharrlichkeit und Tatkraft zweier englischer Offiziere.«

Vor seiner Abreise aus Ägypten, das er von Gondokoro aus per Boot auf dem Nil erreicht hatte, belohnte Speke die letzten neunzehn Mitglieder seiner Expedition, seine »getreuen Kinder«, wie er sie nannte. Nachdem er Bombay zum Hauptmann der »Getreuen« ernannt hatte, bat er die Royal Geographical Society, ihm eine Silbermedaille zu verleihen, den übrigen Männern Bronze. Jeder Einzelne erhielt außerdem eine finanzielle Anerkennung. »Ich hatte jedem von ihnen, sofern sie sich auf der Reise gut betrugen …, einen Beutel voll Geld versprochen«, schrieb Speke, »damit sie ein neues Leben beginnen konnten, sobald sie Sansibar erreichten.« Jene dagegen, die desertiert waren und dann in Sansibar aufgegriffen wurden, ließ er wie versprochen ins Gefängnis sperren.

Speke und Grant bahnten sich jetzt einen Weg durch die Menge zum Podium, wo Murchison sie erwartete. Noch vor dem offiziellen Vortragsbeginn um zwanzig Uhr verkündete Murchison, er wolle das ungeduldige Publikum nicht länger auf die Folter spannen, das zweifellos nichts dagegen hätte, »jetzt auf der Stelle mit Captain Speke und Captain Grant bekannt gemacht zu werden«. Lärmender Jubel brach los. Endlich ergriff Speke das Wort und erzählte seine Geschichte. »Als ich im Jahr 1858 den Victoriasee entdeckte, … da hatte ich sogleich das sichere Gefühl, dieser müsse die Quelle des Nils sein«, ließ er seine andächtig lauschenden Zuhörer wissen. »Doch noch immer hegte bis auf meine Wenigkeit ein jeder Zweifel am Ursprung des Nils, und niemand wollte mir glauben, bis ich mich erneut dorthin aufmachte und den gesamten Fluss erkundete, von der Quelle bis zur Mündung.« Das Mysterium um die Quelle des Nils sei nun gelöst, sagte er, und hätte ein gewisser Herr sich nicht massiv dagegengestemmt, hätte die Angelegenheit schon vor Jahren beigelegt werden können. »Hätte ich jene erste Expedition allein durchgeführt, wäre das Nilproblem bereits 1859 geklärt worden«, sagte er, »doch mein Vorschlag war vom Leiter der Expedition, der zum fraglichen Zeitpunkt krank war und des Reisens überdrüssig, abgelehnt worden.«

❁

Murchison hätte nicht stolzer auf seinen Schützling sein können. Bei dem glanzvollen Empfang in Burlington House hatte die Royal Geographical Society Speke auch eine ihrer höchsten Ehrungen zuteilwerden lassen, die goldene *Founder's Medal*, auf die er schon lange versessen gewesen war. Auch von den Königen Frankreichs und Italiens hatte er Goldmedaillen erhalten – die italienische Medaille trug die Inschrift *Honor est a Nilo* –, und von Königin Victoria, nach der er den Nyanza benannt hatte, erreichten ihn Glückwünsche. Er hatte nicht nur die Bewunderung und Zuneigung Tausender Menschen in der westlichen Welt gewonnen, sondern das Interesse an der Society selbst erneut aufflammen lassen.

Die Freude, die Murchison an Spekes Ruhm hatte, währte jedoch nur kurz. Wie er bald erfuhr, plante der Entdecker, den ausführlichen Bericht über die Expedition nicht etwa der Royal Geographical Society zu überlassen, sondern dem Verleger Blackwood. Murchison war überrascht und enttäuscht gewesen, als Spekes Reisetagebuch vier Jahre zuvor im *Blackwood's Magazine* erschienen war, hatte damals aber entschieden, die Angelegenheit auf sich beruhen zu lassen. Speke war schließlich nicht der Expeditionsleiter gewesen, und Burton hatte der Society ein langes Manuskript ausgehändigt, dem sie eine Gesamtausgabe ihres *Journal* gewidmet hatte. Nun jedoch hatte Speke nicht nur eine von der Society finanzierte Expedition kommandiert, sondern war von Murchison persönlich beauftragt worden, nach der Quelle des Weißen Nils zu suchen. Die Tatsache, dass er der Society und den Männern, die ihn unterstützt und ermutigt hatten, eine derart herablassende, respektlose Geringschätzung entgegenbringen konnte, entsetzte Murchison. »Der Vorstand«, sagte er mit zeittypischem Understatement vertraulich zu Grant, »ist unzufrieden mit ihm.«

Nach monatelangem Drängen, Klagen und Fordern erhielt die Society von Speke endlich doch eine kurze Abhandlung. Diese war jedoch so enttäuschend, dass Murchison einen sehr nüchternen Brief an den Mann diktierte, für den er sich noch vor kurzem so enthusiastisch eingesetzt hatte, um sich über »Kürze und Unvollkommenheit« des Textes zu beklagen. Die führenden Mitglieder der Society beriefen daraufhin eine Sitzung ein, um zu beratschlagen, wie sie reagieren sollten. Am Ende kamen sie zu dem Schluss, dass sie die Abhandlung publizieren müssten, ihr aber ein sehr ungewöhnliches Vorwort voranstellen würden. »Der Vorstand bedauert, dass ein so bedeutendes Thema nur durch diese kurze Denkschrift im *Journal* der Society abgehandelt wird«, begann die Notiz. »Da uns der Verfasser … keine weiteren Materialien oder Reiseberichte zur Verfügung gestellt hat, möge der geneigte Leser für weitere Informationen zu der bedeutenden Expedition, mit der man ihn betraute und bei der ihn Präsident und Vorstand der Society nach Kräften unterstützten, Captain Spekes ausführliche Publikation zu Rate ziehen.« Die Society fügte auch Fußnoten hinzu, in denen sie Fehler berichtigte und – peinlicher noch – Spekes offensichtlicher Unachtsamkeit die Detailliertheit und Genauigkeit von Burtons jüngstem Werk entgegenhielt.

Auch John Blackwood, der das Recht erworben hatte, der Welt die Geschichte zu erzählen, auf die sie wartete, quälten schwerwiegende Bedenken. Zu seinem Erstaunen enthielt der Text, den Speke ihm überließ, so viele Fehler, dass sie »das gesamte Buch diskreditieren« konnten. Sogar Grant, der Speke gegen jeden

Vorwurf verteidigte, äußerte die Hoffnung, Speke möge »sich auf gewisse Änderungen einlassen. … Er braucht dringend die Unterstützung eines Freundes.« Speke jedoch wischte jeden wohlmeinenden Rat beiseite. »Haben Sie keine Angst vor Kritikern«, schrieb er an Blackwood. »Wir werden sie beschämen, wenn sie ihre Zungen wetzen.«

Blackwood hatte jedoch nicht nur die Sorge, dass Kritiker in Spekes Bericht Fehler entdecken könnten, sondern dass sie gar nicht erst in der Lage wären, ihn zu lesen. Während Burton in einem Zelt kauernd und mit Fieberschüben kämpfend Hunderte Seiten Prosa hervorzubringen vermochte, hatte Speke in seinem Zimmer in Jordans Schwierigkeiten, auch nur eine Seite zu füllen. »Er schreibt ein derart abscheuliches, kindisches und unverständliches Zeug, dass einfach nichts damit anzufangen ist«, schrieb Blackwood voller Frust an seinen Neffen William, der ebenfalls für den Familienverlag arbeitete. »Dabei hätte er wirklich viel zu sagen, und wenn er spricht und erklärt, ist alles gut und richtig.« Speke bemühte sich, das wusste Blackwood, doch das Ergebnis war ein so fürchterliches Kauderwelsch, dass sogar der Setzer, ein gewisser »Mr. B«, baff war. Spekes Manuskript »wird nie öffentlichkeitstauglich«, sagte William zu seinem Onkel. »Es würde Mr. B umbringen, müsste er die Korrekturen durchführen. Der Bursche, der es mit mir durchgesehen hat, bekam regelrecht Lachkrämpfe.« Wie in seinen Briefen geizte Speke auch in seinem Manuskript mit Satzzeichen, ließ seinen Gedanken freien Lauf, schrieb sie offenbar nieder, wie sie ihm in den Sinn kamen. In einer Passage über das Königreich Buganda schrieb er etwa: »Dann sehr zu meiner Freude die Rückkehr nach Hause angeordnet, denn so schön der Nyanza auch war die fehlende Rücksicht auf die Bequemlichkeit anderer Leute, das tägliche ermüdende unentwegte Bootfahren den ganzen Tag, sowie Mtesas Hin-und-Her-Gerenne wegen allem.«

Aus schierer Verzweiflung beschloss Blackwood irgendwann, einen Ghostwriter hinzuzuziehen. Speke, das wusste er, hatte eine erstaunliche Geschichte zu erzählen, und Tausende Menschen waren erpicht darauf, sie zu lesen. Er konnte sie nur nicht zu Papier bringen. »Sie ist ohne jeden Zweifel höchst interessant und voller kurioser, origineller Szenen, von denen mir einige allerdings ziemlich kindisch erscheinen«, schrieb William Blackwood an John. »Wir müssen jemanden finden, der seinem bemerkenswerten Werk Gestalt verleiht.« Sein Onkel stimmte ihm zu. Speke brauchte einen Lektor, der sich um alles kümmerte, der sein Manuskript nicht nur zurechtschliff, sondern größtenteils selbst verfasste. »Der Lektor müsste es mit Speke noch einmal durchgehen«, erklärte John, »ihm Fragen stellen und den Text anschließend noch einmal neu formulieren, und zwar so nah an seiner Sprache wie es ein präsentables Englisch überhaupt zulässt.«

Speke willigte zwar ein, doch sein Stolz war verletzt. Zu allem Übel trug Blackwoods Ghostwriter einen Nachnamen, der Spekes Blut in Wallung brachte: Burton. John Hill Burton war ein bekannter und angesehener Autor. Er hatte eine literarische Biographie David Humes und eine siebenbändige Geschichte Schottlands veröffentlicht. »Burton ist ein famoser Bursche«, schrieb Blackwood, »und könnten wir Speke bloß klarmachen, wie völlig absurd und unverständlich er sich ausdrückt, würden sie gewiss gut harmonieren, da sie beide Gentlemen sind.« Speke zog zu Burton nach Edinburgh, wo er Tag für Tag mit ihm am Manuskript feilte. Die Zusammenarbeit der beiden war respektvoll und produktiv, aber keineswegs glücklich. Burton beschrieb Spekes Prosa als einen »Endlosfaden, der nicht abreißen durfte«, und Speke, gelangweilt und frustriert, beschwerte sich bei Blackwood, »er habe die Korrekturfahnen satt«.

Spekes *Journal of the Discovery of the Source of the Nile* erschien schließlich im Dezember 1863. Das Buch wurde auf Anhieb eine Sensation, war im selben Moment ausverkauft, als es die Buchläden erreichte. Trotz größter Bemühungen durch Blackwood und John Hill Burton geriet es jedoch sofort unter Beschuss. Speke war stolz gewesen auf die Tatsache, dass er bei beiden Expeditionen als Kartograph fungiert hatte, aber seine Karten erwiesen sich als schockierend falsch. Ein Drittel der mächtigen westlichen Uferlinie des Nyanza war zu weit im Osten, die Wasserpegel stimmten nicht einmal annähernd, und Spekes Berechnungen zufolge strömte der Nil auf einer Länge von etwa einhundertfünfundvierzig Kilometern hügelaufwärts. Sogar Rigby stieß sich an dem Buch und schrieb an Grant: »Speke schreibt viel zu viel von seinen Streitereien … und nicht genug über das Land, und seine Beschreibungen sind so vage, dass man ihnen nicht folgen kann.« Rigbys Kritik war vermutlich umso ärgerlicher für Speke, als er auch wegen seines ehrfürchtigen Hinweises auf die »alte Karte der Hindus« lächerlich gemacht wurde, die Rigby ihm in Sansibar gezeigt hatte. Denn keiner der beiden Männer hatte gewusst, dass es sich dabei um eine berüchtigte Fälschung handelte, die man unter Geographen längst verworfen hatte. Bloßgestellt bat Speke Blackwood, sie aus künftigen Auflagen zu streichen, aber der Schaden war schon angerichtet.

Speke stand auch am Pranger, weil er die Männer angriff, die ihm geholfen hatten – in diesem Fall Petherick. Monate zuvor hatte er Petherick einen Brief aus Khartum geschickt und ihm versichert, dass alles vergeben und vergessen wäre, wenn er ihm die Umstände erklärte, die dazu geführt hatten, dass er zu spät in Gondokoro eingetroffen war. »Mein lieber Petherick«, hatte Speke geschrieben, »wenn Sie die Güte hätten, mir ausführlich die Schwierigkeiten zu schildern, mit denen Sie zu kämpfen hatten, als Sie flussaufwärts den Weißen Nil befuhren, wäre dies für all jene, die mit dem Finanzierungsfonds in Verbindung stehen, und auch für mich selbst eine große Erleichterung, da die Leute in dieser aufdringlichen Welt sich immer gern die Mäuler zerreißen.« Nach seiner Ankunft in England war Spekes rechtschaffener Zorn auf Petherick jedoch erneut aufgeflammt. Blackwood hatte ihm geraten, seine Vorwürfe im Buch etwas abzumildern. Schließlich habe er sich mit Petherick getroffen, sogar mit ihm zu Abend gegessen, gab er zu bedenken. Dabei habe er keinen Streit angefangen oder sich in irgendeiner Weise anmerken lassen, dass er gekränkt war, »und kaum sind Sie wieder zu Hause, veröffentlichen Sie einen Vorwurf, der unendlich mehr Schaden anrichtet, als hätten Sie den Mann vor Ort geschnitten. Konsultieren Sie Ihre Geschwister oder wen auch immer, ich bin sicher, sie geben mir recht.« Speke hatte nachgegeben und nur »zwei kühle Zeilen« über Petherick in den Text eingefügt, doch bald nach Erscheinen des Buches hielt er am Heiligen Abend eine Rede, die viel verheerendere Auswirkungen haben sollte als all seine Beschwerden über gebrochene Versprechen oder gestohlene Vorräte. Er gab ein Gerücht weiter, das er in Gondokoro von Pethericks Handelsrivalen gehört hatte – Petherick hatte sie wegen Sklavenhandels verhaften lassen –, und deutete an, der Konsul sei selbst am Sklavenhandel beteiligt gewesen.

Für Petherick waren die Konsequenzen unmittelbar und vernichtend. »Der Schlag«, schrieb er, »war so hart, wie er nur sein konnte.« Obwohl es für eine derart schwerwiegende Anschuldigung keinerlei Beweis gab, wurde Petherick seines Amtes enthoben. Er befand sich noch in Khartum und wehrte sich nach Kräften, beteuerte in Briefen seine Unschuld, führte sogar Klage gegen Speke, aber ohne Erfolg. Auch Pethericks Frau, die sich Spekes Anschuldigungen nicht erklären konnte, schrieb aus Khartum nach Hause. »Wie ist es nur möglich? Ich mag kaum glauben, dass Speke Pethericks Ehre und Integrität dermaßen in Zweifel zieht«, schrieb sie. »Mein Herz ist voller Bitterkeit.« Speke, irritiert von diesen Reaktionen auf seine Anschuldigungen, bereute nicht etwa sein eigenes Handeln, sondern bedauerte, jemals mit Petherick verkehrt zu haben. »Ich wünsche bei Gott, ich hätte den rohen Menschen nie gesehen«, klagte er, »denn sowohl er als auch seine Frau attackieren mich auf die pöbelhafteste Weise.«

Nachdem Speke mutwillig die Reputation eines unschuldigen Mannes zerstört hatte, löste sich die Verehrung, die ihm seit seiner Rückkehr nach England entgegengebracht worden war, allmählich in Luft auf. Selbst Murchison fühlte sich bemüßigt, Petherick in Schutz zu nehmen, und ließ bei einer Versammlung der Royal

Geographical Society verlauten, die Anschuldigungen gegen ihn seien »im höchsten Maße ungerechtfertigt«. An Grant schrieb er, Speke habe ihm »ein äußerst *aggressives* Telegramm [über Petherick]« geschickt. »Es war dermaßen aggressiv, dass sein Ruf beschädigt worden wäre, hätte ich es öffentlich gemacht.« Petherick sei »ohne Gnade von Bord gestoßen« worden, wetterte Burton. Sein Privatvermögen sei verschwendet, »seine Gesundheit und die seiner heldenhaften, liebevollen Frau vollkommen, vielleicht gar unwiederbringlich ruiniert und seine Reputation als Kaufmann und Beamter in den Augen seiner Landsleute und der gesamten zivilisierten Welt vernichtet, und warum das alles? Weil man ihm Pflichtverletzung und Sklavenhandel vorwirft, während er in Wahrheit alles in seiner Macht Stehende tat, diesem Unrecht Einhalt zu gebieten.«

Speke, den die seiner Ansicht nach haltlose Kritik an seiner Person tief verletzte, fühlte sich ins Unrecht gesetzt. »Die Presse hat mich beschuldigt, unnachsichtig zu sein«, klagte er und richtete seinen Zorn selbst gegen die, die es gut mit ihm meinten: Blackwood warf er vor, sein Manuskript allzu hart kritisiert zu haben, seinem Freund Grant, der damals in Edinburgh einen eigenen Bericht über ihre gemeinsame Reise verfasste, dass er zum Erscheinen seines Buches nicht nach London gekommen war. Murchison hielt es für klug, dass Grant auf Distanz blieb, und schrieb ihm, er könne sich glücklich schätzen, »nicht am Streit [mit Petherick] beteiligt zu sein. Alle sagen, Ihr Name hätte mit dem von Speke im Buch genannt werden müssen. Jetzt können Sie froh sein, dass er Sie weggelassen hat. Auf diese Weise sind Sie für keine seiner Indiskretionen verantwortlich.« Speke, ohne Reue, schwor hoch und heilig, er werde sich fortan nur noch auf sich selbst verlassen. »Ich werde nie wieder mit einem Weggefährten in die Wildnis ziehen«, schrieb er an Blackwood, »und ganz gewiss keinen persönlichen Reisebericht mehr verfassen, denn am Ende wird man ja doch nur beschimpft.« Er war auch nach wie vor zornig auf Burton. Sein Verleger solle nicht »um meinetwegen Angst haben vor dem, was ich geschrieben habe, denn es ist eine Sache zwischen Burton … und mir, ob wir es mit der Feder ausfechten oder mit der Faust. … Ich war sehr milde, finde ich, wenn man bedenkt, wie viel Unrecht mir widerfahren ist.«

Rastlos und begierig darauf, seinen Kritikern zu entfliehen, reiste Speke gemeinsam mit Laurence Oliphant nach Frankreich. In Paris machte er Kaiser Napoleon III., dem Neffen Napoleons, und seiner Gemahlin, Kaiserin Eugénie seine Aufwartung, die »von den Aussichten auf eine weitere Afrika-Expedition entzückt« zu sein schienen. Speke hatte vor, den Kontinent von Ost nach West zu durchqueren und unterwegs bekehrte Christen zu sammeln. Zu solch einer Expedition, behauptete er, wäre nur er allein imstande.

Als ihm Spekes Ansinnen zu Ohren gekommen war, stellte Murchison klar, dass die Royal Geographical Society nicht involviert war. »Da einige Leute zu glauben scheinen, Spekes Expeditionsidee käme von *uns*«, schrieb er an Austen Henry Layard, den Unterstaatssekretär des Foreign Office, »hielt ich es für meine Pflicht, Euer Lordschaft reinen Wein einzuschenken«. Er sorge sich um Spekes Geisteszustand, ließ er Layard wissen. »Speke sandte mir Telegramme aus Paris, in denen er gegen Petherick wetterte. Ich konnte sie weder lesen noch wiedergeben, so unbeherrscht waren sie. Ich habe sie als ›Spekes Hirngespinste‹ zu den Akten gelegt!«, schrieb er. »Ich bedaure diese Entgleisungen zutiefst, da Speke in anderer Hinsicht durchaus die erforderlichen Qualitäten besitzt, die einem wagemutigen Forschungsreisenden den Erfolg sichern.«

❋

Im August kehrte Speke aus Frankreich, Burton aus Fernando Póo zurück. Es war das erste Mal seit vielen Jahren, dass sie sich beide zur gleichen Zeit in England aufhielten, und keiner der beiden wusste, was die Zukunft bringen würde. Obwohl beide eine erfolgreiche Afrika-Expedition geleitet hatten, bestand für sie wenig Hoffnung, eine weitere zu unternehmen. Die Royal Geographical Society hatte, vorerst zumindest, von beiden die Nase voll. »Ich höre von Murchison«, schrieb in diesem Sommer der Außenminister Lord John Russell, »dass … die Geographical Society jeden Kontakt zu Captain Speke abzubrechen wünscht.« Stattdessen griff Murchison wieder auf seinen alten Freund David Livingstone zurück, der von allen Forschern der Society am meisten Erfahrung hatte. Im Dezember, kurz bevor Speke in seiner Rede öffentlich Vorwürfe gegen Petherick erhob, hatte Murchison an Livingstone geschrieben und ihm den Vorschlag unterbreitet, er möge nach Afrika zurückkehren, den Nyanza umrunden und Spekes Theorie entweder bestätigen oder verwerfen. Livingstone, obwohl mittlerweile bereits einundfünfzig Jahre alt, hatte das Angebot angenommen.

Doch auch Burton und Speke waren nicht vergessen. Murchison, der eine große, enthusiastische Anhängerschaft rings um die namhafte *Section E* der British Association for the Advancement of Science aufgebaut hatte, wollte für die vierunddreißigste Jahresversammlung der Vereinigung werben, die im September in Bath stattfinden sollte. Livingstone wäre dort, um die Eröffnungsrede zu halten, aber ihm graute vor dem Ereignis, wie immer, wenn er öffentlich sprechen musste. »Es überläuft mich kalt, wenn ich nur daran denke«, schrieb er an einen Freund. »Pfui!« Die Association brauchte ein weiteres Highlight, um die Menschen nach Bath zu locken. Die Antwort war eine Debatte zwischen den berühmtesten und umstrittensten Forschern dieser Tage, in der jeder von beiden aufgefordert wäre, seine Theorie zum damals wohl rätselhaftesten und explosivsten Thema zu verteidigen: Wo entspringt der Weiße Nil?

Zunächst hatte Burton wenig Interesse an dem, was bald als »die große Nil-Debatte« durch die Zeitungen ging. Er wusste, dass Speke nicht genügend Beweise hatte, um seine Annahmen über den Nyanza zu belegen, und er hatte sich bereits einverstanden erklärt, über das Königreich Dahomey zu referieren, und war zuversichtlich, dass sein Vortrag eine Menge Zuspruch fände. Dahomey war für viele, die der Versammlung beiwohnten, nicht nur ein äußerst faszinierendes Thema, Burton stand außerdem im Ruf, ein mitreißender Redner zu sein. »Er besaß eine wunderbare Vorstellungskraft, und sein reich bestücktes Gedächtnis schöpfte nicht nur aus Bücherwissen, sondern aus persönlicher Erfahrung«, würde Bram Stoker später schreiben. »Während er sprach, schien die Phantasie in all ihrer verführerischen Kraft mit ihm durchzugehen, und die ganze Welt der Gedanken in herrlichen Farben zu lodern.« Burton wusste, dass er weder Debatten noch Kontroversen brauchte, um eine Menschenmenge anzuziehen, und schon gar nicht brauchte er John Hanning Speke.

So wie Burton immer noch glaubte, dass vielleicht der Tanganjika die Quelle des Weißen Nils sein könnte, hegte Isabel nach wie vor die Hoffnung, Burton und Speke könnten sich versöhnen. Sie hatte eine persönliche Verbindung zu Speke, die nichts mit ihrem Ehemann zu tun hatte: Hundert Jahre zuvor waren die Familien Speke und Arundell durch eine Heirat verschwägert gewesen. Isabel und John hatten außerdem eine gemeinsame Freundin, Countess Kitty Dormer, die einmal mit Isabels Vater verlobt gewesen war und sich jetzt bereit erklärte, ein Treffen zwischen ihr und Speke zu arrangieren. Sie hätten sich nur einmal getroffen, schrieb Isabel, aber mehrere Briefe gewechselt. Einmal bat Speke sie um Verzeihung für das Zerwürfnis mit Burton, wie sie sich später erinnerte. »Es tut mir so leid«, habe er angeblich zu ihr gesagt. »Ich weiß nicht, wie es dazu kommen konnte. Dick war so freundlich zu mir … und ich hatte ihn immer gern; aber es wäre jetzt zu schwierig für mich, die Sache aus der Welt zu schaffen.« Isabel glaubte, das Verhältnis zwischen den beiden, so zerrüttet es auch sein mochte, wäre noch immer zu reparieren. »Beinahe wäre es uns gelungen, Richard und Speke zu versöhnen«, insistierte sie, »nur leider war er zu vielen negativen Einflüssen ausgesetzt.«

Der bösartigste dieser Einflüsse war jetzt Laurence Oliphant, wusste Isabel. Oliphant, der vor kurzem mit Speke aus Frankreich heimgekehrt war, wusste seit langem, wie er in seinem Freund den Hass auf Burton schüren konnte. »Ist erst einmal ein Riss gemacht«, so Burton, »lässt er sich mühelos vergrößern.« Oliphant wandte seine Aufmerksamkeit nun Burton zu und erwähnte beiläufig, dass er mit Speke über die vorgeschlagene Debatte in Bath gesprochen habe. Er werde Burton »einen Tritt versetzen, falls er auf dem Podium erscheinen« würde, habe Speke angeblich zu ihm gesagt. Burton reagierte nach Plan. »Tja, damit ist es entschieden!«, schnaubte er. »Bei Gott, das soll er bloß versuchen!« Isabel, die das Gespräch mitangehört hatte, wunderte sich weder über die Reaktion ihres Mannes noch über Oliphants Einmischung. Dieser habe »die Angewohnheit, Freunde zu entzweien«, schrieb sie.

Jahre später würde Isabel behaupten, dass Oliphant nach einer seltsamen, überaus frommen Bekehrung den angerichteten Schaden bereut habe; er hatte nicht nur Burtons Verhältnis zu Speke, sondern auch zu dem britisch-amerikanischen Forscher Henry Morton Stanley vergiftet. »Er redete so lange auf Speke ein, bis die Saat bitterer Feindschaft gegen Richard endgültig aufgegangen war«, schrieb Isabel. »Ich habe Mr. Stanley davon berichtet … und er meinte nur: ›Wie eigenartig; dasselbe hat er auch mit mir gemacht!‹« Als Isabel Oliphant schließlich mit seinem Verhalten konfrontiert habe, sagte sie, habe dieser das Ganze weder abgestritten noch gerechtfertigt. »Ich bitte um Verzeihung«, sagte er schlicht. »Es tut mir leid – ich wusste nicht, was ich tat.«

Während Speke sich auf die Debatte zu freuen schien und Oliphant von seiner Zuversicht zu überzeugen suchte, war jedem, der Burton und Speke kannte, klar, dass es ein ungleicher Kampf werden würde. Burton war ein gewandter, wortgewaltiger Redner, dem der verbale Schlagabtausch, bei dem er seine Gegner regelmäßig in komplizierte, verschlungene Gedankenknoten verstrickte, großes Vergnügen bereitete. Speke dagegen war am Rednerpult ebenso unbeholfen wie mit der Feder. Mittlerweile halbseitig ertaubt – sein Gehör hatte sich nicht mehr erholt, seit sich der Käfer in sein Ohr gebohrt hatte –, vermochte er kaum einem ruhigen Gespräch zu folgen, geschweige denn einer blitzschnellen, scharfsinnig geführten Verbalattacke. So galt er mittlerweile, um es in den Worten des irischen Journalisten Sir John Gray auszudrücken, als »miserabler, unausgegorener Redner«. Wie Livingstone hatte auch Speke nie gern öffentlich gesprochen, eine Tatsache, die seinen Zuhörern schmerzlich bewusst war. Außerdem fände er unter der Zuhörerschaft in Bath kaum Freunde. Während Burtons Anhänger sich darauf freuten, Spekes spektakuläres, öffentliches Versagen mitzuerleben, schienen viele von Spekes Freunden sich ganz und gar von ihm abgewandt zu haben. Murchison gab sich mittlerweile reserviert bis distanziert, und sogar Grant hielt sich lieber fern. Als Speke ihn ins Haus seines Bruders im nahen Monk's Park einlud, damit er der Debatte beiwohnen konnte, ließ er sich entschuldigen.

Am 13. September, einen Tag vor Beginn der Jahresversammlung der British Association, stiegen Burton und Isabel im Royal Hotel in Bath ab. Fast zweitausendachthundert Personen strömten in die ruhige Stadt in Somerset. Sie war im ersten nachchristlichen Jahrhundert von den Römern gegründet worden, die die heißen Quellen nutzten. Die Debatte zwischen Burton und Speke sollte am 16. September im Royal Mineral Water Hospital stattfinden, einem eindrucksvollen einhundertzweiundzwanzig Jahre alten Steingebäude, unter dem lange Tunnel verliefen, die heißes Wasser von den Quellen zum King's Bath leiteten.

Zwei Tage später, am 15. September, kamen Burton und Isabel in den Vortragssaal, um der Auftaktveranstaltung der *Section E* beizuwohnen. Kaum traten sie durch die Tür, fiel ihr Blick auf einen hageren, blonden Mann, der zur Rechten Murchisons still auf dem Podium saß. Burton und Speke hatten einander jahrelang nicht gesehen und über fünf Jahre nicht miteinander gesprochen, seit dem Tag, da sich ihre Wege in Aden getrennt hatten. Im Vortragssaal waren Burton und Isabel nun gezwungen, direkt an Speke vorbeizugehen, um zu ihren Plätzen auf dem Podium zu gelangen. Als er aufblickte, erwiderten sie seinen Blick schweigend. Für Speke schienen all die schmerzhaften, widerstreitenden Gefühle, die seit Jahren unter der Oberfläche gebrodelt hatten, im Moment des Wiedersehens erneut aufzuflammen. »Ich werde sein Gesicht nie vergessen«, würde Isabel später schreiben. »Es war voller Kummer, voller Sehnsucht und Verwirrung.«

Auch Burton war erschüttert angesichts des erschreckenden Wandels, den er im Gesicht des Mannes bemerkte, den er einmal so gut gekannt hatte. »Ich kam nicht umhin, die gewaltige Veränderung in seinen Zügen, seiner Miene und seiner allgemeinen Erscheinung zu bemerken, die vermutlich seinen heftigen Strapazen geschuldet war«, schrieb er. »Erschwerend kamen noch Taubheit und eine Trübung des Augenlichts hinzu.« Der Moment zog sich in die Länge, doch dann rief jemand vom Ende des Saals Spekes Namen, und der Bann war gebrochen. Spekes blasses, ausgezehrtes Gesicht, schrieb Isabel, »schien zu versteinern«. Er rutschte unruhig auf seinem Stuhl hin und her und sagte plötzlich halblaut und an niemanden gerichtet: »Ich ertrage das nicht länger!« Damit sprang er auf und eilte zum Ausgang. Ein Mann, der in der Nähe stand, fragte ihn: »Brauchen Sie Ihren Stuhl noch, Sir? Kann ich ihn haben? Kommen Sie zurück?« Während Speke den Saal verließ, murmelte er bloß: »Ich hoffe nicht.«

❋

Nachdem Speke aus dem Vortragssaal gestürmt war, begab er sich nicht etwa zum Haus seines Bruders in Monk's Park, sondern zur alten Römerstraße, die nach London führte. Sein Ziel war Neston Park, ein großes Anwesen in Wiltshire, etwa dreißig Kilometer östlich von Bath. Errichtet im fünfzehnten Jahrhundert, war Neston Park jetzt im Besitz von Spekes Onkel, John Bird Fuller, der mit seiner Familie in einem herrschaftlichen, säulenverzierten Steingebäude auf dem Grundstück lebte. Aufgewühlt von der unerwarteten Begegnung mit Burton und der Aussicht, ihm in weniger als vierundzwanzig Stunden in einer Debatte gegenüberzusitzen, flüchtete Speke sich auf das Anwesen, wo er auf die Jagd gehen konnte, die einzige Beschäftigung, auf deren beruhigende Wirkung stets Verlass gewesen war.

Um halb drei an diesem Nachmittag, nur eine Stunde nach seinem Zusammentreffen mit Burton, durchstreiften Speke und sein junger Vetter George Fuller bereits still, aber stetig das weite offene Gelände von Neston Park. Während das Haus hinter ihnen in immer weitere Ferne rückte, pirschten sie durch hohes Gras, vorbei an kleinen Baumgruppen, und hoben gelegentlich die Flinten, um auffliegende Rebhühner zu schießen, die aus ihren Bodennestern oder dem Gestrüpp einer Hecke hervorbrachen. Ihnen folgte Daniel Davis, Fullers Verwalter, und kennzeichnete die herabgefallenen Vögel.

Doch beide, Fuller wie Davis, hielten Abstand zu Speke. »Ich hatte Angst vor einem Unfall«, räumte Fuller später ein. Zwar wusste er, dass Speke sehr erfahren im Umgang mit Waffen war und schon unter weitaus schwierigeren Bedingungen auf viel größeres Wild geschossen hatte als hier im ruhigen England. Außerdem ging er sehr umsichtig mit seiner Flinte um, wie Burton in Ostafrika selbst bemerkt hatte. Doch Fuller wusste auch, dass sein Cousin sich tags darauf, in weniger als vierundzwanzig Stunden, seinem Rivalen Burton auf dem Podium in Bath würde stellen müssen. Und dies verlieh dem ohnehin schon traurigen Tag – es war der Todestag von Spekes Bruder Edward, der während des Indischen Aufstands sieben Jahre zuvor ums Leben gekommen war – noch eine zusätzliche herbe Note. Während sie Speke folgten, konstatierten Fuller und Davis bei ihm eine gewisse »Achtlosigkeit in der Handhabung seiner Waffe«. Es sah ihm nicht ähnlich und war äußerst beunruhigend. »Wir vermieden es daher, ihm auf dem Gelände zu nahe zu kommen«, erklärte Fuller.

Die drei Männer hatten etwa eineinhalb Stunden gejagt, Fuller etwas weiter vorn als Speke, Davis hinter ihm, als Speke sich einer Steinmauer näherte. Davis beobachtete, wie Speke, die Flinte in der Hand, sich anschickte, über die lose aufgeschichteten Platten der Mauer zu klettern, die das Feld säumte und an dieser Stelle etwa sechzig Zentimeter hoch war. Davis hatte sich wieder seiner Aufgabe zugewandt, als er plötzlich einen Schuss hörte. Er blickte auf, ein herabstürzendes Rebhuhn erwartend. Stattdessen sah er Fuller, der verzweifelt auf ihn zugerannt kam.

Dieser hatte gesehen, als er sich nach dem Schuss umdrehte, wie sein Vetter von der niedrigen Steinmauer stürzte, auf die er gestiegen war. Daraufhin bahnte er sich durch das hohe Gras einen Weg zu ihm hinüber und erreichte die Mauer. Dort lag Speke, und die linke Seite seines Jagdhemds färbte sich rot von Blut. Sein Hinterlader, eine zweiläufige Lancaster ohne Sicherung, lag neben ihm auf dem Boden, der eine Lauf gespannt, der andere vollständig entladen. Als Fuller sich über ihn beugte, hatte Speke nur noch Kraft für drei Worte. »Lass mich liegen.« Fuller presste seine Hand auf Spekes Brust und versuchte verzweifelt, die Blutung zu stoppen, als Davis hinzukam. Mit der Bitte an den Verwalter, bei seinem Cousin zu bleiben, rannte Fuller los, um Hilfe zu holen.

Es dauerte nicht lange, und er kam mit einem Arzt aus der Gegend zurück, Thomas Fitzherbert Snow. Doch kaum sah dieser den jungen Mann blass und reglos auf dem Boden liegen, wusste er, dass er zu spät kam. Die Schrotladung, die Speke selbst ausgelöst hatte, war durch seine Brust gedrungen, in Richtung Rückgrat, hatte seine Lunge zerrissen und die großen Blutgefäße am Herzen zerfetzt. »Eine solche Wunde«, wusste Snow, »bedeutete den sicheren Tod.« Während Davis allein und hilflos über ihm wachte, war John Hanning Speke an Ort und Stelle verstorben, ohne noch ein weiteres Wort zu sagen.

21.

Und so erkaltet das müde Herz

Als Burton am Morgen des 16. September im Royal Mineral Hospital eintraf, um sich der Debatte zu stellen, war der Vortragssaal bereits »zum Bersten voll«. Er stand mit Isabel in der Nähe des Podiums und versuchte, dem Menschenandrang auszuweichen, während er auf die Ankunft Spekes und den Beginn der Debatte wartete. Die interessierten Zuhörer übten sich zunächst noch in Geduld, ein jeder froh, für den ersehnten Höhepunkt der Konferenz noch einen Stuhl im Saal ergattert zu haben. Als jedoch der Zeitpunkt der Debatte kam und ging und das Podium immer noch enttäuschend leer blieb, wurde die Menge rastlos und »machte ihrer Ungeduld mit Lauten Luft«, wie ein Reporter missbilligend anmerkte, »wie sie eher im Theater zu hören sind als in einer wissenschaftlichen Veranstaltung«.

In einem angrenzenden Saal traf sich wie üblich der Vorstand der Royal Geographical Society, um diverse Angelegenheiten zu besprechen und sich darüber zu einigen, welche Aufsätze tags darauf gelesen werden sollten. Gegen Ende meldete sich der schottische Forschungsreisende Sir James Alexander zu Wort und schlug dem Gremium vor, Speke für den Ritterstand zu empfehlen, als ein Bote den Raum betrat. Er eilte geradewegs zu Murchison und übergab ihm einen Brief. Murchison las ihn kommentarlos und reichte ihn schweigend an Norton Shaw zu seiner Linken weiter, den Sekretär der Gesellschaft. Nachdem auch er die Nachricht gelesen hatte, gab er sie an seinen Nachbarn weiter. Während Alexander, der das wachsende Unbehagen im Raum nicht zu bemerken schien, seine Rede fortsetzte, wanderte der Brief von Hand zu Hand und gelangte schließlich zu Francis Galton. Er war einer der letzten, die Speke vor seiner Abreise nach Ostafrika vier Jahre zuvor aufgesucht hatte, und nun erfuhr Galton als Letzter, dass sein Freund sich erschossen hatte.

Burton, der noch immer im Vortragssaal wartete, war von der Verzögerung nicht weniger verwirrt als die Menschen um ihn herum. »Alle bedeutenden Männer saßen in der Vorstandssitzung, nur ich wurde nicht dazugebeten«, schrieb er verbittert. »Also blieb ich mit meiner Frau auf dem Podium sitzen, meine Notizen in der Hand, und wartete gespannt auf das Streitgespräch.« Schließlich rief ihn sein Freund, der Geograph Alexander George Findlay, in den Saal des Vorstands. Vor den Augen seiner Frau, die in der Tür stehen blieb und still zusah, las endlich auch Burton den Brief, dessen Inhalt die übrigen Anwesenden bereits kannten. »Er ließ sich auf einen Stuhl sinken«, erinnerte sich Isabel, »und ich konnte sehen, welche Mühe es ihn kostete, nach diesem Schock seine Gefühle im Zaum zu halten.«

Fassungslos und ernst schritten die Vorstandsmitglieder endlich nacheinander in den Vortragssaal. Murchison betrat das Podium und wandte sich an die wartende Menge. »Ich bitte, meine Verspätung zu entschuldigen, aber wenn ich Ihnen gleich den Grund dafür erläutere, werden Sie mir vergeben«, sagte er. Schweigen breitete sich aus, und aller Augen waren auf Murchison gerichtet. »Unser Komitee ist zutiefst erschüttert, denn mein teurer Freund Captain Speke hat durch ein entsetzliches Unglück sein Leben verloren. Es ist mir daher unmöglich, zur heutigen Tagesordnung überzugehen.« Murchison hatte noch nicht zu Ende gesprochen, als angesichts der schockierenden Todesnachricht ein Aufschrei des Entsetzens – einer der Reporter sprach von einem »Eklat« – durch die Reihen des Auditoriums ging. Der Präsident der Gesellschaft jedoch sprach weiter, brachte nicht nur die Bestürzung der

British Association und der Royal Geographical Society zum Ausdruck, sondern auch seine eigene Trauer. »Dieser Verlust ist umso schmerzlicher für mich, als ich meinen herausragenden Freund, Captain Speke, erst gestern gesprochen habe und er heute hier vor Ihnen über seine Entdeckungen in Afrika referieren sollte«, sagte er. »Sie können sich gewiss denken, wie tief mich die Nachricht von seinem Tod getroffen hat.« Weil er das Gefühl hatte, den Männern und Frauen vor ihm eine Erklärung zu schulden, erzählte Murchison, was er wusste. »Man hat mir die Umstände des Unglücks noch nicht im Detail erläutert, aber wie es aussieht, war Captain Speke mit einigen Freunden auf der Jagd«, sagte er. »Als er über eine Mauer kletterte, löste sich wohl ein Schuss aus seiner Waffe, der ihn unweit des Herzens traf. Als die Freunde ihn erreichten, dürfte er nur noch wenige Minuten gelebt haben.« Wieder wurde es laut im Saal.

Es blieb nun nichts weiter zu tun, als dem Toten Respekt zu zollen. Nachdem die Menge sich beruhigt hatte, schlug Murchison eine Erklärung zu Spekes Ehren vor, »die seinen Angehörigen unser tiefempfundenes Beileid aussprechen sollte, da er auf so grausame Weise und in der Fülle seiner Kraft und Stärke aus dem Leben gerissen wurde«. Als er zu Ende gesprochen hatte, hob ein jeder im Saal zum Zeichen seines Einverständnisses die Hand. Später gab Clements Markham, der Speke fünf Jahre zuvor ermuntert hatte, Murchison vom Nyanza zu erzählen, und mittlerweile die *Section E* leitete, in Burtons Auftrag eine Erklärung ab. »Captain Burton war von dem beängstigenden Vorfall, der uns zur Kenntnis gebracht wurde, zutiefst erschüttert«, erklärte später ein Reporter, »und weil er sich außerstande sah, sich persönlich zu äußern, hatte er den Sekretär gebeten, einige Worte zu verlesen, die er (Captain Burton) aufgeschrieben hatte.« Nach Spekes jähem, gewaltsamem Tod, der sich nur wenige Meilen entfernt und nur wenige Stunden vor Beginn ihrer spannungsgeladenen Debatte ereignet hatte, tat Burton sich nun schwer, seine ungeschönten, aufrichtigen Gefühle zu äußern. »Aufgrund der Meinungsverschiedenheiten, die uns bekanntermaßen entzweiten, als er noch am Leben war«, las Markham an seiner statt, »sehe ich mich umso mehr in der Pflicht, öffentlich meine aufrichtige Bewunderung für ihn und seine Unternehmungen kundzutun, sowie meine tiefempfundene Trauer.«

Elf Tage später holte die Familie Spekes Leichnam nach Hause. »Die sterblichen Überreste des Entdeckers ruhen nicht etwa in der schattigen Abgeschiedenheit von Westminster Abbey«, berichtete eine Zeitung, »sondern in einer Familiengruft unter der hübschen kleinen Kirche von Dowlish Wake ... vier [Kilometer] von Jordans entfernt, dem Sitz der Familie Speke.« Dreihundert Jahre zuvor hatte Spekes Vorfahr George Speke in der kleinen Kirche aus Stein eine Kapelle errichten lassen, und so war ihm zu Ehren ein Messingbildnis in den Steinboden gesetzt worden. Nach einer langen Prozession durch das Dorf, die von einem Priester angeführt wurde, wurde Spekes Sarg bedächtig an den entsetzten trauernden Angehörigen, an seinen Freunden und, mit einer Ausnahme, an den größten britischen Geographen und Entdeckern seiner Tage vorbeigetragen – Murchison, Livingstone und Grant.

Krank vor Trauer, quälte sich Grant mit dem Gedanken, er hätte Spekes Tod irgendwie verhindern können. »Hätte ich meinem Freund zur Seite gestanden«, schrieb er, »wäre dieses Unheil vielleicht vermieden worden.« Nun hielt er einen Kranz aus zarten weißen Resedablüten und wilden Veilchen in der Hand und musste zusehen, wie Spekes Sarg in die Gruft hinabgelassen wurde. »Als er den Kranz auf den Sarg legte, der die sterbliche Hülle des edlen Captain Speke enthielt, war sein Schluchzen im gesamten Gotteshaus zu hören«, schrieb ein Reporter.

Nachdem Spekes Leichnam beigesetzt worden war, ließ den Hinterbliebenen vor allem eine Frage keine Ruhe: War sein Tod ein Versehen oder Absicht? Um Spekes Familie weiteren Kummer zu ersparen, zumal Selbstmord damals als Schande galt, verzichtete man auf eine eingehende Untersuchung der Tragödie. Im Zuge einer kurzen Bestandsaufnahme in Monk's Park, dem Haus von Spekes Bruder William, wurden George Fuller, Daniel Davis und Thomas Snow unter Eid befragt. Bald darauf versammelte sich eine Gruppe von Geschworenen, um sich den Bericht des Leichenbeschauers anzuhören, und kam dann einhellig zu folgendem Beschluss: »Der Verstorbene erlag den Folgen eines Schusses, der sich versehentlich aus seiner eigenen Waffe gelöst hatte.« Der Fall wurde zu den Akten gelegt, und doch waren nicht alle Fragen geklärt. Warum sollte ein erfahrener Jäger wie Speke, der im Umgang mit Schusswaffen stets äußerste Sorgfalt bewiesen hatte, mit einer halbgespannten Flinte, deren Lauf auf seine Brust gerichtet war, auf eine brüchige Steinmauer klettern? Hatte die Erregtheit, die Fuller und Davis an diesem Nachmittag an ihm bemerkt hatten, ihn unachtsam werden lassen, oder war sie Ausdruck tiefster Verzweiflung?

Selbst die Todesanzeige, die drei Tage nach Spekes Ableben in der Londoner *Times* erschien, warf die Frage auf, die sich alle stellten. »Wer hätte gedacht, dass ausgerechnet Speke einer derart absehbaren Gefahr erliegen würde? Wohl niemand«, hieß es im Nachruf. »Er war ein erfahrener Jäger. Selbst sein Hang zum Abenteuer entsprang ursprünglich seiner Jagdleidenschaft. … Ein Mann wie er lebte mit der Gefahr; Schusswaffen waren ihm ebenso vertraut wie die Feder dem Schriftsteller oder der Pinsel dem Maler. Vielleicht führte gerade die große Vertrautheit zu der kurzen Unachtsamkeit, die solch fatale Folgen hatte.« Dass Spekes Tod ein Rätsel blieb, machte ihn nicht erträglicher. Das unangenehme Gefühl, das er hinterließ, würde niemals schwinden.

Für Burton war der Gedanke, Speke sei vielleicht absichtlich aus dem Leben geschieden, offenbar nicht nur eine Möglichkeit, sondern seine erste Vermutung. »Bei Gott, er hat sich umgebracht!«, hatte er angeblich gemurmelt, als er die Todesnachricht las. Nachdem er die Veranstaltung mit Müh und Not durchgestanden und mit zitternder Stimme seinen Vortrag über Dahomey gehalten hatte, gab er sich, kaum zu Hause, ganz seinem Kummer hin. »Er hat lang und bitterlich geweint«, schrieb Isabel, »und ich versuchte tagelang, ihn zu trösten.« Auch Burtons Nichte Georgiana wunderte sich über die intensive Trauer ihres Onkels. »Es fiel ihm nicht leicht, seinen Weggefährten Speke zu vergessen«, schrieb sie. »Burtons Gefühle waren unkontrollierbar.« Spekes jäher Tod hatte Burton nicht nur überrascht und erschüttert, er wusste genau, dass sein eigenes Schicksal auf immer mit Spekes verknüpft sein würde. »Die näheren Umstände von Spekes Tod werden wir wohl nie erfahren«, schrieb er nur wenige Monate später an einen Freund. »Die Nachsichtigen sagen, er habe sich selbst erschossen, die weniger Nachsichtigen deuten auf mich.«

Obwohl an jenem Tag nur Speke gestorben war, vertrat Burton die Ansicht, dass sein Tod sie beide zum Schweigen gebracht habe. »Der traurige Vorfall«, schrieb er in einem Brief an die *Times*, »versiegelt meinen Mund in vielerlei Hinsicht.« Er hatte die Debatte als Gelegenheit gesehen, sich zum einen selbst zu verteidigen, zum anderen, um Spekes wie er meinte haltlose Annahmen über den Nil und den Nyanza zu hinterfragen. »Wären wir in Bath aufeinandergetroffen, hätte die daraus resultierende Diskussion zu einer weitaus gründlicheren Überprüfung geführt, was die jüngste Expedition betrifft, als jetzt erwartet werden kann«, schrieb er frustriert. »Wie es aussieht, muss ich nun zu vielen Punkten schweigen, über die zu sprechen ich unter anderen Umständen das Recht hätte.«

Burton war erst dreiundvierzig Jahre alt, aber seine Zukunft hielt wenig von dem Zauber und den Möglichkeiten bereit, die sein Leben einst bestimmt hatten. Er wurde endlich vom Konsulat auf Fernando Póo ins brasilianische Santos versetzt, wo er mit Isabel vier Jahre lebte. Er sprach von künftigen Expeditionen, wollte die Anden besteigen oder Patagonien erforschen, aber es war zu spät. »Körperlich«, schrieb ein junger ausländischer Offizier, war Burton »ein gebrochener Mann«. Nachdem Isabel sich für ihn eingesetzt hatte, wurde er zum Konsul in Damaskus ernannt und freute sich, wieder im Nahen Osten zu sein. Im Sommer des Jahres 1871 machten jedoch sein Groll und seine Verbitterung, die sich diesmal gegen die jüdische Bevölkerung in Syrien richteten, erneut jede Hoffnung zunichte, und er wurde seines Amtes enthoben. »Unehrenhaft aus dem Amt geschieden, mit fünfzig Jahren, mit kaum einem Monat Vorankündigung, ohne Entlohnung, ohne Anstand«, schrieb er verbittert an Isabel. Es traf sie noch schwerer als ihn. »Die Schakale«, schrieb sie wütend, »sind allzeit bereit, einen toten Löwen zu schmähen.«

In den dreißig Jahren ihrer Ehe blieb Isabel ihrem Mann treu ergeben, liebte ihn bis zur Besessenheit, las ihm jeden Wunsch von den Augen ab. »Ich sage es voller Stolz: Es gab bei uns nur einen Willen, nämlich den seinen«, würde sie später schreiben. »Ich hatte das große Glück, meinem Herrn und Meister begegnet zu sein.« Burton hatte sie gelehrt, seine Manuskripte gegenzulesen, sich um seine persönlichen und beruflichen Angelegenheiten zu kümmern und »zu packen, zu bezahlen und mir zu folgen«, wie er sagte, wann immer er zum nächsten Konsulat, in ein anderes Land, auf einen anderen Kontinent weiterziehen wollte oder musste. Burtons Kontrolle über seine Frau ging so weit, dass er seine Geschicklichkeit als Hypnotiseur an ihr erprobte und sich rühmte, wie ein Freund später schrieb, er könne »sie aus Hunderten Meilen Entfernung dazu bringen, seinen Willen auszuführen, ganz so, als wäre er im selben Zimmer mit ihr«.

Und während Burtons Kraft und Zuversicht allmählich schwanden, lebte Isabel regelrecht auf. Sie war glücklich, endlich gemeinsam mit ihrem Mann zu reisen und dabei Ungewissheiten, Unbequemlichkeiten und sogar Gefahren zu meistern. Wenn sie nicht gerade seine Manuskripte lektorierte oder bewarb, arbeitete sie an eigenen Aufzeichnungen, schrieb zunächst ein sorgfältig geführtes Reisetagebuch, das zu dem zweibändigen Bestseller *The Inner*

Life of Syria, Palestine, and the Holy Land wurde. Als sie schließlich in Triest eintrafen, wo Burton seinen letzten Konsulatsposten antreten und endlich ein Zuhause finden würde, war Isabel ihrem Traum, das freie, uneingeschränkte Leben eines Mannes zu führen, näher gekommen, als sie es je für möglich gehalten hätte. Während sie mit Burton zu Pferde in den Bergen unterwegs war, trug sie weite, dunkelblaue Reithosen, die sie in hohe Stiefel steckte, einen Revolver und ein Bowiemesser im Gürtel, das Haar verknotet und unter einem Tarbusch versteckt. Sie sei, schrieb sie später, »überaus amüsiert und erfreut« gewesen, »dass man mich unterwegs überall für einen jungen Burschen hielt«.

Burtons allmähliche Veränderung vollzog sich zwar in seinem Inneren, war aber dennoch sichtbar. Wann immer er zu Besuch in England war, sah jeder, der ihn kannte, dass er nicht nur schwermütig, sondern am Boden zerstört war. Seine Nichte Georgiana erschütterte die heftige Veränderung, die sie an ihrem einst so strahlenden, charmanten Onkel bemerkte. »Wir hatten ihn noch nie so elend, so verunsichert erlebt; seine Hände zitterten, seine Stimmung war seltsam gereizt, sein Sinn für Spaß und Humor, der ihn für Alt und Jung zu einem so heiteren Gefährten machte, schien gänzlich verschwunden«, schrieb sie. »Er kam einfach nicht zur Ruhe, war rastlos, wollte aber das Haus nicht verlassen; kränkelte, nahm aber keinen Rat an.«

Die einzige Tätigkeit, der Burton sich körperlich gewachsen fühlte, war das Schreiben, doch selbst das erwies sich als Quelle nagenden Schmerzes und alter Ressentiments. Nachdem es acht Jahre lang auf mysteriöse Weise verschollen gewesen war, tauchte plötzlich ein verloren geglaubtes Manuskript zu Sansibar, das der Apotheker des Konsuls in Burtons Auftrag an die Royal Geographical Society hätte schicken sollen, in einer Stahlkassette in Bombay wieder auf. Burton hatte Rigby die Schuld an seinem Verschwinden gegeben, ein Vorwurf, den dieser entrüstet von sich wies. Doch nun, da Burton es wiedergefunden hatte und überarbeiten sollte, wurden Erinnerungen in ihm wach, die eher bitter waren als süß. »Bevor die Erfahrung mich eines Besseren belehrte, hätte ich nicht gedacht, wie traurig und ernst der Moment ist, in dem ein Mann sich anschickt, Ereignisse niederzuschreiben, die sich vor Beginn des vergangenen Jahrzehnts zugetragen haben«, schrieb er. »Wie viele Geister und Gespenster sich im Gehirn plötzlich regen – die Fetzen zerstörter Hoffnungen und vergeblicher Ziele. … Wie viele Gräber haben sich in diesen kurzen zehn Jahren über ihren Toten geschlossen – ein Inbild der Vergangenheit! ›Und kaum ist die Lektion gelernt / erkaltet das müde Herz.‹«

So müde und kalt Burtons Herz auch war, *eine* Hoffnung loderte noch immer in seiner Brust: Dass sich seine Theorie, nicht der Nyanza-, sondern der Tanganjika-See habe den Weißen Nil hervorgebracht, als richtig erweisen würde. In ihrem Nachruf für Speke war die *London Times* davon ausgegangen, dass der lange, erbitterte Streit zwischen Burton und Speke nun endlich beigelegt wäre. »Captain Speke und Captain Burton können nun nicht mehr zum Gladiatorenkampf gegeneinander antreten«, hieß es weiter. »Für Captain Burton, der sich so viele Lorbeeren verdient hat, muss die Einsicht sehr schwer gewesen sein, dass er einst im Schatten der höchsten Siegesfrucht schlummerte, während eine andere, weniger erfahrene Hand sich nach ihr ausstreckte und sie pflückte.« Für Burton war der Kampf jedoch noch lange nicht vorbei, auch wenn Spekes Tod ihn zum Schweigen verdammt hatte. »Warum sollte ›dieser Meinungsstreit beigelegt werden‹«, fragte er, »nur weil der edle Speke einem tödlichen Unfall zum Opfer fiel?«

Burton wusste mittlerweile, dass er das Rätsel um den Nil nicht lösen würde, aber plötzlich sah es ganz danach aus, als würde auch David Livingstone ihm nicht auf die Spur kommen. Der Missionar war nach Afrika aufgebrochen, um seinerseits nach der Nilquelle zu suchen, und mittlerweile verschollen. Jahrelang hatte man nichts mehr von ihm gehört, und Deserteure aus seiner Expedition hatten gar behauptet, er sei ermordet worden. Die Royal Geographical Society gab die Hoffnung nicht auf und schickte zwei Expeditionen auf die Suche nach ihm, doch beide kehrten erfolglos zurück. Burton empfand diese verzweifelten Bemühungen, den angesehensten Missionar des Landes zu finden, als grotesk. Das ganze Unterfangen sei doch *infra digitatem*, unter seiner Würde, höhnte er in gelehrtem Latein.

Peinlicherweise und sehr zum Ärger der Society gelang es schließlich ausgerechnet einem unverfrorenen amerikanischen Journalisten und gebürtigen Waliser namens Henry Morton Stanley, Livingstone aufzustöbern. Und damit nicht genug: Er löste auch ein für allemal das Rätsel um die Nilquelle. Er tat es jedoch nicht allein, hatte den Rückhalt des *New York Herald* und die Hilfe eines ganz bestimmten Mannes: Sidi Mubarak Bombay. Bombay hatte die Nachricht von Spekes Tod zutiefst erschüttert. Er fühle sich, als hätte man ihm den rechten Arm abgehackt, beteuerte er und gelobte feierlich, eines Tages zu Spekes Grab zu pilgern. Vorerst aber blieb er in Afrika und beteiligte sich an der Suche nach David Livingstone.

So nah sich Bombay und Speke gestanden hatten, so angespannt war Bombays Verhältnis zu Stanley, und das vom ersten Moment an. »Der berühmte Bombay betrat die Bühne«, höhnte Stanley, nachdem er den Mann kennengelernt hatte, den Speke und Burton so sehr geschätzt hatten. »Es war nicht zu übersehen, dass Captain Speke ihn mit seiner Freundlichkeit verdorben hatte.« Stanley beschuldigte Bombay, unter den Trägern eine Meuterei anzuzetteln, Bombay wiederum weigerte sich, die Leute so rücksichtslos anzutreiben, wie Stanley es von ihm forderte. Nichtsdestotrotz hatte Bombay bis zum Herbst 1871 die Karawane an den Tanganjika-See geführt, den Burton nach wie vor für die Quelle des Nils hielt. An seinem Ufer fand Stanley den verschollenen Livingstone und sagte jene legendären Worte, die größere Berühmtheit erlangen würden als beide Entdecker: »*Dr. Livingstone, I presume*?« (»Dr. Livingstone, nehme ich an?«)

Trotz seiner mangelnden Erfahrung sollte Stanley gelingen, was weder Burton noch Speke zustande gebracht hatten. Gemeinsam mit Livingstone reiste er zur Nordspitze des Tanganjika-Sees und bestätigte, dass der Ruzizi ein Zufluss, kein Abfluss war. Damit zerschlug sich Burtons Hoffnung, dieser Fluss könnte den Nil speisen. Ein Jahr, nachdem Livingstone tot neben seinem Bett kniend aufgefunden worden war, vermutlich im Gebet, umsegelte Stanley den Nyanza und erbrachte den Beweis, dass dieser See, wie Speke angenommen hatte, die Hauptquelle des Weißen Nils war. Seine Expeditionen brachten Stanley zwar keinen Respekt ein, dafür aber Ruhm, ein Umstand, schrieb er in sein Tagebuch, den »ich verabscheue und fürchte«. Die Royal Geographical Society verlieh Stanley die *Patron's Medal*, weil er Livingstone gefunden hatte. Er aber war der Meinung, seine Bemühungen würden nicht durchgängig wertgeschätzt, obwohl er erreicht hatte, was den Expeditionen der Society selbst nicht gelungen war. »Mein Erfolg«, schrieb Stanley in einem Brief an eines der vornehmsten Mitglieder der Gesellschaft, »scheint in den Köpfen derer, von denen ich mir natürlicherweise einen anderen Empfang erwartet hatte, große Verbitterung ausgelöst zu haben.«

Grant hingegen zollte Stanleys Expedition offen und begeistert Beifall. Fast ein Jahrzehnt nach Spekes Tod war dieser endlich gerächt und Burtons Theorie widerlegt. In einer Rede vor der Royal Geographical Society gratulierte Grant dem umstrittenen britisch-amerikanischen Journalisten und Entdecker und rügte all jene, die Speke in Frage gestellt hatten, vor allem Burton. Stanley »hat Spekes Entdeckungen bestätigt … Er hat eine Karte erstellt und sie mit derart lebhaften, zutreffenden Beschreibungen ergänzt, dass selbst der größte Skeptiker zufrieden sein muss«, sagte Grant. »Der Wortführer aller Zweifler, der auf diesem Gebiet als tonangebend galt, war Captain Burton, Spekes einstiger Weggefährte. Er schien seine Theorie nicht begründen zu können. Es müsse mehrere Seen geben, sagte er, Lagunen; alles, kurzum, nur nicht *den* See.« Burton reagierte auf Grants Angriff mit einem ausführlichen

Brief in der Zeitschrift *Athenaeum*, in dem er der Reihe nach auf die Kritikpunkte einging. Mittlerweile wusste aber selbst er, dass die Schlacht verloren war. Sowohl die wissenschaftliche Gemeinschaft als auch die Öffentlichkeit im Allgemeinen hatte akzeptiert, dass die Quelle des Weißen Nils der Nyanza war, der westlichen Welt nun als Victoriasee bekannt.

✻

Mittlerweile bestand kaum noch Interesse an dem, was Burton zu sagen hatte, ganz gleich, zu welchem Thema. Nachdem er jahrelang das Ziel intensiver, oft böswilliger Aufmerksamkeit gewesen war, von der Öffentlichkeit mit Faszination oder Furcht, mit Bewunderung oder Abscheu betrachtet wurde und als ein merkwürdiger, möglicherweise gar gefährlicher Außenseiter galt, war er jetzt etwas weitaus Schlimmeres: ein Vergessener. Als armer, alternder, kranker, zorniger Mann hatte er nun niemanden mehr, mit dem er kämpfen und nichts mehr, wofür er kämpfen konnte. Er schrieb weiter Bücher und Aufsätze, aber sie riefen wenig Beifall hervor und brachten noch weniger ein.

Zu Burtons Belustigung fanden von seinen Büchern einzig jene Übersetzungen öffentliche Beachtung, die das viktorianische England als obszön empfand. Er und sein alter Freund Foster Fitzgerald Arbuthnot hatten als Erste das *Kamasutra*, ein Handbuch aus dem fünften Jahrhundert über die Liebeskunst, aus dem Sanskrit ins Englische übertragen. Um das britische Obszönitätsgesetz zu umgehen, gründete Burton eigens zu diesem Zweck einen fiktiven Verlag mit Namen The Kama Shastra Society of London and Benares. Das Buch, bald »eines der am meisten raubkopierten Bücher in englischer Sprache«, wie ein Wissenschaftler es ausdrückte, wurde öffentlich verunglimpft, privat jedoch verschlungen. Doch selbst der Skandal um das *Kamasutra* verblasste im Vergleich zu der öffentlichen Entrüstung, die Burton zwei Jahre später mit der Publikation seiner zehnbändigen Übersetzung von *Tausendundeine*

Nacht (»The Book of The Thousand Nights and a Night«), die später durch weitere sechs Bände ergänzt würde, auslösen sollte. »Vermutlich hat kein Europäer jemals eine derart abstoßende Sammlung menschenunwürdiger Sitten und Laster zusammengetragen«, schrieb der britische Journalist Henry Reeve über Burtons Übersetzung in der *Edinburgh Review.* »Dieses Werk wird wohl kein anständiger Gentleman lange in seinem Bücherschrank dulden.« Burtons Übersetzung mit früheren Übertragungen vergleichend, höhnte Reeve, »Galland tauge für die Kinderstube, Lane für die Bibliothek, Payne für das Studierzimmer und Burton für die Kanalisation«. Burton, der nichts anderes erwartet hatte, tat die Kritik mit einem Lachen ab. »Ich habe mich siebenundvierzig Jahre lang abgemüht und mich in jeder Weise und so gut es ging ehrenhaft hervorgetan. Niemals erhielt ich auch nur ein Kompliment, ein Dankeschön oder einen einzigen Heller«, sagte er ironisch zu Isabel. »Dann übersetze ich im Alter ein halbseidenes Buch und mache auf Anhieb sechzehntausend Guineen. Da ich nun den Geschmack der Engländer kenne, brauchen wir niemals mehr ohne Geld zu sein.«

Während Burton sich weiterhin dem Studium der Erotik widmete, das einen Großteil seiner Zeit im Cannibal Club in Anspruch genommen hatte, distanzierte er sich allmählich von dem radikal rassistischen Gedankengut, das dort propagiert wurde. Er ließ den Polygenismus endlich hinter sich und räumte ein, dass Afrikaner »in geistiger Hinsicht und ihre Fähigkeiten betreffend den Weißen in Europa und Amerika völlig ebenbürtig« sind. Als im *Geographical Magazine* das Memoir des Sudanesen Selim Aga erschien, verteidigte Burton den Autor gegen jene, die seine Urheberschaft in Zweifel zogen. Er hatte Aga als sein Faktotum angeheuert und war drei Jahre mit ihm durch Westafrika gereist; daher wusste Burton, dass Aga in Schottland erzogen worden war, das Englische mit schottischem Einschlag sprach und der gehobenen Prosa des Aufsatzes durchaus gewachsen war. »Wer den Artikel gelesen hatte, ging davon aus, er sei von einem Europäer verfasst worden, und nicht wenige vermuteten, er stamme von mir«, schrieb Burton an die Zeitschrift, doch es bestehe keinerlei Zweifel, versicherte er den Lesern, »dass kein anderer als ›Selim Aga‹ der Autor ist.« Burtons Einsicht kam jedoch zu spät und nicht vehement genug, um dem Eindruck entgegenzuwirken, den seine ethnologischen Schriften und seine anfängliche Unterstützung des Polygenismus hinterlassen hatten. Nicht einmal ein überzeugtes Eintreten für die Gleichheit aller Ethnien hätte den angerichteten Schaden wiedergutmachen können, geschweige denn sein stilles, aber tiefgreifendes Umdenken. Die einzige kleine Maßnahme der Wiedergutmachung, die er fand, bestand darin, endlich die Wahrheit zu akzeptieren. »Lügen haben kurze Beine«, schrieb er in seiner »Schlussbemerkung« zu den *Geschichten von Tausendundeiner Nacht*, »und Gift verdunstet.«

Bald nach Stanleys triumphierender Rückkehr eilte eines Abends ein junger amerikanischer Journalist mit Namen George Washburn Smalley in London eine Treppe hinauf, weil er zu einer eleganten Abendgesellschaft zu spät kam. Nur sein Ziel vor Augen, übersah er den Mann, der auf den Stufen saß, und rempelte ihn an. Der Mann hielt ein Buch und einen Stift in der Hand und war so sehr in seine Arbeit vertieft, dass er nicht einmal aufmerkte. Smalley jedoch, dem das dichte Haar des Mannes, seine breiten Schultern und die lange, gezackte Narbe in seinem braunen, wettergegerbten Gesicht ins Auge fielen, stutzte. »Es war Burton«, erkannte er verwundert.

Smalley, Absolvent der Universität Yale und der Harvard Law School und einer der fähigsten Berichterstatter im Amerikanischen Bürgerkrieg, würde diesen Moment nicht verstreichen lassen, ohne Richard Burton anzusprechen. Der hörte eine Stimme und hob endlich den Blick, die berühmt-berüchtigten dunklen, hypnotischen Augen vorübergehend von Verwirrung getrübt. »Er erwachte wie aus einem Traum«, erinnerte sich Smalley später, »als müsste er sich erst entsinnen, wo er sich befand.« Im Nu war die Abendgesellschaft vergessen, zu der der Journalist gerade noch so eilig unterwegs gewesen war, und neugierig geworden, wollte er von Burton wissen, welches Buch er da las. Die *Lusiaden*, antwortete Burton, ein Epos über Vasco da Gamas Entdeckung der Seeroute um Afrika herum nach Indien. Er arbeite seit fast zwanzig Jahren an der Übersetzung dieser Verse, die im sechzehnten Jahrhundert von dem portugiesischen Dichter Luís Vaz de Camões verfasst worden seien. Es sei aber doch ein seltsamer Ort für diese Art von Tätigkeit, bemerkte Smalley, woraufhin Burton antwortete: »Oh, ich kann überall lesen, überall schreiben. Und Camões habe ich immer bei mir. … Ich habe die meisten meiner Übersetzungen in solch merkwürdigen Momenten angefertigt.«

Smalley hatte in seinen Jahren als Journalist zahllose berühmte Männer kennengelernt, von heroischen Militärs bis hin zu Industriemagnaten, aber jemand wie Burton war ihm noch nie untergekommen. »Ich sah ihn an mit dieser Neugier, die man in Gegenwart eines absolut einzigartigen, zumindest aber originellen Menschen empfindet, dessen Charakter und Fähigkeiten zweifellos jenseits des Gewöhnlichen liegen«, schrieb er später. »Sind Sie denn niemals müde?«, fragte er Burton. »Niemals«, entgegnete Burton. »Niemals? Wie ist das gemeint?«, fragte Smalley erschrocken. »Nun ja«, erwiderte Burton, »damit meine ich, dass mir das Gefühl, müde zu sein oder die Arbeit, die ich verrichten wollte, nicht fortsetzen zu können, völlig unbekannt ist.«

Weil er merkte, dass der junge Mann vor ihm auf dem Weg zu der Party war, von der er gerade Reißaus genommen hatte, bedachte Burton ihn mit einem spöttischen Lächeln. »Sie werden dort oben eine Menge langweiliger Leute vorfinden«, warnte er. Da lauschte Smalley »dem Lärm menschlicher Stimmen«, der zu ihnen herausdrang. Gäste und Bedienstete stiegen an ihnen vorbei die Stufen hinauf, »kamen und gingen« durch dicke Schwaden von Zigarettenrauch. »Und inmitten des Nebels und all des gesellschaftlichen

Trubels saß Burton«, staunte Smalley. »Alles um sich her vergessend, hörte er nur die Musik portugiesischer Verse.« Smalley wurde klar, dass dieses Poem das Werk eines Mannes war, dessen Leben dem des legendären Schriftstellers, Entdeckers und Sprachkundlers vor ihm auf den Stufen nicht unähnlich war. Burton »durchlebte erneut das elende, und doch heroische Leben eines armen Poeten«, schrieb Smalley, »der seit dreihundert Jahren tot war«.

Als Burtons Übersetzung der *Lusiaden* endlich erschien, hatte Isabel Sorge, die Verse könnten wie ihr brillanter, aber äußerst schwieriger Mann nicht verstanden werden. »Wenn tausend sie kaufen, werden dann hundert sie lesen und zehn sie begreifen?«, fragte sie sich. »Für die ästhetisch, poetisch, linguistisch, musisch, künstlerisch Unbegabten dürften Burtons *Lusiaden* ein unbekanntes Land, eine unbekannte Sprache sein.« Ihr Ehemann jedoch war unbesorgt: Er erwartete nichts anderes. Er hatte sich sein Leben lang Kritikern und Nörglern stellen müssen, war betrogen und vergessen worden, und hatte zugelassen, dass seine Wut das eigene Werk beschmutzte, so dass seinen unschuldigen Opfern und seinem eigenen Namen ein bleibender Schaden entstanden war. Was machte es schon aus, wenn dieses Alterswerk keine Beachtung fände? »Sollte ein Zusammentreffen widriger Bagatellen verhindern, dass man mich jetzt wertschätzt«, schrieb Burton aus Kairo, »eines Tages, und sei es auch etwas spät, werden die Menschen preisen, woran sie jetzt vorübergehen.« Er hatte dieser einen Übersetzung, eine Hommage an den Entdeckerdrang und die Poesie, viele Jahre gewidmet, nicht für die Kritiker oder die Öffentlichkeit, sondern für sich selbst. Mehr als jede Expedition, jedes Abenteuer, jeder langersehnte geographische Triumph sollte dieser Text sein Vermächtnis werden. Zumindest aber war er ihm ein Trost im Alter. »Ich habe bei dieser Arbeit keine Mühe gescheut; ich habe, wenn nicht *Malebouche*, so doch mich selbst zufriedengestellt«, schrieb er am Ende seines Vorworts zu den *Lusiaden*, einmal mehr auf Angriff gebürstet. »Ich wiederhole mein Motto: *poco spero, nulla chiedo*.« Ich hoffe wenig, verlange nichts.

EPILOG

Asche

Obwohl er das Geheimnis gelüftet hatte, das seit Jahrtausenden Philosophen fesselte und Entdecker enttäuschte, »das Problem aller Zeitalter« gelöst hatte, um es in den Worten der Royal Geographical Society zu sagen, geriet John Hanning Speke sehr schnell in Vergessenheit. Er hatte Glück gehabt und mit seiner Theorie richtiggelegen, und um nicht im langen Schatten Richard Burtons verlorenzugehen, hatte er mit aller Macht an ihr festgehalten. Doch am Ende hatte das alles nicht ausgereicht. Während man über seinen Gegenspieler, dessen Probleme ebenso groß waren wie die Faszination, die er auslöste, Dutzende Bücher verfassen würde, sollte nur ein einziges schlankes Bändchen von Speke handeln, geschrieben mehr als hundert Jahre nach seinem Tod.

Ungeachtet seines im Laufe der Zeit immer schwierigeren Verhältnisses zu Speke bemühte Murchison sich nach Kräften, die Erinnerung an ihn am Leben zu erhalten. 1866, zwei Jahre nach Spekes Tod, ließ er in Kensington Gardens mit Hilfe eines Spendenfonds ihm zu Ehren ein Denkmal errichten. Der Obelisk aus rotem Granit, gebrochen im schottischen Aberdeen, nicht weit von Grants Geburtsort, trug folgende Inschrift: »In Memory of Speke / Victoria Nyanza and the Nile / 1864«. Das Monument steht noch heute, umgeben von einem niedrigen Zaun aus Schmiedeeisen. Der Stein ist poliert, das ihn umgebende Gras frisch gemäht, doch wenige der vielen Spaziergänger ringsum halten inne, um den Namen des Mannes zu lesen, der die Quelle des Nils auf die Weltkarte setzte.

Obwohl Speke die Vorstellung zur Weißglut gebracht hätte, erinnerte Burton sich wohlwollender und länger an ihn als die meisten. Er leistete nicht nur einen Beitrag zu Murchisons Denkmal, sondern half auch bei der Gestaltung einer Büste des verstorbenen Entdeckers. Wenige Monate nach Spekes Begräbnis – wohl wissend, dass er nicht willkommen wäre, war Burton ihm ferngeblieben – wurde Burton ins Atelier des Bildhauers Edgar George Papworth Junior gebeten, der mit der Anfertigung besagter Büste betraut worden war. Papworth blickte auf eine lange Ahnenreihe aus Künstlern und Baumeistern zurück, die von seinem Urgroßvater, dem Meisterstuckateur für St. James's Palace und Kensington Palace über seinen Großvater, einen Baumeister und Architekten, bis zu seinem Vater, Edgar George Papworth Senior, reichte, einem der angesehensten Bildhauer seiner Generation. Papworth kannte sich mit Stein und Ton vielleicht besser aus als irgendjemand sonst in Großbritannien, aber Speke kannte er nicht. Weil er Sorge hatte, Spekes Büste könnten die Eigenschaften fehlen, die den Entdecker zu Lebzeiten ausgezeichnet hatten, bat er den Mann um Hilfe, dessen Name seit zehn Jahren eng mit dem von Speke verknüpft gewesen war. »Ich habe den Abguss nach seinem Tode angefertigt, als Lebenden habe ich ihn nicht gekannt«, sagte er zu Burton, der ihm in seinem Atelier am Dorset Square gegenüberstand, mit Blick auf die unvollendete Büste. »Sie haben so lange mit ihm gelebt, sicher können Sie mir ein paar Hinweise geben.«

Burton, den weder der Künstler noch seine Kunst einschüchterten, zögerte nicht lange. Isabel, die ebenfalls anwesend war, erklärte später, ihr Ehemann habe »als Junge in Italien ein wenig Bildhauerei« gelernt. Er nahm Papworth den Meißel aus der Hand und ging sogleich ans Werk. »Mit wenigen Eingriffen hier und da«, schrieb Isabel, »schuf er eine perfekte Ähnlichkeit und Mimik.« Isabel hatte dabeigestanden, als ihr Ehemann der Büste des Mannes, der sein engster Freund, aber auch sein größter Feind gewesen war, Leben einhauchte, und würde den Moment später in einem Gedicht verewigen. Sie gab ihm den Titel »Who Last Wins« (»Am Ende der Sieger«).

> Eine tönerne Maske zu meinen Füßen ich fand,
> die Mundwinkel nach unten gezogen, die Augen hohl,
> lebloser noch als der Marmor ringsum –
> Der Tod selbst im Tarnkleid des Lebens

Sogar Spekes meist gepriesene Errungenschaft wurde im Laufe der Zeit relativiert. Obwohl der Nyanza die Hauptquelle des Weißen Nils ist, wird der See selbst von vielen kleinen Flüssen und Strömen gespeist, die sich aus den umgebenden Bergen in den See ergießen. 2006, fast einhundertfünfzig Jahre, nachdem Speke und Bombay den Nyanza zum ersten Mal erblickt hatten, nahm ein britischer Forscher namens Neil McGrigor für sich in Anspruch, den Nil zum ersten Mal in seiner vollen Länge, von der Mündung bis zur Quelle, befahren und dabei den größten Zubringer des Nyanza aufgespürt zu haben, den Kagera River, der heute als der entfernteste Quellfluss des Nils gilt.

Tragischerweise waren weder seine Expeditionen noch irgendein Denkmal zu seinen Ehren Spekes langlebigstes Vermächtnis, sondern seine grob fahrlässigen, haltlosen rassistisch-religiösen Theorien. Speke zufolge erklärte »die Geschichte von Noah und der Verteilung seiner Söhne auf der Erdoberfläche« einen nach seiner Überzeugung grundlegenden Unterschied zwischen den Menschen. Als Bombay, auf den er in Ostafrika am meisten angewiesen war und dem er so viel verdankte, ihn zum »Ursprung seiner Kaste, der Siddi«, befragte und wissen wollte, »welches Naturgesetz ich für ihr grausames Schicksal, allen Menschen als Sklaven dienen zu müssen, verantwortlich machte«, hatte Speke eine selbstbewusste Antwort für ihn parat: Bombay, sagte er, entstamme »der schwarzen oder hamitischen Linie, und nach der allgemeinen Naturordnung müssten deren Abkömmlinge, da sie die Schwächsten von allen seien, sich den ihnen überlegenen japhetitischen und semitischen Zweigen der Familie unterwerfen«.

Speke war beileibe nicht der Erste, der den hamitischen Mythos bemühte; dieser war jahrzehntelang herbeigezogen worden, um die Sklaverei zu rechtfertigen. Doch die Popularität des Entdeckers im viktorianischen England, sein leidenschaftlicher Glaube an diesen Mythos und sein Eifer, darüber zu sprechen, führte zu dessen großer Akzeptanz. Die erstaunlichen Errungenschaften der alten Ägypter, die das Britische Empire mit solchem Eifer erforscht und vereinnahmt hatte, erklärte man durch eine weitere Unterscheidung, diesmal zwischen den Söhnen Hams. Nur Kanaan, der jüngste, trage den Fluch seines Vaters in sich, so das Argument, Mizraim, der Urahn der Ägypter, dagegen nicht. Bis 1994 hätte der hamitische Mythos nicht nur rassistische Vorurteile genährt, sondern einen der blutigsten Bürgerkriege in der Geschichte Afrikas ausgelöst: den Genozid in Ruanda. Spekes Argument, die Hutu-Mehrheit in der Region entstamme den Nachfahren Kanaans und sei »eine primitive Rasse«, während die Tutsi-Minderheit, als Söhne Mizraims, »das beste Blut Abessiniens« in sich trage, hatte Jahrzehnte der Diskriminierung zur Folge. Letztendlich würden im Verlauf der blutigen Ereignisse achthunderttausend Menschen sterben, als Opfer eines Hasses, der aus einem Mythos hervorgegangen war. Und wer ihn weitergetragen hatte, war ein Mann, der sich weniger für Afrika selbst interessierte als für dessen Potenzial für das Britische Empire und für den Ruhm, den er sich davon erhoffte.

❁

Sidi Mubarak Bombay aus Ostafrika, der Spekes Theorie über die Ostafrikaner als Erster zu hören bekam, sollte ein längeres, ereignisreicheres und erfüllteres Leben führen als Speke. Während sowohl für Burton als auch für Speke die verlockende, flüchtige

Gelegenheit, Ostafrika zu kartographieren, mit Spekes Tod endete, erforschte Bombay weiterhin den eigenen Kontinent. Er würde die Heimat, aus der er als Kind verschleppt worden war, und die er sich mit stillem Mut zurückerobert hatte, bis zu seinem Lebensende erkunden. In den nachfolgenden Jahren fügte er seinen bereits erstaunlichen Leistungen nicht nur die erfolgreiche Suche nach Livingstone hinzu, sondern auch die erste vollständige Durchquerung des Kontinents von Ost nach West, von Ozean zu Ozean, gemeinsam mit dem britischen Entdecker Verney Lovett Cameron. Am Ende war Bombay nicht nur der fähigste Wegführer in der Geschichte afrikanischer Entdeckungsreisen, sondern vermutlich der am weitesten gereiste Mann in ganz Afrika, der fast zehntausend Kilometer Grasland, Wälder, Wüsten und Gebirge durchquert hatte, das meiste davon zu Fuß.

Aufgrund der unleugbaren Beiträge von Männern wie Bombay mussten europäische Forscher allmählich einsehen, wie sehr sie auf ortsansässige Träger, Dolmetscher und Wegführer angewiesen waren, und zähneknirschend zugeben, dass diese eine wesentliche Rolle in der Erkundung der Kontinente spielten. 1871, in einer Rede an die Royal Geographical Society, räumte ihr damaliger Präsident, Sir Henry Creswicke Rawlinson ein, dass »viele Gebiete auf unseren Karten noch immer riesige weiße Flecken wären, wenn wir nicht auch auf einheimische Entdecker zurückgreifen … [und] die auf diesem Wege erhaltenen Informationen akzeptieren würden«. Im selben Jahr ehrte die Gesellschaft die Helfer Livingstones – James Chuma, Abdullah Susi und Jacob Wainwright – mit Bronzemedaillen, nachdem sie den Leichnam des Missionars und Entdeckers über eintausendsechshundert Kilometer bis zur Küste getragen hatten, ein Fußmarsch von neun Monaten, damit er in der Westminster Abbey beigesetzt werden konnte. Bombay, der zwar nie nach England eingeladen wurde, um die Auszeichnungen in Empfang zu nehmen, die er sich durch seinen jahrzehntelangen Einsatz erworben hatte, erhielt eine Silbermedaille und eine lebenslange Pension. Im darauffolgenden Jahr wurde der indische Entdecker Nain Singh mit der Goldmedaille ausgezeichnet. Er hatte dabei geholfen, einen Großteil von Zentralasien und Tibet zu kartographieren, den Brahmaputra zu vermessen und die Höhenlage der tibetischen Stadt Lhasa zu bestimmen.

Außerhalb der kleinen wissenschaftlichen Zirkel blieben die Namen nicht-europäischer Forscher jedoch weitestgehend unbekannt. Über ein Dreivierteljahrhundert nachdem Bombay mit Cameron quer durch Äquatorialafrika marschiert war, gelang dem tibetischen Bergsteiger Tenzing Norgay gemeinsam mit Edmund Hillary die Erstbesteigung des höchsten Berges der Welt, des Sagarmatha, heute als Mount Everest bekannt. Die Expedition wurde von der Royal Geographical Society finanziell unterstützt. Norgay erhielt sowohl die britische George Medal für außerordentlichen Mut als auch den Stern von Nepal, doch während Hillarys Name schon lange allgemein bekannt ist, rückt der von Norgay erst seit kurzem ins Licht der Öffentlichkeit.

Im Jahre 2009 unternahm die Royal Geographical Society einen ernsthaften Versuch, die irrige Meinung zu revidieren, europäische Forscher hätten die Welt allein kartographiert. Sie organisierte hierzu in ihrem Stammhaus eine große Ausstellung mit dem Titel *Hidden Histories of Exploration* (»Verborgene Geschichte der Entdeckungen«). Nach eingehender Recherche im Archiv der Gesellschaft verfassten Professor Felix Driver und Dr. Lowri Jones die Begleittexte. »Die Geschichte der Entdeckungen gibt immer wieder Anlass zum Feiern. … Doch was und wen wollen wir feiern?«, lautete die Frage der Ausstellung. Als Antwort stellte sie die Männer vor, die mit ihrem Einsatz einen wesentlichen Beitrag zu einigen der berühmtesten Expeditionen in der Geschichte geleistet hatten, darunter auch Sidi Mubarak Bombay.

Im neunzehnten und zwanzigsten Jahrhundert führte die Erkundung Afrikas nicht nur zu einer Kartierung des Kontinents, sondern zu dessen schrittweiser Eroberung. Zum Zeitpunkt von Burtons Tod wusste jede europäische Nation nicht nur, wo genau Afrikas Seen und Flüsse, Gebirge und Wälder lagen, sondern auch, dass der Kontinent über umfangreiche natürliche Ressourcen verfügte wie Diamanten, Gold und Eisen, Uran und Öl. Im sogenannten »Wettlauf um Afrika« wurde der Kontinent überfallen, okkupiert und kolonisiert. Zu Beginn des zwanzigsten Jahrhunderts teilten sich sieben europäische Staaten bereits über neunzig Prozent von Afrika, hinterließen nur hie und da unabhängige Einschlüsse – das Äthiopische Kaiserreich im Osten etwa und Liberia im Westen – auf einer Fläche, die fast dreißig Millionen Quadratkilometer groß war. Erst im ausgehenden zwanzigsten Jahrhundert würde sich Afrika endlich von den europäischen Kolonialmächten befreien. So bildete 1964, hundert Jahre nach Spekes Tod, die Region Tanganjika gemeinsam mit der Insel Sansibar den souveränen Staat Tansania.

Der Kampf um die individuelle Freiheit sollte sich als noch schwieriger erweisen als der Kampf um nationale Unabhängigkeit. Großbritannien hatte 1807 mit dem *Slave Trade Act* den Sklavenhandel und 1833 mit dem *Slavery Abolition Act* die Sklaverei abgeschafft – zweiunddreißig Jahre, bevor die Vereinigten Staaten den Dreizehnten Zusatzartikel zur Verfassung verabschiedeten –, in Ostafrika jedoch würde die Sklaverei erst zu Beginn des zwanzigsten Jahrhunderts offiziell verboten. Doch auch danach wurde sie fast unvermindert fortgesetzt. Um dem ostafrikanischen Sklavenhandel endlich ein Ende zu setzen, bedurfte es am Ende nicht des Drucks durch Europa, das in anderen Teilen der Erde weiterhin von Sklaverei profitierte, sondern regionaler Faktoren einschließlich des Zusammenbruchs arabischer Märkte, die auf Sklavenarbeit fußten.

Auch versklavte Menschen selbst trugen entschieden dazu bei, die Sklaverei zu beenden, indem sie beispielsweise jene unterstützten, die ihre Freiheit wiedererlangt hatten. Hunderttausende entkamen der Sklaverei und brachten sich so in eine überaus gefährliche und unsichere Lage. Andere nutzten die Abolitionsgesetze der Kolonialmächte, die einen Großteil Afrikas an sich gerissen hatten, um ihre »Herren« unter Druck zu setzen. Zu den mächtigsten und nachhaltigsten Versuchen, der Sklaverei ein Ende zu setzen, gehörten die Maßnahmen der sogenannten »Bombay-Afrikaner«, jener Menschen, die man im Kindesalter verschleppt, aus Sklavenschiffen im Indischen Ozean gerettet und in Waisenhäusern in Bombay, dem heutigen Mumbai, erzogen hatte. Nachdem sie von Europäern zur Erkundung Afrikas rekrutiert worden waren, starteten viele dieser Männer und Frauen, darunter James Chuma und Abdullah Susi, die berühmten Weggefährten David Livingstones, Kampagnen gegen die Sklaverei. Sie halfen auch bei der Gründung von Siedlungen in Ostafrika, wie Freretown und Rabai, in denen ehemalige Sklaven Sicherheit und Perspektive fanden.

Obwohl Bombay das Ende des Sklavenhandels nicht mehr erlebte, sah er zumindest, dass der Markt, auf dem er einst für ein Stück Stoff verkauft worden war, endgültig schließen musste. 1873 nötigte der britische Konsul John Kirk den Sultan von Sansibar, Barghash ibn Said, einen Vertrag zu unterzeichnen, der den Export von Sklaven vom Festland untersagte. Drei Jahre später wurde der berüchtigte Sklavenmarkt von Sansibar geschlossen. Wieder drei Jahre später, 1879, entstand an seiner Stelle die Christ Church Cathedral, zu deren Erhalt der World Monument Fund 2014 fast eine Million Dollar stiftete. Zudem wurde von den Geldern ein Museum errichtet, das die tragische, schmachvolle Geschichte des ostafrikanischen Sklavenhandels erzählt.

1885 starb Sidi Mubarak Bombay im Alter von fünfundsechzig Jahren. Er erhielt kein Denkmal nach seinem Tod, und niemand verfasste in den nachfolgenden Jahren seine Biographie. Sein Name taucht nur selten auf in den Annalen der Entdeckungsreisen, dabei könnte man argumentieren, er habe Größeres geleistet als alle Entdecker, die je seinen Heimatkontinent betreten hatten. Mehr als das, er lebte und starb in Afrika als freier Mann.

Richard Burton sollte länger leben als Speke und Bombay, aber seine letzten Jahre hatten wenig von dem Glanz eines Nationalhelden. Von einem Konsulat zum nächsten ziehend, wurde er von der britischen Regierung, der Royal Geographical Society und der größeren Öffentlichkeit ignoriert, von Spekes Verwandten und Freunden verachtet, und außerdem fast in die Armut abgedrängt. Zu Beginn des Jahres 1886 überraschte ihn eine Depesche. Die Königin habe seiner Erhebung in den Ritterstand zugestimmt, hieß es darin. Mittlerweile war er jedoch so zornig und verbittert, dass Isabel Sorge hatte, er werde die Ehrung nicht annehmen. »Sie haben mich offenbar zum KCMG [Knight Commander of St. Michael and St. George] gemacht«, schrieb er an seine Freundin, die Schriftstellerin Maria Louise Ramé, bekannt unter dem Pseudonym Ouida, »und ich bin undankbar genug, um anzumerken: ›Wer zu spät gibt, gibt nur halbherzig‹«.

Am Ende hatte Burton nur noch das, womit er begonnen hatte – die Literatur und die Sprachen. Seine umstrittenen Übersetzungen alter arabischer Schriften waren in vielerlei Hinsicht seine Rettung. Sie brachten ihm nicht nur dringend benötigte Einkünfte, sondern füllten seine Tage und beschäftigten seinen Verstand. Außerdem schenkten sie ihm einen Aspekt des öffentlichen Lebens, den er am meisten vermisst hatte: den lustvoll zelebrierten Krawall. »Es schert mich nicht im Geringsten, ob sie mich verklagen«, sagte er genüsslich zu Isabel, als er an seiner Übersetzung der *Erzählungen von Tausendundeiner Nacht* arbeitete. »Sollte die Angelegenheit vor Gericht gehen, trete ich mit meiner Bibel, meinem Shakespeare und meinem Rabelais unter dem Arm in den Gerichtssaal und beweise ihnen allen, dass sie auch *diese Bücher* zur Hälfte schwärzen müssen, ehe sie mich verdammen.«

Isabel störte sich an Burtons Übersetzungen erotischer Schriften, nicht nur, weil diese Anstoß erregen könnten oder weil ihr Mann gegen das Obszönitätsgesetz verstieß, sondern weil sie um seine unsterbliche Seele fürchtete. So wies sie jede Andeutung, sein Interesse könne nicht ausschließlich akademischer Natur sein, vehement zurück. »Niemand soll auch nur einen Moment lang annehmen, Richard Burton habe je etwas aus unkeuscher Perspektive geschrieben«, schrieb sie. »Er sezierte eine Leidenschaft von allen Seiten, wie ein Arzt einen Leichnam sezieren würde, um ihren Ursprung zu ergründen, das Gute daran und auch das Schlechte herauszustellen sowie ihren von der Vorsehung und der Natur bestimmten Nutzen.« Ihr Mann, bekannt nicht nur für seine Sprachkenntnisse, seine Schriften und Reisen, sondern für seine ungeheuerlichen Geschichten und sein schamloses Interesse an den sexuellen Vorlieben jeder Kultur, sei persönlich in Denken und Tun ohne jeden Tadel, insistierte sie. »Im privaten Leben war er der reinste, vornehmste und bescheidenste Mann, der je gelebt hat«, erklärte sie. »Er selbst war so unschuldig, dass er es nicht für möglich hielt, jemand könne diese Dinge mit anderen Augen betrachten und zu anderen Zwecken nutzen.«

Obwohl Isabel ihren Mann nicht davon abhalten konnte, jeden Text zu übersetzen, der ihn interessierte und reizte, hatte sich in Burtons letzten Lebensjahren das Kräftegleichgewicht zwischen ihm und Isabel allmählich verlagert. Burton hatte lange damit geprahlt, seine Frau durch Hypnose kontrollieren, zu jeder Zeit und aus jeder Distanz von ihrem Geist Besitz ergreifen zu können. Nachdem er 1887 einen schweren Herzinfarkt erlitten hatte, begleitet von langen, heftigen Krampfanfällen, übernahm jedoch sie die Kontrolle. Ihr Mann, der einige der entlegensten Flecken der Erde bereist hatte, üblicherweise ohne sie, würde von nun an »der steten Pflege und Obhut bedürfen«, entschied sie. Während er sich erholte, im Bett lag oder sich in einem Rollstuhl durch die ruhigen Straßen von Triest schieben ließ, kümmerte sie sich rührend um ihn, und er ließ sie gewähren.

Gleichzeitig begann Burton allerdings mit einer weiteren Übersetzung, und übertrug einen mittelalterlichen arabischen Text ins Englische, *The Scented Garden* (»Der parfümierte Garten«). Die sexuelle Explizitheit dieser Schrift, wusste Burton, würde die Briten ordentlich schockieren und sich verkaufen wie geschnitten Brot.

Isabel hatte nichts dagegen, weil seine Ärzte, wie sie später gestand, es als ein Glück bezeichnet hatten, »dass er in seinem angeschlagenen Zustand etwas fand, das ihn fesselte und beschäftigt hielt«. Burton hielt dieses Buch für eines seiner bedeutendsten Werke, und er versprach Isabel, danach keine erotischen Schriften mehr zu übersetzen. Der Text war eine Art Lebensversicherungspolice für seine Frau. Er würde in England »einen regelrechten Tumult auslösen«, wusste Burton und wäre »ihr ›Witwengut‹. Der Erlös soll beiseitegelegt werden, als Rente für dich«.

Am 19. Oktober 1890, an den Isabel sich später als den »letzten glücklichen Tag in meinem Leben« erinnern würde, kam sie aus der Kirche und fand Richard an seiner Übersetzung arbeitend vor. Sie gab ihm einen Begrüßungskuss, woraufhin er ihr eine halbe Seite des arabischen Originals zeigte. »Morgen bin ich damit fertig, dann schreibe ich nie wieder über dieses Thema, versprochen«, sagte er zu ihr. »Ich mache mich dann an unsere Biographie.« Isabel war erleichtert und entgegnete entzückt: »Was für eine große Freude!« Doch Burton sollte weder die versprochene Biographie schreiben, noch den *Parfümierten Garten* beenden. Um sieben Uhr am darauffolgenden Morgen hatte sein Herz aufgehört zu schlagen, ruhten seine Hände für immer.

❋

Vierzig Jahre lang hatte sich Isabels Leben nur um Richard Burton gedreht. Was ihr von dem Leben geblieben war, das sie vor der Begegnung mit ihm geführt hatte, war ihr Glaube, und sie klammerte sich nun noch fester daran als zuvor. Ein Leben ohne Richard erschien ihr unvorstellbar, unmöglich. Ihre größte Hoffnung war, dass sie ihm bald ins Grab nachfolgen würde. »Ich werde mich für zwei Wochen in ein Kloster begeben«, schrieb sie an ihre Schwägerin Maria Stisted. »Danach möchte ich still und zurückgezogen in London leben, bis Gott mir den Weg weist, oder *mich ebenfalls zu sich nimmt, wie ich es erhoffe.*«

Isabels Leben mochte zu Ende sein, ihre Arbeit war es nicht. Sie sah ihre Aufgabe nun nicht nur darin, das Vermächtnis ihres Mannes zu bewahren, sie musste seine Seele retten. In Burtons letzten Stunden, als sein Ende nahte, hatte sie nach dem jungen Priester geschickt, dessen Kirche sie in Triest besuchte. Als er eine Stunde vor Burtons Tod eintraf, flehte sie ihn an, ihrem Mann die letzte Ölung zu erteilen, ein katholisches Sakrament, vollzogen an Sterbenden. Wohl wissend, dass Burton kein Katholik war, sondern Agnostiker, und auch keinen Hehl daraus machte, zögerte der Priester. Doch Isabel ließ nicht locker und behauptete, ihr Mann habe vor Jahren »seiner Häresie abgeschworen und sich seitdem als der Kirche zugehörig betrachtet«, und so willigte er schließlich ein. »Rom nahm also die Leiche Richard Burtons offiziell in Besitz und gab überdies mit unerträglicher Dreistigkeit vor, sich seiner Seele anzunehmen«, würde Burtons Nichte Georgiana Stisted verbittert dazu schreiben.

Zum Erstaunen von Burtons Freunden und zum Missfallen seiner Familie bestand Isabel auf einer katholischen Begräbnisfeier für ihren agnostischen Ehemann. Sie ließ seinen Leichnam einbalsamieren, um ihn per Schiff nach England zurückbringen zu können. Dort sollte er in einem von ihr selbst entworfenen Grab aus Granit und Marmor beigesetzt werden, dem Zelt nachempfunden, das sie für ihre Reisen nach Syrien hatten anfertigen lassen. In Triest wurden die Fahnen auf halbmast gesetzt, und es schien, als habe sich die gesamte Stadt aufgemacht, um den mit einer Flagge bedeckten Sarg zu sehen und dem Trauerzug aus blumengeschmückten Wagen zu folgen, der sich auf die Kirche Santa Maria Maggiore zubewegte. Im Inneren sangen Kinder eines nahegelegenen Waisenhauses den gregorianischen Hymnus *Dies irae*, Tag des Zorns. »Ringsum hörte man Schluchzen«, schrieb Isabel, »nur ich hatte keine Tränen; ich war wie zu Stein erstarrt.«

Nach der Begräbnisfeier für ihren Mann betrat Isabel das Zuhause, das sie neunzehn Jahre lang mit Burton geteilt hatte, und schloss sich in seinen Gemächern ein, allein mit seinen Manuskripten. Sie nahm die nahezu abgeschlossene Übersetzung *The Scented Garden* zur Hand und fing an zu lesen. »Drei Tage lang quälte ich mich mit der Frage herum«, schrieb sie, »wie ich damit verfahren sollte.« Das Manuskript in ihren Händen war nicht nur das letzte Geschenk ihres Mannes an sie, es war der Inbegriff seiner Genialität und Leidenschaft. »Es war sein *Opus magnum*«, schrieb sie, »sein letztes Werk, auf das er so stolz war und das an jenem entsetzlichen Morgen, der niemals kam, hätte vollendet werden sollen.« Es war aber auch voller Sünde, wie sie glaubte. »Mein Verstand sagte mir, dass die Sünde der einzige rollende Stein ist, der Moos ansetzt«, schrieb sie, »dass ein Gentleman, ein Gelehrter, ein Mann von Welt alles, was er zu seinen Lebzeiten schreibt, völlig anders sieht als seine arme Seele es tut, wenn sie nackt vor Gottes Antlitz tritt, um sich für ihre guten oder bösen Taten zu rechtfertigen, und zum ersten Mal deren Auswirkungen bis zum Ende der Zeit überblicken kann.«

Als die Dunkelheit hereinbrach, saß Isabel auf dem Boden vor dem Kamin, die beiden Bände des *Scented Garden* vor sich ausgebreitet, während die Flammen flackernde Schatten auf die blassen Seiten warfen. Man hatte ihr Tausende Pfund für das Manuskript geboten; mit diesem Geld könnte sie das elaborierte Grab, das sie für ihren Mann geplant hatte, und auch ihren einsamen Lebensabend finanzieren. Am Boden zerstört und krank vor Sorge, rang sie sich endlich zu der schmerzhaftesten Entscheidung durch, die sie je hatte treffen müssen. »Mein Herz sagte mir ›du kannst sechstausend Guineen bekommen‹«, schrieb sie. »Dein Mann hat für dich gearbeitet, hat dir dreißig Jahre lang ein glückliches Heim bereitet, dir zu Ansehen und Respekt verholfen. Wie willst du es ihm vergelten?« Das Manuskript in seinem Sinne zu nutzen, war nicht, was sie Burton schuldete, so ihre Überzeugung. Sie würde es opfern, um seine Seele zu retten. »Willst du denn zulassen, dass seine Seele, die Teil deiner Seele ist, bis zum Ende der Zeit draußen in Kälte und Dunkelheit bleiben muss, nur damit dein elender Körper noch ein paar erbärmliche Monate oder Jahre mit Nahrung und Kleidung versorgt wird und es warm hat?«, fragte sie sich. Die Antwort kam schnell. »Nicht für sechs Millionen Guineen und schon gar nicht für sechstausend gehe ich dieses Risiko ein!«

Isabel griff sich die erste Seite des Manuskripts und streckte die zitternde Hand nach dem Feuer aus. »In ehrfürchtiger Trauer«, schrieb sie, »verbrannte ich zitternd Blatt um Blatt, bis beide Bände von den Flammen verzehrt waren.« Sie rechnete damit, von den vielen tausend Menschen, die ihren Mann verehrt und sein Werk bewundert hatten, verurteilt, ja gehasst zu werden, und sie hatte recht, aber für sie zählte nur das Urteil *eines* Mannes. »Wird er sich aus seinem Grab erheben, um mich zu verfluchen oder um mich zu segnen?«, fragte sie sich, als sie zusah, wie Richard Burtons letztes Werk langsam zu Asche verbrannte. »Der Gedanke wird mich bis zu meinem Tod verfolgen.«

DANK

Niemand erzählt eine Geschichte allein. Das war eine der ersten Lektionen, die ich bei meiner Arbeit für *National Geographic* gelernt habe. Wie bei jedem meiner Bücher profitierte ich auch bei diesem von außerordentlich kenntnisreichen und großzügigen Menschen, die mir ihre Zeit und ihr Wissen zur Verfügung stellten, um mich durch eine Vielzahl komplizierter Sujets zu navigieren. Nachdem ich fünf Jahre an diesem Buch gearbeitet habe, bin ich mehr Leuten zu Dank verpflichtet als vermutlich in diesen Seiten Platz finden, aber ich gebe mir Mühe.

Von den vielen Experten, die ich für dieses Buch konsultierte, hat mich Donald Young vermutlich am nachhaltigsten beeindruckt. Don ist eine Autorität in Sachen Richard Burton und der Autor der erschöpfend gut recherchierten Masterarbeit mit dem Titel »*The Selected Correspondence of Sir Richard Burton*«, sowie des faszinierenden und wunderschön gestalteten Buches *The Search for the Source of the Nile*, beide zu Beginn meiner Recherche unverzichtbare Quellen. Da er den Großteil seines Lebens in Ostafrika verbracht hat, verfügt Don über ein immenses Wissen über diese Region, ihre Menschen und ihre Geschichte. Er half mir bei der Planung und Durchführung einer Recherchereise, die in Kenia, seiner Wahlheimat, ihren Anfang nahm und mich dann nach Sansibar, Festland-Tansania und Uganda führte. So konnte ich dem Weg folgen, den mehr als hundertfünfzig Jahre zuvor Burton, Speke und Bombay eingeschlagen hatten. Don versorgte mich auch nach meiner Rückkehr in die Vereinigten Staaten mit

Informationen, machte mich mit Historikern und Archivaren in Ostafrika bekannt, beantwortete meine Fragen und las mein Manuskript. So ist er nicht nur ein bewunderter und geschätzter Ratgeber, sondern mittlerweile ein Freund fürs Leben geworden.

Großen Dank schulde ich auch Donald Johanson, einem der herausragendsten Paläoanthropologen der Welt, der mich mit Don Young bekannt machte. Ich lernte Donald vor über zwanzig Jahren in Äthiopiens Hauptstadt Addis Abeba kennen, im Zusammenhang mit einer Rechercherreise für *National Geographic*. Damals hatte er unweit der Stelle, an der er Jahre zuvor auf das Fossil Lucy gestoßen war, eines der vollständigsten Skelette des *Australopithecus afarensis*, gerade eine weitere Grabung abgeschlossen. Ich werde diesen Tag nie vergessen, denn erstens lernte ich einen legendären Wissenschaftler kennen, zweitens markierte er den Beginn einer langen, wertvollen Freundschaft.

Als ich im Frühjahr 2020 für die Recherche an diesem Buch nach Ostafrika zurückkehrte, hatte ich das große Glück, mehreren außerordentlich kenntnisreichen Experten zu dieser Region und ihrer Geschichte zu begegnen. In Sansibar arbeitete ich mit Said Suleiman Mohammed zusammen, einem Heimatforscher, der mich zu den historischen Stätten auf der Insel begleitete: zu dem Gebäude, das einst das britische Konsulat beherbergt hatte, in dem Richard Burton und John Hanning Speke Hamerton und Rigby um Hilfe ersuchten, dann zu den Ruinen des einst so majestätischen Sultanspalastes und schließlich zu dem Museum, das an der Stelle des Sklavenmarktes errichtet wurde, auf dem einst Sidi Mubarak Bombay und zahllose weitere Menschen in die Sklaverei verkauft worden waren. Ich danke auch Professor K. S. Khamis, Leiter des Nationalarchivs in Sansibar und Autor des Buches *A Brief History of Zanzibar*, mit dessen Hilfe ich die vielen Veränderungen zu verstehen lernte, die über die Jahrhunderte auf diesem einzigartigen Archipel vonstattengingen.

Auf dem tansanischen Festland, im Dr. Livingstone Memorial Museum in Ujiji Kigoma, traf ich Kelvin Ngowi, Konservator für

Altertümer für das Ministerium für Naturschätze und Tourismus. Ngowi erzählte mir die Geschichte von der legendären Begegnung zwischen David Livingstone und Henry Morton Stanley am Ufer des Tanganjika-Sees, die ohne Sidi Mubarak Bombay, der ebenfalls zugegen war, nicht möglich gewesen wäre. Ngowi führte mich auch zu dem von imposanten Mangobäumen gesäumten Pfad, auf dem jahrhundertelang Tausende versklavter Menschen ihren verzweifelten, unfreiwilligen Marsch von Ujiji an die Küste unternahmen.

In Uganda war der Besuch des Königreichs Buganda fast ebenso ehrfurchtgebietend wie der Anblick des dem Nyanza entströmenden Nils. Selbst nachdem Uganda seine Unabhängigkeit erlangt hatte, war Buganda weitgehend autonom geblieben. Ich traf mich dort mit Nalinnya Carol, der Geschäftsführerin des Buganda Heritage & Tourism Board, und mit den bugandischen Fremdenführern Herbert Ssewajje und Ndawla Fred. Sie erläuterten mir die gegenwärtigen Errungenschaften und Herausforderungen des Königreichs wie auch seine reiche Geschichte und zeigten mir den Palast König Mutesas I., dem Speke und Bombay begegnet waren. Während meines Aufenthaltes in Buganda hatte ich Gelegenheit, mich mit Taga Nuwagaba zu unterhalten, dem Verfasser und Illustrator von *Totems of Uganda*. Taga brauchte Jahre, um die Totems jeder Kulturgruppe in Uganda aufzuspüren, deren es allein in Buganda zweiundfünfzig gibt; er betrieb ausführliche Recherchen zu seinen Themen, erklärte die Bedeutung jedes Tiers, erzählte seine Geschichte und schuf atemberaubende Illustrationen von jedem Totem, vom Grauhals-Kronenkranich bis hin zur Ameise der Gattung *Myrmicaria natalensis*.

In Kampala traf ich den renommierten Politikwissenschaftler und Anthropologen Dr. Mahmood Mamdani, Inhaber der Herbert-Lehman-Professur an der School of International and Public Affairs der Columbia University und damals auch Leiter des Makerere Institute of Social Research in Kampala. Professor Mamdani, Experte für afrikanische Geschichte und Politik, der sich unter anderem mit der Schnittmenge zwischen Politik und Kultur befasst, ist der Autor einiger herausragender und nachdenklich stimmender Bücher, darunter *When Victims Become Killers: Colonialism, Nativism, and Genocide in Rwanda* und, erst unlängst erschienen, *Neither Settler nor Native: The Making and Unmaking of Permanent Minorities.* Er bat mich netterweise in sein Büro, sprach mit mir über sein Werk und über die Sidis, die noch heute in Indien leben. Mein Dank in diesem Zusammenhang geht an unsere gemeinsame Freundin, die Biographin Deborah Baker, weil sie uns einander vorgestellt hat. Dr. Mamdani hat mich außerdem auf das wunderbare Werk des Dichters Ranjit Hoskote aufmerksam gemacht, wofür ich ihm sehr dankbar bin. Ranjits Gedicht »Sidi Mubarak Bombay«, das er mir großzügigerweise für das Motto zu Beginn dieses Buches zur Verfügung stellte, ist alles und noch mehr, was ich über Bombay zu sagen hoffte, und dies in wenigen hinreißend schönen Zeilen. Das Gedicht ist in Ranjits wunderbarem neuen Buch *Hunchprose* enthalten.

Zu Beginn meiner Recherche reiste ich auch mehrmals nach Großbritannien und arbeitete in einigen der schönsten Archive der Welt. Mein erstes Ziel war die National Library of Scotland in Edinburgh, eine Fundgrube für Briefe, Tagebücher, Notizen und Skizzenbücher, besonders jene von Speke und seinem späteren Reisegefährten James Grant. Mein herzlicher Dank geht an die Kuratorinnen Alison Metcalfe und Kirsty McHugh in Archiv und Handschriftensammlung der Bibliothek, sowie an Jamie McIntosh, zuständig für die Sondersammlungen. Ich bedanke mich außerdem bei Claire Wotherspoon für ihre Hilfe in der Handschriftenabteilung der vielgepriesenen British Library in London. Dank auch an Jonathan Smith, Archivar und Titelaufnehmer im Bereich moderne Handschriften in der Trinity College Library in Cambridge, an Nancy Charley, Archivarin der Royal Asiatic Society; an Chris Day von den National Archives des Vereinigten Königreichs; an Judith Coles am Medical Museum in Bath; und an Jane Sparrow-Niang, Autorin des Buches *Bath and the Nile Explorers* und ehrenamtliche Mitarbeiterin an der Bath Royal Literary & Scientific Institution.

Eines der wertvollsten und faszinierendsten Archive, die ich in England aufgesucht habe, ist die Bibliothek an der Royal Geographical Society, ohne deren umfangreiche und sorgfältig kuratierte Sammlung ich dieses Buch nicht hätte schreiben können. Ich danke allen, die dieses Archiv bewahren und es für Forscher zugänglich machen, doch mein besonderer Dank geht an Julie Carrington und an Jan Turner, die geduldig meine vielen Fragen beantworteten, und das nicht nur vor Ort, sondern Jahre davor und danach, als ich ihnen aus Tausenden Kilometern Entfernung schrieb. Auch Professor Felix Driver von der geographischen Fakultät der Royal Holloway University of London möchte ich herzlich danken. Professor Driver und Dr. Lowri Jones sind die Urheber der Ausstellung *Hidden Histories of Exploration* an der Royal Geographical Society, eine bahnbrechende Studie über die Träger und Wegführer, die so viele der namhaften Expeditionen, die die Society finanziell unterstützte, erst möglich machten. Professor Driver ließ mir großzügigerweise ein Exemplar des Ausstellungskatalogs zukommen.

Bei einer späteren Recherchereise nach England durfte ich Neston Park besichtigen, wo John Hanning Speke ums Leben kam. Alison Kippen, die das Verwaltungsbüro von Neston Park leitet, war unglaublich schnell und hilfsbereit in ihren Antworten auf meine E-Mails und arrangierte für mich ein Treffen mit James Fuller, dem Urenkel von George Fuller, der an jenem verhängnisvollen Tag mit seinem Cousin John Hanning Speke auf der Jagd war. James führte mich auf seinem atemberaubend schönen Anwesen herum, das jetzt einen Biobauernhof beherbergt – inklusive einer Schreinerei, einer Eisdiele und einer hochmodernen Molkerei –, bereits BBC-Filmkulisse war und als Teil des Countryside Stewardship Scheme, ein Programm für mehr Umweltschutz, die Schaffung von Wildkorridoren unterstützt. James führte mich und meine etwas eingeschüchterte Tochter auf das Gelände, auf dem

Speke und Fuller am 15. September 1864 auf der Jagd waren, und zeigte mir die niedrige Steinmauer, von der Speke stürzte, als sich aus seiner Flinte ein Schuss gelöst hatte. Er schenkte uns sogar eine der schartigen, verwitterten Steinplatten, die jetzt in meinem Büro einen Ehrenplatz einnimmt.

Ich möchte auch meiner Freundin danken, der angesehenen Biographin, Journalistin und Professorin Dr. Pamela Newkirk, die sich großzügigerweise erbot, das Manuskript für dieses Buch zu lesen, und mir wertvolle Hinweise gab. Ich bedanke mich bei Amicia Demoubray, die mich per E-Mail mit einigen Mitgliedern der Familie Speke bekannt machte; bei Dr. Steve Hindle, dem Forschungsdirektor der W. M. Keck Foundation, und bei Anne Blecksmith, die in der Huntington Library im kalifornischen San Marino den Leserservice leitet; Dank auch an die Historikerin Dr. Sylviane Anna Diouf, Gastdozentin am Center for the Study of Slavery and Justice an der Brown University und Autorin mehrerer von der Kritik hochgelobter Bücher zur afrikanischen Diaspora, darunter *Africans in India: From Slaves to Generals and Rulers*. Ich danke Dr. Julius Lejju von der Mbarara University of Science & Technology in Mbarara-Uganda; Dr. Joost Fontein und Dr. Freda Nikirote vom British Institute in Ostafrika; Catriona Foote, leitende Bibliotheksmitarbeiterin und zuständig für die Spezialsammlungen der University of St. Andrews; Dr. Edward Alpers, Forschungsprofessor der historischen Fakultät an der University of California Los Angeles; Dank auch an Naresh Fernandes, Autor des Buches *City Adrift: A Short Biography of Bombay*, der mich freundlicherweise auf einige wichtige Quellen aufmerksam machte; Dank außerdem an die Herausgeber von Burtoniana.org, die eine große Menge an Informationen zu Burtons Leben und Werken gesammelt und einen vierbändigen Band mit Briefen und Memoiren kompiliert haben.

Ein besonders herzliches Dankeschön geht an meine lieben Freunde Denis und Susie Tinsley, die mich wieder einmal in ihrem unglaublich schönen und gastfreundlichen Zuhause aufnahmen (das sogar im Februar angenehm warm war), als ich zu Recherchezwecken in London war; Dank auch an Dr. Ajay Singh, einen Freund der Familie und äußerst kenntnisreichen Ophthalmologen und Chirurgen: Er erklärte mir die Augenkrankheiten, die Mitglieder der Expedition sich in Ostafrika zugezogen hatten, und machte mich auf das Werk von Sir William Browman aufmerksam; Dank an Jennifer Fox, die mein Manuskript so sorgfältig und durchdacht geprüft hat; und an Riya Raj, meine fleißige junge Praktikantin, die stets bereit ist, sich auf ein neues Projekt einzulassen, wie ungewöhnlich es auch sei.

Wenige Autorinnen und Autoren haben die Chance, mehrere Bücher mit ein und demselben Team zu machen. In den vergangenen zwanzig Jahren hatte ich das außerordentliche Glück, nicht nur mit denselben Leuten zusammenzuarbeiten, sondern mit drei der Allerbesten aus der Branche: Mein Lektor Bill Thomas, meine Agentin Suzanne Gluck und mein Publizist Todd Doughty haben mich mit ihren Ratschlägen, ihrer Unterstützung und Ermutigung durch vier Bücher begleitet – und werden mir hoffentlich noch über viele Jahre die Treue halten. Ich bin ihnen sehr dankbar für ihre Klugheit, ihr Talent und ihre Freundschaft.

Wie immer schulde ich den größten Dank meiner Familie: meinen Eltern Larry und Connie Millard; meinen Schwestern Kelly Sandvig, Anna Shaffer und Nichole Millard; und meinen Kindern Emery, Petra und Conrad Uhlig, deren Freundlichkeit, Stärke und Intelligenz mich immer wieder erstaunen. Am Ende sei mein unvergleichlicher und unersetzlicher Ehemann Mark Adams Uhlig genannt, dem ich auf immer und ewig dankbar sein werde.

ANMERKUNGEN

MANUSKRIPTQUELLEN

British Library, BL
Houghton Papers, Trinity College, HPTC
Huntington Library, HL
Morgan Library, ML
National Library of Scotland, NLS
Royal Asiatic Society, RAS
Royal Geographical Society, RGS

ABKÜRZUNGEN DER TITEL

The Book of the Thousand Nights and a Night: The Arabian Nights
First Footsteps in East Africa: First Footsteps
General Rigby, Zanzibar and the Slave Trade: Rigby
Journal of the Discovery of the Source of the Nile: Journal of the Discovery
The Lake Regions of Central Africa: Lake Regions
The Life of Captain Sir Richard F. Burton: The Life
Personal Narrative of a Pilgrimage to Al-Madinah & Meccah: Personal Narrative
Travels in Central Africa, and Explorations of the Western Nile Tributaries: Travels in Central Africa
What Led to the Discovery of the Source of the Nile: What Led

PROLOG

12 »im Zentrum eines flammenden Kerns«: Bob Brier, »Napoleon in Egypt«, *Archaeology* (Mai/Juni 1999), S. 46.

17 »Ich wünsche den Entdeckungen«: »The Active Life«, 2005.

1 EIN STRAHLENDES LICHT

21 »besahen sich meine Kleider, inspizierten meinen«: Richard Burton, *Personal Narrative*, Bd. 1, S. 166.

21 »Zweifellos ein Fehler«: Richard Burton, *Personal Narrative*, Bd. 1, S. 166 f.

22 »Um durch das Heilige Land der Muslime zu reisen«: Richard Burton, *Personal Narrative*, Bd. 1, S. 23.

22 Obwohl »weder Koran noch Sultan«: John Hayman, Hg., *Sir Richard Burton's Travels in Arabia and Africa: Four Lectures from a Huntington Library Manuscript*, »The Visitation at El Medinah«, S. 20.

22 »Ein Missgriff, eine hastige Bewegung, eine unüberlegte Äußerung«: Isabel Burton, *The Life*, Bd. 1, S. 178.

23 ein »riesiger weißer Fleck«: Richard Burton, *Personal Narrative*, Bd. 1, S. 1.

23 Er »erwies mir die Ehre«, so Burton: Richard Burton, *Personal Narrative*, Bd. 1, S. 1.

23 Burton war »bestens qualifiziert«: Letter Book, RGS Archives, Murchison an J. C. Melvill, vgl. Jon R. Godsall, »Fact and Fiction in Richard Burton's Personal Narrative of a Pilgrimage to El-Medinah and Meccah«, *Journal of the Royal Asiatic Society*, Nr. 3, (November 1993), S. 341.

23 In den darauffolgenden achtzehn Jahren: John Hayman, Hg., *Sir Richard Burton's Travels in Arabia and Africa: Four Lectures from a Huntington Library Manuscript*, »The Visitation at El Medinah«, S. 3.

24 »Da wir im Ausland aufgewachsen«: *The Life*, Bd. 1, S. 32.

24 »Der Mann fiel mir sofort ins Auge«: Bram Stoker, *Personal Reminiscences of Henry Irving*, Bd. 1, xl.

24 »den Kiefer eines Teufels und die Stirn«: Algernon Charles Swinburne, zit. aus Arthur Symons, »A Neglected and Mysterious Genius«, *The Forum*, Bd. 67 (1922), S. 240.

25 Charles Dickens' Fabrik: *The Life*, Bd. 1, S. 28 f.

25 »Wir kreischten, jauchzten, tanzten«: *The Life*, Bd. 1, S. 31 f.

25 Sein Vater brachte Burton: *The Life*, Bd. 1, S. 46.

25 »der unkluge Ausspruch des weisen Salomo«: *The Life*, Bd. 1, S. 46.

25 »fleischlose Nerven, die an Drähten«: *The Life*, Bd. 1, S. 38.

25 »Wir lernten bald, niemals ohne Maske«: *The Life*, Bd. 1, S. 34.

26 Burton erwarb den begehrten Titel *Maître d'Armes*: Theodore A. Cook, Theodore A., Vorwort in Richard F. Burton, *The Sentiment of the Sword*, https://ejmas.com/jnc/jncart_burtonsentimentsword01_0200.htm.

26 »ein großer Trost im Leben«: *The Life*, Bd. 1, S. 56.

26 »Unschuld der Worte, nicht der Gedanken«: Richard Burton, *The Arabian Nights*, S. xxxv.

27 »Ich war zum elenden Dasein«: *The Life*, Bd. 1, S. 81.

27 »Ich arbeite nie länger als eine Viertelstunde«: *The Life*, Bd. 1, S. 101. Vgl. auch Ilija Trojanow, *Nomade auf vier Kontinenten*, Frankfurt 2007, S. 105.

27 Da er im Übersetzen eine der schnellsten Methoden: *The Life*, Bd. 1, S. 89.

27 In den folgenden Jahren: N.M. Penzer, »The Centenary of Sir Richard Francis Burton«, RAS. Jahre später, von einem Fremden angesprochen, der versucht hatte, sich das Persische aus Büchern beizubringen, und schockiert und beleidigt reagierte, weil der »gefeierte Orientalist und Linguist Richard Burton« keine Ahnung hatte, wovon er da redete, warf Burton dem Mann trocken hin: »Oh, haben Sie Persisch gesprochen? … Ich kenne die Sprache nur, wie sie in Persien von Persern geschrieben und gesprochen wird.«

28 »Wäre der Autor nicht derart stolz auf seine Kenntnis …«: vgl. »Falconry in the East«, *Notices of New Books*, RAS.

28 »Ich befasse mich seit Jahren«: Burton, *Remarks on a Critique of the »Falconry of the Indus«*, E.I.U. Service Club, 14, St. James's Square.

28 »Die Aufgabe mag furchteinflößend scheinen«: Burton, Brief an die *Bombay Times*, Februar 1848.

28 Linguisten seien »eine gefährliche Spezies«: Richard Burton, *Lake Regions*, S. 103.

29 Als Rigby seine Gujarati-Prüfung ablegte: J.W. Heldring, *The Killing of Dr. Albrecht Roscher*, S. 101.

29 »meine Muttersprache«: Frank Harris, *Contemporary Portraits*, S. 194.

29 »Ich darf wohl ohne Überheblichkeit«: Richard Burton, »The Biography of the Book and its Reviewers Reviewed«, *The Book of the Thousand Nights and a Night,* Zusätzliche sechs Bände (Benares 1888), S. 416.

29 »die Absurdität verwiesen«: Badger an Burton, 21. Februar 1872, HL.

30 Er hatte sich sogar beschneiden lassen: Frank McLynn, *Snow Upon the Desert*, S. 74.

30 »Finden sie ausreichend Bares«: Richard Burton, *Personal Narrative*, Bd. 1, S. 127.

30 Nachdem Burton den Männern … begegnet war: Richard Burton, *Personal Narrative,* Bd. 1, S. 165 f.

31 bestehend aus einer »Rolle groben Leinens«: Richard Burton, *Personal Narrative,* Bd. 1, S. 24 f.

31 Ansonsten hatte er alles zurückgelassen, was Misstrauen: Richard Burton, *Personal Narrative*, Bd. 1, S. 167.

31 »Er konnte ausgezeichnet fluchen«: Richard Burton, *Personal Narrative*, Bd. 1, S. 62.

31 Bekommen hatte er einen blitzgescheiten: Richard Burton, *Personal Narrative*, Bd. 1, S. 6.

32 »von Anfang an misstraut«: Richard Burton, *Personal Narrative*, Bd. 1, S. 151 f.

32 »Dieser Möchtegern-Hadschi«: Richard Burton, *Personal Narrative*, Bd. 1, S. 167.

32 »Ich beschloss also schweren Herzens«: Richard Burton, *Personal Narrative*, Bd. 1, S. 167 f.

33 »Welche Nation, ob im Westen oder im Osten«: Richard Burton, *Personal Narrative*, Bd. 2, S. 237.

33 »der wahre Held des Verlorenen Paradieses«: Richard Burton, *The Arabian Nights*, ix, 135n.

33 »Je mehr ich mich mit der Religion befasse«: Richard Burton, »Terminal Essay«, *The Arabian Nights*, 1885.

34 »Ich darf wohl mit Fug und Recht behaupten«: Richard Burton, *Personal Narrative*, Bd. 2, S. 160 f.

34 »Ich dachte: ›Jetzt ist es um mich geschehen‹«: Burton, *The Life*, Bd. 1, S. 177.

34 dass nichts ihn »vor den gezückten Messern«: Richard Burton, *Personal Narrative*, Bd. 2, S. 207, Anm. 2.

35 »Ich will nicht leugnen«, schrieb er, »dass meine Gefühle angesichts der fensterlosen Wände«: Richard Burton, *Personal Narrative*, Bd. 2, S. 207 f.

35 Schließlich gab er vor zu beten: Richard Burton, *Personal Narrative*, Bd. 2, S. 207 f.

35 »sehnte sich Burton danach, Mekka zu verlassen«: *The Life*, Bd. 1, S. 178.

35 Er war »völlig ausgezehrt und erschöpft«: Richard Burton, *Personal Narrative*, Bd. 2, S. 276.

35 »sowohl für den Calvinisten«: Richard Burton, *Personal Narrative*, Bd. 2, S. 259.

36 »Es ist großartig, wenn ein kleiner Teil«: *The Life*, Bd. 1, S. 32.

37 Mit zunehmender Prachtentfaltung: Edwin de Leon, *Thirty Years of My Life on Three Continents*, Bd. 1, S. 158, in Jon R. Godsall, *The Tangled Web*, S. 107.

37 Von seinem Balkon aus: Burton an Shaw, 16. November 1853, RGS.

38 »Verdammt nochmal, Hawkins«: *The Life*, Bd. 1, S. 182.

38 »Ich will nicht behaupten, dass meine Abscheu«: Burton an Shaw, 16. November 1853, RGS.

38 »Wie betrüblich ist doch der Erfolg«: Richard Burton, *First Footsteps*, S. 159 f.

39 Zwei Jahre später: Rebmann schilderte damals eine außergewöhnliche Beobachtung: Er habe auf dem Gipfel des Kilimandscharo Schnee gesehen. Für die überaus selbstgewissen Lehnstuhlgeographen in England war die Vorstellung, man könne in Äquatornähe Schnee finden, wenn auch nur auf dem Gipfel eines Berges, nicht nur im höchsten Maße unwahrscheinlich, sondern geradezu grotesk. Rebmann war von dem verehrten britischen Geographen William Cooley offen verspottet worden, der noch keinen Fuß nach Afrika gesetzt hatte, ein Umstand, der ihn nicht davon abhalten konnte, sich als Afrika-Experte zu betrachten und ausgiebig über den Kontinent zu schreiben. »Das beharrliche Bestreben von Herrn Rebmann, das Vorhandensein von Schnee auf dem Kilíma Njaro zu beweisen, indem er aus gänzlich unbedeutenden oder missgedeuteten Phänomenen Rückschlüsse zieht, legt natürlich die Vermutung nah, dass er in Wahrheit überhaupt keinen Schnee gesehen hat«, höhnte Cooley in seinem Buch *Inner Africa Laid Open*. »Er heftet den Blick auf Abstraktionen und verschließt die Augen vor der Realität.« Die Berichte von Menschen, die am Fuße des Kilimandscharo lebten und bestätigten, dass auf seinem Gipfel tatsächlich Schnee lag, tat Cooley als Lagerfeuerromantik ab, und selbst als zehn Jahre später ein deutscher Entdecker und ein britischer Geologe den Berg bestiegen und oben im Schneetreiben standen, weigerte er sich, seinen Irrtum zuzugeben. Weder Cooleys Reputation noch seine Selbstgewissheit waren von dieser Episode angekratzt worden.

39 Burton hatte zwar wenig übrig: R. Coupland, *East Africa and its Invaders*, S. 400.

39 Burton hatte auf seiner Pilgerreise: Donald Young und Quentin Keynes, *The Search for the Source of the Nile*, S. 10.

39 »Ich habe ihn noch nicht gesehen«: Burton an Shaw, 16. November 1853, RGS.

40 »Der Nil steigt im Durchschnitt«: vgl. Toby Wilkinson, *The Nile*, S. 6.

41 Die Ängste um die Nilschwemme: B.W. Langlands, »Concepts of the Nile«, *The Uganda Journal*, März 1962, S. 2–4.

42 Wie jeder, der ihn erkunden wollte: B.W. Langlands, »Concepts of the Nile«, S. 16.

42 Erst im neunzehnten Jahrhundert, als der türkische: B.W. Langlands, »Concepts of the Nile«, S. 18 f.

43 »In ein und demselben Moment«: Jon R. Godsall, *The Tangled Web*, S. 147.

43 wer immer »die wahre Quelle des Weißen Nils«: Adrian S. Wisnicki, »Cartographical Quandries: The Limits of Knowledge Production in Burton's and Speke's Search for the Source of the Nile«.

43 es brauche »ein furchtloses Herz«: *The Journal of the Royal Geographical Society of London*, Bd. 33, S. 101.

43 »Wie ich höre, spricht man in der Geographical«: Burton an Shaw, Oktober 1853, RGS.

44 »Für mich war die Landschaft in zweifacher Hinsicht«: Burton, *Personal Narrative*, Bd. 1, S. 31.

44 Endlich hätte er »die Möglichkeit«, schrieb er: Jon R. Godsall, »Richard Burton's Somali Expedition«, *Journal of the Royal Asiatic Society*, Reihe 3, (2001), S. 163.

44 Er brauchte lediglich »ein paar gute Männer«: Burton an Shaw, 16. November 1853, RGS.

45 »ist lediglich mein Johannes der Täufer«: Burton an Shaw, 15. Dezember 1853, RGS.

3 BÜRGE FÜR UNSER BLUT

46 Er … »reist aber als Privatperson«: Burton, *First Footsteps*, S. 3.

47 Nachdem er in Indien von einem Posten zum nächsten: Lionel James Trotter, *The Bayard of India*, S. 169.

47 Die Länder jenseits des Golfs von Aden: Jon R. Godsall, »Richard Burton's Somali Expedition«, *Journal of the Royal Asiatic Society*, Reihe 3, (2001), S. 168.

48 »das Risiko, sein bestes Stück einzubüßen«: Burton an Shaw, 16. November 1853, RGS.

48 erfüllten nicht das »vorrangige Ziel der Royal Geographical Society«: Richard Burton, *First Footsteps*, S. 4.

48 »In seiner Jugend wollte Outram«: *The Life*, Bd. 1, S. 118.

48 »auf die Erfahrungen der ältesten Anwohner vor Ort«: Jon R. Godsall, »Richard Burton's Somali Expedition«, S. 138 f.

49 »beherrschte die Daguerreotypie«: Jon R. Godsall, »Richard Burton's Somali Expedition«, S. 164.

49 Stroyan, Mitglied der indischen Marine: Richard Burton, *First Footsteps*, S. 7.

49 »Seine kostbaren Dienste«: Burton, *First Footsteps*, S. 7.

50 Er hatte ... den Titel *Conservator of Forests*: »Obituary, Dr. Stocks, F.L.S.,« *Gentleman's Magazine*, Bd. 42, Juli-Dezember 1854.

50 »So groß war sein Wissen«: »Obituary, Dr. Stocks, F.L.S.,« *Gentleman's Magazine*.

50 wegen seines »freundlichen, fröhlichen«: »Obituary, Dr. Stocks, F.L.S.«, *Gentleman's Magazine*.

50 »Der Bursche schreibt gut und ist dabei«: Burton an Shaw, 16. November 1853, RGS.

51 »Stocks, J. Ellerton, Sanitätsdienst Bombay«: *Allen's Indian Mail*, 19. September 1854.

52 »Unser Oberbefehlshaber ..., dem auffiel«: John Hanning Speke, *What Led*, S. 1.

53 »In jedem Jahr ... wurde ich freigestellt«: John Hanning Speke, *What Led*, S. 1.

53 »Er bevorzugte merkwürdigerweise«: Richard Burton, *Zanzibar*, Bd. II, S. 378.

53 »Apropos Aberglaube«: John Hanning Speke, »Captain Speke's Discovery of the Victoria Nyanza, the supposed Source of the Nile, – Part II«, *Blackwood's Edinburgh Magazine*, November 1859, S. 575 f.

53 »Ein sesshaftes Leben«: Alexander Maitland, *Speke*, S. 15.

53 »Bevor man auch nur einen Schuss abgibt«: Speke an Grant, März 1854, NLS.

54 Dieser war Fähnrich im Dreizehnten Regiment: Karl A. Meyer, *Tournament of Shadows: The Great Game and the Race for Empire in Central Asia*, S. 210.

54 Anstatt nach England zu segeln: Speke an Shaw, 26. Oktober 1859, RGS.

54 »Zu meinem Erstaunen und Missvergnügen«: John Hanning Speke, *What Led*, S. 2.

55 »Er beherrschte die Kunst des insistierenden Bittens«: Richard Burton, *Zanzibar*, Bd. 2, S. 376.

55 obschon er ... das Unterfangen »für recht aussichtslos«: John Hanning Speke, *What Led*, S. 2.

55 »Von schlanker, geschmeidiger Gestalt«: Richard Burton, *Zanzibar*, Bd. 2, S. 373 f.

56 »abgesehen davon brachte er keinerlei Qualifikation«: *The Life*, Bd. 1, S. 315.

56 »die Härten der Erkundung Afrikas«: Richard Burton, *First Footsteps*, S. 7.

56 »Da ich mit der Gruppe … einig geworden bin«: Speke an Grant, 12. Oktober 1854, NLS.

56 übernahm er »die volle Verantwortung«: Richard Burton, *Zanzibar*, Bd. 2, S. 381.

57 »Ich sah, dass er … verlieren würde«: *The Life*, Bd. 1, S. 315.

4 DER ABBAN

58 »Brutstätte von Skorbut und Geschwüren«: Richard Burton, *First Footsteps*, S. 186.

58 »die altehrwürdige Metropole«: Richard Burton, *First Footsteps*, S. 8 f.

58 Während Burton als arabischer Kaufmann: John Hanning Speke, *What Led*, S. 6.

58 »So hatten … alle bis auf mich eine Aufgabe«: John Hanning Speke, *What Led*, S. 6.

59 »naturkundliche Proben aller Art«: John Hanning Speke, *What Led*, S. 6.

59 Herne half Speke sogar dabei: John Hanning Speke, *What Led*, S. 7.

59 Burton, der sich in arabischen Gewändern: »Narrative of a Trip to Harar«, S. 138.

59 »Wenn wir uns in dieser Art erniedrigen«: John Hanning Speke, *What Led*, S. 7.

59 »Es fühlte sich ganz und gar nicht angenehm an«: John Hanning Speke, *What Led*, S. 7.

60 »Der Abban fungiert als Vermittler«: Richard Burton, *First Footsteps*, S. 54.

60 »einen hohen Rang in seinem Land«: John Hanning Speke, *What Led*, S. 7.

60 »Wenn Araber in seinem Schutz reisen«: John Hanning Speke, *What Led*, S. 7.

61 dass »man ihn nicht ernst nahm«: John Hanning Speke, *What Led*, S. 40.

61 Nachdem er sich zwanzig Rupien … genommen hatte: John Hanning Speke, *What Led*, S. 13.

61 »Ich versuchte mein Möglichstes«: John Hanning Speke, *What Led*, S. 13 f.

61 »Der Abban wurde … aufgehalten«: John Hanning Speke, *What Led*, S. 15.

62 »über meinen Besitz zu verfügen, wie es«: John Hanning Speke, *What Led*, S. 15.

62 »Ein böser Gedanke hatte sich meiner«: John Hanning Speke, *What Led*, S. 27.

62 den »dreieinhalb Monate währenden Spuk«: John Hanning Speke, *What Led*, S. 33 f.

63 »Mein Erfolg in Harar hat mir Mut gemacht«: Burton an Shaw, 25. Februar 1855, RGS.

63 »Wir können nichts weiter tun, als … hinzunehmen«: Burton an Sarah, 14. November 1848; in Thomas Wright, *The Life of Sir Richard Burton*, Bd. 1, S. 83.

63 Burton, allein in Aden, blieb nur: Georgiana Stisted, *The True Life of Capt. Sir Richard F. Burton*, S. 164, S. 412.

64 »Speke wurde ausgeplündert«: Burton an William M. Coghlan, 21. Februar 1855, RGS. Russell E. Train Africana-Sammlung, Smithsonian.

64 »Gegen meinen Willen«: John Hanning Speke, *What Led*, S. 34.

64 Mit einer Geldstrafe von zweihundert Rupien: John Hanning Speke, *What Led*, S. 34.

64 »Es schien mir kaum der richtige Zeitpunkt«: John Hanning Speke, *What Led*, S. 34.

65 »In dreißig Jahren ist von den vielen Engländern«: Richard Burton, *First Footsteps*, Postskriptum.

65 »der wahre Schlüssel zum Roten Meer«: Jon R. Godsall, »Richard Burton's Somali Expedition«, *Journal of the Royal Asiatic Society*, Reihe 3, S. 136.

65 »Nur durch diese Maßnahme hätten wir«: John Hanning Speke, *What Led*, S. 34.

66 »Sie waren allesamt blutige Anfänger«: John Hanning Speke, *What Led*, S. 34.

66 »strebte ich doch nach etwas Besserem«: Richard Burton, *Zanzibar*, Bd. II, S. 382.

5 WIR SIND UMZINGELT

67 »begleitet von Salutschüssen«: Richard Burton, *First Footsteps*, S. 189.

67 »Wenn der Markt seinen Höhepunkt erreicht«: C. J. Cruttenden, »Memoir on the Western or Edoor Tribes, Inhabiting the Somali Coast of N. E.

Africa«, *The Journal of the Royal Geographical Society of London*, Bd. 19, 1849, S. 49–76; Richard Burton, *First Footsteps*, S. 176.

68 Einer der Wachleute hütete: John Hanning Speke, *What Led*, S. 34 f. Richard Burton, *First Footsteps*, Postskriptum.

68 »Die Somali wären niemals so unklug«: John Hanning Speke, *What Led*, S. 39.

68 In den meisten Nächten patrouillierten: John Hanning Speke, *What Led*, S. 39.

68 Auch Speke lagerte dort seine Gewehre: John Hanning Speke, *What Led*, S. 39.

69 Zuerst … »waren wir unentschlossen«: John Hanning Speke, *What Led*, S. 39.

70 Im Nu traten Strauße und Löwen aus den Schatten: Richard Burton, *First Footsteps*, S. 177.

70 »Wir waren allein«: John Hanning Speke, *What Led*, S. 39.

70 »Es fiel uns schwer, die armen Teufel«: John Hanning Speke, *What Led*, S. 39.

71 »Ich war außer mir vor Zorn«: John Hanning Speke, *What Led*, S. 39 f.

71 »Unsere Besucher legten den Scheidungsschwur«: Richard Burton, *First Footsteps*, Postskriptum.

71 Bald darauf legten sich alle Teilnehmer der Expedition: Richard Burton, *First Footsteps*, Postskriptum.

72 »Plötzlich erhob sich ein Höllenlärm«: John Hanning Speke, *What Led*, S. 40.

72 Er sprang auf, eilte: Speke an Burton, April 1855, BL.

72 Wie sich später herausstellen sollte: Richard Burton, *First Footsteps*, Postskriptum, Fußnote.

72 »Sie schwärmten aus wie die Hornissen«: Richard Burton, *First Footsteps*, Postskriptum.

73 »Die bekannte Stimme«: Richard Burton, *First Footsteps*, Postskriptum.

74 »Ich verbrachte die Stunden bis zur Morgendämmerung«: Richard Burton, *First Footsteps*, Postskriptum.

75 Als Burton Hernes Geschichte hörte: Richard Burton, *First Footsteps*, Postskriptum.

75 Nachdem er … wieder ins Freie gerannt war: John Hanning Speke, *What Led*, S. 40.

75 »Wie der Schurke mich traktierte«: John Hanning Speke, *What Led*, S. 41.

76 »Ich wurde plötzlich sehr schwach«: John Hanning Speke, *What Led*, S. 41.

76 »Wäre ich ein frommer Mohammedaner«: John Hanning Speke, *What Led*, S. 41.

77 ließen Datteln in ihre Hände fallen: Richard Burton, *First Footsteps*, Postskriptum, Fußnote.

77 Schon bald, nachdem sein ursprünglicher Bewacher: John Hanning Speke, *What Led*, S. 42.

77 Stattdessen beugte sich nun der Mann: John Hanning Speke, *What Led*, S. 42 f.

78 Da begriff Speke: John Hanning Speke, *What Led*, S. 43.

78 »Welch düsterer Ausblick«: John Hanning Speke, *What Led*, S. 43.

80 »Es war das schlimmste Unglück von allen«: Richard Burton, *First Footsteps*, Postskriptum.

6 IN DEN SCHLUND DER HÖLLE

83 Burton hielt den Krieg zwar für »das absolute Böse«: *The Life*, Bd. 1, S. 225.

83 Möglichkeit, »seelisch wieder zu gesunden«: *The Life*, Bd. 1, S. 226.

84 Burton sei zwar »klug, ein guter Schriftsteller«: Jon R. Godsall, »Richard Burton's Somali Expedition«, *JRAS*, Reihe 3, (2001), S. 138 f.

84 »Es mag hartherzig erscheinen«: Gordon Waterfield, »Burton Attacked in Official Reports«, in *First Footsteps*, S. 263.

84 »Der Angriff auf uns war ein Unglück«: Herne an Burton, April 1855, BL.

85 »Wären sämtliche Wachleute«: Speke an Playfair, 24. Oktober 1859, in *First Footsteps*, 1966, S. 284.

85 Es sei nicht mangelnde Wachsamkeit: Speke an Playfair, 24. Oktober 1859, in *First Footsteps*, 1966, S. 284.

85 »Burtons Todesverachtung und Aufschneiderei«: Speke an Playfair, in *First Footsteps*, 1966, S. 284.

85 »Er behauptet, *er* sei der Kopf der Expedition«: Isabel Burtons Anmerkung in *The Life*, Bd. 1, S. 223.

86 »sind Burton und Herne … davongerannt«: John Hanning Speke, *What Led*, S. 43.

86 Speke dagegen, der geplant hatte: Speke an Burton, 22. Juli 1859, BL.

87 »Ich erlaube mir einige Bemerkungen«: Richard Burton, *First Footsteps*, S. 215.

87 »Nichts«, schrieb er, »ist quälender«: John Hanning Speke, *What Led*, S. 12 f.

87 »ein elender Invalide«: John Hanning Speke, *What Led*, S. 44.

87 »Eine bewegende Lektion«: *The Life*, Bd. 1, S. 137.

88 »Sie schlossen sich buchstäblich wie«: John Hanning Speke, *What Led*, S. 45.

88 Da er »dem Ruf des Krieges«: John Hanning Speke, *What Led*, S. 45.

88 »Ich war eher Sportsmann und Reisender«: John Hanning Speke, *What Led*, S. 46.

88 Mittlerweile lebte Laurence: Ann Taylor, *Laurence Oliphant*, S. 36.

89 »Natürlich brennt er darauf, dort erneut«: Margaret Oliphant, *Memoir of the Life of Laurence Oliphant and of Alice Oliphant, His Wife,* S. 96.

89 »ein strammer, aufrechter, kerngesunder Mann«: Georgiana Stisted, *The True Life of Capt. Sir Richard F. Burton*, S. 163.

90 Die Qualen, die er durchlitten habe: Georgiana Stisted, *Reminiscences of Sir Richard Burton*, S. 337.

90 »Lieutenant Burton«, schrieb Speke später: John Hanning Speke, *What Led*, S. 114.

90 »Der Sklavenhandel auf dem Territorium [der Somali]«: John Hanning Speke, *What Led*, S. 147.

90 »England, das militärisch unbegabteste«: *The* Life, Bd. 1, S. 225.

90 Nach zwei Jahren Krieg, so Burton: *The Life*, Bd. 1, S. 225.

91 Als Burton die Krim erreichte: *The Life*, Bd. 1, S. 229.

92 Raglan starb am selben Tag … in seinem Zelt: Burton an Shaw, 18. August 1855, RGS.

92 »Der unglückliche Lord Raglan«: *The Life*, Bd. 1, S. 228.

92 »Es kam der Regierung ausgerechnet jener Nation«: Winston S. Churchill, *A History of the English Speaking Peoples*, 1956, S. 58.

93 »Ich könnte jetzt nie mehr nach England«: Joseph Cummins, *The War Chronicles*, S. 108.

93 »Sie können sich die elende Apathie«: Burton an Shaw, 18. August 1855, RGS.

93 Nachdem er sich nach Kräften bemüht: *The Life*, Bd. 1, S. 244.

94 »unweigerlich als Spion festsetzen«: *The Life*, Bd. 1, S. 244.

94 Da er beide Ideen immer noch als die seinen: Ann Taylor, *Laurence Oliphant*, S. 39.

94 »eine Tragödie, die sich ein ums andere Mal«: Frank Harris, *Contemporary Portraits*, S. 193.

95 »eines der ältesten und stolzesten Geschlechter Englands«: Isabel Burton, *The Romance of Isabel Lady Burton*, S. 3.

96 »ein bescheidener Landedelmann«: Isabel Burton, *The Romance of Isabel Lady Burton*, S. 15.

96 »Man legte großen Wert auf unsere Gesundheit«: Isabel Burton, *The Romance of Isabel Lady Burton*, S. 16.

97 »Kletterpflanzen bedeckten die Mauern«: Isabel Burton, *The Romance of Isabel Lady Burton*, S. 17 f.

97 »hübsches Vordach aus Geißblatt und Jasmin«: Isabel Burton, *The Romance of Isabel Lady Burton*, S. 18.

97 »Was Bücher anging«: Raymond Blathwayt, »The Reader«, *The Bookman*, Mai 1896.

97 »Ich ersann mir gewissermaßen«: Isabel Burton, *The Romance of Isabel Lady Burton*, S. 19.

97 »Ich war hingerissen von ihnen«: Isabel Burton, *The Romance of Isabel Lady Burton*, S. 21.

98 »Du wirst übers Meer fahren«: Isabel Burton, *The Romance of Isabel Lady Burton*, S. 22.

98 »Du wirst unseren Namen tragen«: Isabel Burton, *The Romance of Isabel Lady Burton*, S. 21 f.

99 »patriotisch wie nie«: Isabel Burton, *The Romance of Isabel Lady Burton*, S. 40.

99 »Er hatte sehr dunkles Haar«: Isabel Burton, *The Romance of Isabel Lady Burton*, S. 52.

100 »So wie Gott die Frau aus einer Rippe Adams«: Isabel Burton, *The Romance of Isabel Lady Burton*, S. 37 f.

100 »Mythos ihrer Mädchenzeit«: Isabel Burton, *The Romance of Isabel Lady Burton*, S. 52.

101 hatte sie Isabel dazu erzogen: Raymond Blathwayt, »The Reader«.

101 Als Isabel »rot und blass«: Isabel Burton, *The Romance of Isabel Lady Burton*, S. 54.

101 »Er hat einmal mit mir Walzer getanzt«: Isabel Burton, *The Romance of Isabel Lady Burton*, S. 61.

102 »Richard ist soeben … aus Mekka zurückgekehrt«: Isabel Burton, *The Romance of Isabel Lady Burton*, S. 72.

102 »Und jetzt ist Richard nach Harar aufgebrochen«: Isabel Burton, *The Romance of Isabel Lady Burton*, S. 73.

102 »Wie gern würde ich Richards wildes«: Isabel Burton, *The Romance of Isabel Lady Burton*, S. 69.

103 »Vater erzog mich wie einen Jungen«: Raymond Blathwayt, »The Reader«.

103 »Ich wünschte, ich wäre ein Mann«: Isabel Burton, *The Romance of Isabel Lady Burton*, S. 91.

103 »hübsch oder doch gutaussehend«: Georgiana Stisted, »Reminiscences of Sir Richard Burton«.

103 in der »hässlichsten Phase« ihres Lebens: Isabel Burton, *The Romance of Isabel Lady Burton*, S. 23.

104 »Was für ein Fluch ist doch ein Herz!«: Isabel Burton, *The Romance of Isabel Lady Burton*, S. 65.

104 »Wie sehr ich die Frauen beneide«: Isabel Burton, *The Romance of Isabel Lady Burton*, S. 76.

104 »Meine Absicht war es«: Isabel Burton, *The Romance of Isabel Lady Burton*, S. 77 f.

105 »Ich wünschte bei Gott, es wäre so!« Isabel Burton, *The Romance of Isabel Lady Burton*, S. 81.

105 Zwei Monate später, als sie mit ihrer Schwester: *The Life*, Isabels Kommentare, Bd. 1, S. 249.

106 Als Isabel tags darauf: *The Life*, Isabels Kommentare, Bd. 1, S. 249.

106 Isabel war dermaßen überwältigt: *The Life*, Isabels Kommentare, Bd. 1, S. 250.

107 »›Enthüllung von Isis‹«: Burton, *The Life*, Isabels Kommentare, Bd. 1, S. 249.

107 An einem Oktobernachmittag: *The Life*, Isabels Kommentare, Bd. 1, S. 254 f.

107 In jener Nacht konnte Isabel nicht schlafen: Isabel Burton, *The Romance of Isabel Lady Burton*, S. 88.

107 als am Morgen ihre Schwester: Isabel Burton, *The Romance of Isabel Lady Burton*, S. 88 f.

8 HORROR VACUI

108 Die Gesellschaft war noch auf der Suche: Madeleine Jones Lowri, »Local Knowledge & Indigenous Agency in the History of Exploration« (Dissertation, University of London, 2010).

108 »täglich von intelligenten Fremden«: G. R. Crone und E. E. T. Day, »The Map Room of the Royal Geographical Society«, *The Geographical Journal*, März 1960, Bd. 126, S. 12.

109 Bis zum achzehnten Jahrhundert litten: B.W. Langlands, »Concepts of the Nile«, S. 14; Greg Miller, »Why Ancient Mapmakers Were Terrified of Blank Spaces«, *National Geographic*, 20. November 2017.

110 »Mehr als fünf Sechstel der Region«: https://library.princeton.edu/visual_materials/maps/websites/africa/maps- continent/continent.html.

111 Die schnörkellose Skizze Ostafrikas: Richard Burton, *Lake Regions*, S. 366.

111 Die Wasserfläche hatte nicht nur enorme Ausmaße: Richard Burton, *Lake Regions*, S. 366.

111 »In diesem Kartenabschnitt«: John Hanning Speke, *What Led*, S. 46.

111 »der immer noch auf seinem einzelnen ›Binnengewässer‹«: Richard Burton, *Zanzibar*, Bd. 1, S. 65.

112 »Heutzutage muss jeder Zentralafrikaforscher«: Richard Burton, *Lake Regions*, S. 23.

112 »jenem Gebirge, in dem unseren Karten zufolge«: R. C. Bridges, »Sir John Speke and the Royal Geographical Society«, S. 29.

113 dass Speke genau wie er selbst … »Verluste«: Richard Burton, Zanzibar, Bd. 1, S. 8.

113 »Damit war die Sache entschieden«: John Hanning Speke, *What Led*, S. 46.

113 »Hier offenbarten sich mir«: John Hanning Speke, *What Led*, S. 46.

114 Die Ostindien-Kompanie hatte den Forschern: R.C. Bridges, »Sir John Speke and the Royal Geographical Society«, S. 29.

114 »hat Erhardt allen Forschungsreisenden nach ihm«: Richard Burton, *Lake Regions*, S. 23.

115 Er habe »infolge des Scheiterns sowohl an Reputation«: Speke an Playfair, 24. Oktober 1859, NLS.

115 »Captain Burton … hatte keine Ahnung«: John Hanning Speke, *What Led*, S. 47.

115 »Einer der beglückendsten Momente«: Richard Burton, *Zanzibar*, Bd. 1, S. 16 f.

116 »vollständige, ungeschönte, unkastrierte«: Richard Burton, *The Arabian Nights*.

116 »Die Ordnung, Kühle und Reinlichkeit«: Richard Burton, *Lake Regions*, S. 35.

117 »Unser erster Blick auf die damals geheimnisumwobene Insel«: Richard Burton, *Zanzibar*, Bd. 1, S. 18.

117 Als es dunkel wurde, funkelte der Strand: Richard Burton, *Zanzibar*, Bd. 1, S. 27 f.

117 »zu einer Wüste des Jammers«: Richard Burton, *Lake Regions*, S. 124.

118 »Sansibar ist ein merkwürdiger Ort«: Burton an Monckton Milnes, 27. April 1857. HPTC.

118 wie eine »Weinkiste, die auf der Seite«: Richard Burton, *Zanzibar*, Bd. 1, S. 34.

118 »heiter und rosig«: Richard Burton, *Zanzibar*, Bd. 1, S. 35.

118 »Das schlimmste Symptom in seinem Fall«: Richard Burton, *Zanzibar*, Bd. 1, S. 35.

119 würde der Frühlingsmonsun einsetzen »und alles überfluten«: John Hanning Speke, *What Led*, S. 48.

119 warum Rebmann »die Kommunikation seiner Arbeitgeber«: Burton an Shaw, 5. Januar 1857, RGS.

120 Auch die Royal Geographical Society hatte Burton ermutigt: John Hanning Speke, *What Led*, S. 49.

120 »Ich bin fest entschlossen, Herrn Rebmann«: Burton an Back, 9. April 1857, RGS.

120 tatsächlich dazu neigte, »sein Tau zu zerreißen«: Richard Burton, *Zanzibar*, S. 489.

120 »der nichts übrig hatte für den Jagdsport«: John Hanning Speke, *What Led*, S. 50.

120 »wäre mit der Nilpferdjagd doch weitaus angenehmer«: John Hanning Speke, *What Led*, S. 50.

121 Am 17. Januar erreichten sie endlich Mombasa: John Hanning Speke, *What Led*, S. 49.

121 Rebmanns »Anwesenheit würde der Expedition«: Burton an Shaw, 22. April 1857, BL.

122 Speke, wütend darüber, dass sie »so viel Zeit«: John Hanning Speke, *What Led*, S. 49–51.

122 »Ich kam nicht umhin zu bemerken«: Richard Burton, *Zanzibar*, Bd. 2, S. 388.

122 »Seine Anwesenheit«, schrieb Burton: Burtons Brief an einen unbekannten Empfänger, April 1857, BL.

122 Obwohl auch Elphinstone der Meinung war: Richard Burton, *Lake Regions*, S. 36.

122 »einen Weggefährten … keinen Freund«: Richard Burton, *Lake Regions*, S. 36.

123 »Ich habe jetzt genügend Beweise«: Speke an Georgina Speke, Mai 1857, NLS.

123 »eine niederträchtige Aneignung *meiner* Gedanken«: Speke an Burton, 20. Juni 1860, NLS.

123 »daher sein Sinneswandel«: Richard Burton, *Zanzibar*, Bd. 2, S. 388.

123 Der »seine Gedanken … für sich zu behalten pflegte«: Richard Burton, *Zanzibar*, Bd. 2, S. 385.

124 »Er war nicht nur überzeugt, bei jeder Gelegenheit«: Richard Burton, *Zanzibar*, Bd. 2, S. 382.

124 »Der Fluss war extrem gewunden«: John Hanning Speke, *What Led*, S. 52.

124 »erschreckt vom Geräusch der Ruder«: *The Life*, Bd. 1, S. 264.

125 »Rings um uns her herrschte«: *The Life*, Bd. 1, S. 264.

9 BOMBAY

126 machte die Expedition in Chogué halt: Für diese Handelsstation existieren unterschiedliche Schreibweisen. Burton schrieb Chogway. Speke sprach in einer Abhandlung für die Royal Geographical Society von Chongwe.

126 »Fünf Männer ließen sich bereitwillig«: John Hanning Speke, *What Led*, S. 52.

126 das »Juwel der Gruppe«: Richard Burton, *The Life*, Bd. 1, S. 266.

127 »ein großer Trupp Swahili-Händler«: John Hanning Speke, *What Led*, S. 63.

128 »Da alle Bewohner irgendwann Schulden«: John Hanning Speke, »Journal of a Cruise on the Tanganyika Lake, Central Africa«, *Blackwood's Edinburgh Magazine*, September 1859, S. 345.

129 »Allen voran schritt der Eigentümer«: Alan Moorehead, *The White Nile*, S. 17 f.

130 Um die Mitte des neunzehnten Jahrhunderts: Alan Moorehead, *The White Nile*, S. 19.

131 begann Ambar seinen Aufstieg an die Macht: Habshi Amarat, *African Elites in India*, S. 46 f.

132 »Ich diente diesem Herrn mehrere Jahre«: John Hanning Speke, »Journal of a Cruise on the Tanganyika Lake, Central Africa«, S. 345.

132 »in halbverhungerter Trägheit«: John Hanning Speke, »Journal of a Cruise on the Tanganyika Lake, Central Africa«, S. 345.

134 »Sein gutes Betragen und seine Redlichkeit«: John Hanning Speke, »Journal of a Cruise on the Tanganyika Lake, Central Africa«, S. 344.

134 »Wir hielten so große Stücke auf seine Fähigkeiten«: *The Life*, Bd. 1, S. 266 f.

134 »dem ein oder anderen Lendentuch«: John Hanning Speke, »Captain

Speke's Discovery of the Victoria Nyanza, the Supposed Source of the Nile, – Part II«, *Blackwood's Edinburgh Magazine*, Oktober 1859, S. 397.

134 Burtons Taler waren Maria-Theresien-Taler: Richard Burton, *Lake Regions of Central Africa*, Appendix I, S. 528.

134 »Er arbeitet aus Prinzip«: *The Life*, Bd. 1, S. 266.

135 »Das Alleinsein liegt mir nicht besonders«: Speke an Blackwood, 2. September 1859, NLS.

135 »in einem Festmahl aus Milch und Fleisch«: John Hanning Speke, *What Led*, S. 53.

135 »Ich fragte, ob jemand freiwillig«: John Hanning Speke, *What Led*, S. 53.

135 »Wir schritten wacker aus«: John Hanning Speke, *What Led*, S. 53.

136 war Speke … »Bombay bereits sehr zugeneigt«: John Hanning Speke, *What Led*, S. 56.

10 DER TOD STAND IHM INS GESICHT GESCHRIEBEN

137 Speke sprach von einer »heftigen Gallensucht«: John Hanning Speke, *What Led*, S. 56.

137 »Jack Speke und ich sehen aus wie gelbsüchtige Gespenster«: Burton an Milnes, 27. April 1857, HPTC.

138 »heiß, schwer und schmerzten«: *The Life*, Bd. 1, S. 276 f.

138 »sich selbst kurierten«: John Hanning Speke, *What Led*, S. 56.

138 »nur am Abend auflebte«: Richard Burton, *Lake Regions*, S. 22, S. 64.

138 »Der Konsul gab mir auch zu bedenken«: Richard Burton, *Zanzibar*, Bd. 1, S. 472.

139 war er von Hamerton »gewarnt worden«: Richard Burton, *Lake Regions*, S. 67.

139 »mit schweren Ketten an eine Kanone«: Richard Burton, *Lake Regions*, S. 70.

139 »Lieber in den Hades«: Richard Burton, *Zanzibar*, Bd. 1, S. 37.

139 »ein bettlägeriges altes Weib«: Burton an Shaw, 22. April 1857, BL.

140 schob sie auf den »Schock, den seine Nerven«: John Hanning Speke, *What Led*, S. 115.

140 »Die elektrisch aufgeladene Atmosphäre«: John Hanning Speke, *What Led*, S. 56.

140 »Bis die Niederschläge nachließen«: John Hanning Speke, *What Led*, S. 56.

140 »sollte … vermieden werden, sie dunkelt schnell nach«: Richard Burton, *Lake Regions*, S. 408.

141 »Erpressung, den von Reisenden gefürchteten Zoll«: Richard Burton, *Lake Regions*, S. 181.

141 »die billigen für zwölf, die teuren für sechzehn Taler«: Richard Burton, *Lake Regions*, Appendix I, S. 531.

141 »allen möglichen billigen, nutzlosen Krimskrams«: Richard Burton, *Zanzibar*, Bd. 2, S. 379.

141 »In einigen Gegenden«, schrieb er: Richard Burton, *Lake Regions*, Appendix I, S. 529.

141 Die veränderlichsten und kompliziertesten: Richard Burton, *Lake Regions*, Appendix I, S. 529.

142 »Jede Nachlässigkeit in diesem Zusammenhang«: Richard Burton, *Lake Regions*, Appendix I, S. 529; Karlis Karklins, »Identifying Beads Used in the 19th-Century Central East Africa Trade«.

142 »in Lohn und Brot und unterstanden seinem Kommando«: Richard Burton, *Lake Regions*, Appendix II, S. 552.

142 Ramji, Angestellter des Zollhauses: Richard Burton, *Lake Regions*, S. 33.

142 Burton kam mit ihm überein: John Hanning Speke, »Journal of a Cruise on the Tanganyika Lake, Central Africa«, *Blackwood's Edinburgh Magazine,* September 1859, S. 340.

142 Dieselbe Summe versprach er: Richard Burton, *Lake Regions*, Appendix II, S. 550.

142 Der britische Konsul erbot sich: Richard Burton, *Lake Regions*, S. 26, S. 551.

143 »unter Vorbehalt«: Richard Burton, *Lake Regions*, Appendix II, S. 552.

143 »Konsul Hamerton, fast lethargisch«: Richard Burton, *Lake Regions*, S. 22.

143 Burton, der für seine Expedition zwei Jahre: Richard Burton, *Lake Regions*, S. 27.

144 Neben Zelten, Moskitonetzen, Luftkissen: Richard Burton, *Lake Regions*, S. 14.

144 »Das Elfenbein dieser Tiere«: John Hanning Speke, »Captain Speke's Discovery of the Victoria Nyanza, the Supposed Source of the Nile – Part III«, *Blackwood's Edinburgh Magazine*, November 1859, S. 569.

144 schoss Speke auf die Ohren des Tieres: John Hanning Speke, »Captain Speke's Discovery of the Victoria Nyanza, the supposed Source of the Nile – Part III«.

144 Bei anderer Gelegenheit tauchte ein weibliches Tier: John Hanning Speke, »Captain Speke's Discovery of the Victoria Nyanza, the supposed Source of the Nile – Part III«.

144 als »Schauobjekte, zur Belustigung der Araber«: John Hanning Speke, *What Led*, S. 116.

145 »die nur zum Vergnügen Elefanten töten«: Richard Burton, *The Nile Basin*, S. 166.

145 »Die Sorgfalt, mit der er seine Waffe handhabte«: Richard Burton, *Zanzibar*, Bd. 2, S. 398.

145 Burton hatte auf einhundertsiebzig Träger gehofft: Richard Burton, *Lake Regions*, S. 26 f.

145 als diese hörten, dass ihr Arbeitgeber ein *muzungu* sei: Richard Burton, *Lake Regions*, S. 26.

145 »Dreißig Tiere, gute, schlechte und mittelmäßige«: Richard Burton, *Lake Regions*, S. 27.

146 »Unser Gesetz erlaubt es«: *The Life*, Bd. 1, S. 281.

146 »Er war der Sklave eines arabischen Scheichs«: Richard Burton, *Lake Regions*, S. 104.

146 Bombay jedoch … »war ihm sehr zugetan«: John Hanning Speke, »Captain Speke's Discovery of the Victoria Nyanza, the Supposed Source of the Nile, – Part II«, *Blackwood's Edinburgh Magazine*, Oktober 1859, S. 397.

147 »mit ernster Miene und in förmlichem Ton«: Richard Burton, *Lake Regions*, S. 33.

147 »winzige Dosen Morphin«: Richard Burton, *Lake Regions*, S. 22.

147 so das Argument des Apothekers: Burton zum neuen britischen Konsul in Sansibar, Oktober 1857, BL.

147 »half ihm, dem Tod mit Freude entgegenzusehen«: Richard Burton, *Lake Regions*, S. 34.

148 »Er riet uns daher, Bäume … zu meiden«: Richard Burton, *Lake Regions*, S. 32.

148 »in der irrigen Annahme … ich hätte«: Richard Burton, *Lake Regions*, S. 35.

149 »Das laute Todesgeheul«: Richard Burton, *Lake Regions*, S. 35.

149 »In der Einsamkeit und Stille«: Richard Burton, *Lake Regions*, S. 35.

11 EIN ALTER FEIND

150 Einer blutroten Fahne folgend: Richard Burton, *Lake Regions*, S. 48, S. 239 f.

150 Das Swahili-Wort für »Karawane«: Richard Burton, *Lake Regions*, S. 236.

150 »Die Welt ist ein herrliches Buch«: Richard Burton, *Lake Regions*, S. 235.

150 »Die Aufregung, Neuland zu erkunden«: Richard Burton, *Lake Regions*, S. 49.

151 »junge Burschen, schlaksig und leicht«: Richard Burton, *Lake Regions*, S. 112, S. 241.

152 »von einem klareren, tieferen Blau«: Richard Burton, *Lake Regions*, S. 148.

152 »wie eine monströse Schlange«: Richard Burton, *Lake Regions*, S. 241.

152 »Alle anderen folgen ihrem Beispiel«: Richard Burton, *Lake Regions*, S. 243.

152 Das vereinbarte Signal: Richard Burton, *Lake Regions*, S. 54.

153 verwendeten sie beispielsweise Keramikscherben: Richard Burton, *Lake Regions*, S. 234.

153 »Hier und da taucht in diesen Gebilden«: Richard Burton, *Lake Regions*, S. 241.

153 »Der Dämon Sklaverei herrscht«: *The Life*, Bd. 1, S. 285.

153 »an den heimischen Herd«: Richard Burton, *Lake Regions*, S. 77.

155 Nachdem sie einen schlammigen Sumpf: Richard Burton, *Lake Regions*, S. 49.

156 »Mein Medium Emma«: Frederick Hockley, *Psychic Facts*, Hg. W. H. Harrison, 1880.

156 beinhalte »›gute Schwingungen‹«: Burton an Milnes, 2. Juli 1861, BL.

156 »allenthalben Verrat argwöhnen«: Richard Burton, *Scinde, or The Unhappy Valley*, 1851, S. 263.

156 »Ich versuchte es mit … jedoch vergebens«: Richard Burton, *First Footsteps*, S. 31.

156 »Kaum war der Geist der Prophezeiung«: Richard Burton, *Lake Regions*, S. 50.

157 »vollstes Vertrauen, dass die Meldung«: Richard Burton, *Lake Regions*, S. 63.

157 »dass ich mit Konsul Hamertons Ableben«: Richard Burton, *Lake Regions*, S. 132.

157 »Auf unserer achtzehnmonatigen Reise«: Richard Burton, *Lake Regions*, S. 16.

158 Ein »unersetzlicher Verlust«: Richard Burton, *Lake Regions*, S. 178 f. S. 100–103.

158 Burton hielt es für besser, »derartige Unstimmigkeiten«: Richard Burton, *Lake Regions*, S. 158.

158 »es kam zum Streit«: John Hanning Speke, *What Led*, S. 59.

158 Er war schnell sehr beliebt: Richard Burton, *Lake Regions*, S. 431.

158 »Er schuftete wie ein Pferd«: Richard Burton, *Lake Regions*, S. 431.

158 »Er tat nie etwas, um sich einen Vorteil«: John Hanning Speke, »Captain Speke's Discovery of the Victoria Nyanza, the Supposed Source of the Nile – Part II«, *Blackwood's Edinburgh Magazine*, Oktober 1859, S. 397.

159 »Wie erfreut war ich, als ich in das liebenswürdige Gesicht«: Richard Burton, *Lake Regions*, S. 197.

159 Eines Abends, als sie nach einem langen Marsch: Richard Burton, *Lake Regions*, S. 201 f.

160 »Der rotgesichtige apoplektische Gockel«: Richard Burton, *Lake Regions*, S. 239.

160 An guten Tagen war die Expedition: Richard Burton, *Lake Regions*, S. 239.

160 »Uns war elend zumute«: Richard Burton, *Lake Regions*, S. 75.

160 »Mutter Natur hat ihn zum besten Mann«: Richard Burton, *Lake Regions*, S. 107–109.

161 »Auskeilend, buckelnd, steigend und stampfend«: Richard Burton, *Lake Regions*, S. 49.

161 »Die Esel scheuen, stolpern, steigen«: Richard Burton, *Lake Regions*, Bd. 1, S. 281.

161 Ein für seine Bösartigkeit berüchtigtes Tier: Richard Burton, *Lake Regions*, Bd. 1, S. 201.

161 »in die Wildnis entlassen«: Richard Burton, *Lake Regions*, S. 153.

161 Eines Nachts wurden die Männer: Richard Burton, *Lake Regions*, S. 57, S. 59, S. 62.

162 »Die hohen, steifen Bäume bogen sich ächzend«: Richard Burton, *Lake Regions*, S. 65.

162 »Der Erde … entströmt«: Richard Burton, *Lake Regions*, S. 78.

162 »Die Feuchtigkeit in der Atmosphäre«: Richard Burton, *Lake Regions*, S. 80.

162 Das Holz schimmelte, die Köpfe der Schwefelhölzer: Richard Burton, *Lake Regions*, S. 80.

163 »Am Ende des auszehrenden Marsches«: Richard Burton, *Zanzibar*, Bd. 2, S. 388.

163 Speke habe dort »unvorstellbare Härten«: Richard Burton, *Zanzibar*, Bd. 2, S. 377.

163 »Für die Ausführlichkeit«: Richard Burton, *Lake Regions*, S. 87 f.

164 »Als Erstes machte ich mich an die Kartographierung«: Adrian Wisnicki, »Cartographical Quandries: The Limits of Knowledge Production in Burton's and Speke's Search for the Source of the Nile«, S. 471.

164 »große Glockenblumen auf den Bäumen«: Richard Burton, *Lake Regions*, S. 72.

164 Sie passierten Herden von still grasenden Zebras: Richard Burton, *The Life of Captain Sir Richard Burton*, Bd. 1, S. 285.

165 »Unsere Träger begegnen ihnen mit gesunder Ehrfurcht«: Richard Burton, *Lake Regions*, S. 72.

165 Sogar Elefanten schienen den Dschungel: Richard Burton, *Lake Regions*, S. 210.

165 »Bulldoggen-Kopf und dem mächtigen Kiefer«: *The Life*, Bd. 1, S. 285.

166 attackierten »wütend Mensch und Tier«: Richard Burton, *Lake Regions*, S. 72.

166 »Diese Eigenart«, so Burton, »beschränkt sich«: *Lake Regions*, S. 210.

166 In seiner Jugend war Livingstone: David Livingstone, *Missionary Travels and Researches in South Africa*, 1858, S. 11 f.

167 dass »Burton immerzu krank« gewesen sei: Speke an Shaw, 2. Juli 1858, RGS.

167 »Wenn ich im Bett lag, drehten sich«: John Hanning Speke, »Captain Speke's Discovery of the Victoria Nyanza, the Supposed Source of the Nile – Part III«, *Blackwood's Edinburgh Magazine*, November 1859, S. 572; John Hanning Speke, *What Led*, S. 104.

168 »Er war das Kranksein nicht gewohnt«: Richard Burton, *Zanzibar*, Bd. 2, S. 388.

168 »Im Fieberschub … hatte ich«: Richard Burton, *Lake Regions*, S. 74.

168 »Erst gestern begegneten wir einer großen Karawane«: Richard Burton, *Lake Regions*, S. 128.

169 »Von Schüttelfrost gebeutelt«: Richard Burton, *Lake Regions*, S. 156.

169 »Er … bewegte sich mechanisch«: Richard Burton, *Lake Regions*, S. 156.

169 »Der Tod« schrieb er, »stand ihm ins Gesicht geschrieben«: Richard Burton, *Lake Regions*, S. 157.

170 »Zum ersten Mal seit vielen Tagen«: Richard Burton, *Lake Regions*, S. 159 f.

170 »und ihr Anblick stimmte uns traurig«: Richard Burton, *Lake Regions*, S. 128.

170 »Die Gegend ist steinig und zerklüftet«: Richard Burton, *Lake Regions*, S. 128.

170 »Said bin Salim, der mit den Geschenken«: Richard Burton, *Lake Regions*, S. 77.

171 Wann immer ihnen ein essbares Tier: Richard Burton, *Lake Regions*, S. 243.

171 »Der Mensch rächt sich«: Richard Burton, *Lake Regions*, S. 149.
171 »Ich überschlug unseren durchschnittlichen Verbrauch«: John Hanning Speke, *What Led*, S. 59.
171 »Wir leiden noch immer«: Burton an Hamerton, 6. September 1857, BL.
172 »schwindelig und mit zitternden Händen«: Richard Burton, *Lake Regions*, S. 77.
172 »Sir, ohne Ihren Namen zu kennen«: Burton an den britischen Konsul in Sansibar, Oktober 1857, BL.

12 TANGANJIKA

174 »Snay war weiter gereist als die meisten«: John Hanning Speke, »Captain Speke's Discovery of the Victoria Nyanza, the Supposed Source of the Nile – Part II«, *Blackwood's Edinburgh Magazine*, Oktober 1859, S. 394.
175 »Die Missionare hatten drei Seen«: John Hanning Speke, *What Led*, S. 59 f.
175 »in westlicher Richtung zum kleineren Ujiji-See«: John Hanning Speke, »Captain Speke's Discovery of the Victoria Nyanza, the Supposed Source of the Nile – Part II«, S. 394.
175 Eine Woche nach ihrer Ankunft in Kazeh: Richard Burton, *Lake Regions*, S. 260.
176 »Ich dachte, Captain Burton werde sterben«: John Hanning Speke, *What Led*, S. 60.
176 Snay, der in Kazeh bleiben würde: Richard Burton, *Lake Regions*, S. 418.
176 »mehr tot als lebendig«: Richard Burton, *Lake Regions*, S. 263.
176 »Zweifellos unter dem Eindruck«: Richard Burton, *Lake Regions*, S. 266.
177 »Der Anfall hatte seinen Höhepunkt erreicht«: *The Life*, Bd. 1, S. 295.
177 »die Hauptarbeit der Expedition«: *The Life*, Bd. 1, S. 295.
177 mit dem Entschluss ... »das Problem zu lösen oder zu sterben«: *The Life*, Bd. 1, S. 295.
178 »Die wenigen Bücher – Shakespeare«: Richard Burton, *Zanzibar*, Bd. 2, S. 388 f.
178 »Sollte einer von uns zugrunde gehen«: *The Life*, Bd. 1, S. 295.
178 »Mein Begleiter, dessen Blut«: Richard Burton, *Lake Regions*, S. 275 f.
178 mit einem »tintenschwarzen Fleck« auf den Augen: Richard Burton, *Lake Regions*, S. 276.

178 »eine Entzündung der Iris«: Brief von Spekes Augenarzt, in John Hanning Speke, »Journal of a Cruise on the Tanganyika Lake, Central Africa«, *Blackwood's Edinburgh Magazine*, September 1859, S. 342.

179 »das Lesen zu einer mühsamen Angelegenheit«: Richard Burton, *Zanzibar*, Bd. 2, S. 373.

179 »Im Falle der Ophthalmie«: Robert Wilson, *History of the British Expedition to Egypt*, S. 310 f.

179 »von Regenwolken dunkelvioletten« Himmel: Richard Burton, *Lake Regions*, S. 306.

180 »Netze aus flirrenden Fliegen«: Richard Burton, *Lake Regions*, S. 276.

180 »Ich war bestürzt«: *The Life*, Bd. 1, S. 298.

180 »Ein schmaler Streifen Smaragdgrün«: Richard Burton, *Lake Regions*, S. 307.

181 »Vergessen waren die Qualen«: *The Life*, Bd. 1, S. 298 f.

181 als »einen der schönsten Binnenseen«: John Hanning Speke, »Journal of a Cruise on the Tanganyika Lake, Central Africa«, S. 342.

181 »Sie können sich vorstellen, wie bitter enttäuscht«: John Hanning Speke, »Journal of a Cruise on the Tanganyika Lake, Central Africa«, S. 342; John Hanning Speke, *What Led*, S. 61.

181 Behutsam … den steilen Hügel: Richard Burton, *Lake Regions*, S. 319.

182 Nach der Ankunft in Ujiji: Richard Burton, *Lake Regions*, S. 347.

182 Da die meisten ihrer Kerzen: Richard Burton, *Lake Regions*, S. 262, S. 335.

182 »fast amphibienartig«: Richard Burton, *Lake Regions*, S. 821.

183 »kleine Nussschalen, gefertigt aus«: John Hanning Speke, »Journal of a Cruise on the Tanganyika Lake, Central Africa«, S. 343.

183 »Beim Anblick dieser Kanus«: Richard Burton, *Lake Regions*, S. 338.

183 »Ich lag zwei Wochen lang auf der Erde«: Richard Burton, *Lake Regions*, S. 333.

183 »Zuerst musste eine Mannschaft zusammengestellt … werden«: John Hanning Speke, »Journal of a Cruise on the Tanganyika Lake, Central Africa«, S. 342.

184 »merkwürdige Gesichtsverzerrung«: Richard Burton, *Lake Regions*, S. 333.

184 mit Bombays Hilfe: John Hanning Speke, »Journal of a Cruise on the Tanganyika Lake, Central Africa«, S. 342.

184 Anfang März war Speke schließlich bereit: John Hanning Speke, »Journal of a Cruise on the Tanganyika Lake, Central Africa«, S. 344.

184 »Ich streue mittschiffs ein«: John Hanning Speke, »Journal of a Cruise on the Tanganyika Lake, Central Africa«, S. 346.

185 »ein Meeressturm in Miniatur«: John Hanning Speke, »Journal of a Cruise on the Tanganyika Lake, Central Africa«, S. 348.

185 Sollte ihr Kanu sinken: Richard Burton, *Lake Regions*, S. 345.

185 »Die Tanganjika-Traditionen besagen«: John Hanning Speke, »Journal of a Cruise on the Tanganyika Lake, Central Africa«, S. 346.

186 »Er kämpfte sich unbeirrt den engen Kanal hinauf«: John Hanning Speke, *What Led*, S. 67 f.

187 Die Entzündung, die der Käfer: John Hanning Speke, *What Led*, S. 67 f.

187 »Das Übel hatte auch sein Gutes«: John Hanning Speke, »Journal of a Cruise on the Tanganyika Lake, Central Africa«, S. 350.

187 Der Käfer selbst war zwar tot: John Hanning Speke, *What Led*, S. 67 f.

187 »Die Dau, derenthalben ich gekommen sei«: John Hanning Speke, »Journal of a Cruise on the Tanganyika Lake, Central Africa«, S. 352.

188 »Sie wirkte sehr anmutig«: John Hanning Speke, »Journal of a Cruise on the Tanganyika Lake, Central Africa«, S. 355.

188 »Da mir klargeworden war«: John Hanning Speke, »Journal of a Cruise on the Tanganyika Lake, Central Africa«, S. 355 f.

189 »Seine Ausrüstung war in einem ähnlichen Zustand«: Richard Burton, *Lake Regions*, S. 336.

189 »Ich habe ihn zwar nicht befahren«: John Hanning Speke, »Journal of a Cruise on the Tanganyika Lake, Central Africa«, S. 352.

189 »Als wir beide Aussagen miteinander verglichen«: Richard Burton, *Lake Regions*, S. 336 f.

190 »Wir hatten keine andere Wahl«: John Hanning Speke, »Captain Speke's Discovery of the Victoria Nyanza, the Supposed Source of the Nile – Part II«, S. 391.

190 Der Sohn eines Sultans vor Ort besuchte die Männer: Richard Burton, *Lake Regions*, S. 353.

190 Als er Bombay zu Spekes Unterhaltung mit Hamed: Richard Burton, *Lake Regions*, S. 353.

191 Auf der Fahrt zum Rusizi: Richard Burton, *Lake Regions*, S. 354.

191 Nachdem er sich … ausschließlich von Milch: *The Life*, Bd. 1, S. 303.

191 »Ich wollte natürlich wissen«: Richard Burton, *Lake Regions*, S. 358.

191 »Wieder starrte die altbekannte Not«: Richard Burton, *Lake Regions*, S. 360 f.

192 »Hätte uns dieser Nachschub nicht zur rechten Zeit«: John Hanning Speke, »Captain Speke's Discovery of the Victoria Nyanza, the Supposed Source of the Nile – Part II«, S. 393.

192 »Es waren die ersten, die uns … erreichten«: Richard Burton, *Lake Regions*, S. 361.

192 Burton hatte in seinem Buch über Mekka: Richard Burton, *Personal Narrative*, S. 38.

193 »Sein Tod war ein großer Verlust«: Richard Burton, *Lake Regions*, S. 65.

193 »Der Tod des Konsuls«, schrieb er: Richard Burton, *Lake Regions*, S. 65.

193 »Solche Neuigkeiten treffen den Wanderer«: Richard Burton, *Lake Regions*, S. 387.

194 So glich ihr Abschied … »eher einer Flucht«: Richard Burton, *Lake Regions*, S. 378.

13 ANS ENDE DER WELT

195 »Du könntest einstweilen niederschreiben«: John Hanning Speke, *What Led*, S. 75.

195 »Der Gedanke, dass ich diese Landschaft«: Richard Burton, *Lake Regions*, S. 381.

196 »Fast jeder hatte einen teuren Verwandten«: Richard Burton, *Lake Regions*, S. 387.

196 »Stärker als jede physische Erleichterung«: Richard Burton, *Lake Regions*, S. 389.

197 »Ein schockierendes Land für den Jagdsport«: Speke an Shaw, 2. Juli 1858, RGS.

197 »Bis zum heutigen Tag konnte ich«: Speke an Shaw, 2. Juli 1858, RGS.

197 »ein wenig säuerlich«: *The Life*, Bd. 1, S. 290.

198 »Ich sollte allein … weitergehen«: John Hanning Speke, »Captain Speke's Discovery of the Victoria Nyanza, the Supposed Source of the Nile – Part II«, *Blackwood's Edinburgh Magazine*, Oktober 1859, S. 393.

198 »Dieser Mann nannte den Fluss Kivira«: John Hanning Speke, »Captain Speke's Discovery of the Victoria Nyanza, the Supposed Source of the Nile – Part II«, S. 395.

198 »Mein Weggefährte, der … seine Kraft wiedererlangt hatte«: Richard Burton, Brief aus Unyanyembe, 2. Juli 1858, erschienen in den *Proceedings of the Royal Geographical Society* am 24. Januar 1859.

199 »Die Schwierigkeit wurde noch verschärft«: Richard Burton, *Lake Regions*, S. 390.

199 »Die Araber in Unyanyembé «: John Hanning Speke, *What Led*, S. 95.

199 »Welche Kenntnis orientalischer Sitten«: Richard Burton, *Lake Regions*, S. 411.

199 »Ich bat um die Erlaubnis, Scheich Said«: John Hanning Speke, *What Led*, S. 75.

199 »sei ebenso seine Pflicht wie die meine«: John Hanning Speke, »Captain Speke's Discovery of the Victoria Nyanza, the Supposed Source of the Nile – Part II«, S. 396.

200 »ausdrücklich verboten«, ihn zu begleiten: John Hanning Speke, *What Led*, S. 116; Richard Burton, *Lake Regions*, S. 390.

200 Als sich herumsprach: John Hanning Speke, »Captain Speke's Discovery of the Victoria Nyanza, the Supposed Source of the Nile – Part II«, S. 396.

200 »sondern für diesen Jungen«: John Hanning Speke, »Captain Speke's Discovery of the Victoria Nyanza, the Supposed Source of the Nile– Part II«, S. 397.

200 Nachdem er erfahren hatte, dass er etwa: John Hanning Speke, *What Led*, S. 80.

201 sollten den Proviant tragen helfen: John Hanning Speke, »Captain Speke's Discovery of the Victoria Nyanza, the Supposed Source of the Nile – Part II«, S. 408.

201 »Die weißen Perlen, die ich bei mir habe«: John Hanning Speke, »Captain Speke's Discovery of the Victoria Nyanza, the Supposed Source of the Nile – Part II«, S. 400.

201 Er bat mich, »ihm ein Horoskop zu erstellen«: John Hanning Speke, »Captain Speke's Discovery of the Victoria Nyanza, the Supposed Source of the Nile – Part II«, S. 403.

202 Um sie vor der sengenden Sonne zu schützen: John Hanning Speke, »Captain Speke's Discovery of the Victoria Nyanza, the Supposed Source of the Nile – Part II, S. 410 f.

202 »Plötzlich lag die immense blassblaue Wasserfläche«: John Hanning Speke, *What Led*, S. 92.

202 Könnte man ihn umrunden: John Hanning Speke, *What Led*, S. 96.

202 Ein Mann, der als Fischer schon weit: John Hanning Speke, *What Led*, S. 94.

203 »Ich hatte nun keinerlei Zweifel mehr«: John Hanning Speke, »Captain Speke's Discovery of the Victoria Nyanza, the Supposed Source of the Nile – Part II«, S. 412.

203 »Dieser See ist viel größer als der Tanganjika«: John Hanning Speke, »Captain Speke's Discovery of the Victoria Nyanza, the Supposed Source of the Nile – Part II«, S. 412.

204 »Ich verspürte ähnliche Qualen«: John Hanning Speke, *What Led*, S. 98.
204 Mit Hilfe eines Gewebebands: Richard Burton, *Lake Regions*, S. 407–409.
205 »Ich fände es bedauerlich«: John Hanning Speke, *What Led*, S. 111.
205 »Es war vielleicht eine Eingebung«: Richard Burton, *Lake Regions*, S. 410 f.
205 »Jack, der kein Wort Arabisch »: *The Life*, Bd. 1, S. 314.
205 »Wir kamen also stillschweigend überein«: Richard Burton, *Lake Regions*, S. 412.
206 »Wir fahren nach Hause«: *The Life*, Bd. 1, S. 424.
206 und sich in sein Schicksal gefügt: Journal of the Royal Geographical Society of London, NLS, siehe Maitland, *Speke*, S. 143.

14 DAS MESSER STECKT IN DER SCHEIDE

209 Er hatte bereits bei der zweiten Etappe: Richard Burton, *Lake Regions*, S. 429.
209 »voller Ungeziefer«: Richard Burton, *Lake Regions*, S. 429.
209 »vom Schmerz halb benommen«: Richard Burton, *Lake Regions*, S. 429.
210 lassen sich die auszehrenden, quälenden Stiche: Richard Burton, *Lake Regions*, S. 429.
210 »Er wurde einmal mehr … gejagt«: Richard Burton, *Lake Regions*, S. 430.
211 »Er war außer sich«: *The Life*, Bd. 1, S. 322.
211 »Da er befürchtete, die zunehmende Schwäche«: Richard Burton, *Lake Regions*, S. 430.
211 »Das Messer«, sagte er: *The* Life, Bd. 1, S. 322.
211 »Said bin Salim hatte durch seine Achtlosigkeit«: *The Life*, Bd. 1, S. 323.
212 »Die Männer in der Karawane tauschten«: Richard Burton, *Lake Regions*, S. 437.
212 »Jack und ich erblickten das Meer«: *The Life*, Bd. 1, S. 326.
213 »Wir verloren fast unsere gesamte Mannschaft«: Richard Burton, *Lake Regions*, S. 528.
213 »Die Toten werden inmitten der Lebenden begraben«: Rigby, *Rigby*, S. 79.
214 »krank und reisemüde«: Richard Burton, *Lake Regions*, S. 523.
214 Im März des vorausgehenden Jahres: Rigby, *Rigby*, S. 71.
214 »Das Konsulat war mir unerträglich geworden«: *The Life*, Bd. 1, S. 327.
214 Dass Burton dem französischen Konsul: J. W. Heldring, *The Killing of Dr. Albrecht Roscher*, S. 189.

215 »Setzen Sie Rigbys Bedenken als Gastgeber«: Rigby, *Rigby*, Fußnote, S. 247.

215 »Nach unserer Ankunft in Sansibar geriet er«: Richard Burton, *Zanzibar*, Bd. 2, S. 389.

215 »Ohne mich«, schrieb er, »hätte er die Reise«: Speke an Rigby, 6. Oktober 1860, in Rigby, *Rigby*.

215 »Als ich ihn im Vertrauen fragte«: Speke an Rigby, 6. Oktober 1860.

215 »Speke ist ein recht umgänglicher«: Rigby an Miles, 26. März 1859, in Rigby, *Rigby*.

216 Noch bevor er wusste: Burton an Shaw, 24. Juni 1858, RGS.

217 »Da ich den Eindruck hatte, Colonel Hamerton«: Rigby an H. L. Anderson, Minister der Regierung in Bombay; in Rigby, *Rigby*, S. 246.

217 »Unsere Gefolgsleute sollten *in jedem Fall*«: *The Life*, Bd. 1, S. 310.

218 »Jack und ich waren uns vollkommen einig«: Richard Burton, *Lake Regions*, Appendix II, S. 553.

218 »Wunsch, mich abreisen zu sehen«: Richard Burton, *Zanzibar*, Bd. 2, S. 389.

218 »Ich verließ ungern die Stätte«: Richard Burton, *Lake Regions*, S. 525.

219 An Rigbys »statt … kam als würdiger Ersatz«: Richard Burton, *Lake Regions*, S. 526.

219 »es klebte an mir wie das Nessushemd«: Richard Burton, *Lake Regions*, S. 526. In der griechischen Mythologie war das Nessushemd ein giftgetränktes Untergewand, das Herakles tötete.

219 Steinhaeuser »warnte mich mehrmals«: Richard Burton, *Zanzibar*, Bd. 2, S. 389.

219 Nach ihrer Abreise aus China war Oliphant: Ann Taylor, *Laurence Oliphant*, S. 63 f.

220 »von seinem Gastgeber nicht einmal verabschiedete«: Richard Burton, *Zanzibar*, Bd. 2, S. 390.

220 »Ich beeile mich, Jack«: *The Life*, Bd. 1, S. 327.

221 »Captain Speke … wird Ihnen seine Karten«: Burton an RGS, 19. April 1859, BL.

221 »Er ließ sich zu Handlungen hinreißen«: Richard Burton, *Zanzibar*, Bd. 2, S. 390.

221 »Burton ist ein neidischer Mensch«: So hatte Speke es angeblich Isabel Burton erzählt, vgl. dazu Isabels Anmerkungen in *The Life*, Bd. 1, S. 424 f.

222 »Ich habe es vielleicht schon erwähnt«: Speke an Shaw, 8. Mai 1859, RGS.

222 »Wir besprachen das Ganze«: Clements Markham, *The Fifty Years Work of the Royal Geographical Society*.

223 »Sir Roderick«, stellte Markham fest: Clements Markham, *The Fifty Years Work of the Royal Geographical Society*.

224 Während seiner zweiten Amtszeit hatte Murchison: S.H. Beaver, »Geography in the British Association for the Advancement of Science«, *The Geographical Journal* 148, Nr. 2 (Juli 1982), S. 173–181.

224 »stand an Beliebtheit und Nützlichkeit«: R.C. Bridges, »Sir John Speke and the Royal Geographical Society«, S. 27.

224 »Damals konnte die Society es sich nicht leisten«: Richard Burton, *Zanzibar*, Bd. II, S. 390 f.

225 »Viele von uns wissen um«: Auszüge aus »Reports by Captains Burton and Speke, of the East African Expedition, on Their Discovery of Lake Ujiji &c., in Central Africa«, *Proceedings of the Royal Geographical Society of London* 3, Nr. 3 (1858–1859).

225 »Ich brauche wohl nicht zu erwähnen, dass Sir Roderick«: John Hanning Speke, *Journal of the Discovery*, S. 31.

226 »Speke«, sagte er, »wir müssen Sie«: John Hanning Speke, *Journal of the Discovery*, S. 31.

226 »Held der Stunde«: *The Life*, Bd. 1, S. 330.

226 »gänzlich gegen meinen Willen«: *The Life*, Bd. 1, S. 328.

226 »Mein Weggefährte zeigte nun«: Richard Burton, *Zanzibar*, Bd. II, S. 391.

226 »Niemand weiß edle Eigenschaften«: Richard Burton, *The Nile Basin*, S. 6.

226 »Jack ist einer der tapfersten Burschen«: *The Life*, Bd. 1, S. 331.

227 »auf die Sie mit so schmeichelhaften Worten«: John Hanning Speke, *The Journal of the Royal Geographical Society of London*, Bd. 29, 1859.

227 »Dieser Entdeckung gebührt meiner Meinung nach«: John Hanning Speke, *The Journal of the Royal Geographical Society of London*, Bd. 29, 1859.

228 »Wir werden unsere Aufmerksamkeit auf«: »The Geographical Society«, *The Examiner*, 18. Juni 1859.

228 Der Entdecker und Mathematiker Galton: Dorothy Middleton, »The Search for the Nile Sources«, *The Geographical Journal* 238, Juni 1972, S. 211.

229 Burton sei »ein Mann von exzentrischem Verstand«: Francis Galton, *Memories of My Life*, S. 199.

229 »Ich entsinne mich nur einer Passage«: Blackwood an Eliot, siehe Roland F. Anderson, »George Eliot Provoked«, *Modern Philology* 71 (August 1973).

230 »Kein Mann getötet, kein Kerl gefoltert«, Burton an Milnes, 31. Mai 1863, HPTC.

230 »Es amüsierte ihn außerordentlich«: *The Bookman*, Oktober 1891.

231 »Ihm kam es ausgesprochen komisch vor«: *The Life*, Bd. 1, S. 397.

231 »Seine übliche Konversation damals«: Francis Galton, *Memories of My Life*, S. 202.

232 »Seit meiner Heimkehr hatte ich«: Speke an Rigby, 3. September 1859, NLS.

232 »Nachdem ich vorgeschlagen hatte«: Speke an Rigby, 3. September 1859, NLS.

233 »Wir hatten einen überaus interessanten Mann bei uns zu Gast«: Blackwood an Eliot, 15. August 1859, NLS.

234 »Da zahlreiche Freunde hier«: John Hanning Speke, »Journal of a Cruise on the Tanganyika Lake, Central Africa«, *Blackwood's Edinburgh Magazine*, September 1859.

234 »Burton erzählt mir, er habe«: Speke an Shaw, 28. Oktober 1859, RGS.

235 »sein Bedauern ausgedrückt, dass nicht ich«: Speke an Rigby, 19. Januar 1860, siehe Rigby, *Rigby*; Speke an Shaw, 17. Januar 1860, in Rigby, *Rigby*.

235 »In Sansibar wissen es alle«: Speke an Rigby, 6. Oktober 1860, in Rigby, *Rigby*.

235 »Ich finde es ungeheuerlich«: Speke an Rigby, 6. April 1859, in Rigby, *Rigby*.

236 »Da Captain Speke mir nach seiner Abreise«: Rigby an H. L. Anderson, Minister der Regierung in Bombay, 15. Juli 1859, in *Lake Regions*, Appendix II, S. 551.

236 »Ich nehme mit größtem Erstaunen zur Kenntnis«: Burton an die Regierung Bombay, 11. November 1859, in *Lake Regions*, Appendix II, S. 553 f.

237 »Sir, dank der Freundlichkeit«: Burton an Rigby, 16. Januar 1860, in The *Life*, Bd. 2, S. 575 f.

238 »Ergebnisse von solcher Wichtigkeit«: RGS, Minutes Books of the Expedition Committee Meeting (Sitzungsprotokolle des Expeditionskomitees), 2. Dezember 1859 und 10. Januar 1860.

238 noch Ansprüche an das Foreign Office: RGS, Sitzungsprotokolle des Expeditionskomitees, 2. Dezember 1859 und 10. Januar 1860.

238 »Nachdem er [der Kolonialminister für Indien]«: J. Cosmo Melville an

Burton, 14. Januar 1860, in *Lake Regions of Central Africa*, Appendix II, S. 555.

238 »Ich habe die Angelegenheit Captain Rigby«: Burton an Melville, *Lake Regions*, Appendix II, S. 555.

239 »Von allen unangenehmen Dingen«: Speke an Rigby, 2. Dezember 1859, NLS.

239 seine »schwachen Beine und seinen morschen Darm«: Speke an Rigby, 17. Oktober 1859, NLS; Speke an Rigby, 25. November 1859, NLS.

239 »Burton wird vermutlich Einsicht«: Speke an Rigby, 2. Dezember 1859, NLS.

239 »Man hatte ihm zweifellos eingeredet«: Richard Burton, *Zanzibar*, Bd. 2, S. 392.

240 »Ich brachte ihm bei Tag das Bogenschießen bei«: Richard Burton, Zanzibar, Bd. 2, S. 389.

16 TRAUM EINES EXILANTEN

241 hatte sie ihm treu geschrieben: Isabel Burton, *The Romance of Isabel Lady Burton*, S. 150.

242 »Wie kurios«: Isabel Burton, *The Romance of Isabel Lady Burton*, S. 109.

242 »Jene Stirn, welche vor meinen Augen«: Isabel Burton, »We try to effect a Reconciliation«, The Life, Bd. 1, S. 329.

242 »Mir ist ganz seltsam zumute«: Isabel Burton, *The Romance of Isabel Lady Burton*, S. 149.

243 »Ich war wie benommen«: Isabel Burton, *The Romance of Isabel Lady Burton*, S. 150.

243 »Er hatte einundzwanzig Fieberattacken«: Isabel Burton, *The Romance of Isabel Lady Burton*, S. 150.

244 »Er war noch immer … mein irdischer Gott«: Isabel Burton, *The Romance of Isabel Lady Burton*, S. 151.

244 »Als ich nach Hause kam und Dir«: Isabel Burton, »My Appeal to my Mother«, *The Life*, Bd. 1, S. 333.

245 Burtons Nichte Georgiana Stisted: Georgiana Stisted, *Reminiscences of Sir Richard Burton*.

245 »Ich komme immer mehr zu dem Schluss«: Burton an Luke Burke, 9. Juni 1861(?), HL.

246 »Seit Mezzofantis Tod«: Giuseppe Caspar Mezzonfanti war ein italienischer Kardinal, der achtunddreißig Sprachen beherrschte.

246 »Er führt ein gutes Leben«: Isabel Burton, »My Appeal to my Mother«, *The Life*, Bd. 1, S. 332–337.

247 »Als Reaktion auf diesen Brief«: Isabel Burton, »My Appeal to my Mother«, *The Life*, Bd. 1, S. 337.

247 Es bliebe ihnen keine andere Wahl: Isabel Burton, »My Appeal to my Mother«, *The Life*, Bd. 1, S. 332.

248 »Sein Verstand löste sich langsam auf«: Georgiana Stisted, *The True Life of Capt. Sir Richard F. Burton*, S. 163 f.

248 Er hatte seit seiner Rückkehr kein Wort: Georgiana Stisted, *The True Life of Capt. Sir Richard F. Burton,* S. 163 f.

248 »Ein heftiges Verlangen nach frischer Luft«: Burton an Milnes, (kein Datum) 1859, Dover.

249 »Uns allen fiel auf, dass er krank«: Georgiana Stisted, *The True Life of Capt. Sir Richard F. Burton*, S. 252.

249 »Den ganzen Sommer über«: Georgiana Stisted, *Reminiscences of Sir Richard Burton*, S. 406.

17 HART WIE STEIN

250 »Sagen Sie Bombay, dass ich ihn hier«: Speke an Rigby, 3. August 1859, NLS.

251 ein »Typ, der nicht vor die Hunde gehen würde«: vgl. Alexander Maitland, *Speke*, S. 111.

251 »Der schrägste, coolste Fisch in Rugby«: Thomas Hughes, *Tom Brown's School Days*, London, Macmillan, 1857, S. 119.

251 »Mir ist zu Ohren gekommen, dass Smyth«: Speke an Shaw, 26. Oktober 1857, RGS.

251 Am Ende fand sich der ideale Begleiter: »Ich erbot mich, ihn zu begleiten; und er sagte sofort zu«, so Grant in »Nile Basins and Nile Explorers«, *Blackwood's Magazine* 97, (Januar – Juni 1865), S. 102.

252 »Mutter denkt unentwegt an unseren Freund«: Speke an Shaw, 15. April 1860, RGS.

252 »Die Entdeckung des Nils, dessen bin ich gewiss«: Speke an Rigby, 3. August 1859, NLS.

253 lobte er das Werk als »überaus wertvoll«: Speke an John Blackwood, Sonntag, kein Datum, 1859, NLS.

253 »Bekanntheit zu erlangen … lag mir fern«: John Petherick, *Travels in Central Africa*, S. 78.

254 »Das Interesse … ist weitaus größer«: Speke an Petherick, Oktober 1859, in John Petherick, *Travels in Central Africa*, S. 9.

254 »Ich habe Petherick gebeten, für ein paar Tage«: Speke an Shaw, Oktober 1859, RGS.

254 »wie ein blindwütiges Nilpferd«: Speke an Blackwood, 11. April 1860, NLS.

254 »Sehr zum Vergnügen der Mädchen«: Speke an Blackwood, 18. April 1860, NLS.

255 »Die Ausgaben für eine solche Expedition«: John Petherick, *Travels in Central Africa*, S. 89 f.

255 Die Royal Geographical Society bemühte sich: R.C. Bridges, »Sir John Speke and the Royal Geographical Society«, S. 34.

256 »Diese unbedingte Loyalität«: Francis Galton, *Memories of My Life*, S. 200 f.

256 »Hiermit stimme ich zu«: NLS, James Grant Papers, NLS.

257 »fuhr er mir dermaßen grob über den Mund«: Speke an Shaw, 28. Oktober 1859, RGS.

257 »Burton und ich sind uns heute in der R.G. Society«: Speke an Rigby, 25. November 1859, RGS.

257 »hatte er den Wunsch geäußert, jede persönliche Korrespondenz«: Burton an Shaw, November 1859, RGS.

257 »Ich kann England nicht verlassen«: Speke an Burton, 16. April 1860, BL.

258 »Sir, ich habe Ihr Schreiben«: Burton an Speke, 18. April 1860, BL.

18 DER PRINZ

261 »Er war erfreut, uns zu sehen«: John Hanning Speke, *Journal of the Discovery*, S. 8.

261 »Colonel Rigby reichte mir nun«: John Hanning Speke, *Journal of the Discovery*, S. 13.

262 »All unsere früheren Informationen«: John Hanning Speke, *Journal of the Discovery*, S. 264.

262 »habe ich den See nach ihr benannt«: vgl. Mary S. Lovell, *A Rage to Live*, S. 324.

263 »Ich vertrete nach wie vor die Auffassung«: Richard Burton, *Zanzibar*, Bd. II, S. 393.

263 »Die Entlohnung dieser Männer«: John Hanning Speke, *Journal of the Discovery*, S. 13 f.

264 »Er ist ein sehr guter Freund«: Speke an Rigby, 12. Dezember 1860, NLS.

264 »niemals auch nur einen Schatten von Neid«: Grant zitiert in Oliphant, »Nile Basins and Nile Explorers«, *Blackwood's Magazine* 97, (Januar – Juni 1865), S. 102.

264 »Mitteilung. Falls ich sterbe«: James Grant Papers, NLS.

264 Während er sich also in Geduld übte: James Grant, *A Walk Across Africa*, S. 18 f.

265 »In der absoluten Gewissheit, das große Nilproblem«: John Hanning Speke, *Journal of the Discovery*, S. 245.

265 »Die Männer des Sultans schleichen«: Speke an Rigby, keine Monatsangabe, Tag 3, 1860, NLS.

266 Sollten sie desertieren: John Hanning Speke, *Journal of the Discovery*, S. 28.

266 »Wir mussten auf den Zufall hoffen«: James Grant, *A Walk Across Africa*, S. 31.

266 Während die anderen auf Holzkisten hockten: James Grant, *A Walk Across Africa*, S. 31 f.

267 »Die Symptome waren insgesamt«: John Hanning Speke, *Journal of the Discovery*, S. 144 f.

267 »Indem ich mir überlegte, wie ich«: John Hanning Speke, *Journal of the Discovery*, S. 150.

267 Grant litt immer wieder an Fieberschüben: James Grant, *A Walk Across Africa*, S. 152.

268 »Ich habe heute von Rigby erfahren«: Speke an Blackwood, 1. Oktober 1860, NLS.

268 »Man hat uns dringend empfohlen«: Georgina Speke an John Blackwood, 25. September 1861, NLS.

268 »Auf in den Kampf, ich bin bereit«: Speke an Blackwood, 1. Februar 1861, BL.

269 »Würde die Society ihn kennen«: Speke an Rigby, 22. Oktober 1860, NLS.

269 Mittlerweile lagen nur noch zwei Königreiche: In Karagwe konnte Speke, während er voller Ungeduld auf die Erlaubnis wartete, seine Reise fortsetzen zu können, eine der Schwägerinnen des Königs und deren Tochter überreden, bei ihnen Maß nehmen zu dürfen. Beide Frauen, für ihre Schönheit gepriesen, hatten gezwungenermaßen so viel an Gewicht zugelegt, dass sie kaum stehen konnten. Das Mädchen, erst sechzehn Jahre alt, saß da und »sog an einem Milchtopf, und ihr Vater achtete mit einer Rute in der Hand darauf, dass sie bei der Stange blieb, denn

fett zu werden gilt für eine Frau der Oberschicht als oberste Pflicht und muss – nötigenfalls mit Hilfe der Rute – gebührend erzwungen werden«, schrieb Speke. »Ihr Gesicht war sehr anmutig, ihr Körper aber rund wie eine Kugel.«

270 »Ich bestand auf meinen Ansprüchen«: John Hanning Speke, *Journal of the Discovery*, S. 284.

270 »Ich hatte beschlossen«: John Hanning Speke, *Journal of the Discovery*, S. 288.

270 »Ich konnte weder in der Sonne sitzen«: John Hanning Speke, *Journal of the Discovery*, S. 310 f.

270 Trotz seiner Abhängigkeit von Bombay: John Hanning Speke, *Journal of the Discovery*, S. 231 f.

271 »Wie können wir denn gehen?«: John Hanning Speke, *Journal of the Discovery*, S. 270 f.

272 »Es war das erste und letzte Mal«: John Hanning Speke, *Journal of the Discovery*, S. 271 f.

272 Er war sicher, der Händler werde: »In Anbetracht Ihres Versprechens, zwei oder drei Boote für zwei oder drei Jahre für mich bereitzuhalten«, schrieb Speke später an Petherick, »opferte ich alles, um unsere Abmachung einzuhalten.« Speke an Petherick, 28. März 1862, in John Petherick, *Travels in Central Africa*, S. 117.

272 »Das neue Jahr«, schrieb er: John Hanning Speke, *Journal of the Discovery*, S. 242.

273 »Sie werden vorerst Ihre Würde ablegen müssen«: Speke an Petherick, 28. März 1862, in John Petherick, *Travels in Central Africa*, S. 116 f.

273 »Jetzt behinderte mich vor allem eines«: John Hanning Speke, *Journal of the Discovery*, S. 244 f.

273 »Zum damaligen Zeitpunkt war ich«: James Grant, *A Walk Across Africa*, S. 246 f.

274 »Endlich stand ich an seinem Ufer«: John Hanning Speke, *Journal of the Discovery*, S. 459.

274 »sich die Köpfe zu rasieren und im heiligen Strom zu baden«: John Hanning Speke, *Journal of the Discovery*, S. 461.

274 »Wie gemacht für Missionare, dachte ich«: John Hanning Speke, *Journal of the Discovery*, S. 479.

274 »Wir könnten unseren muslimischen Glauben«: John Hanning Speke, *Journal of the Discovery*, S. 433.

275 »Der Zweck der Expedition«: John Hanning Speke, *Journal of the Discovery*, S. 467.

275 »als brauchte ich nichts weiter als eine Frau und Kinder«: John Hanning Speke, *Journal of the Discovery*, S. 470.

276 »ein mysteriöses Schweigen«: John Hanning Speke, *Journal of the Discovery*, S. 601.

277 »Ich hegte in aller Demut die wilde Hoffnung«: Dorothy Middleton, »The Search for the Nile Sources«, *The Geographical Journal* 238 (Juni 1972), S. 216.

277 Nachdem Baker ihn über sämtliche Ereignisse informiert: John Hanning Speke, *Journal of the Discovery*, S. 603.

277 »Ich war natürlich sehr ärgerlich«: John Hanning Speke, *Journal of the Discovery*, S. 607.

278 Da seine Expedition schwer dezimiert war: John Hanning Speke, *Journal of the Discovery*, S. 606.

278 Vier Tage später trafen Petherick und seine Frau: John Petherick, *Travels in Central Africa*, S. 119, S. 126, S. 131.

278 Noch ehe Petherick in Gondokoro: John Petherick, *Travels in Central Africa*, S. 127 f.

279 In jener Nacht willigte Speke ein: John Petherick, *Travels in Central Africa*, S. 20.

19 VERDAMME IHRE SEELEN

281 »ein heller Lichtschein ohne Fokus«: Isabel Burton, *The Life*, S. 32.

281 »Er war ein Mensch, der in guten«: Richard Burton, *Zanzibar*, Bd. 1, S. 14 f.

282 »Du sollst erfahren, wonach mir der Sinn steht«: Burtons Tagebuch, British Museum.

282 Fasziniert von der Praxis des Skalpierens: Richard Burton, *The City of the Saints*, S. 112.

283 »Ich glaube nicht, dass aus einem Prärieindianer«: Richard Burton, *The City of the Saints*, S. 115.

283 »Indem man ihn unterweist«: John Hanning Speke, *What Led*, S. 111.

283 »Priester mögen gute Diener sein«: Richard Burton, *Two Trips to Gorilla Land and the Cataracts of the Congo*, 1876, Kapitel 16.

284 »Mein erster Eindruck nach dieser kurzen Unterredung«: Richard Burton, *The City of the Saints*, S. 245.

284 »Männer mit vielen Ehefrauen«: John Hanning Speke, »Captain Speke's Discovery of the Victoria Nyanza, the Supposed Source of the Nile – Part II«, *Blackwood's Edinburgh Magazine*, Oktober 1859, S. 409.

284 »Die wörtliche Auslegung der Schrift hat die Mormonen«: Richard Burton, *The City of Saints*, S. 430.

285 »Ich war mit zwei Freundinnen spazieren«: *The Life*, Bd. 1, S. 337.

285 »Wenn mir dazu der Mut fehlte«: *The Life*, Bd. 1, S. 338.

285 Sie würde »einen armen Mann«: *The Life*, Bd. 1, S. 337.

286 »nicht auf dem Land dahinvegetieren«: Isabel Burton, *The Romance of Isabel Lady Burton*, S. 66.

286 Als sie sich ihren künftigen Anforderungen: Isabel Burton, *The Romance of Isabel Lady Burton*, S. 162–165.

287 »Ich stimme von ganzem Herzen zu«: *The Life*, Bd. 1, S. 340 f.

287 In beigefarbenem Kleid und weißer Haube: *The Life*, Bd. 1, S. 342.

287 »ein sehr großes Kreuz«: Isabel Burton, *The Romance of Isabel Lady Burton*, S. 106.

288 »Sag mal, Burton«: Isabel Burton, *The Romance of Isabel Lady Burton*, S. 166.

288 Bald nach der Hochzeit: *The Life*, Bd. 1, S. 345.

288 »Ich brauche wohl nicht zu sagen«: Burton an Milnes, 20. März 1861, HPTC.

289 »Sie hätten ihn niemals ernannt«: Frank Harris, *Contemporary Portraits*, Bd. 1, S. 192.

289 »Im Alter von vierzig Jahren«: *The Life*, Bd. 1, S. 345 f.

289 »Unter normalen Umständen«: Richard Burton, *Zanzibar*, Bd. 1, S. 183.

290 »Der Erste zu sein«: Richard Burton, *A Mission to Gelele, King of Dahome*, S. 241.

290 »Du bist ein guter Mann«: Richard Burton, »Narrative of a Trip to Harar«, *The Journal of the Royal Geographical Society of London* 25, 1855.

290 »Ich muss in Übung bleiben«: Burton an Blackwood, 9. Januar 1861, siehe Mary Blackwood Porter, *Annals of a publishing house: William Blackwood and his sons*, Bd. 3, Edinburgh: W. Blackwood and Sons, 1897.

291 »ungewöhnlich suizidal«: Richard Burton, *Wanderings in West Africa from Liverpool to Fernando Po*, Bd. 1, S. 66.

291 »durch induktive Forschung«: Robert Kenny, »From the Curse of Ham to the Curse of Nature«, *The British Journal for the History of Science* 40, Nr. 3 (September 2007), S. 369.

292 »dazu verdammt, Sem und Jafet als Sklaven zu dienen«: John Hanning Speke, »Captain Speke's Discovery of the Victoria Nyanza, the Supposed Source of the Nile – Part III«, *Blackwood's Edinburgh Magazine*, November 1859, S. 570.

292 »Ich kann uns nur beglückwünschen«: Richard Burton, »Memoirs Read Before the Anthropological Society of London«, Bd. 1.

292 »Kaum hatten wir begonnen«: Richard Burton, *Wanderings in West Africa from Liverpool to Fernando Póo*, Bd. 1, S. 66.

20 NESTON PARK

294 An ein kleines … Auditorium gewöhnt: Richard Burton, *The Nile Basin*, S. 21.

294 Im Inneren betraten Würdenträger: »The Source of the Nile«, *Oxford University Herald*, 27. Juni 1863.

294 Andere wären zutiefst enttäuscht: »The Nile Discoveries«, *The Caledonian Mercury*, 24. Juni 1863.

295 »Das Jahrhunderträtsel geknackt zu haben«: *Newcastle Chronicle*, 29. August 1863.

295 Seine »getreuen Kinder«: John Hanning Speke, *Journal of the Discovery of the Source of the Nile*, S. 611.

295 »Ich hatte jedem von ihnen«: John Hanning Speke, *Journal of the Discovery of the Source of the Nile*, S. 388.

295 Jene dagegen, die desertiert waren: R.C. Bridges, »Sir John Speke and the Royal Geographical Society«, S. 37.

295 er wolle das ungeduldige Publikum nicht länger: »The Nile Discoveries«, *The Caledonian Mercury*, 24. Juni 1863.

295 »Als ich im Jahr 1858 den Victoriasee«: *The Illustrated London News*, Supplement 43 (4. Juli 1863), S. 17.

297 »Der Vorstand … ist unzufrieden«: Murchison an Grant, Mai 1864, RGS.

297 »Kürze und Unvollkommenheit«: James Casada, »James A. Grant and the Royal Geographical Society«, S. 247.

297 »Der Vorstand bedauert«: »The Upper Basin of the Nile, from Inspection and Information«, *Journal of the Royal Geographical Society of London* 33, 1863.

297 Die Society fügte auch Fußnoten hinzu: R.C. Bridges, »Sir John Speke and the Royal Geographical Society«, S. 40.

297 »das gesamte Buch diskreditieren«: David Finkelstein, »Unraveling Speke: The Unknown Revision of an African Exploration Classic«, S. 122.

298 Speke möge »sich auf gewisse Änderungen einlassen«: Grant an Blackwood, 1863.

298 »Haben Sie keine Angst vor Kritikern«: Speke an Blackwood, 30. März 1863.

298 »Er schreibt ein derart abscheuliches«: David Finkelstein, »Unraveling Speke: The Unknown Revision of an African Exploration Classic«, S. 122.

298 »die Rückkehr nach Hause angeordnet«: David Finkelstein, »Unraveling Speke: The Unknown Revision of an African Exploration Classic«, S. 122.

299 »Sie ist ohne jeden Zweifel«: David Finkelstein, »Unraveling Speke: The Unknown Revision of an African Exploration Classic«, S. 122.

299 »Burton ist ein famoser Bursche«: David Finkelstein, »Unraveling Speke: The Unknown Revision of an African Exploration Classic«, S. 122.

299 »Endlosfaden, der nicht abreißen durfte«: David Finkelstein, »Unraveling Speke: The Unknown Revision of an African Exploration Classic«, *History in Africa*, Bd. 30, S. 122.

300 »Speke schreibt viel zu viel«: Rigby an Grant, 30. Juli 1864, NLS.

300 »wenn Sie die Güte hätten«: Speke an Petherick, *The Nile Basin*, S. 170 f.

300 mit Petherick getroffen, sogar mit ihm: Blackwood an Speke, 21. November 1863.

301 Speke hatte nachgegeben: John Petherick, *Travels in Central Africa*, S. 139.

301 »Der Schlag … war so hart«: John Petherick, *Travels in Central Africa*, S. 140.

301 »Wie ist es nur möglich?«: John Petherick, *Travels in Central Africa*, S. 19.

301 »Ich wünsche bei Gott, ich hätte«: Speke an Blackwood, 1863.

302 »im höchsten Maße ungerechtfertigt«: R.C. Bridges, »Sir John Speke and the Royal Geographical Society«, *The Uganda Journal* 38; Murchison an Grant, Mai 1864.

302 »ohne Gnade von Bord gestoßen«: Richard Burton, *The Nile Basin*, Teil 1, S. 192.

302 er könne sich glücklich schätzen, »nicht am Streit«: Murchison an Grant, Mai 1864.

302 »Ich werde nie wieder mit einem Weggefährten«: Speke an Blackwood, 6. Juli 1864, NLS.

303 »Da einige Leute zu glauben scheinen«: Murchison an Layard, 1. Juli 1864, BL.

304 »Ich höre von Murchison«: Russell an Layard, 1. Juni 1864.

304 Stattdessen griff Murchison wieder auf seinen: R.C. Bridges, »The Sponsorship and Financing of Livingstone's Last Journey«, *African Historical Studies*, 1968.

304 »Es überläuft mich kalt«: W. Garden Blaikie, *The Personal Life of David Livingstone*, S. 343.

305 »Er besaß eine wunderbare Vorstellungskraft«: Bram Stoker, *Personal Reminiscences of Henry Irving*, xl.

305 »Es tut mir so leid«, habe er angeblich zu ihr: *The Life*, Bd. 1, S. 216.

306 »Ist erst einmal ein Riss gemacht«: Richard Burton, *Zanzibar*, Bd. 2, S. 393.

306 Er werde Burton »einen Tritt«: *The Life*, Bd. 1, S. 389.

306 »Er redete so lange auf Speke ein«: *The Life*, Bd. 1, S. 425.

306 »Ich bitte um Verzeihung«: *The Life*, Bd. 1, S. 425 Fußnote.

308 »Ich werde sein Gesicht nie vergessen«: *The Life*, Bd. 1, S. 389.

308 »Ich kam nicht umhin … zu bemerken«: Richard Burton, *Zanzibar*, Bd. 2, S. 397 f.

308 Der Augenblick zog sich in die Länge: *The Life*, Bd. 1, S. 389.

309 »Ich hatte Angst vor einem Unfall«: Fullers Bericht, Februar 1914.

310 Die drei Männer hatten etwa: Davis' Aussage, *The Times*, London, 17. September 1864.

310 »Lass mich liegen«: *The Times*, London, 24. September 1864.

310 »Eine solche Wunde«: Aussage Snow, *The Times*, London, 17. September 1864.

21 UND SO ERKALTET DAS MÜDE HERZ

311 »zum Bersten voll«: *The Life*, Bd. 1, S. 405.

311 »machte ihrer Ungeduld mit Lauten Luft«: *Bath Chronicle*, 17. September 1864.

312 Nachdem auch er die Nachricht gelesen: Francis Galton, *Memories of My Life*, S. 202.

312 »Alle bedeutenden Männer«: *The Life*, Bd. 1, S. 405.

312 »Er ließ sich auf einen Stuhl sinken«: *The Life*, Bd. 1, S. 389.

312 »Ich bitte, meine Verspätung zu entschuldigen«: *Bath Chronicle*, 17. September 1864.

313 »unser tiefempfundenes Beileid«: *Bath Chronicle*, 17. September 1864.

313 Später gab Clements Markham: *Bath Chronicle*, 17. September 1864.

314 Elf Tage später: *Tiverton Gazette*, 27. September 1864.

314 »Die sterblichen Überreste des Entdeckers«: *Tiverton Gazette*, 27. September 1864.

314 »Hätte ich meinem Freund«: James Grant, *A Walk Across Africa*, S. 347.

314 Nun hielt er einen Kranz: Livingstones Tagebuch, 23. September 1864.

314 »war sein Schluchzen … zu hören«: *Tiverton Gazette*, 27. September 1864.

315 »Der Verstorbene erlag«: *The Times*, 17. September 1864.

315 »Wer hätte gedacht, dass ausgerechnet Speke«: *The Times*, 19. September 1864.

315 »Bei Gott, er hat sich umgebracht!«: Jeremy Paxman, »Richard Burton, Victorian Explorer«, *FT Magazine*, 1. Mai 2015.

316 »Er hat lang und bitterlich«: *The Life*, Bd. 1, S. 426.

316 »Es fiel ihm nicht leicht … Speke zu vergessen«: Georgiana Stisted, *The True Life of Capt. Sir Richard Burton*, S. 252.

316 »Die näheren Umstände von Spekes Tod«: Burton an Frank Wilson, 21. Dezember 1864, ML.

316 »Wären wir in Bath aufeinandergetroffen«: Richard Burton, *The Nile Basin*, Teil I, S. 24.

317 »Körperlich«, schrieb ein junger ausländischer Offizier: Fawn Brodie, *The Devil Drives*, S. 244.

317 »Unehrenhaft aus dem Amt geschieden«: Isabel Burton, *The Romance of Isabel Lady Burton*, S. 501.

317 »Ich sage es voller Stolz«: *The Life*, Bd. 1, S. 259.

317 »aus Hunderten Meilen Entfernung«: Wilfrid Scawen Blunt, *My Diaries*, Bd. 2, S. 128.

318 Sie sei … »überaus amüsiert und erfreut«: Isabel Burton, *The Inner Life of Syria, Palestine, and the Holy Land*, S. 224.

318 »Wir hatten ihn noch nie so elend«: Georgiana Stisted, *The True Life of Capt. Sir Richard F. Burton*, S. 363.

319 »Bevor die Erfahrung mich eines Besseren«: Richard Burton, *Zanzibar*, Bd. 1, S. 1 f.

319 »Captain Speke und Captain Burton können nun nicht mehr«: *The Times*, 19. September 1864.

319 »Warum sollte ›dieser Meinungsstreit‹«: Richard Burton, *The Anthenaeum*, 14. Januar 1865.

320 »*infra digitatem*, unter seiner Würde«: Burton an Henry Walter Bates, 18. Januar 1872, RGS.

320 Bombay hatte die Nachricht von Spekes Tod: Henry Morton Stanley, *How I Found Livingstone in Central Africa*, S. 271.

320 »Der berühmte Bombay«: Henry Morton Stanley, *How I Found Livingstone in Central Africa*, S. 27.

320 An seinem Ufer fand Stanley: Henry Morton Stanley, *How I Found Livingstone in Central Africa*, S. 331.

321 den »ich verabscheue und fürchte«: Henry Morton Stanley, Tagebuch, 11. August 1872, vgl. Jeal, *The Impossible Life of Africa's Greatest Explorer*, 2008, S. 133.

321 »Mein Erfolg«, schrieb Stanley: Stanley an Reverend Horace Waller, 29. Juli 1872.

321 »hat Spekes Entdeckungen bestätigt«: James Augustus Grant, »On Mr. H. M. Stanley's Exploration of the Victoria Nyanza«, *Proceedings of the Royal Geographical Society*, 29. November 1875.

322 Er und sein alter Freund: »When a British official dodged Victorian prudery to publish the Kamasutra in English«, *Quartz India*, 27. Juni 2019.

323 »Vermutlich hat kein Europäer«: Robert Irwin, *The Arabian Nights: A Companion*, S. 36.

323 »Ich habe mich siebenundvierzig Jahre lang abgemüht«: *The Life*, Bd. 1, S. 442.

323 »den Weißen ... völlig ebenbürtig«: Richard Burton, *To the Gold Coast for Gold*, Bd. 2, S. 1.

323 »Wer den Artikel gelesen hatte«: Richard Burton, »A Trip up the Congo or Zaire River«, *The Geographical Magazine*, 1. Juli 1875.

324 »Lügen haben kurze Beine«: Richard Burton, »Terminal Essay«, *The Arabian Nights.*

324 Bald nach Stanleys triumphierender Rückkehr: George Smalley, »Mr. Smalley on Capt. Burton«, *New York Tribune*, Nr. 358, RAS.

324 Der hörte eine Stimme und: George Smalley, »Mr. Smalley on Capt. Burton«.

325 »Ich sah ihn an mit dieser Neugier«: George Smalley, »Sir Richard Burton: Some Personal Recollections of an Extraordinary Man«, *New York Tribune*, 2. November 1890.

325 »Sie werden dort oben eine Menge«: George Smalley, »Mr. Smalley on Capt. Burton«.

326 »Wenn tausend sie kaufen«: Isabel Burton, Vorwort der Herausgeberin, *The Lusiads.*

326 »Sollte ein Zusammentreffen widriger Bagatellen«: Isabel Burton, Vorwort, *The Lusiads*, xvi. *Malebouche* ist ein anglonormannisches Substantiv und bedeutet »Schandmaul«, oder die personifizierte üble Nachrede. Mit seinem Motto zu Beginn des Buches bezieht Burton sich auf das Epos *Gerusalemme liberata* (»Das befreite Jerusalem«) des italienischen Dichters Torquato Tasso aus dem sechzehnten Jahrhundert. Das Tasso-Zitat lautet: *»Bramo assai, poco spero, e nulla chiedo.«* (»Ich ersehne viel, erhoffe wenig und verlange nichts.«)

328 Wenige Monate nach Spekes Begräbnis: Isabel Burton, »Who Last Wins«, *Fraser's Magazine for Town and Country*, Bd. 79, Januar – Juni 1869.

328 »Ich habe den Abguss nach seinem Tode angefertigt«: Isabel Burton, »Who Last Wins«, *Fraser's Magazine for Town and Country*, Bd. 79, Januar – Juni 1869.

329 »Eine tönerne Maske zu meinen Füßen«: Isabel Burton, »Who Last Wins«, Fraser's Magazine for Town and Country, Bd. 79, Januar – Juni 1869.

329 »die Geschichte von Noah«: John Hanning Speke, »Captain Speke's Discovery of the Victoria Nyanza, the Supposed Source of the Nile – Part III«, *Blackwood's Edinburgh Magazine,* November 1859, S. 570.

329 »Ursprung seiner Kaste, der Siddi«: John Hanning Speke, »Captain Speke's Discovery of the Victoria Nyanza, the Supposed Source of the Nile, – Part III«, *Blackwood's Edinburgh Magazine,* November 1859, S. 570.

330 Spekes Argument, die Hutu-Mehrheit: John Hanning Speke, *Journal of the Discovery*, S. 203.

331 1871, in einer Rede an die Royal Geographical Society: Adrian Wisnicki, »Cartographical Quandaries«, S. 465.

332 »Die Geschichte der Entdeckungen«: Ausstellung *The Hidden Histories Exhibition.*

334 »Bombay-Afrikaner«: 2008 zeigte die Royal Geographical Society im Rahmen ihres Projekts *Crossing Continents: Connecting Communities* eine Ausstellung über Bombay-Afrikaner.

335 »Sie haben mich offenbar zum KCMG«: Burton an Ouida (Maria Louise Ramé), 2. April 1886, BL.

335 »Es schert mich nicht im Geringsten«: *The Life*, Bd. 1, S. 284.

336 »Niemand soll auch nur einen Moment lang«: Isabel Burton, *The Romance of Isabel Lady Burton*, S. 723.

336 »der steten Pflege und Obhut«: Isabel an Alice Bird, 10. April 1887.

337 ein Glück … »dass er in seinem angeschlagenen Zustand«: Burton hatte das Buch bereits einmal veröffentlicht – unter dem Titel *The Perfumed Garden* –, war aber weder mit seiner Übersetzung noch mit dem Titel zufrieden gewesen.

337 Er würde in England »einen regelrechten Tumult«: Isabel Burton, *The Romance of Isabel Lady Burton*, S. 723 f.

337 »den letzten glücklichen Tag in meinem Leben«: Isabel Burton, *The Life*, S. 529.

337 »Morgen bin ich damit fertig«: Isabel Burton, *The Romance of Isabel Lady Burton*, S. 723.

337 »Was für eine große Freude!«: *The Life*, Bd. 1, S. 410.

337 »Ich werde mich für zwei Wochen in ein Kloster«: Isabel Burton an Maria Stisted. Das Zitat stammt aus einer frühen Burton-Biographie: Thomas Wright, *The Life of Sir Richard Burton*, S. 246 f.

338 »seiner Häresie abgeschworen«: Mary Lovell, *A Rage to Live*, S. 732.

338 »Rom nahm also die Leiche Richard Burtons«: Georgiana Stisted, *The True Life of Capt. Sir Richard Burton*, S. 414.

338 »Ringsum hörte man Schluchzen«: *The Life*, Bd. 1, S. 417.

339 »Drei Tage lang quälte ich mich«: Isabel Burton, *The Romance of Isabel Lady Burton*, S. 724.

339 »Es war sein *Opus magnum*«: Isabel Burton, *The Romance of Isabel Lady Burton*, S. 725.

339 Als die Dunkelheit hereinbrach: Isabel Burton, *The Romance of Isabel Lady Burton*, S. 726.

340 »In ehrfürchtiger Trauer«: Isabel Burton, *The Romance of Isabel Lady Burton*, S. 726.

BIBLIOGRAPHISCHE ANGABEN

Aga, Selim. *Incidents Connected with the Life of Selim Aga, a Native of Central Africa*. Aberdeen: W. Bennett, 1846.

Alpers, Edward A. *East Africa and the Indian Ocean*. Princeton: Markus Wiener Publishers, 2009.

Alpers, Edward A. *Ivory & Slaves in East Central Africa*. Berkeley: University of California Press, 1975.

Amarat, Habshi. *African Elites in India*. Ahmedabad: Mapin Publishing, 2006.

Baker, J.N.L. »John Hanning Speke«, *The Geographical Journal* 128, Nr. 4 (Dezember 1962), S. 385–388.

Banaji, D.R. *Bombay and the Sidis*. London: MacMillan, 1932.

Bassett, Thomas J. »Indigenous Mapmaking in Intertropical Africa«. *History of Cartography*, Bd. 2, Buch 3. Chicago: University of Chicago Press, 1987.

Blunt, Wilfrid Scawen. *My Diaries: Being a Personal Narrative of Events, 1888–1914*. New York: Alfred A. Knopf, 1923.

Bridges, R. C. »Europeans and East Africans in the Age of Exploration«, *The Geographical Journal* 139, Nr. 2 (Juni 1973), S. 220–232.

Bridges, R. C. »Sir John Speke and the Royal Geographical Society«, *The Uganda Journal* 26, Nr. 1, (März 1962), S. 23–43.

Brodie, Fawn M. *The Devil Drives: A Life of Sir Richard Burton*. New York: W.W. Norton, 1967.

Burton, Isabel. *The Inner Life of Syria, Palestine, and the Holy Land: From My Private Journal*. London: Henry S. King & Co., 1876.

Burton, Isabel. *The Life of Captain Sir Richard F. Burton*, Bde. 1 und 2. London: Chapman & Hall, LD, 1893.

Burton, Isabel und W. H. Wilkins. *The Romance of Isabel Lady Burton: The Story of Her Life*. New York: Dodd Mead & Company, 1897.

Burton, Richard F. *First Footsteps in East Africa; or, An Exploration of Harar*. London: Tylston & Edwards, 1894.

Burton, Richard F. *The Book of the Thousand Nights and a Night. A Plain and*

Literal Translation of the Arabian Nights' Entertainments, with Introduction, Explanatory Notes on the Manners and Customs of Moslem Men and a Terminal Essay upon the History of the Nights. In Druck gegeben nur für Abonnenten des Burton Club, 1885.

Burton, Richard F. *The City of the Saints and Across the Rocky Mountains to California*. London: Longmans, 1861.

Burton, Richard F. *The Lake Regions of Central Africa*. New York: Harper & Brothers, 1860.

Burton, Richard F. Übers., Isabel Burton, Hg. *The Lusiads*. London: Bernard Quaritch, 1880.

Burton, Richard F. »Narrative of a Trip to Harar«, *The Journal of the Royal Geographical Society*, Bd. 25. London: John Murray, Albemarle Street, 1855, S. 136–150.

Burton, Richard F. *The Nile Basin*. London: Tinsley Brothers, 1864.

Burton, Richard F. *Personal Narrative of a Pilgrimage to Al-Madinah & Meccah*, Bde. 1 und 2. New York: Dover, 1964.

Burton, Richard F. *Wit and Wisdom from West Africa: Or, a Book of Proverbial Philosophy, Idioms, Enigmas, and Laconisms*. London: Tinsley Brothers, 1865.

Burton, Richard F. *Zanzibar: City, Island and Coast, Volumes I and II*. Honolulu: University Press of the Pacific, 2003.

Burton, Richard F., und Verney Lovett Cameron. *To the Gold Coast for Gold*. Charleston: BiblioBazaar, 2006.

Carnochan, W.B. *The Sad Story of Burton, Speke, and the Nile; or, Was John Hanning Speke a Cad? Looking at the Evidence*. Stanford: Stanford General Books, 2006.

Casada, James A. »James A. Grant and the Royal Geographical Society«, *The Geographical Journal* 140, Nr. 2 (Juni 1974): S. 245–253.

Casey, Bart. *The Double Life of Laurence Oliphant: Victorian Pilgrim and Prophet*. New York: Post Hill Press, 2015.

Cassanelli, Lee V. *The Shaping of Somali Society: Reconstructing the History of a Pastoral People, 1600–1900*. Philadelphia: University of Pennsylvania Press, 1982.

Clarke, Edward Daniel, *Travels in Various Countries of Europe, Asia and Africa, Part the Second: Greece, Egypt and the Holy Land*. London: T. Cadell and W. Davies Strand, 1814.

Collins, Robert O. *The Nile*. New Haven: Yale University Press, 2002.

Coupland, R. *East Africa and Its Invaders: From the Earliest Times to the Death of Seyyid Said in 1856*. Oxford: Clarendon Press, 1938.

Cummins, Joseph. *The War Chronicles: From Flintlocks to Machine Guns*. Beverly: Fair Winds Press, 2009.

De Silva Jayasuriya, Shihan, und Richard Pankhurst, Hg. *The African Diaspora in the Indian Ocean*. Asmara: Africa World Press / Brill, 2003.

De Silva Jayasuriya, Shihan, und Jean-Pierre Angenot. *Uncovering the History of Africans in Asia*. Leiden: Brill, 2008.

Downs, Jonathan. *Discovery at Rosetta: The Ancient Stone that Unlocked the Mysteries of Ancient Egypt*. New York: Skyhorse, 2008.

Driver, Felix. »The Active Life: The Explorer as Biographical Subject«. *Oxford Dictionary of National Biography*, 2005.

Dugard, Martin. *Into Africa: The Epic Adventures of Stanley & Livingstone*. New York: Broadway Books, 2003.

Fabian, Johannes. *Out of Our Minds: Reason and Madness in the Exploration of Central Africa*. Berkeley: University of California Press, 2000.

Finkelstein, David. »Unraveling Speke: The Unknown Revision of an African Exploration Classic«, *History of Africa* 3 (2003), S. 117–132.

Galton, Francis. *The Art of Travel: or, Shifts and Contrivances Available in Wild Countries*. London: Phoenix Press, 1872.

Galton, Francis. *Memories of My Life*. London: Methuen & Co., 1908.

Geikie, Archibald. *Life of Sir Roderick I. Murchison*. London: John Murray, 1875.

Gilson Miller, Susan, Übers. und Hg., *Disorienting Encounters: Travels of a Moroccan Scholar in France in 1845–1846*. London: University of California Press, 1992.

Godsall, Jon R. *The Tangled Web: A Life of Sir Richard Burton*. Leicester: Matador, 2008.

Goldsmid, Sir Frederic John. *James Outram: A Biography*, Bde. 1 und 2. London: Smith, Elder, & Co., 1880.

Grant, James Augustus. *A Walk Across Africa: or, Domestic Scenes from my Nile Journal*. London: William Blackwood & Sons, 1864.

Harris, Frank. *Contemporary Portraits*. New York: Mitchell Kennerley, 1915.

Hayman, John, Hg. *Sir Richard Burton's Travels in Arabia and Africa: Four Lectures from a Huntington Library Manuscript*. San Marino: Huntington Library, 1990.

Heldring, J. W. *The Killing of Dr. Albrecht Roscher*. Bloomington: Xlibris, 2011.

Henderson, Philip. *The Life of Laurence Oliphant: Traveller, Diplomat and Mystic*. London: Robert Hale, 1956.

Hitchman, Francis. *Richard F. Burton, K. C. M. G., His Early Private and Public Life*, Bde. 1 und 2. London: Sampson Low, Marston, Searle & Rivington, 1887.

Hopper, Mathew S. »East Africa and the End of the Indian Ocean Slave Trade«, *Journal of African Development* 13, Nr. 1–2. (Frühjahr – Herbst 2011), S. 39–66.

Hoskote, Ranjit. *Hunchprose*. New Delhi: Penguin / Hamish Hamilton, 2021.

Humphries, John. *Search for the Nile's Source: The Ruined Reputation of John Petherick, Nineteenth-Century Welsh Explorer*. Cardiff: University of Wales Press, 2013.

Irwin, Robert. *The Arabian Nights: A Companion*. London: Allen Lane / Penguin, 1994.

Jayasuriya, Shihan de Silva, und Richard Pankhurst, Hg. *The African Diaspora in the Indian Ocean*. Trenton: Africa World Press, 2003.

Jeal, Tim. *Explorers of the Nile: The Triumph and Tragedy of a Great Victorian Adventure*. New Haven: Yale University Press, 2011.

Johnston, Harry Hamilton. *The Nile Quest: A Record of the Exploration of the Nile and Its Basin*. London: Lawrence & Bullen.

Jutzi, Alan, Hg. *In Search of Sir Richard Burton: Papers from a Huntington Library Symposium*. San Marino: Huntington Library, 1993.

Karklins, Karlis. »Identifying Beads Used in the 19th-Century Central East Africa Trade«, *BEADS: Journal of the Society of Bead Researchers*, Bd. 4, 1992.

Kennedy, Dane. *The Highly Civilized Man: Richard Burton and the Victorian World*. Cambridge: Harvard University Press, 2005.

Kennedy, Dane. *The Last Blank Spaces: Exploring Africa and Australia*. Cambridge: Harvard University Press, 2013.

Keynes, Quentin. *The Search for the Source of the Nile: Correspondence between Captain Richard Burton, Captain John Speke and Others, from Burton's unpublished East African Letter Book; Together with Other Related Letters and Papers in the Collection of Quentin Keynes*. London: The Roxburghe Club, 1999.

Khamis, K. S., und H. H. Omar, *Historia Fupi Ya Zanzaibar*. Zanzibar: Idara ya Nyaraka, Makumbusho na Mambo ya Kale, 1994.

Krapf, J. L. *Travels, Researches, and Missionary Labors During an Eighteen Years' Residence in Eastern Africa*. Boston: Ticknor & Fields, 1860.

Langlands, B. W. »Concepts of the Nile«, *The Uganda Journal* 26, Nr. 1 (März 1962): S. 1–22.

Lawrance, Benjamin N., Emily Lynn Osborn und Richard L. Roberts. *Intermediaries, Interpreters, and Clerks: African Employees in the Making of Colonial Africa*. Madison: University of Wisconsin Press, 2006.

Livingstone, David. *The Last Journals of David Livingstone, in Central Africa, from 1865 to His Death*, Bd. 1. London: John Murray, 1874.

Livingstone, David. *The Last Journals of David Livingstone, in Central Africa, from 1865 to His Death*, Bd. 2. New York: Dossier Press, 2015.
Lovell, Mary S. *A Rage to Live: A Biography of Richard and Isabel Burton*. New York: W.W. Norton, 1998.
Ludwig, Emil. *The Nile: The Life-Story of a River*. New York: Viking, 1937.
MacKenzie, John. *David Livingstone and the Victorian Encounter with Africa*. London: National Portrait Gallery, 1996.
Maitland, Alexander. *Speke*. Newton Abbot: Victorian Book Club, 1973.
Markham, Clements R. *The Fifty Years' Work of the Royal Geographical Society*. London: John Murray, 1881.
McCarthy, James. *Selim Aga: A Slave's Odyssey*. Edinburgh: Luath Press, 2006.
McLynn, Frank. *Burton: Snow upon the Desert*, London: John Murray, 1990.
McLynn, Frank. *Hearts of Darkness: The European Exploration of Africa*. New York: Carroll & Graf, 1992.
Meyer, Karl A. *Tournament of Shadows: The Great Game and the Race for Empire in Central Asia*. New York: Basic Books, 1999.
Midant-Reynes, Beatrix. T*he Prehistory of Egypt: From the First Egyptians to the First Pharaohs*. Oxford: Blackwell, 1992.
Moorehead, Alan. *The White Nile*. New York: Dell Publishing, 1960.
Morris, Jan. *Heaven's Command: An Imperial Progress*. London: Harvest, 1973.
Newman, James L. *Paths Without Glory: Richard Francis Burton in Africa*. Washington: Potomac Books, 2010.
Oliphant, Margaret. *Memoir of the Life of Laurence Oliphant and of Alice Oliphant, His Wife*. London: William Blackwood & Sons, 1892.
Oliver, Caroline. *Western Women in Colonial Africa*. London: Greenwood, 1982.
Ondaatje, Christopher. *Journey to the Source of the Nile*. Buffalo: Firefly Books, 1999.
Ondaatje, Christopher. *Sindh Revisited: A Journey in the Footsteps of Captain Sir Richard Francis Burton 1842–1849: The Indian Years*. Toronto: HarperCollins, 1996.
Paas, Steven. *Johannes Rebmann: A Servant of God in Africa Before the Rise of Western Colonialism*. Eugene: Wipf & Stock, 2018.
Pallaver, Karin. »Nyamwezi Participation in Nineteenth-Century East African Long-Distance Trade«, *Africa* 41, Nr. 3–4 (2006): S. 513–531.
Penzer, Norman M. *An Annotated Bibliography of Sir Richard Francis Burton*. Mansfield Centre: Martino Publishing.
Petherick, John und Katherine Harriet Edleman Petherick. *Travels in Central Africa, and Explorations of the Western Nile Tributaries*, Bd. 1. London: FB & Ltd. Dalton House, 2017.

Petherick, John. *Travels in Central Africa, and Explorations of the Western Nile Tributaries*, Bd. 2. London: FB & Ltd. Dalton House, 2017.

Playfair, Robert Lambert. *An Account of Aden. Reprinted from ›A History of Arabia Felix.‹* Aden: The Jail Press, 1859.

Porter, Andrew. *The Oxford History of the British Empire: The Nineteenth Century*. Oxford: Oxford University Press, 1999.

Ralli, Augustus. *Christians in Mecca*. London: Kennikat Press, 1909.

Ray, John. *The Rosetta Stone and the Rebirth of Ancient Egypt*. Cambridge: Harvard University Press, 2007.

Reid, Richard J. *A History of Modern Uganda*. Cambridge: Cambridge University Press, 2017.

Rice, Edward. *Captain Sir Richard Francis Burton*. Cambridge: Da Capo, 2001.

Richards, Alfred Bates, Andrew Wilson und Clair Baddeley. *A Sketch of the Career of Richard F. Burton*. London: Waterlow & Sons Limited, 1886.

Rigby, Christopher Palmer, Mrs. Charles E.B. Russell, Hg. *General Rigby, Zanzibar and the Slave Trade*. New York: Negro Universities Press, 1970.

Rotberg, Robert I. *Africa and Its Explorers: Motives, Methods, and Impact*. Cambridge: Harvard University Press, 1970.

Saad, Elias N. *Social History of Timbuktu*. Cambridge: Cambridge University Press, 1983.

Sattin, Anthony. *The Gates of Africa: Death, Discovery, and the Search for Timbuktu*. New York: St. Martin's Press, 2003.

Schaffer, Simon, Lissa Robers, Kapil Raj, James Delbourgo, Hg. *The Brokered World: Go-Betweens and Global Intelligence 1770–1820*. Sagamore Beach: Watson Publishing International, 2009.

Schwartz, Stuart B., *Implicit Understandings: Observing, Reporting, and Reflecting on the Encounters Between Europeans and Other Peoples in the Early Modern Era*. Cambridge: Press Syndicate of the University of Cambridge, 1994.

Sheth, Ketaki. *A Certain Grace: The Sidi: Indians of African Descent*. New Delhi: Photoink, 2013.

Simpson, Donald. *Dark Companions: The African Contribution to the European Exploration of East Africa*. London: Paul Elck, 1975.

Sinema, Kyrsten. *Who Must Die in Rwanda's Genocide: The State of Exception Realized*. London: Lexington Books, 2015.

Speke, John Hanning. *Journal of the Discovery of the Nile*. London: J.M. Dent & Co., 1863.

Speke, John Hanning. *What Led to the Discovery of the Source of the Nile*, Edinburgh: William Blackwood and Sons, 1864.

Speke, John Hanning, James Augustus Grant und George Carless Swayne.

Lake Victoria; a Narrative of Explorations in Search of the Source of the Nile. Compiled from the Memoirs of Captains Speke and Grant. London: British Library, 1868.
Stafford, Robert A. *Scientist of Empire*. Cambridge: Cambridge University Press, 1989.
Stanley, Henry M. *How I Found Livingstone in Central Africa*. London: Sampson Low, Marston & Company, 1895.
Stilwell, Sean. *Slavery and Slaving in African History*. Cambridge: Cambridge University Press, 2014.
Stisted, Georgiana M. *The True Life of Capt. Sir Richard F. Burton*. New York: Cosimo Classics, 2004.
Stisted, Georgiana M. »Reminiscences of Sir Richard Burton«. *Temple Bar*, Juli 1891.
Stoker, Bram. *Personal Reminiscences of Henry Irving*, Bde. 1 und 2. London: William Heinemann, 1906.
Sutton, J.E.G. »The Antecedents of the Interlacustrine Kingdoms«, *Journal of African History* 34 (1993): S. 33–64.
Taylor, Ann. *Laurence Oliphant, 1829–1888*. Oxford: Oxford University Press, 1982.
Temple-Raston, Dina. *Justice on the Grass: Three Rwandan Journalists, Their Trial for War Crimes, and a Nation's Quest for Redemption*. New York: Free Press, 2005.
Trotter, Lionel James. *The Bayard of India: A Life of General Sir James Outram, Bart. G.C.B., etc*. London: William Blackwood & Sons, 1923.
Troutt Powell, Eve M. *A Different Shade of Colonialism: Egypt, Great Britain, and the Mastery of the Sudan*. Berkeley: University of California Press, 2003.
Wilkinson, Toby. *The Nile: Downstream Through Egypt's Past and Present*. London: Bloomsbury, 2014.
Wilkinson, Toby. *The Rise and Fall of Ancient Egypt*. New York: Random House, 2010.
Wilson, Robert T. *History of the British Expedition to Egypt*. Philadelphia: Conrad & Co., 1803.
Wisnicki, Adrian. »Cartographical Quandaries: The Limits of Knowledge Production in Burton's and Speke's Search for the Source of the Nile«. *History in Africa* 35 (2008): S. 455–479.
Wisnicki, Adrian. »Charting the Frontier: Indigenous Geography, Arab-Nyamwezi Caravans, and the East African Expedition of 1856–59«. *Victorian Studies* 51, Nr. 1 (Herbst 2008): S. 103–137.
Wisnicki, Adrian. *Fieldwork of Empire, 1840–1900: Intercultural Dynamics in the Production of British Expeditionary Literature*. New York: Routledge, 2019.

Wright, Thomas. *The Life of Sir Richard Burton*, Bde. 1 und 2. London: Everett & Co., 1906.

Young, Donald. »The Selected Correspondence of Sir Richard Burton, 1848–1890«. Dissertation, University of Nebraska, 1979.

Young, Donald, und Quentin Keynes. *The Search for the Source of the Nile: Correspondence between Captain Richard Burton, Captain John Speke and Others, from Burton's Unpublished East African Letter Book.* Together with Other Related Letters and Papers in the Collection of Quentin Keynes. London: The Roxburghe Club, 1999.

ABBILDUNGSNACHWEIS

Seite 1: *(oben)* Alamy; *(unten)* Mit Erlaubnis der London Borough of Richmond upon Thames Borough Art Collection, Orleans House Gallery
Seite 2–3: Mit Erlaubnis der Royal Geographical Society
Seite 4: Mit Erlaubnis der Royal Geographical Society
Seite 5: (*oben* und *unten*) Alamy
Seite 6: Mit Erlaubnis der Royal Geographical Society
Seite 7: *(oben)* Alamy; *(unten)* Mit Erlaubnis der National Portrait Gallery, London
Seite 8: *(oben)* Look and Learn; *(unten)* Alamy
Seite 9: *(unten)* Look and Learn
Seite 10: (*oben* und *unten*) Alamy
Seite 11: (*oben* und *unten*) Bath in Time
Seite 12: Mit Erlaubnis der London Borough of Richmond upon Thames Borough Art Collection, Orleans House Gallery
Seite 13: (*oben links* und *unten*) Mit Erlaubnis der London Borough of Richmond upon Thames Borough Art Collection, Orleans House Gallery; *(oben rechts)* Alamy
Seite 14: *(oben)* Alamy; *(unten)* Bath in Time
Seite 15: Mit Erlaubnis der Royal Geographical Society
Seite 16: Mit Erlaubnis der Royal Geographical Society

REGISTER

A
Abban 60–62, 64
Abolition of the Slave Trade Act 117f.
Adams, Henry 248
Aden 16, 47f.
Aga, Selim 323f.
Aga Khan 37
Agha, Kurshid 276
Ägypten 11–16, 36–38, 40, 43, 179, 223, 253, 295, 330
al-Basyúni, Mohammed 31–33
Al-Busaidi, Said bin Sultan 118
al-Haram-Moschee 33f.
Alexander, James 311f.
Alexander der Große 41
Alexandria 11–13
Allen's Indian Mail 51
Ambar, Malik 131f.
Andrade, Gaetano 115, 143, 160, 168, 175, 184, 201, 204
Anglo-Sikh Krieg, Zweiter 251
Anthropological Society of London 291f.
Arbuthnot, Foster Fitzgerald 322
Arktis-Expedition 112
Artémise (Dreimaster) 143, 157, 193
Arundell, Blanche 105, 107
Arundell, Elizabeth Gerard 101f., 244–247, 287
Arundell, Henry 96, 287
Arundell, Isabel 95–107, 226, 231, 241–248, 285–289, 305–308, 311f., 316–318, 323, 326, 328f., 335–340
Arundell, Thomas 95f.
Ascot (Pferderennen) 104f.
Athenaeum, The 111, 322
Äthiopien 41f., 58, 63, 131, 333

B
Bachwezi (Dynastie) 154
Back, George 112, 120
Badger, George Percy 29
Badr, Sidi 131f.
Bahr el-Ghazal (Fluss) 253
Baker, Florence 277
Baker, Samuel 276–279
Balaklawa, Schlacht von 91
Bantu (Dynastie) 154
Baraka 270f., 273
Barghash ibn Said 334
Bath 63, 89, 304, 306–310, 316
Baudelaire, Charles 229
Beatson, W.F. 93
Beatson's Horse 93
Bengal Native Infantry 52
bhang (Cannabis) 156

Bimbashi, Selim 42
Bioko *siehe* Fernando Póo
Bird, George 287f.
Blackwood, John 232–234, 268, 296–302
Blackwood, William 298f.
Blackwood's Magazine 233f., 253f., 296
Blaeu, Willem Janszoon 109f.
Blattern *siehe* Pocken
Blyth, Edward 86
Boleyn, Anne 96
Bombay, Sidi Mubarak 126–136, 146f., 153, 158–160, 175, 180, 184f., 188, 190, 198, 200–202, 205, 209, 211–213, 218f., 221, 234, 250, 261, 263f., 266f., 270–272, 274, 295, 320, 329–332, 334
Bombay Times 28, 83
Bonny (Fluss) 290
Botanischer Garten (London) 105
Boulogne 25, 89, 99, 101–103, 105f., 248, 282
Bowman, William 178f.
Brigg Mary Ann 48
British Association for the Advancement of Science 224, 233, 304, 307f., 313
British Museum 14f.
Brownell, James 278
Bruce, James 41f.
Brudenell, James 91f.
Buganda (Königreich) 154, 269f., 272–274, 298
Buist, George 83f.
Bunyoro (Königreich) 273, 275f.
Bureau of Indian Affairs 229
Burton, Edward 24–26, 57, 99, 192f., 247f.
Burton, Hagar 98f., 105
Burton, John Hill 299f.
Burton, Joseph Netterville 23–25, 196
Burton, Maria 24, 89
Burton, Richard Francis 37–39, 43–50, 55–58, 62–80, 83–87, 89–90, 111–126, 134–173, 188–206, 209–221, 226–231, 263, 281f., 288–293, 303–309, 316–318, 322f., 336–338
– 18. Native Bombay Infantry 27
– als Autor 26, 28, 267f., 298, 318f., 322–326, 335–339
– Budget für zweite Expedition 231
– Drogen 156
– Erscheinungsbild 24
– Founder's Medal 227, 235
– Gesundheit 167–169, 174–180, 190f., 195f., 204, 206, 219f., 241, 243, 247–249
– Isabel Arundell 95f., 100–107, 241–248, 285–289, 305–308, 311f., 316–318, 323, 326, 328f., 335–340
– Kindheit 23–26
– Krimkrieg 90–94
– letzte Lebensjahre und Tod 335–340
– Lösung des Rätsels um die Nilquelle 319–322
– Maître d'Armes 26
– Nachlass 327–329
– Pseudonym (Francis Baker) 290
– Reaktion auf Spekes Tod 311–316
– Reise nach Amerika 281–285
– Reise nach Mekka 21–23, 30–36

– Religion 21f., 33–36, 245f., 283f.
– Sexualität 26
– Sprachen 27–29, 150
– Übernatürliches 155f.
– Unstimmigkeiten mit Speke 231–235, 235–240, 257f., 268f., 302f., 303–309
– Zahlungen aus eigenem Vermögen 217f., 235

Burton, Sarah 63

C

Calwer Missionsblatt 111
Cameron, Verney Lovett 331f.
Cannibal Club 292f., 323
Cardigan 92
Carroll, Lewis *siehe* Charles Dodgson
Carter, Henry 48
Cary, John 110
Ceylon (Sri Lanka) 88, 192f., 220
Champollion, Jean-François 14
Chinin 138
Cholera-Epidemie 213
Christ Church Cathedral 334
Chuma, James 331, 334
Church Missionary Society 111, 119f.
Churchill, Winston 37, 92f.
Cochet, Ladislas 214f.
Coghlan, William 84, 90
Comte de Paris 294
Conrad, Joseph 233
Cooley, William 111f.
Creswicke Rawlinson, Henry 331

D

da Gama, Vasco 116, 325f.
Dahomey (Königreich) 290f., 305, 316
Damha, Ladha 145, 148f.
Darwin, Charles 17, 224, 228, 291f.
Davis, Daniel 309f., 315
de Bono, Amabile Musa 276f.
de Camões, Luís Vaz 325f.
Devonisches System 223
Dickens, Charles 25
Diogenes 41
Disraeli, Benjamin 97, 105
Dodgson, Charles 291
Dormer, Kitty 305
Dragon of Salem (Segelschiff) 219
Driver, Felix 332

E

Earl of Elgin 219f.
Edinburgh Review 323
Elefanten 110, 127, 129, 144, 148, 165
Elgin-Marbles 15, 219
Eliot, George (Pseudonym) *siehe* Mary Ann Evans
Elphinstone (Kriegsschiff) 115f.
Emma (Medium) 156
Erhardt, Jakob 39, 42f., 111, 114, 174f.
Ethnological Society of London 291
Eugenik 228
Euklid 178
Evans, Mary Ann 229, 233
Everest, George 238
Examiner 228

F

Fernando Póo 288–291
Findlay, Alexander George 312
First Bombay Regiment of Fusiliers 49
First Nations 282
Flaubert, Gustave 229

Foreign Office 114, 172, 238, 255, 288, 303
Forster, E.M. 233
Founder's Medal 227, 235, 296
Foxcroft (Assistent von James Brownell) 278
Franklin, John 112
Frost (Apotheker) 143, 147, 193
Fryston Hall 248
Fuller, George 309 f., 315
Fuller, John Bird 308 f.
Fundikira (Oberhaupt von Unyanyembe) 155

G
Galton, Francis 228 f., 231, 255 f., 312
Genozid in Ruanda 330
Geographical Magazine 323 f.
George Medal 332
Gerard, Elizabeth 96
Gondokoro (deutsche Mission) 253, 275–280
Grant, James Augustus 251 f., 256, 261, 264–268, 273 f., 276, 294–298, 300, 302, 307, 314, 321, 327
Gray, John 307
Großbritannien 13 f., 15–17, 47 f., 192, 330, 333

H
Habshi 131
Hadsch 21 f., 30, 33, 35
Hamed bin Sulayyim 187–190
Hamerton, Atkins 118 f., 138 f., 142 f., 147–149, 157, 171–173, 193, 213 f., 216 f., 235, 237, 239
Hamilton, William Richard 11, 13–15, 23, 223
Hamitischer Mythos 329 f.
Hankey, Frederick 230, 248
Harar (Äthiopien) 58, 63, 83, 89, 102, 123, 131
Harris, Frank 289
Hatchett's Hotel 222
Heinrich VIII. 96
Henry, 3. Baron Arundell 96
Herne, G.E. 49, 56, 58 f., 68, 71–75, 79 f., 84 f.
Herodot 14, 41, 295
Hillary, Edmund 332
Hima (Dynastie) 154
HMS Furious (Fregatte) 219–221
HMS L'Égyptienne (Fregatte) 14
HMS Terror 112
Hockley, Frederick 155 f.
Homer 295
Howard, Catherine 96
Hughes, Thomas 251
Humes, David 299
Hunt, James 291 f.

I
Industrielle Revolution 47, 92

J
jemadar (Anführer) 142, 160, 172
Johnson, Samuel 16 f.
Jones, Lowri 332
Journal of the Royal Asiatic Society of Bengal 86
Journal of the Royal Geographical Society of London 43, 234, 296 f.

K
Kaaba 33–35
Kagera River 329

Kairo 12f., 30, 36–38, 43, 326
Kaiser Augustus 42
Kaiser Napoleon III. 303
Kaiserin Eugénie 303
Kama Shastra Society of London and Benares 322
Kampala 269
Kanaan (Sohn von Hams) 330
Karagwe (Königreich) 154, 269
Kartographie 109–111
Kasengé 187
Katonga 198
Kazeh (arabische Siedlung) 121f., 174–176, 191f., 194–199, 202–204, 209, 265f.
Khartum 41, 253, 255, 280, 300f.
khat (Stimulans aus der Paradiesblume) 156
Kilimandscharo 39, 122
Kilwa (Insel) 128f., 213
kirangozi (Führer) 151f., 175, 200f.
Kirk, John 334
Kitangura 198
kitindis (Armreifen) 184
Kivira 198
König Kamrasi 273
König Karl II. 96
König Lumeresi 266
König Mutesas 272f.
König Rumanika 154
König von Dahomey 290
Königin Victoria 296
Königreich Dahomey 305
Krapf, Johann 37–39, 42f., 45
Krimkrieg 83, 88–91, 104
Krokodile 124, 158, 185, 275
kuhonga (Geschenke / Tauschwaren) 140–142, 144, 170f., 188, 194, 270
Kuingani 152f., 155f.

L

Ladha Damha (Zolleinnehmer) 145, 148f.
Lawrence, T.E. 37
Layard, Austen Henry 303
Lincoln, Abraham 291
Livingstone, David 17, 166f., 224f., 304, 307, 314, 319–321, 331, 334
Loango (Königreich) 154
London Times 315f., 319
Lord Elphinstone 235
Lord Lytton (Vizekönig von Indien) 289
Lord Ripon 227
Louisa (Beiboot) 145, 148, 183
Löwen 70, 110, 166f.
Luo (Dynastie) 154

M

Mabruki (Sklave von Bombay) 146f., 158, 175, 200f., 263
Macqueen, James 263
Maharadscha von Jodhpur 37
Maizan, Eugène 48, 138f., 157
Majid, Sayyid 118f.
Malaria 138
Mallock (*jemadar*) 160
Maria-Theresien-Taler 134
Markham, Clements 222, 313f.
Marquess of Ripon 275
Martin, R. Montgomery 110
masango (Messingdrähte) 141
Masika (Regenzeit) 140
Massai 121f.
McGrigor, Neil 329
Mekka 21f., 26, 30–33, 35f., 38, 44, 58, 63, 102, 115, 123, 155, 282
Mezzofanti, Giuseppe Caspar 246
mganga (Medizinmann) 155–157

Milnes, Richard Monckton 230, 248, 292f.
Mizraim (Sohn von Hams) 330
Mohinna (Händler) 192
Mombasa 39, 121f.
Mondberge (Ruwenzori-Gebirge) 261f.
Monogenismus 291f.
Mormonen 282, 284
Mount Cameroon 290
Mount Everest *siehe* Sagarmartha
Mount Victoria *siehe* Mount Cameroon
Mr. B (Setzer) 298
Muhammad bin Juma 155
Murchison, Roderick Impey 23, 43, 114, 222–228, 232, 234, 253–255, 295–297, 301–304, 307, 311–314, 327f.
Mutesa I. 154

N

Nalubaale-See *siehe* Nyanza-See
Nam Lolwe-See *siehe* Nyanza-See
Napoleon Bonaparte 12f., 179
Nero 14, 295
Neston Park 308–310
New York Herald 320
Nigerdelta 290
Nightingale, Florence 91, 104
Nil 12, 14–16, 40, 300, 304f.
- Blauer Nil 41
- Nilschwemme 40f.
- Quelle/Ursprung 40–43, 194, 203, 205f., 221–223, 225, 252f., 261f., 294, 297, 304f., 328f.
- Weißer Nil 41–44, 112–115, 183, 274f., 319f.

Nilpferde 120, 124, 144f., 149, 254, 264, 275
Norgay, Tenzing 332
Nyamwezi (Volk) 154f.
Nyanza-See 175, 195, 198, 200, 202f., 205f., 221–223, 228, 252f., 261–263, 300, 319–322, 329
Nyassa-See 175

O

Obscene Publications Act 229
Oliphant, Anthony 88
Oliphant, Laurence 88f., 93f., 219–221, 226, 228, 233f., 303, 305f.
Opium 156
Ophthalmie 178–180
Ostindien-Kompanie 23, 27–29, 46, 114–116
Ouida (Pseudonym) *siehe* Maria Louise Ramé
Outram, James 47–49, 54–56, 58f.

P

pagazi (Träger) 151, 201
Pangani-Fluss 122, 124f.
Papisten-Verschwörung 96
Papworth Junior, Edgar George 328
Papworth Senior, Edgar George 328
Paradiesblume 156
Pariser Friedensvertrag 95
Parthenon-Marmore *siehe* Elgin-Marbles
Patron's Medal 321
Pedro (Jesuit) 41f.
Pemba 116, 213
Peninsular and Oriental Steam Navigation Company (P&O) 52
Petherick, John 253–255, 272f., 275–279, 300–302
Petherick, Katherine 278–280, 300–302

Phipps, Constantine 17
Playfair, Robert 85, 114f.
Plinius der Ältere 40f.
Pocken 168f.
Polygamie 284f.
Polygenismus 291f., 323f.
pombe (Getränk aus gemälzter Hirse) 156
Prince of Wales 294
Prinz Albert (Ehemann von Königin Victoria) 277
Ptolemäus 41

R
Raglanärmel 92
Ramé, Maria Louise 335
Ramji 145, 148f., 235, 237
Rebmann, Johannes 39, 42f., 111, 119–121, 174f.
Reeve, Henry 323
Rembrandt 202
Rigby, Christopher Palmer 29, 172f., 212–216, 218f., 221, 226, 235–239, 250, 252f., 261, 263f., 269, 300, 318
Ripon Falls 275
Rodriguez, Valentine 115, 137, 143, 160, 168, 175, 178, 204
Roosevelt, Theodore 37
Roscher, Albrecht 264
Royal Botanic Garden 50
Royal Geographical Society 15, 17, 23, 36, 43, 48, 89, 108–114, 120, 163, 197, 206, 216f., 220–228, 231, 234–236, 238, 244, 250, 252, 255, 275–277, 294–297, 301–304, 311–313, 318, 320f., 327, 331f., 335
Royal Horticultural Society 108
Royal Military College 223
Royal Mineral Water Hospital 307, 311–314
Rub al-Chali 22f.
Rubeho-Berge 169
Rusizi (Fluss) 190f.
Russel, John 304
Ruwenzori-Gebirge *siehe* Mondberge
Ruzizi 321

S
Sade, Marquis de 230
Sagarmartha 238, 332
Said bin Salim 142f., 157–160, 168, 170, 176f., 183, 191, 196, 199f., 211f., 218, 263
Salomon 25
Sansibar 16, 116–125, 137–143, 333
Saturday Review 229
Saunders, Trelawney 109
Schamyl (muslimischer Anführer) 89, 93f.
Section E (der Royal Geographical Society) 224, 304, 307f., 313
Sextant 21, 31f., 40, 116, 163f.
Shakespeare, William 178
Shaw, Norton 38, 43, 45, 50, 63, 93, 113, 167, 197, 216f., 222, 234–236, 251f., 254, 257, 311f.
Shepheard Hotel 37, 39
Shillelagh (Holzknüppel) 75
Silurisches System 223
Simpson, James 93
Singh, Nain 332
Skalpieren 282f.
Sklaverei / Sklavenhandel 117f., 128–132, 142, 145, 153, 166, 182, 224f., 276f., 291, 301f., 330, 333f.
Slave Trade Act 333
Slavery Abolition Act 333

Smalley, George Washburn 324–326
Smee, Thomas 129f.
Smith, Joseph 284
Smyth, Edmund 54, 113, 250f.
Snay bin Amir 174, 191f., 198, 204, 210
Snow, Thomas Fitzherbert 310, 315
Somalia 29, 46–49, 52, 54–60, 62, 64f., 68–72, 76–80, 83, 89f., 113f., 123, 210, 269
Somerset, Fitzroy 92f.
Sonnenbrille 202
Speke, Edward 193, 247, 309
Speke, George 314
Speke, Georgina 123
Speke, John Hanning 52–62, 64–66, 68–73, 75–79, 85–90, 94, 108, 110–124, 126, 134–137, 140f., 143–145, 149, 154, 158f., 163f., 167–169, 171, 174–181, 183–193, 195, 197–202, 204–206, 209–211, 213–223, 225–229, 231–240, 242, 250–258, 283, 294–311, 314–316, 319, 320f.
- als Autor 297–300
- Erscheinungsbild 52, 55–57, 59, 87f.
- Gesundheit 87f., 178f., 181, 186f., 202, 306f.
- Jagd 52–54, 120, 124, 144f., 197, 223, 264
- Krimkrieg 88f., 108
- Militär 52, 54, 88f.
- Tod/Nachlass 308–310, 314f., 327f.
- Zweite Expedition 261–280

Speke, William 315
Sphinx 12
Stanley, Henry Morton 306, 320f., 324
Stein von Rosette 11–14, 223
Steinhaeuser, John 115f., 122, 149, 219f., 281f.
Stella Club 104
Stern von Nepal 332
Stisted, Georgiana 89f., 245, 248f., 316, 318, 338
Stisted, Maria 337
Stocks, John Ellerton 50f.
Stoker, Bram 24, 305
Stratford de Redcliffe, Lord 93f.
Stroyan, William 49, 56, 58, 68, 72, 79f., 90
Sues 21, 46
Sultan von Oman 116f.
Sultan von Sansibar 126, 143, 213
Sumunter 60–62, 64f.
Susi, Abdullah 331, 334
Swahili-Küste 117
Swinburne, Algernon Charles 24, 292f.
Sykes, William 43

T

Tana-See 41
Tanganjika-See (*siehe auch* Ujiji-See) 112, 145, 148, 154, 175, 180–196, 203, 216f., 221, 319–321
Tansania 127, 154, 262, 333
Tarradale Castle 223
Technologische Revolution 92
tembe (runde Hütte) 182f., 188, 192
Tennyson, Alfred Lord 91, 248, 291
Tennyson, Leo 291
Thuwaini bin Said 118f., 213
Tibet 53f., 332
Times 94
Trollope, Anthony 233
Typhus 137f.

U

Ujiji-See (*siehe auch* Tanganjika-See) 112, 148 f., 175
Ujiji-Stadt 175, 181–184, 187–195, 198, 212, 221
Unabhängigkeitskrieg (Indien) 192
Unguja *siehe* Sansibar
Unyanyembe (Volk) 155, 199
Urondogani 274 f.
Uzinza (Königreich) 266
Uvira 190, 196

V

Vereinigte Staaten von Amerika 333
Vergil 41
Victoria Nyanz *siehe* Nyanza-See
Victoriasee *siehe* Nyanza-See
Vili (Dynastie) 154

W

Wadi Nogal 59, 62, 86 f., 188
Wainwright, Jacob 331
Wajiji (Volk) 182
Wakaranga (Volk) 182
Wallace, Alfred Russel 224
Wanyoro 198
Warsangeli 60, 62
Wavinza (Volk) 182
Wazira, Muinyi 160
Weltausstellung (London 1851) 110
Whitman, Walt 229
wideawake (breitkrempiger Filzhut) 202 f.
William Blackwood and Sons 232 f.
Wilson, Robert 179
World Monument Fund 334

Y

Yao (Bewohner von Tansania und Mosambik) 146
Yaruk (*jemadar*) 172
Young, Brigham 284
Yusuf (Kapitän) 70, 74 f., 79 f.

Z

Zahri (Belutsche) 148
Zensur 229 f.

Neil Price

Die wahre Geschichte der Wikinger

»Das beste historische Buch des Jahres« The Times

Waren die Wikinger wirklich die brandschatzenden Seefahrer und gewaltsamen Eroberer aus den Legenden? Der weltweit renommierte Experte Neil Price schreibt gegen die gängigen Vorurteile an und macht sich auf die Suche nach den echten Menschen hinter dem Mythos. Basierend auf neuesten archäologischen Funden, zahllosen Textquellen und nicht zuletzt der nordischen Mythologie selbst zeigt er uns die Wikinger erstmals so, wie sie selbst sich sahen. Wie übten sie ihre Religion aus, wie gestalteten sie Politik? Welche Rolle hatte die Frau, und wie zentral war Gewalt? Dies ist die definitive Geschichte der Wikinger und ihrer Zeit, opulent ausgestattet und prächtig bebildert.

aus dem Englischen von
Ursula Blank-Sangmeister
unter Mitarbeit von Janet Schüffel
752 Seiten, gebunden

Weitere Informationen finden Sie auf
www.fischerverlage.de

AZ 10-397255/1

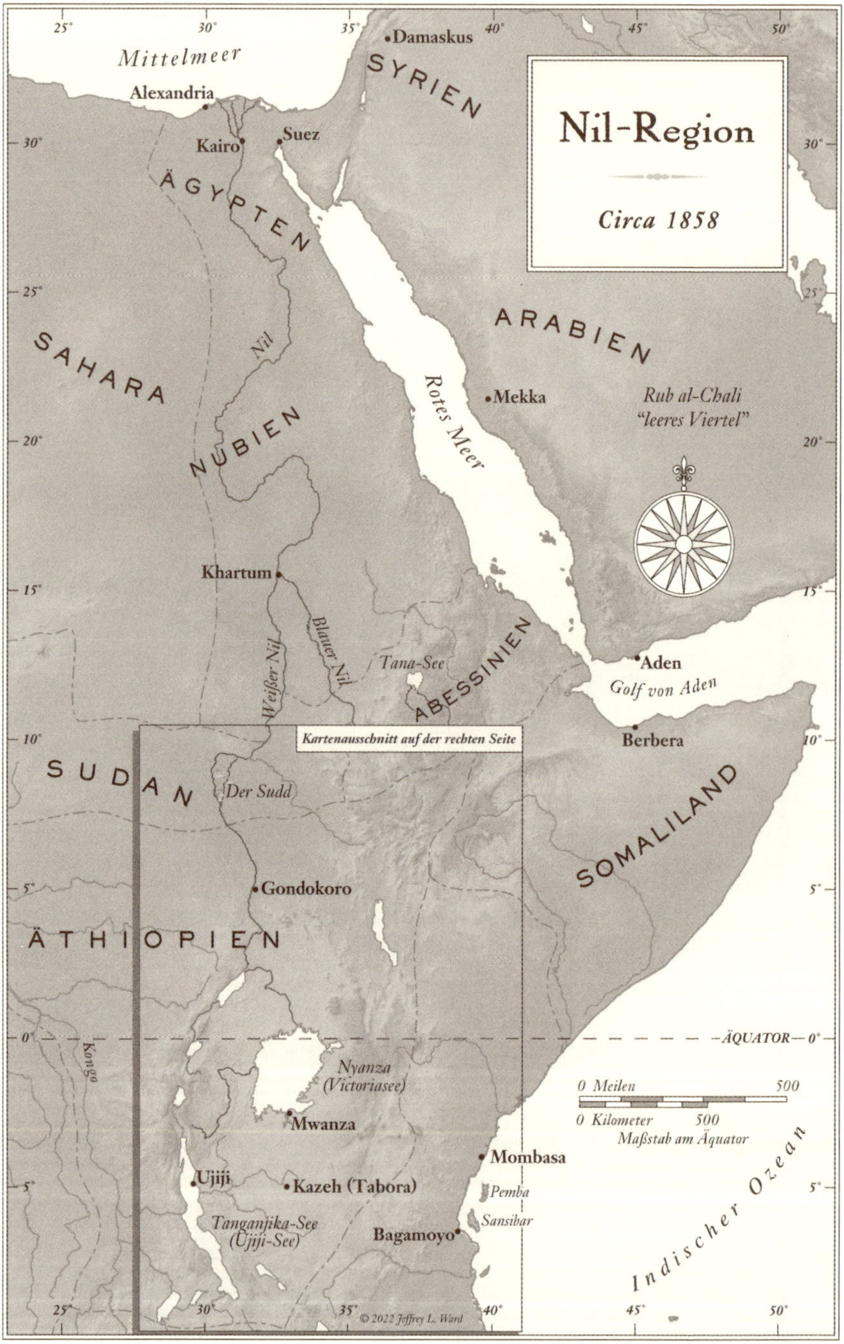
Nil-Region
Circa 1858
Mittelmeer
Alexandria
Kairo
Suez
Damaskus
SYRIEN
ÄGYPTEN
ARABIEN
SAHARA
Nil
NUBIEN
Rotes Meer
Mekka
Rub al-Chali
"leeres Viertel"
Khartum
Blauer Nil
Weißer Nil
Tana-See
ABESSINIEN
Aden
Golf von Aden
Berbera
Kartenausschnitt auf der rechten Seite
SUDAN
Der Sudd
SOMALILAND
Gondokoro
ÄTHIOPIEN
ÄQUATOR
Kongo
Nyanza
(Victoriasee)
Mwanza
0 Meilen 500
0 Kilometer 500
Maßstab am Äquator
Mombasa
Ujiji
Kazeh (Tabora)
Pemba
Sansibar
Tanganjika-See
(Ujiji-See)
Bagamoyo
Indischer Ozean
© 2022 Jeffrey L. Ward